Der Mac – ganz einfach!

Die Anleitung in Bildern

von
Michael Hillenbrand

Vierfarben

Sie haben Fragen, Wünsche oder Anregungen zum Buch?
Gerne sind wir für Sie da:

Anmerkungen zum Inhalt des Buches: maike.luebbers@vierfarben.de
Bestellungen und Reklamationen: service@vierfarben.de
Rezensions- und Schulungsexemplare: britta.behrens@vierfarben.de

An diesem Buch haben viele mitgewirkt, insbesondere:

Lektorat Katharina Geißler, Maike Lübbers
Korrektorat Alexandra Müller, Olfen
Herstellung Iris Warkus
Einbandgestaltung Janina Conrady
Coverentwurf Daniel Kratzke
Coverfotos Valua Vitaly, Veer, Nr. 3589878
Typographie und Layout Vera Brauner
Satz Markus Miller, München
Druck Himmer AG, Augsburg

Gesetzt wurde dieses Buch aus der Linotype Syntax (10,25 pt/14,25 pt) in Adobe InDesign CS5.
Und gedruckt wurde es auf mattgestrichenem Bilderdruckpapier (115 g/m²).
Hergestellt in Deutschland.

Bibliografische Information der Deutschen Nationalbibliothek
Die Deutsche Nationalbibliothek verzeichnet diese Publikation in der Deutschen Nationalbibliografie; detaillierte bibliografische Daten sind im Internet über http://dnb.d-nb.de abrufbar.

ISBN 978-3-8421-0038-1

1. Auflage 2012

Vierfarben ist ein Verlag der Galileo Press GmbH
Rheinwerkallee 4, D-53227 Bonn
www.vierfarben.de

Der Verlagsname Vierfarben spielt an auf den Vierfarbdruck, eine Technik zur Erstellung farbiger Bücher. Der Name steht für die Kunst, die Dinge einfach zu machen, um aus dem Einfachen das Ganze lebendig zur Anschauung zu bringen.

Liebe Leserin, lieber Leser,

wenn Sie sich gerade einen Mac gekauft haben und nun noch nach der passenden Bedienungsanleitung suchen, haben Sie zum richtigen Buch gegriffen. Es erklärt Ihnen den Mac Schritt für Schritt und von Anfang an und erleichtert Ihnen so den Einstieg nicht nur in die Apple-, sondern ganz allgemein in die Computerwelt und ihre Möglichkeiten. Lernen Sie Ihren Mac und seine Programme anhand von einfach zu verstehenden Anleitungen kennen: Surfen Sie beispielsweise mit Safari im Internet, schreiben Sie E-Mails mit dem Programm Mail, bearbeiten Sie Ihre Urlaubsfotos mit iPhoto oder hören Sie Musik über iTunes.

Michael Hillenbrand erklärt Ihnen das alles ganz genau und gibt zusätzliche Hinweise und Tipps, wie Sie noch mehr Spaß mit Ihrem Mac haben können. Jeder Schritt wird an einem Bild gezeigt, sodass Sie die Anleitungen einfach »nachklicken« können, um sicher und schnell ans Ziel zu kommen. Auf diese Weise meistern Sie alle Ihre täglichen Aufgaben mit dem Mac, ohne herumprobieren oder lange suchen zu müssen.

Natürlich wurde dieses Buch mit größter Sorgfalt geschrieben und hergestellt. Sollten Sie dennoch einmal Fehler finden oder inhaltliche Anregungen haben, freue ich mich, wenn Sie mit mir in Kontakt treten. Für konstruktive Kritik bin ich dabei ebenso dankbar wie für lobende Worte. Doch zunächst einmal wünsche ich Ihnen viel Freude beim Lesen!

Ihre Maike Lübbers
Lektorat Vierfarben

maike.luebbers@vierfarben.de

Inhalt

1 Die ersten Schritte mit dem Mac 10

Den Mac in Betrieb nehmen 12
So funktioniert die Maus am Mac 14
Das Magic Trackpad einsetzen 18
Die Mac-Tastatur kennenlernen 22
Tipps für Umsteiger von Windows 26

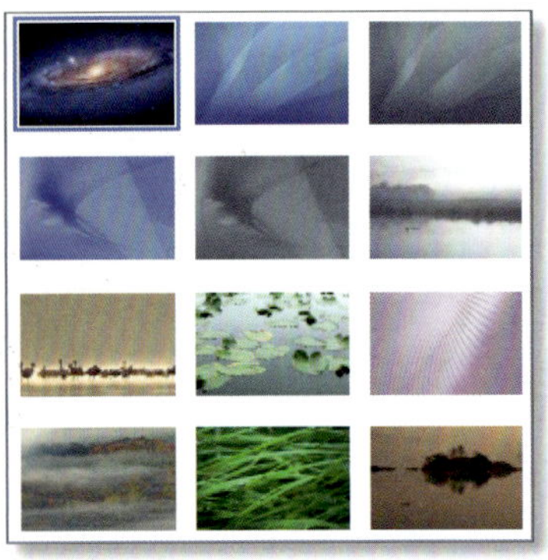

2 Den Mac richtig bedienen 28

Den Mac ein- und ausschalten 30
Verschaffen Sie sich einen ersten Überblick 32
Was ist wo am Mac? 36
So passen Sie Ihren Schreibtisch an 42
Das Dock individuell einrichten 44
Der Finder: Zugriff auf Dateien und Ordner 45
Finder-Fenster anpassen 48
Navigieren durch OS X Lion 50
Zu viele Fenster geöffnet? – Mission Control 52
Hilfe finden 54

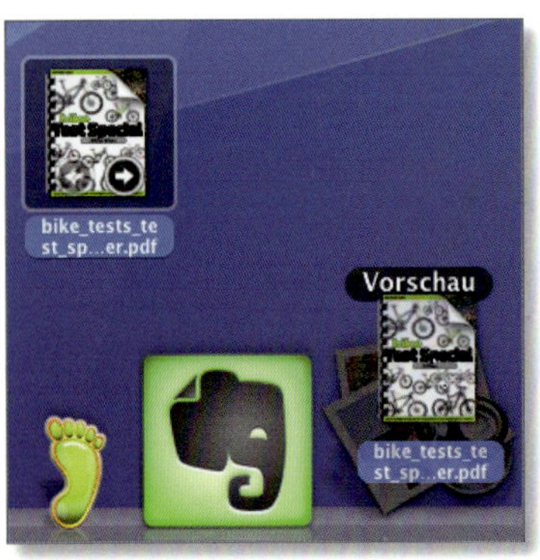

3 Mit Dateien und Ordnern umgehen 56

Dateien öffnen und schließen 58
Die Programmzuordnung korrigieren 60
Dateien am richtigen Ort sichern 62
Ordner anlegen 64
Verschieben, kopieren und umbenennen 68
Dateien löschen und wiederherstellen 72

Inhalt

Dateien und Ordner suchen 74
Dateien komprimieren und entpacken 78

4 Dokumente sichern und weitergeben 80

Den Drucker einrichten 82
Dokumente drucken 86
Dokumente und Dateien auf CD/DVD brennen 88
Dateien mit anderen teilen: AirDrop 92
Macs untereinander verbinden 94
Externe Festplatten und Speichermedien anschließen 98
Geräte per Bluetooth mit dem Mac verbinden 99

5 Programme auf dem Mac 102

Wo befinden sich die Programme? 104
Programme starten und beenden 106
Programme im Vollbildmodus nutzen 110
Programme organisieren: Launchpad oder Dock? 112
Zwischen Programmen wechseln 116
Programme kaufen: der App Store 118
Programme installieren und aktualisieren 122
Programme löschen 126
Nützliche Helfer: Notizzettel, QuickTime, DVD-Player und Photo Booth 128

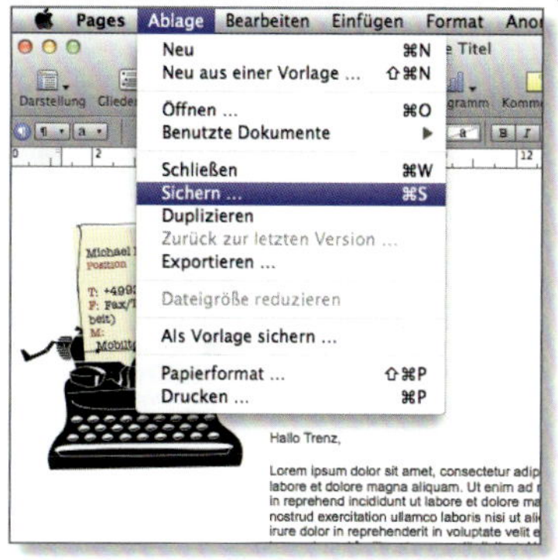

Inhalt

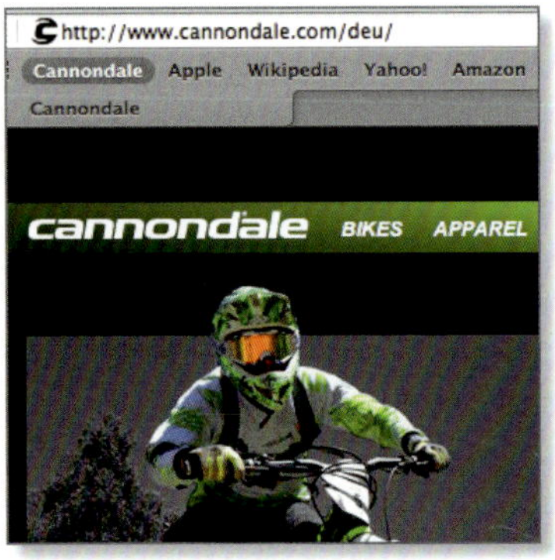

6 Mit dem Mac ins Internet 134

Eine Internetverbindung einrichten 136
Mit einem Wireless-LAN-Netzwerk verbinden 140
Webseiten mit Safari anrufen 144
Die Startseite festlegen 146
Im Internet suchen mit Google 148
Lesezeichen und Favoriten anlegen 150
Websites merken: Leseliste nutzen 154
Dateien aus dem Internet laden 155
Ein paar Tipps: nützliche Internetseiten 156

7 E-Mail, Videotelefonie und Chat 158

E-Mail-Konten einrichten 160
E-Mails schreiben, senden und empfangen 168
Eine E-Mail-Signatur anlegen 172
E-Mails mit Anhängen versenden 174
E-Mails verwalten: Suchen, Löschen
und Organisieren 176
Per Video telefonieren: FaceTime 180
Mit anderen chatten: iChat 184

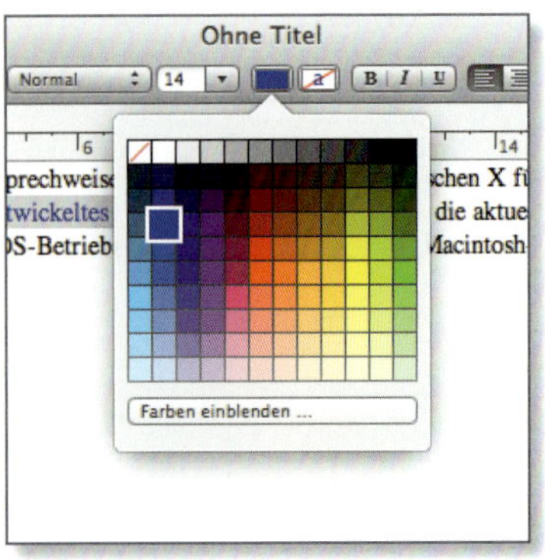

8 Texte schreiben und bearbeiten 188

Texte erstellen und formatieren mit TextEdit 190
Briefe schreiben mit Pages 194
Texte als PDF speichern 198
PDFs betrachten und bearbeiten: Vorschau nutzen 199

9 Adressen, Kontakte und Termine verwalten 202

Das Adressbuch nutzen 204
Kontakte richtig verwalten 208
Termine in iCal organisieren 212
Kalender und Kalendereinträge anlegen 216
Weitere Kalender hinzufügen 218

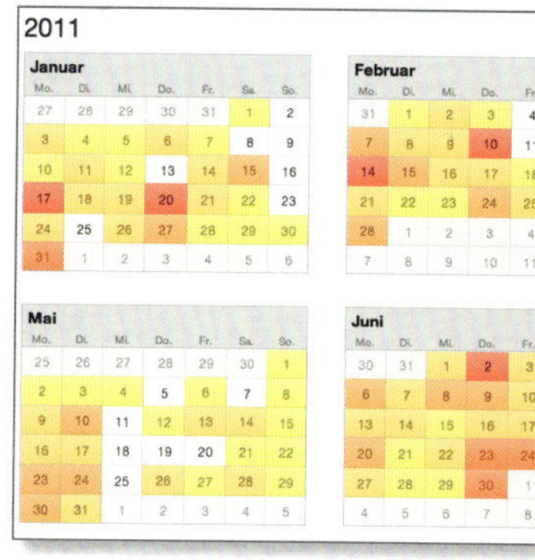

10 Fotos sortieren und bearbeiten – iPhoto 220

Fotos in iPhoto importieren 222
Fotos automatisch organisieren: Ereignisse 224
Fotos manuell organisieren: Alben 228
Rote Augen entfernen 232
Fotos schnell verbessern 233
Fotos retuschieren 234
Fotos drehen und beschneiden 236
Fotos mit Effekten verschönern 238
Fotos professionell bearbeiten 240
Fotos per Mail verschicken 247
Eine Diashow erstellen 250
Ein Fotobuch erstellen 253
Abzüge bestellen und selbst ausdrucken 259

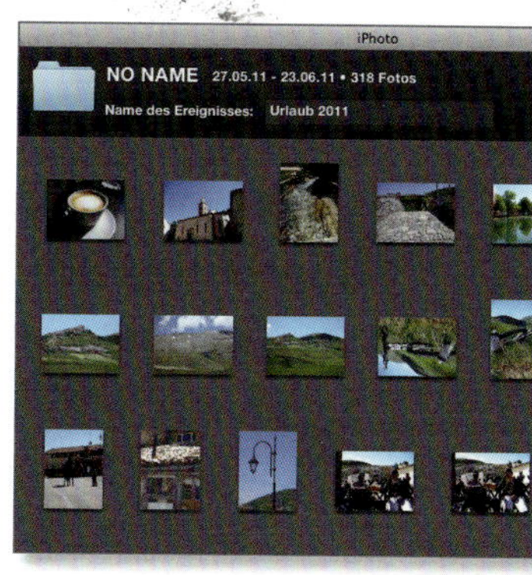

11 Musik verwalten und genießen – iTunes 266

Musik-CDs importieren 268
Musik wiedergeben 270

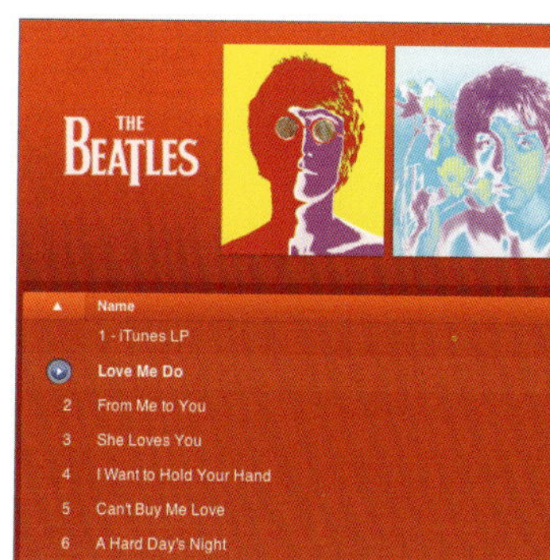

Inhalt

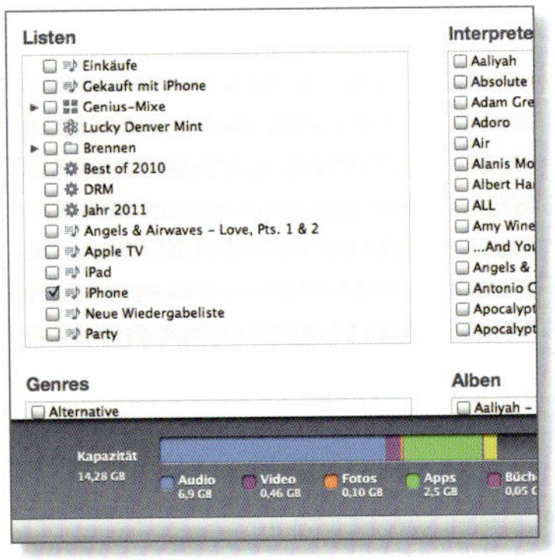

Musik kaufen: der iTunes Store 272

Der iTunes Store kann noch mehr:
Filme, Bücher und Apps 274

Musik organisieren: Wiedergabelisten anlegen 276

Musik-CDs erstellen 280

Synchronisierung mit iPod, iPhone und iPad 282

12 Tipps und Tricks für Fortgeschrittene ... 286

Weitere Benutzer einrichten 288

Zwischen Benutzern wechseln 292

Sicherungen anfertigen und wiederherstellen:
Time Machine 294

Daten im Netzwerk teilen 296

Bildschirmfotos erstellen 300

Festplatten partitionieren und löschen 302

OS X Lion aktualisieren 304

Glossar 306

Index 321

Kapitel 1
Die ersten Schritte mit dem Mac

Für den Einstieg im Umgang mit Ihrem Mac ist es zentral, dass Sie mit unterschiedlichen Eingabegeräten wie der Tastatur oder der Maus umgehen können. In diesem Kapitel erfahren daher einiges über deren Funktionsweise und bekommen zusätzlich Tipps für ihre Bedienung.

Eingabe per Knopfdruck

Das zentrale Eingabegerät an Ihrem Mac ist die Tastatur ❶. Darüber können Sie aber nicht nur Ihre Texte und Zahlen eingeben, sondern auch mit den Steuertasten verschiedene Aktionen auslösen. Auf diese Weise lassen sich Funktionen wie *Mission Control* (Taste [F3]) und das *Dashboard* (Taste [F4]) direkt nutzen.

Mit Gesten steuern – das Magic Trackpad

Egal, ob *Magic Trackpad* oder *Magic Mouse*: Beide Eingabegeräte von Apple ermöglichen es, unterschiedliche Aktionen mit verschiedenen Gesten zu steuern ❷. So lassen sich damit neben den Standardfunktionen wie Klicken und Scrollen auch wichtige Systemfunktionen aufrufen. Streichen Sie beispielsweise mit dem Daumen und drei Fingern auf dem Trackpad nach unten, wird der Programmstarter *Launchpad* eingeblendet.

Der Rechtsklick am Mac

Sie können die Magic Mouse so konfigurieren, dass Ihnen eine virtuelle zweite Maustaste zur Verfügung steht. Die Einstellungen finden Sie unter **Systemeinstellungen ▸ Maus**. Aktivieren Sie hier den Punkt **Sekundärklick** ❸. Sie können dann festlegen, ob die zweite Taste links oder rechts liegen soll.

Die Tastatur ist Ihr zentrales Werkzeug bei der Arbeit mit dem Mac. 1

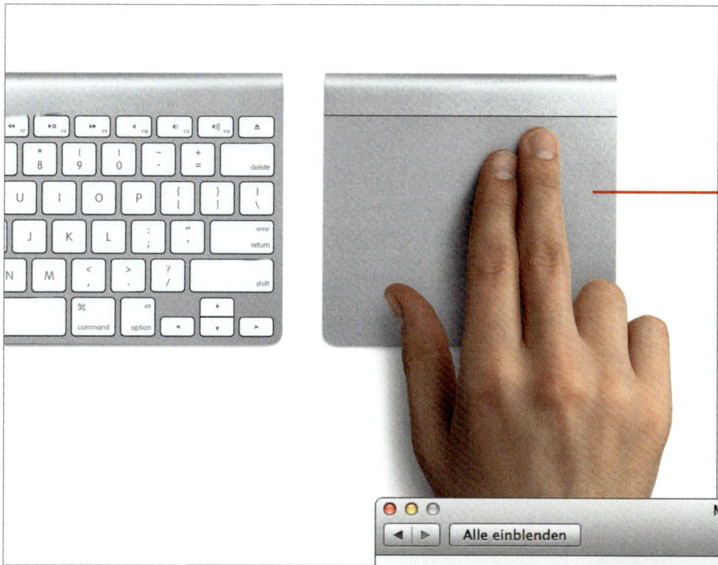

2 Mit dem Magic Trackpad haben Sie den Mac mit einer Fingerbewegung im Griff.

In den Systemeinstellungen lässt sich eine virtuelle zweite Taste für die Magic Mouse einrichten. 3

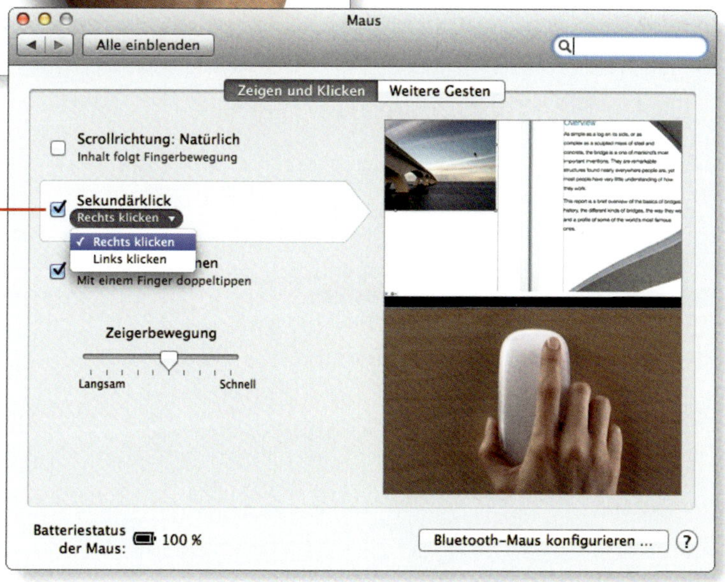

Den Mac in Betrieb nehmen

1

2

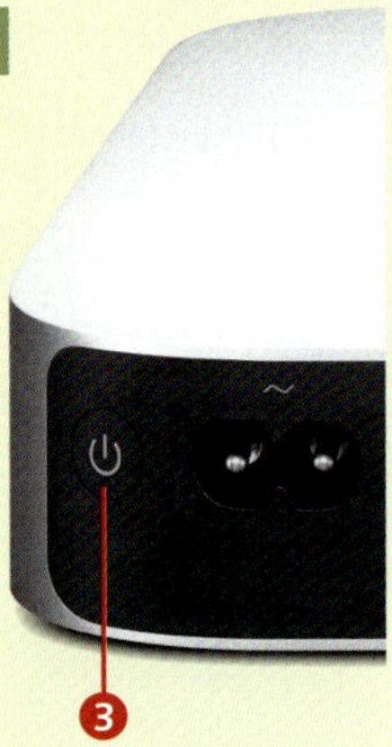

3

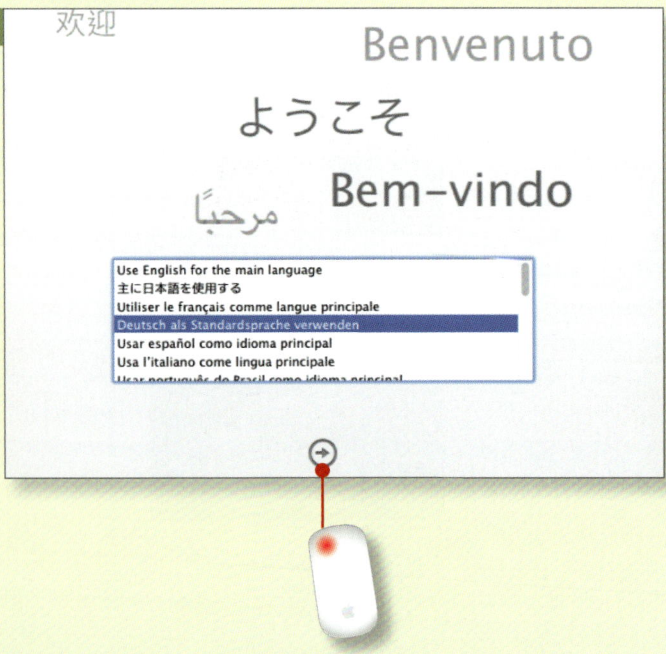

Der Mac ist so gebaut, dass er sich einfach installieren und in Betrieb nehmen lässt. Nachdem Sie das Gerät angeschlossen haben, hilft Ihnen ein Assistent bei der Einrichtung der wichtigsten Funktionen.

Schritt 1

Zunächst verbinden Sie Ihren Mac mit dem Stromnetz ❶ und schließen das Netzkabel an den entsprechenden Anschluss ❷ an.

Schritt 2

Drücken Sie dann den Ein- und Ausschalter ❸ des Geräts. Je nachdem, welchen Mac Sie benutzen, befindet er sich entweder auf der Tastaturfläche oder auf der Front- bzw. Rückseite.

Schritt 3

Beim ersten Start Ihres Macs wird der Systemassistent geöffnet. Er hilft u. a. bei der Einrichtung der Internetverbindung und des Benutzerkontos. Wählen Sie zunächst eine Sprache aus, und klicken Sie dann auf **Weiter**.

Schritt 4

Im nächsten Fenster geben Sie Ihren Namen in das Feld **Vollständiger Name** [4] ein. Legen Sie einen Kurznamen im Feld **Accountname** [5] und Ihr Passwort im Feld **Kennwort** [6] fest. Zur Kontrolle geben Sie es darunter [7] noch einmal ein. Dann klicken Sie auf **Fortfahren**.

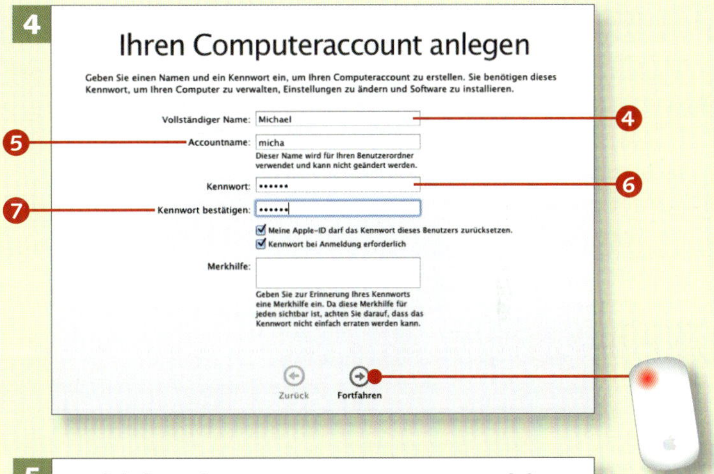

Schritt 5

Nun können Sie ein Bild als Symbol für Ihr Benutzerkonto wählen. Klicken Sie dazu einfach auf ein Bild der Auswahl [8] und dann auf **Fortfahren**.

Schritt 6

Nachdem Sie die passende Zeitzone eingestellt haben, gelangen Sie direkt zum Anmeldefenster von OS X. Klicken Sie auf das Benutzersymbol [9], und geben Sie im Feld darunter Ihr Kennwort ein. Bestätigen Sie es mit der [↵]-Taste.

Aktualisierung

Um OS X Lion direkt aus dem App Store zu installieren, müssen Sie Mac OS X Snow Leopard 10.6.8 bereits installiert haben. Andernfalls nutzen Sie die **Softwareaktualisierung** für ein Update. Sie können sie über das Apfel-Menü oben links im Programmfenster aufrufen.

So funktioniert die Maus am Mac

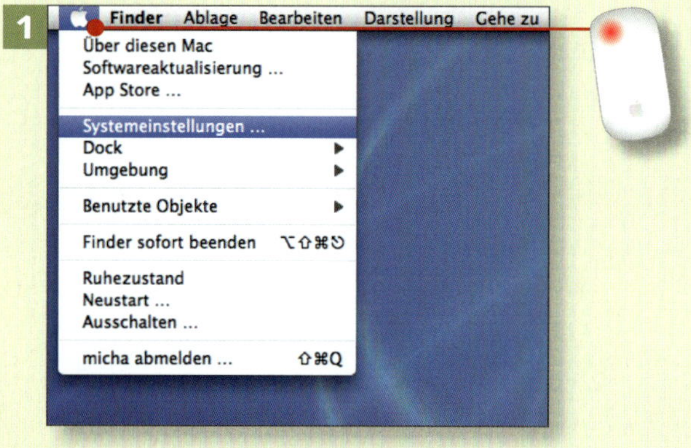

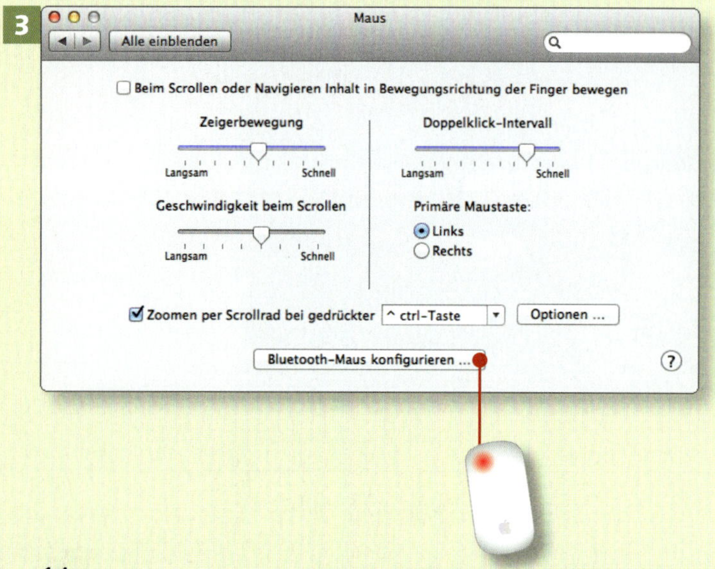

Bei den aktuellen Desktop-Geräten von Apple wird die Magic Mouse mitgeliefert. Dabei handelt es sich um die erste Multitouch-Maus von Apple. In diesem Abschnitt lernen Sie, wie Sie diese Maus einrichten und benutzen.

Schritt 1

Zuerst müssen Sie die Maus konfigurieren. Klicken Sie in der Menüleiste auf das Apfelsymbol, und wählen Sie die Option **Systemeinstellungen**.

Schritt 2

Wählen Sie im Dialogfenster **Systemeinstellungen** dann mit einem Klick den Punkt **Maus**. Stellen Sie zuvor sicher, dass die Maus eingeschaltet ist, sonst wird sie nicht gefunden.

Schritt 3

Klicken Sie anschließend im Dialogfenster **Maus** auf die Schaltfläche **Bluetooth-Maus konfigurieren**, um mit der Verbindungsaufnahme zu starten.

Schritt 4

Nach einer kurzen Zeitspanne wird der Name der Maus im Suchfenster angezeigt ❶. Klicken Sie jetzt auf die Schaltfläche **Fortfahren**. Das System versucht nun, eine Verbindung zur Maus herzustellen.

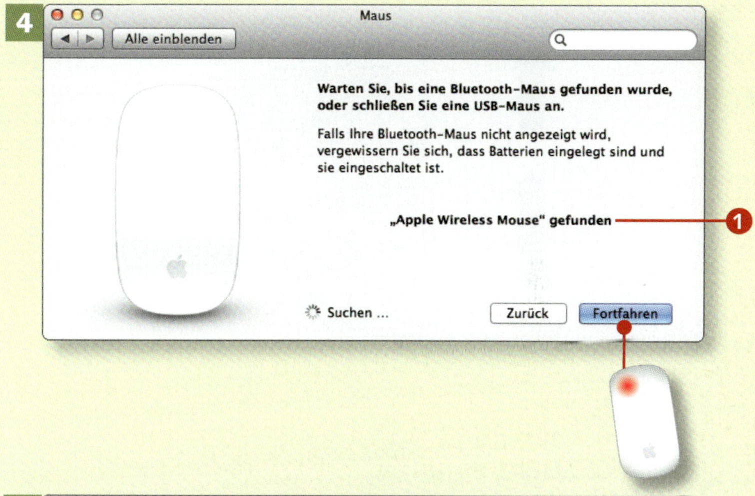

Schritt 5

Hat die Verbindungsaufnahme geklappt, werden die Systemeinstellungen angezeigt. Sie können das Fenster jetzt mit einem Klick auf die rote Schaltfläche verlassen.

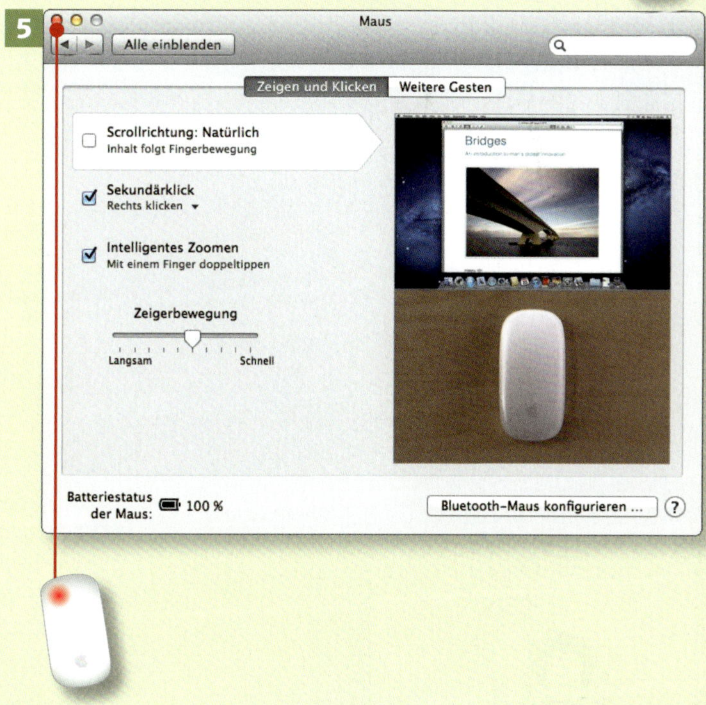

Schritt 6

Die Magic Mouse hat im Gegensatz zur »normalen« Maus keine Tasten und kein Scrollrad, sondern wird direkt über Berührung und Gesten gesteuert. Um etwa durch Webseiten in Safari oder durch Fotos in iPhoto zu blättern, genügt es, mit zwei Fingern über die Multitouch-Oberfläche zu streichen.

So funktioniert die Maus am Mac (Forts.)

7

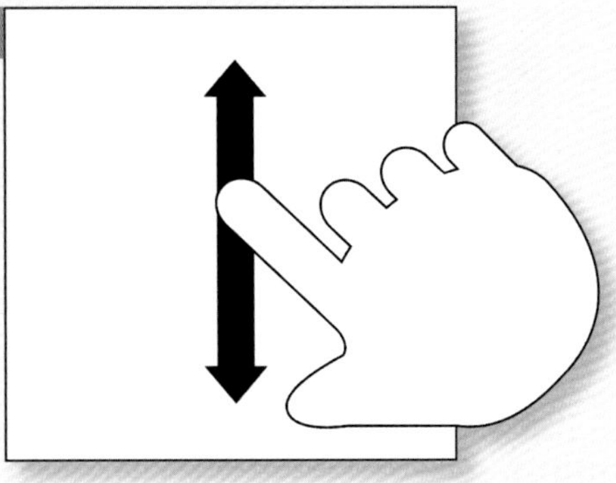

8

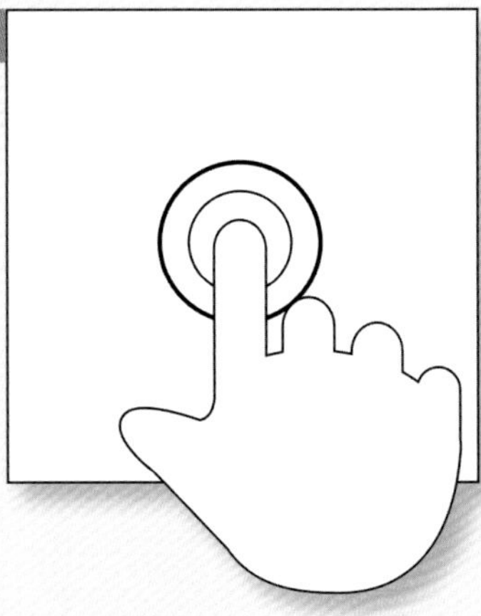

9

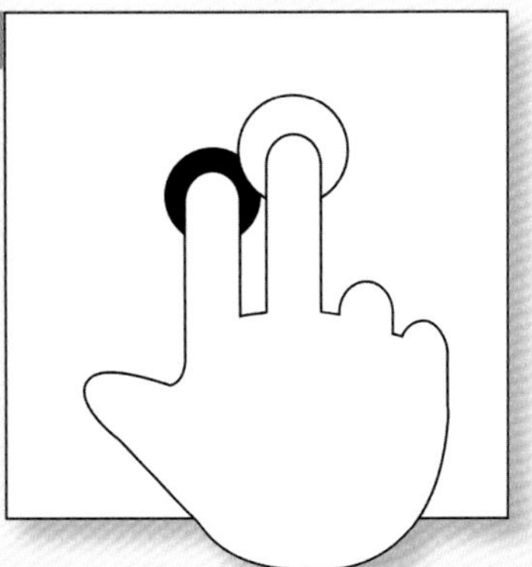

Schritt 7

Mit einem Finger ist es möglich, in alle Richtungen zu scrollen. So gelangen Sie beispielsweise zum Ende von Dokumenten.

Schritt 8

Sie können eine Aktion auslösen oder auf eine Schaltfläche klicken, indem Sie auf die Oberfläche der Maus tippen. Wenn Sie zweimal darauftippen, führen Sie einen Doppelklick aus.

Schritt 9

Sie können die Magic Mouse auch als Zwei-Tasten-Maus verwenden. Wenn Sie dann auf die rechte Seite der Oberfläche klicken, rufen Sie z. B. das Kontextmenü im Finder auf.

Eine USB-Maus anschließen
Wenn Sie eine Maus über ein USB-Kabel an Ihren Mac anschließen, müssen Sie sich nicht um die Konfiguration kümmern. Sie können sofort mit der Arbeit beginnen, wenn die Maus mit dem Mac verbunden ist.

Schritt 10

Um die zweite Taste einzurichten, rufen Sie im Apfel-Menü den Punkt **Systemeinstellungen** ❶ auf. Im Dialogfenster **Systemeinstellungen** wählen Sie **Trackpad**.

Schritt 11

Dann aktivieren Sie die Option **Sekundärklick** und bestimmen so, dass auch der Rechtsklick mit der Magic Mouse möglich ist.

Schritt 12

Wenn Sie gleichzeitig die `ctrl`-Taste auf der Tastatur drücken und auf der Maus mit einem Finger scrollen, vergrößert bzw. verkleinert sich die Ansicht auf dem Schreibtisch oder in einem Dokument.

10
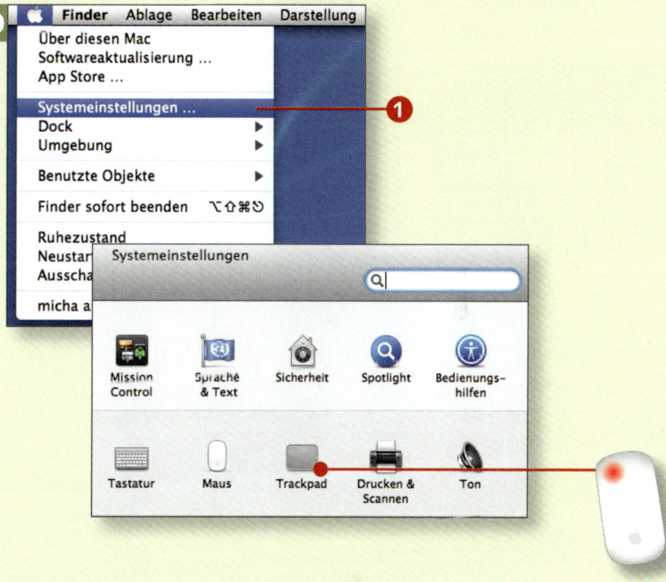

11

Das Magic Trackpad über USB anschließen

Sie können das Magic Trackpad über die USB-Schnittstelle an Ihren Mac anschließen. Ist das Gerät mit Ihrem Rechner verbunden, nehmen Sie die Konfiguration wie beschrieben über **Systemeinstellungen ▸ Trackpad** vor.

12
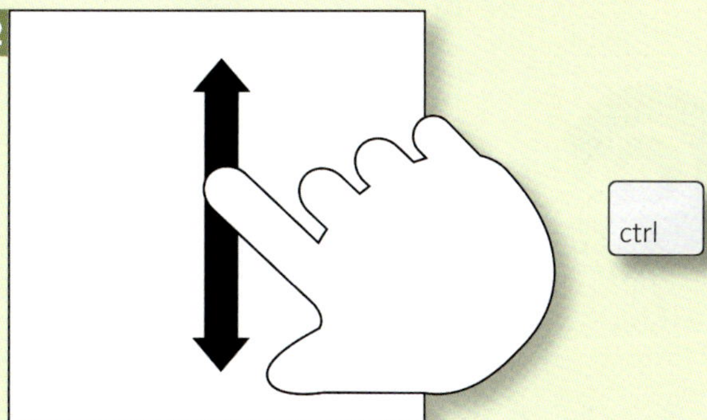

Das Magic Trackpad einsetzen

1

Apple bietet das Magic Trackpad sowohl als Bedienoption für seine tragbaren Computer als auch als Zubehör für die Desktop-Rechner an. Mit ihm können Sie Ihren Rechner per Fingerzeig steuern.

Schritt 1

Auf der kompletten Fläche des Magic Trackpads können Sie klicken, einen Rechtsklick und einen Doppelklick ausführen. Damit lassen sich direkt die wichtigsten Aktionen, etwa das Öffnen von Dokumenten und Ordnern, ausführen.

2

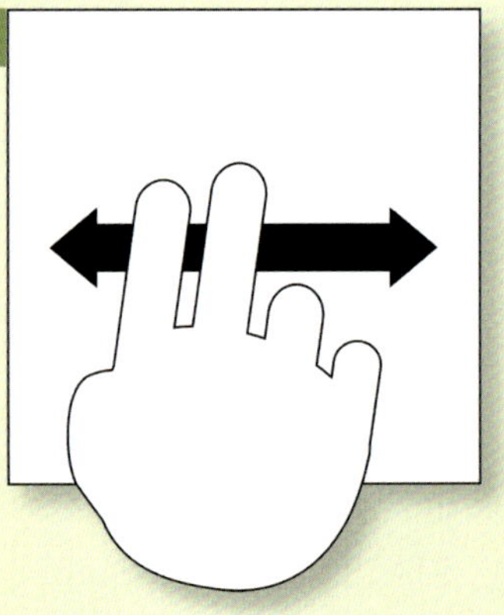

Schritt 2

Um in alle Richtungen zu scrollen – egal, ob vertikal oder horizontal –, streichen Sie mit zwei Fingern über die Oberfläche des Trackpads.

3

Schritt 3

In einigen Programmen können Sie über das Trackpad auch ganze Objekte drehen. Wenn Sie beispielsweise in iPhoto eine Drehbewegung mit Daumen und Zeigefinger ausführen, wird das ausgewählte Bild direkt die gewünschte Richtung gedreht.

Schritt 4

Nutzen Sie den Daumen und drei Finger, und ziehen Sie sie auf dem Magic Trackpad nach oben, wird automatisch Mission Control gestartet. Sie erhalten damit eine Übersicht über alle geöffneten Fenster.

4

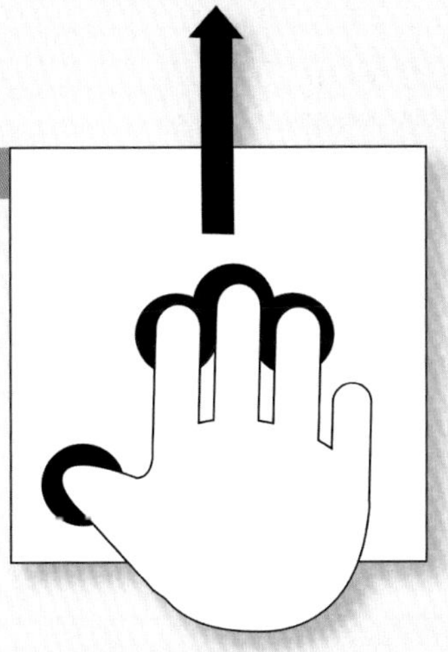

Schritt 5

Streichen Sie mit dem Daumen und drei Fingern in die andere Richtung, also auf dem Trackpad nach unten, öffnet sich das *Launchpad*. Es zeigt alle installieren Programme, und Sie können diese dann von dort aus direkt starten.

5

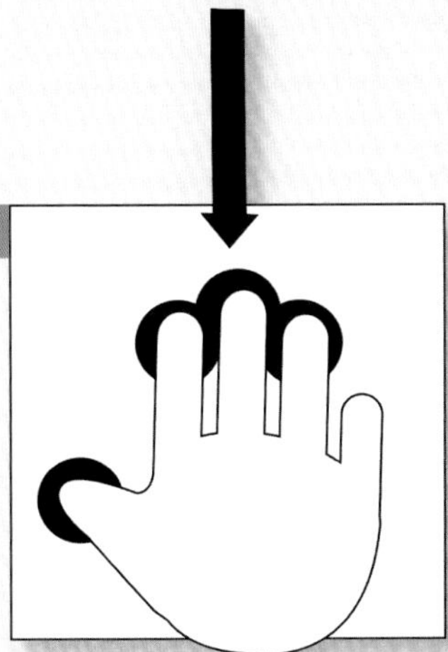

Schritt 6

Sie können über das Trackpad auch in Dokumenten und Dateien zoomen. Ziehen Sie zwei Finger auf dem Trackpad zusammen, verkleinern Sie das Dokument. Spreizen Sie hingegen die beiden Finger, wird das Dokument vergrößert.

6

Das Magic Trackpad einsetzen (Forts.)

7
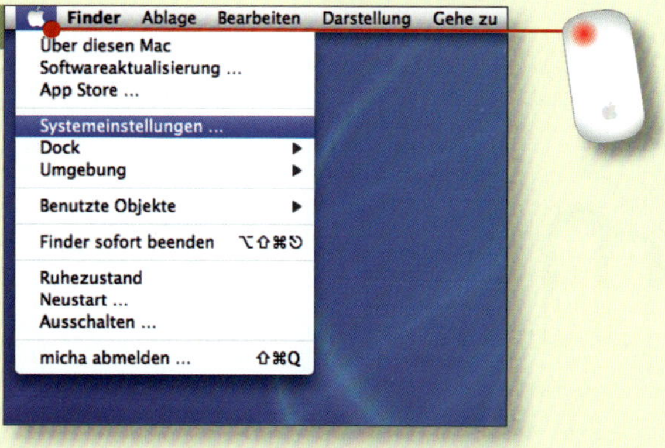

8
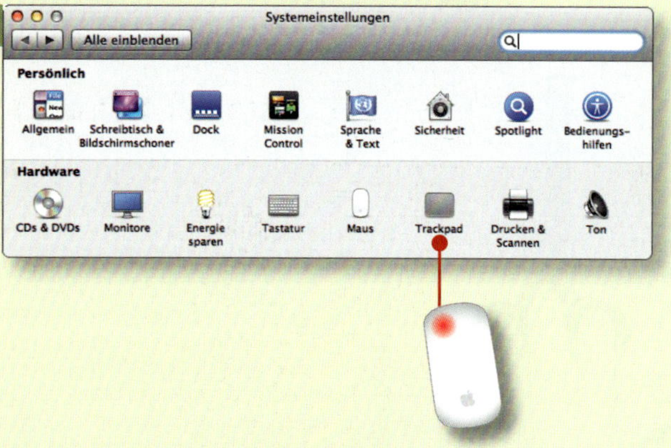

9
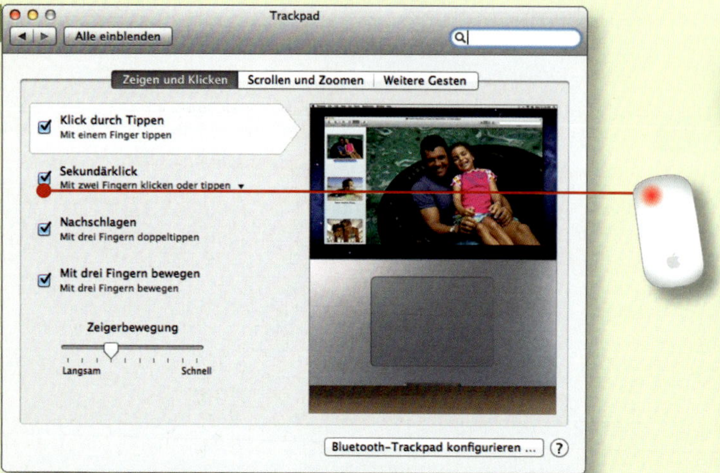

Schritt 7

Wenn Sie lieber andere Fingergesten nutzen wollen, können Sie das Trackpad über die Systemeinstellungen konfigurieren. Rufen Sie dazu das Apfel-Menü und darin den Punkt **Systemeinstellungen** auf.

Schritt 8

Wählen Sie im Dialogfenster **Systemeinstellungen** die Option **Trackpad**.

Schritt 9

In der Kategorie **Zeigen und Klicken** können Sie u. a. festlegen, wie der Rechtsklick funktionieren soll. Aktivieren Sie dazu zunächst das Kontrollkästchen **Sekundärklick**.

Sekundärklick konfigurieren

Der Sekundärklick lässt sich so konfigurieren, dass er durch verschiedene Aktionen und an unterschiedlichen Stellen auf dem Trackpad ausgelöst werden kann. Zur Auswahl stehen über das Aufklappmenü folgende Optionen: mit zwei Fingern klicken oder tippen, rechts unten klicken und links unten klicken.

Schritt 10

Im zugehörigen Aufklappmenü ist standardmäßig die Option **Mit zwei Fingern klicken oder tippen** eingestellt. Alternativ können Sie angeben, dass der Rechtsklick in einer Ecke des Trackpads ausgelöst wird (**Rechts unten klicken** bzw. **Links unten klicken**). Im rechten Teil des Bildschirms wird in einem Beispielvideo angezeigt, wie Sie die Geste jeweils ausführen müssen.

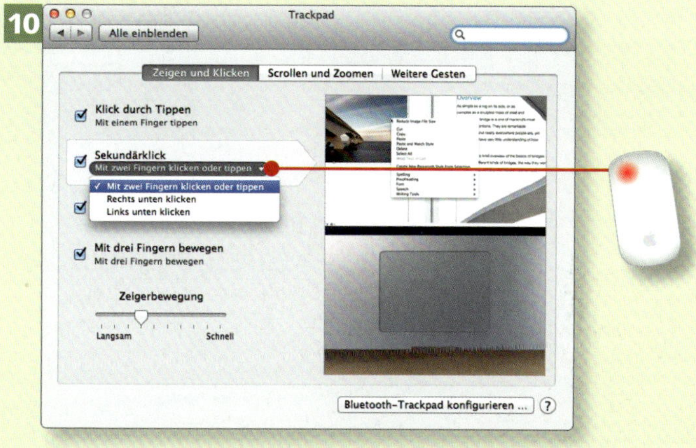

Schritt 11

In der Kategorie **Scrollen und Zoomen** bestimmen Sie die Scrollrichtung. Mit der Option **Scrollrichtung: Natürlich** folgt die Scrollbewegung der Bewegung Ihrer Finger auf dem Touchpad.

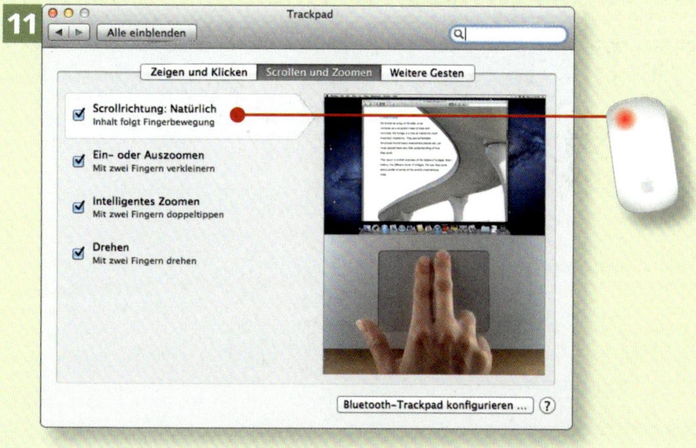

Schritt 12

Im Bereich **Weitere Optionen** finden Sie zusätzliche Möglichkeiten der Gestensteuerung. Hier können Sie u.a. die Art und Weise des Aufrufs von Mission Control ❶ einstellen.

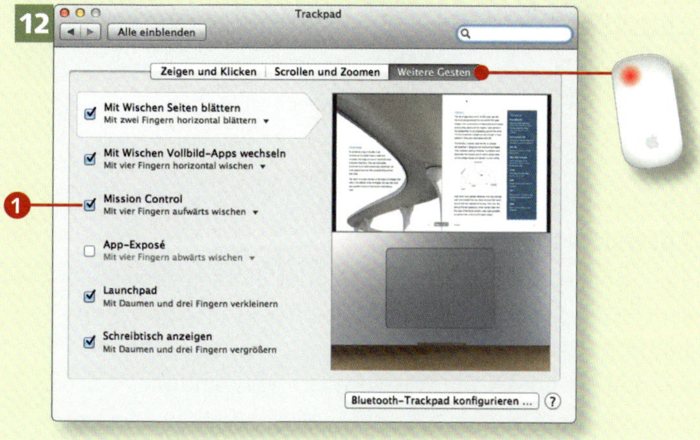

Die Mac-Tastatur kennenlernen

Das zentrale Eingabegerät ist die Tastatur. Sie dient nicht nur der Erfassung von Texten, sondern bietet auch unterschiedliche Steuerelemente für die Interaktion mit dem Betriebssystem OS X.

Schritt 1

Neben dem gewohnten Buchstabenblock verfügt die Tastatur auch über Zifferntasten ❶ sowie bestimmte Funktions- und Steuerungstasten ❷ für die Bedienung des Systems.

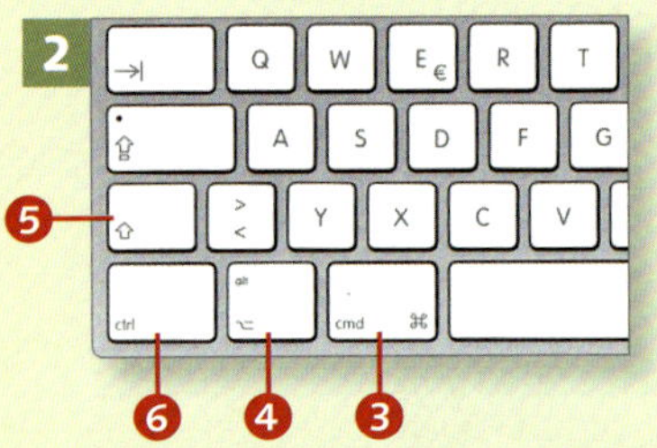

Schritt 2

Die wichtigsten Steuertasten beim Mac sind die Befehlstasten [cmd] ❸, die Wahltaste [alt] ❹, die [⇧]-Taste ❺ und [ctrl] ❻. Diese werden in Tastenkombinationen genutzt, um bestimmte System- oder Programmfunktionen auszulösen.

Schritt 3

Wichtig ist natürlich auch die [↵]-Taste ❼, die u.a. der Zeilenschaltung in Dokumenten dient.

Auswurftaste

Egal, ob Sie eine CD, eine DVD oder ein angeschlossenes Gerät, z.B. eine Festplatte oder ein iPhone, von Ihrem Rechner trennen (»auswerfen«) wollen: Hierzu können Sie immer die Auswurftaste verwenden.

Schritt 4

Für die Navigation in einem Dokument können Sie die Pfeiltasten [↑], [↓], [→] und [←] verwenden. Damit bewegen Sie beispielsweise die Texteinfügemarke.

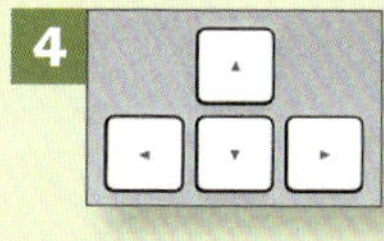

Schritt 5

Eingabefelder können Sie direkt mit der Tabulatortaste ❽ anspringen.

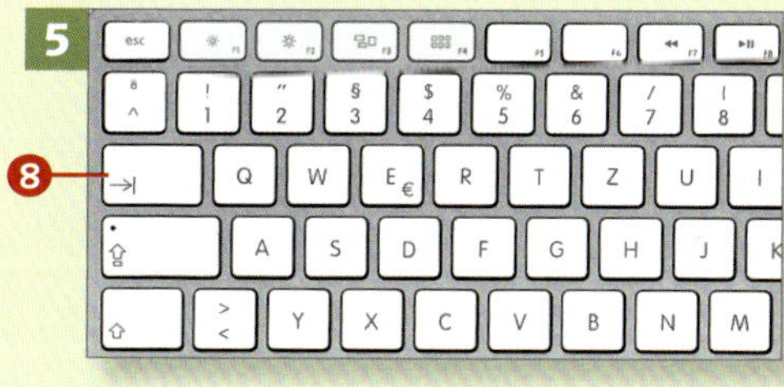

Schritt 6

Die Funktionstasten ❾ sind mit den wichtigsten Steuerbefehlen versehen. Mit [F1] und [F2] verringern und vergrößern Sie die Bildschirmhelligkeit. Mit [F3] rufen Sie *Mission Control* auf. Die Taste [F4] macht den Weg zu den Miniprogrammen (*Widgets*) des *Dashboards* frei.

Entfernen und löschen

Für den Fall, dass Sie eine Stelle innerhalb eines Textes löschen möchten, stehen Ihnen auf der Mac-Tastatur verschiedene Optionen zur Verfügung. Sie können z. B. die Taste [Entf] oder die [←]-Taste verwenden.

Die Mac-Tastatur kennenlernen (Forts.)

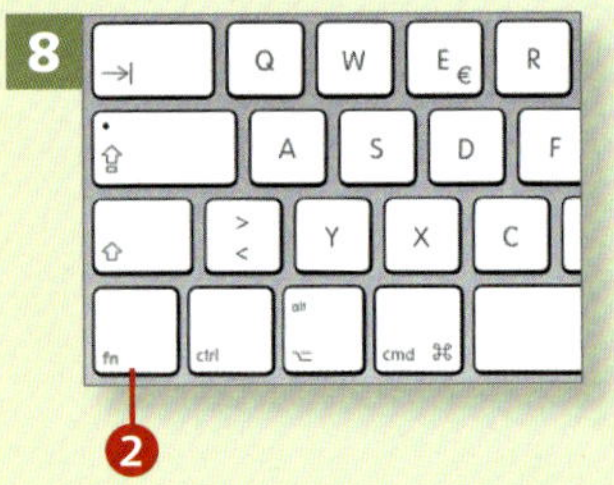

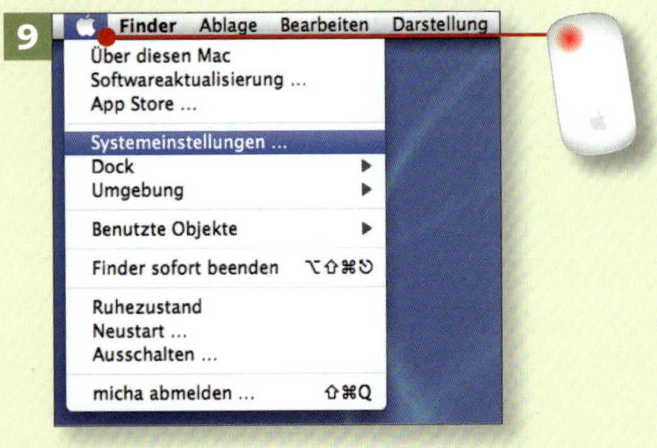

Schritt 7

Für die Steuerung von iTunes können Sie die Tasten F7 (Rückwärts), F8 (Wiedergabe) und F9 (Vorwärts) verwenden. Den Lautsprecher schalten Sie mit F10 stumm. Mit der Taste F11 stellen Sie den Ton leiser und mit F12 lauter. Ein externes Gerät oder ein Medium melden Sie mittels der Auswurftaste ❶ ab.

Schritt 8

Einige Programme, z. B. iTunes, verwenden die Funktionstasten für die Steuerung. Dann müssen Sie zusätzlich zur entsprechenden Funktionstaste die Taste fn ❷ drücken.

Schritt 9

Auch die Tastatur können Sie über die Systemeinstellungen anpassen. Rufen Sie dazu im Apfel-Menü den Punkt **Systemeinstellungen** auf.

Einen Schritt zurück

Eine Tastenkombination, die Sie häufig verwenden werden, ist cmd + Z. Damit können Sie sowohl im Finder als auch in Programmen die vorausgegangene Aktion rückgängig machen.

Schritt 10

Dann klicken Sie auf die Option **Tastatur**, um das gleichnamige Dialogfenster zu öffnen.

Schritt 11

Nun können Sie z. B. über die Schieberegler **Tastenwiederholung** ❸ und **Ansprechverzögerung** die Reaktionsgeschwindigkeit beim Tastendruck einstellen. Es geht hierbei darum, wie schnell das nächste Zeichen erscheint, wenn man eine Taste gedrückt hält.

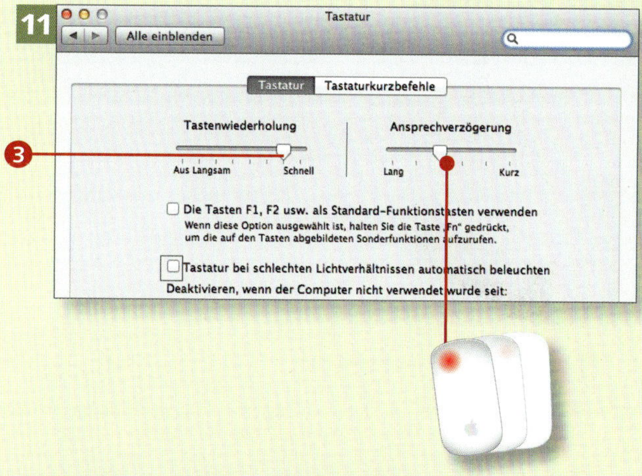

Schritt 12

Wenn Sie Programme nutzen, die sich über die Funktionstasten steuern lassen, können Sie diese Tasten standardmäßig aktivieren, um sich das zusätzliche Drücken der Taste fn zu ersparen. Aktivieren Sie einfach das Kontrollkästchen **Die Tasten F1, F2 usw. als Standard-Funktionstasten verwenden**.

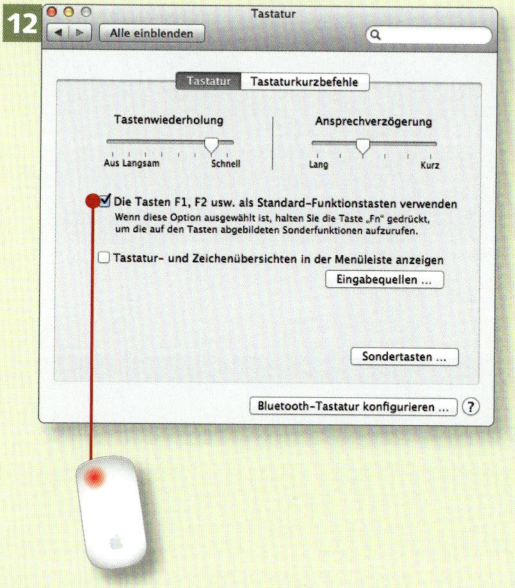

Tipps für Umsteiger von Windows

Apple macht Ihnen den Umstieg von Windows zu OS X Lion so einfach wie möglich. Ein paar Tipps wollen wir Ihnen dennoch geben.

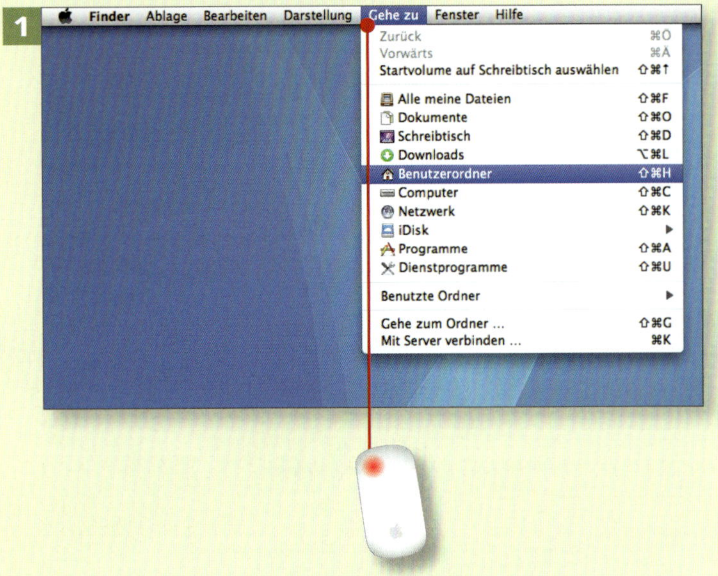

Schritt 1

Analog zum Arbeitsplatz unter Windows, über den Sie z. B. Zugriff auf Ihre Festplatte haben, gibt es beim Mac den *Finder* und seinen *Schreibtisch*, der wiederum in etwa mit dem Desktop vergleichbar ist. Beide öffnen Sie über das Menü **Gehe zu**, oder sie erscheinen direkt auf dem Schreibtisch.

Schritt 2

Während unter Windows der Weg zum Programm meistens über das Startmenü führt, können Sie am Mac Ihre Programme über das *Dock* 1 oder das *Launchpad* 2 starten. In beiden Fällen genügt ein Klick auf das Programmsymbol.

Schritt 3

Das Dock enthält automatisch Programme, Dokumente und Ordner. Dort legt das System außerdem auch die minimierten Finder-Fenster ab. Eine ähnliche Funktion hat unter Windows die Taskleiste, nur dass Sie diese selbst füllen müssen.

Schritt 4

Jedes Fenster enthält auch unter OS X Lion analog zu Windows eine sogenannte *Symbolleiste* ❸. Sie können darin u.a. die Darstellungsart verändern, z.B. auf Listen-, Symbol- oder Spaltenansicht umschalten (siehe dazu den Abschnitt »Der Finder: Zugriff auf Dateien und Ordner« ab Seite 45).

4

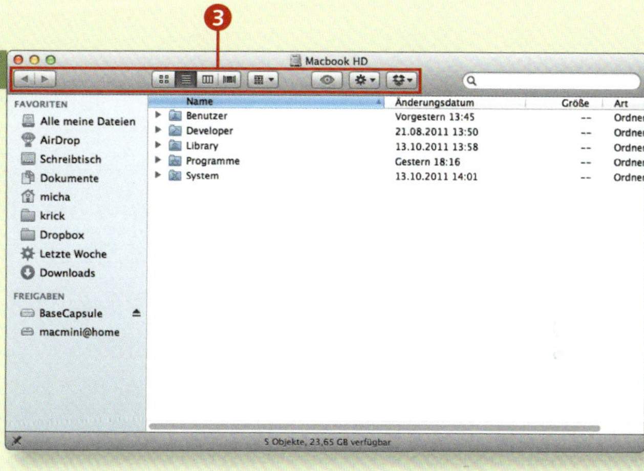

Schritt 5

Die Windows-Systemsteuerung entspricht in weiten Teilen den Systemeinstellungen am Mac. Sie erreichen sie über das Apfel-Menü. Sie können hier Eigenschaften, Funktionsweise und Erscheinungsbild des Systems bestimmen.

5

Schritt 6

Auch am Mac können Sie Dokumente, Inhalte und Ordner über die *Zwischenablage* kopieren und an einer anderen Stelle einsetzen. Am schnellsten erledigen Sie das über die Menüleiste: Markieren Sie das Objekt, und wählen Sie dann **Bearbeiten ▸ [Dateiname] kopieren** bzw. **Bearbeiten ▸ [Dateiname] einsetzen**.

6

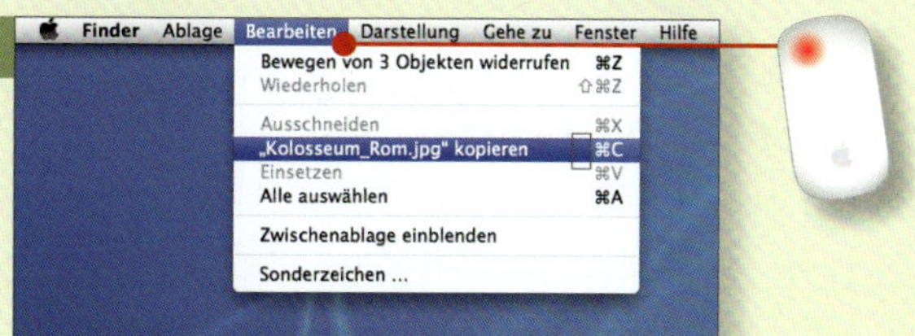

Kopieren und einsetzen über die Tastatur

Sie können auch die Tastenkombinationen [cmd] + [C] zum Kopieren, [cmd] + [X] zum Ausschneiden und [cmd] + [V] zum Einsetzen verwenden.

Kapitel 2
Den Mac richtig bedienen

In dieser Lektion lernen Sie den Aufbau und die Elemente des Betriebssystems OS X Lion näher kennen. Mit dem Finder navigieren Sie zukünftig zielsicher zu Ihren Dateien, und auf dem Schreibtisch organisieren Sie Ihre tägliche Arbeit. Sie lernen auch, wie Sie sich Durchblick im Fenster-Wald schaffen können.

Mithilfe der Seitenleiste ans Ziel
Jedes Finder-Fenster enthält eine Seitenleiste ❶. Darüber können Sie die wichtigsten Verzeichnisse und Ordner direkt anspringen. So erhalten Sie beispielsweise Zugriff auf Ihren **Dokumente**-Ordner im Benutzerverzeichnis. Die Seitenleiste können Sie auf Wunsch auch ausblenden; nutzen Sie dazu das Tastenkürzel `cmd` + `alt` + `S`.

Fensterdarstellung ändern
Die Art und Weise, wie Sie durch die Systemebenen Ihres Macs navigieren, können Sie über die Darstellung des Finder-Fensters beeinflussen. In der Symbol-, Listen- oder Spaltendarstellung bewegen Sie sich mit einem Doppelklick Schritt für Schritt durch die Dateistruktur. Mit der Funktion *Coverflow* ❷, die Sie über `cmd` + `4` aufrufen, blättern Sie durch den Inhalt Ihrer Ordner und erhalten zugleich eine Vorschau der enthaltenen Dokumente.

Übersicht mit Mission Control
Bei der täglichen Arbeit am Mac häuft sich schnell eine Vielzahl von Finder- und Programmfenstern und versperrt den Blick auf den Schreibtisch. Mithilfe von *Mission Control* verschaffen Sie sich wieder Übersicht. Ein Klick auf die Taste `F3` genügt, und alle Fenster werden geordnet in einer Übersicht zusammengefasst ❸.

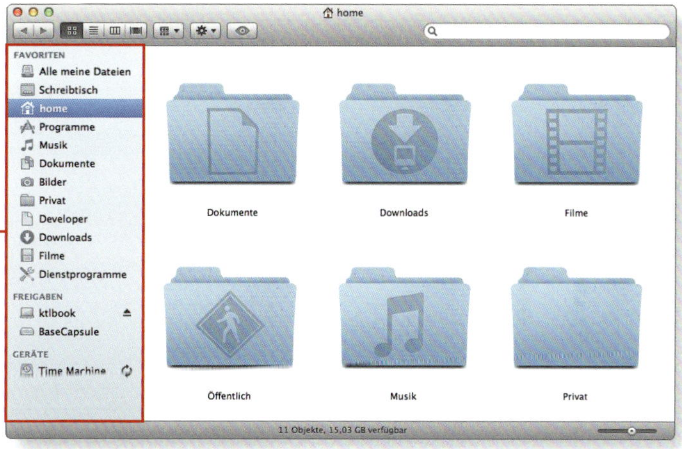

Die Symbole in der Seitenleiste sind der direkte Weg zu den zentralen Verzeichnissen auf Ihrem Mac. 1

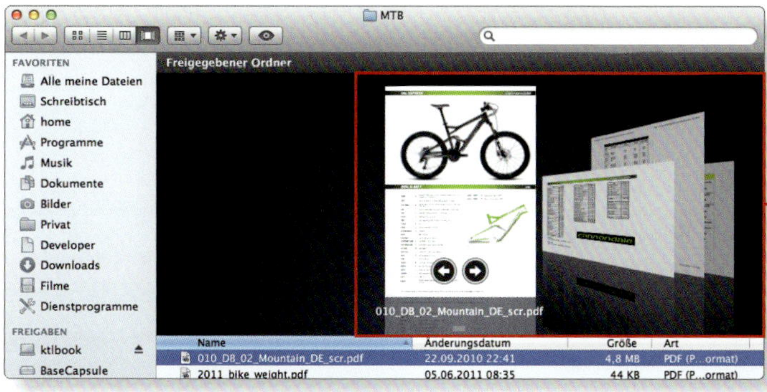

2 In der Coverflow-Ansicht wird Ihnen der Inhalt der Verzeichnisse visuell ansprechend präsentiert.

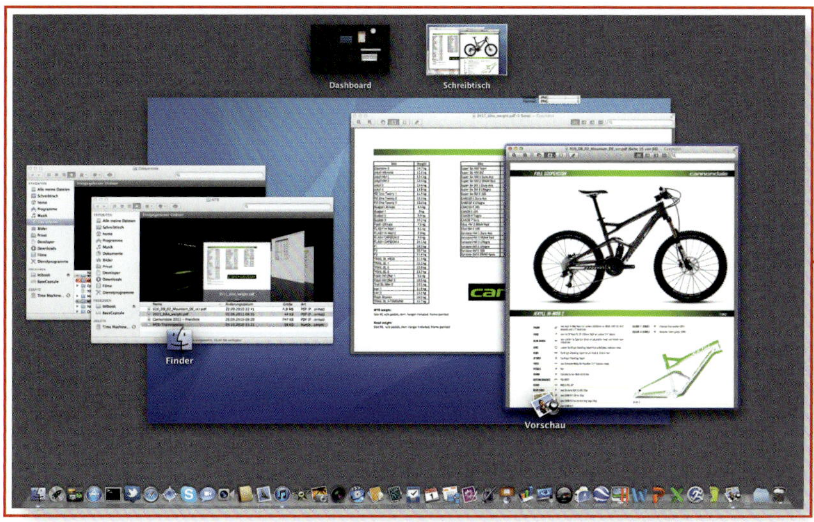

3 Mission Control schafft per Knopfdruck Übersicht auf dem Schreibtisch.

Den Mac ein- und ausschalten

1

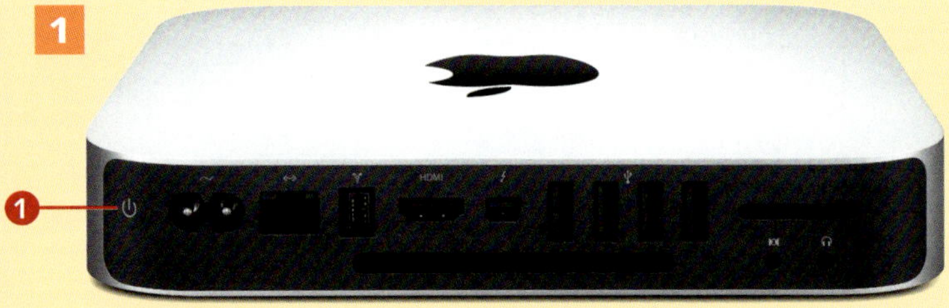

Bevor es mit der Arbeit am Mac losgeht, müssen Sie ihn einschalten. Sie lernen nun auch, wie Sie das System in den Ruhezustand versetzen oder einen Benutzer abmelden.

2

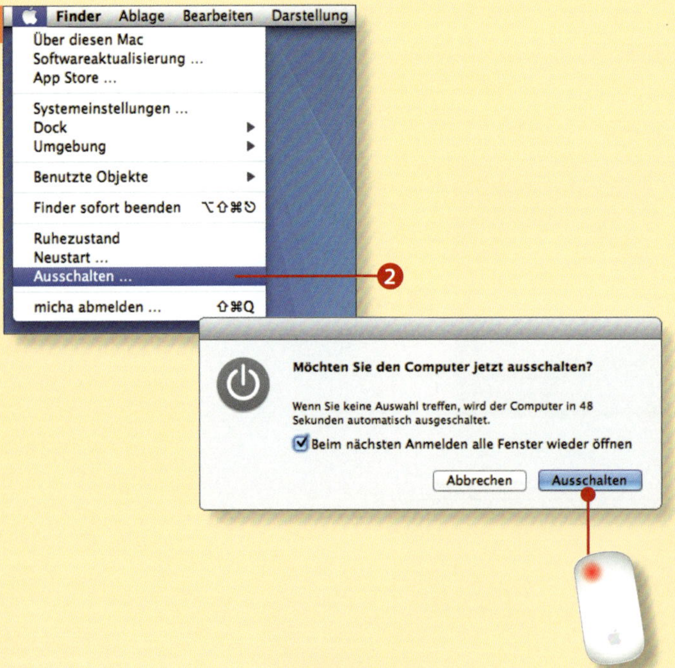

3

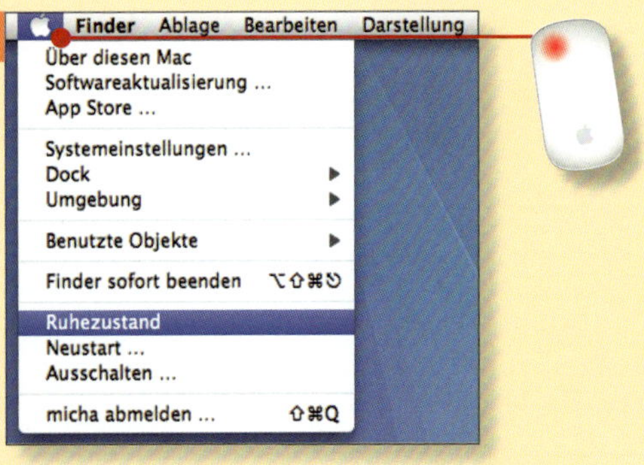

Schritt 1

Jeder Mac hat einen Einschaltknopf ❶, über den Sie das Gerät starten können. Je nach Modell ist der Schalter an unterschiedlichen Stellen zu finden. Am Mac mini finden Sie ihn beispielsweise an der Rückseite.

Schritt 2

Das Ausschalten können Sie bequem über das Apfel-Menü erledigen. Rufen Sie dort den Menüpunkt **Ausschalten** ❷ auf. Das nächste Dialogfenster bestätigen Sie mit **Ausschalten**, daraufhin werden alle Programme beendet, und das System wird heruntergefahren.

Schritt 3

Sie können das System auch in den Ruhezustand versetzen, wenn Sie in naher Zukunft weiterarbeiten und es daher nicht komplett ausschalten möchten. Rufen Sie dazu den Punkt **Ruhezustand** im Apfel-Menü auf. Der Ruhezustand wird beendet, indem Sie die Leertaste drücken.

Schritt 4

Falls Ihr Mac einmal »hängt«, können Sie einen Neustart durchführen. Der Menübefehl **Neustart** ❸ im Apfel-Menü beendet alle Programme und startet das Betriebssystem neu. Bestätigen Sie hierfür das Dialogfenster mit einem Klick auf die Schaltfläche **Neu starten**.

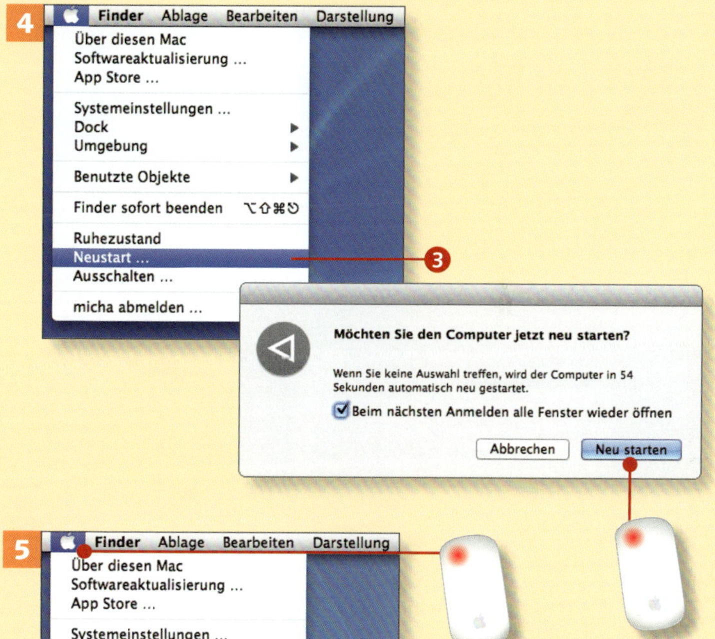

Schritt 5

Sie können auch nur Ihren Benutzer am System abmelden, damit z. B. im Mehrbenutzerbetrieb niemand sonst an Ihre Daten kommt. Rufen Sie dazu das Apfel-Menü und dort den Punkt **[Benutzername] abmelden** auf, oder drücken Sie [cmd] + [⇧] + [Q]. Alle Programme werden beendet, und der aktuelle Benutzer wird abgemeldet.

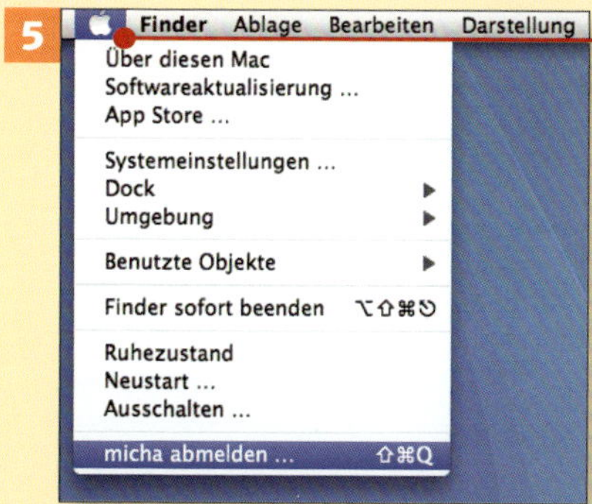

Schritt 6

Über das Anmeldefenster können Sie sich wieder am System anmelden. Wählen Sie den Benutzer mit einem Klick auf das Bild ❹ aus. Geben Sie dann das Kennwort ein, und drücken Sie die [↵]-Taste.

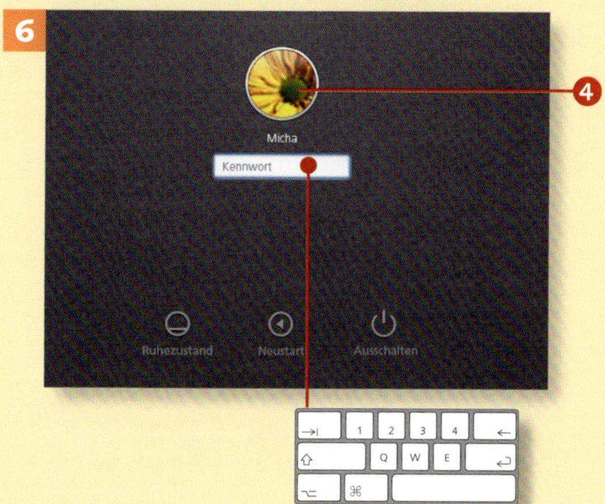

Verschaffen Sie sich einen ersten Überblick

1

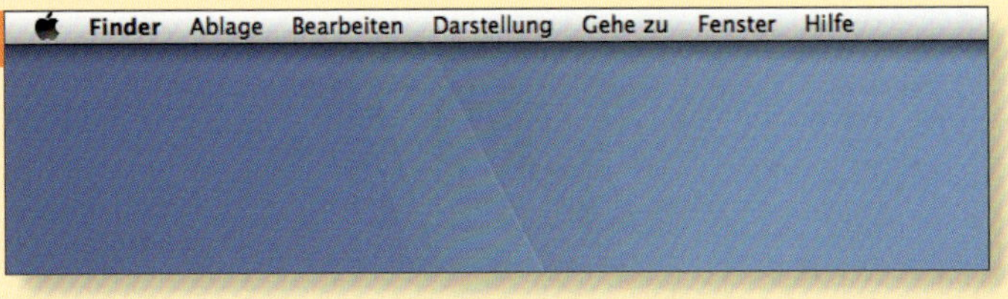

2

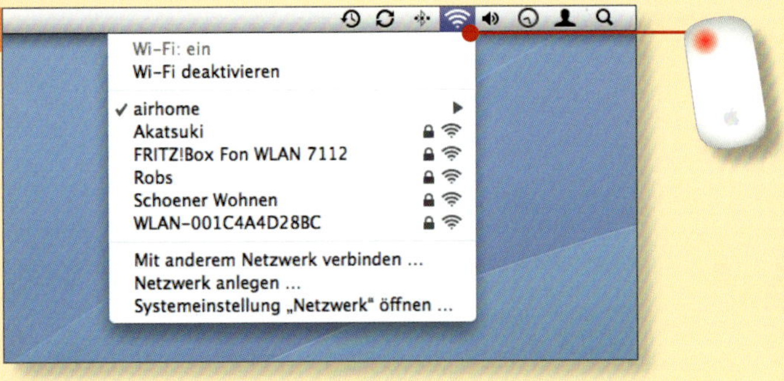

3

Der Finder bildet das Kernstück der Benutzerschnittstelle und ist das Zentrum Ihrer Arbeit mit dem Mac.

Schritt 1

Über die *Menüleiste* oben am Bildschirm haben Sie Zugriff auf die wichtigsten Befehle für den Umgang z. B. mit Dateien oder Finder-Fenstern. Sie umfasst das Apfel-Menü und die Menüs **Finder**, **Ablage**, **Bearbeiten**, **Darstellung**, **Gehe zu**, **Fenster** und **Hilfe**.

Schritt 2

Ganz rechts in der Menüleiste befinden sich einige kleine Symbole für den schnellen Zugriff auf einzelne Funktionen. Über diese sogenannten *Menulets* können Sie z. B. die Uhrzeit abfragen oder die WLAN-Funktion steuern.

Schritt 3

Am unteren Bildschirmrand finden Sie das *Dock*. Es ist eine Kombination aus Programmstarter und Ablageleiste für Dokumente, Ordner, Finder-Fenster etc. Links finden Programme Platz, rechts werden Dokumente, Ordner und Server-Verknüpfungen abgelegt.

Menulets organisieren

Sie können die Menulets organisieren, indem Sie sie mit der Maus anklicken, die Taste [cmd] gedrückt halten und das Menulet an die gewünschte Stelle in der Menüleiste ziehen. Wenn Sie ein Symbol auf den Schreibtisch ziehen, wird es aus der Menüleiste entfernt.

Schritt 4

Im Dock finden Sie ganz rechts auch den *Papierkorb* ❶. Darin sammelt OS X alle gelöschten Dokumente und Ordner. Sie können diese auch wieder herausholen und weiterverwenden, solange Sie den Papierkorb noch nicht entleert haben (siehe dazu den Abschnitt »Dateien löschen und wiederherstellen«, ab Seite 72).

4

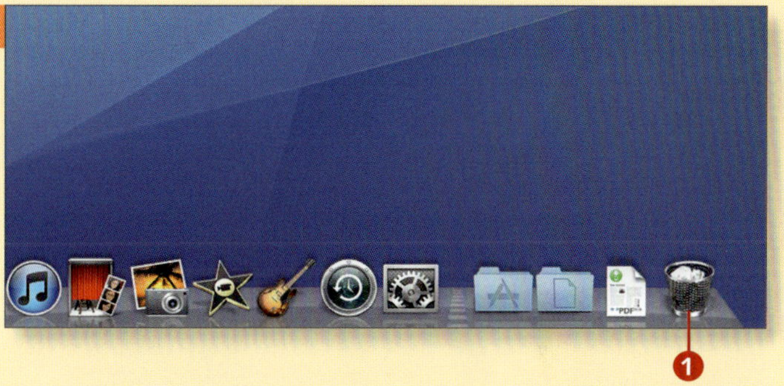

Schritt 5

Auch Ihre Dokumente und Ordner lassen sich im Dock ablegen. Klicken Sie z. B. den Ordner **Wichtiges** mit der Maus an, und ziehen Sie ihn mit gedrückter Maustaste in den rechten Bereich des Docks.

5

Schritt 6

Eine weitere Möglichkeit besteht darin, den Ordner, den Sie ins Dock schieben wollen, anzuklicken ❷ und ihn auf diese Weise zu markieren. Dann wählen Sie im Menü den Eintrag **Ablage ▸ Zum Dock hinzufügen**.

6

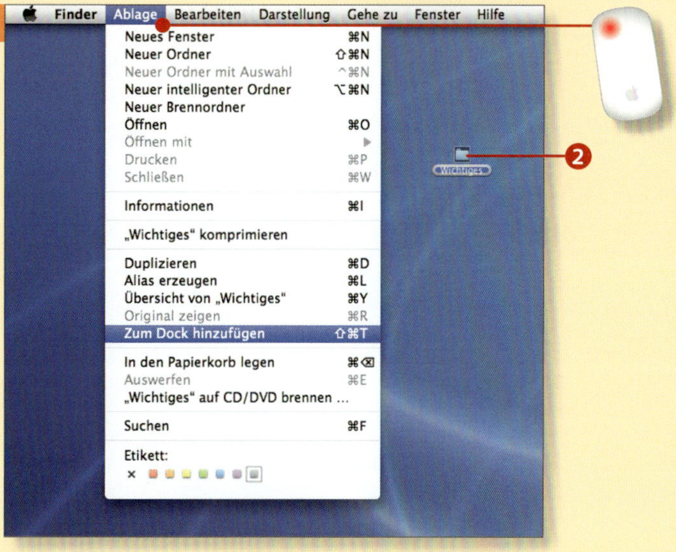

Verschaffen Sie sich einen ersten Überblick (Forts.)

7

8

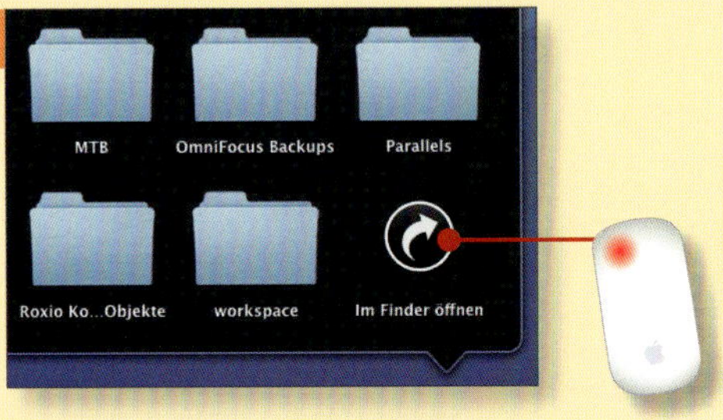

9

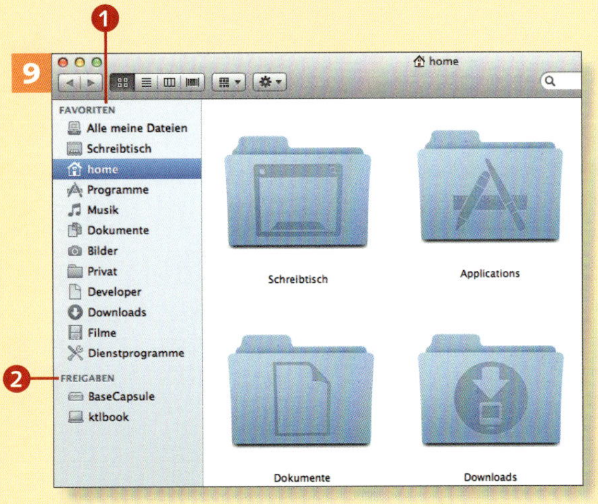

Schritt 7

Wenn Sie auf das Ordnersymbol im Dock klicken, erscheint eine Übersicht – auch *Stapel* genannt – seines Inhalts in einem Vorschaufenster. Sie können hier durch die Ordnerstruktur navigieren.

Schritt 8

Mit einem Klick auf die Schaltfläche **Im Finder öffnen** wird der Originalordner geöffnet.

Schritt 9

Die *Seitenleiste* im Finder-Fenster ist eine weitere Navigationshilfe. Sie ist in die Bereiche **Favoriten** ❶, **Freigaben** ❷ und **Geräte** unterteilt. Über sie können Sie auf Ihren Schreibtisch, Ihr Benutzerverzeichnis, die installierten Programme, Downloads, Dokumente, Filme, Musik, Bilder etc. zugreifen. Klicken Sie einfach auf den entsprechenden Eintrag.

Notfallhilfe

Wenn Ihr System defekt ist, halten Sie beim Start des Macs die Taste alt gedrückt. Wählen Sie die Rettungspartition **Recovery HD** mit der Maus aus, dann startet der Mac mit einem Hilfsbetriebssystem. Sie können das System direkt wiederherstellen, indem Sie beim Start cmd + R gedrückt halten.

Schritt 10

Sie fügen der Seitenleiste einen Ordner hinzu, indem Sie ihn mit der Maus auswählen und dann den Menüeintrag **Ablage ▸ Zur Seitenleiste hinzufügen** aufrufen oder [cmd] + [T] drücken.

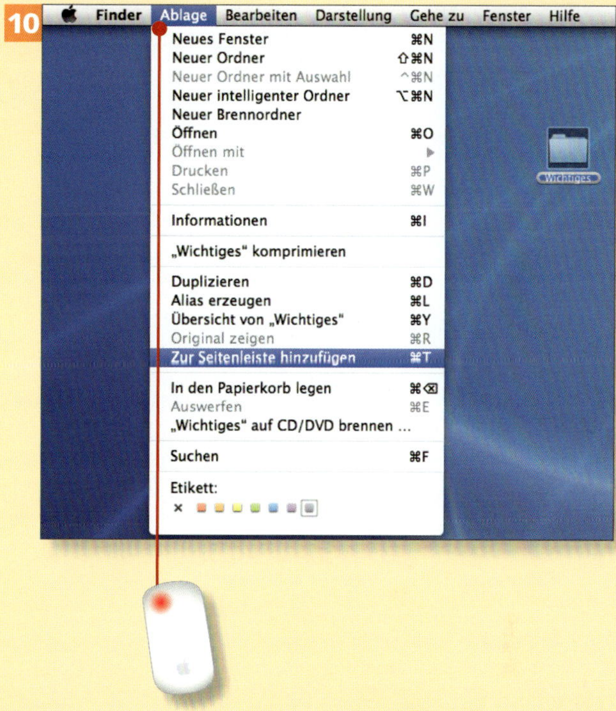

Schritt 11

Um ein Element wieder aus der Seitenleiste zu entfernen, halten Sie die Maustaste und zusätzlich die Taste [cmd] gedrückt und ziehen das Element einfach wieder aus der Leiste heraus.

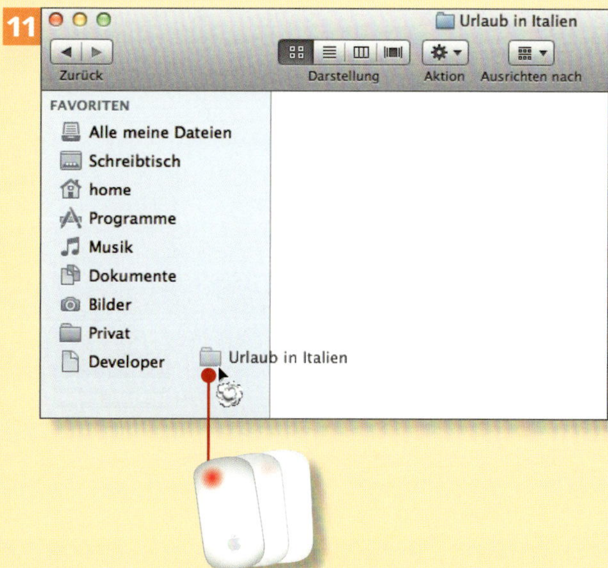

Das Dashboard verwenden

Das *Dashboard* enthält nützliche kleine Programme, sogenannte *Widgets*. Diese nützlichen Helfer, z. B. Taschenrechner, Wettervorhersage oder die Weltuhr, bringen Sie mit der Funktionstaste [F4] auf den Schreibtisch – oder wenn Sie ein Trackpad besitzen, indem Sie mit drei Fingern nach links wischen. Mit dem erneuten Drücken der Taste [F4] oder der gleichen Bewegung auf dem Trackpad nach rechts schließen Sie das Dashboard wieder.

Was ist wo am Mac?

OS X Lion ist in unterschiedliche Hierarchien aufgeteilt und trennt Benutzerdateien, Dokumente und Programme strikt von Systemdaten.

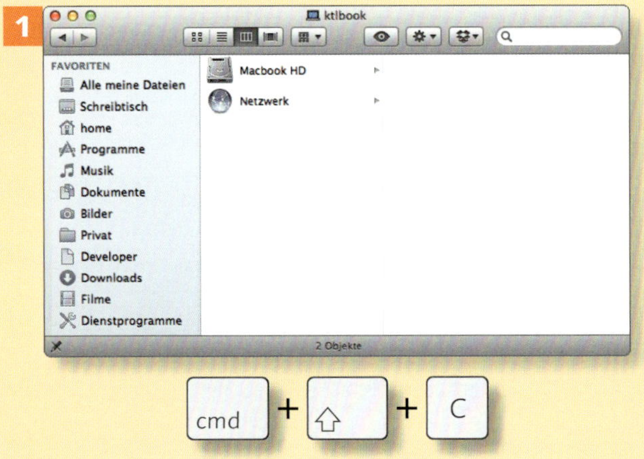

Schritt 1

Die unterste Ebene ist die *Computerebene*. Sie rufen sie über **Gehe zu ▸ Computer** oder mit cmd + ⇧ + C auf.

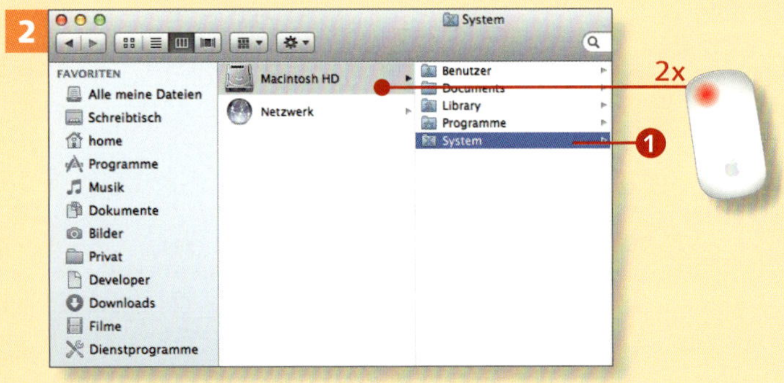

Schritt 2

Mit einem Doppelklick auf **Macintosh HD** kommen Sie eine Ebene höher. Dort finden Sie den Ordner **System** ❶. Dieser enthält alle für den Start und den Betrieb von OS X notwendigen Dateien. An diesem Ordner sollten Sie nichts ändern.

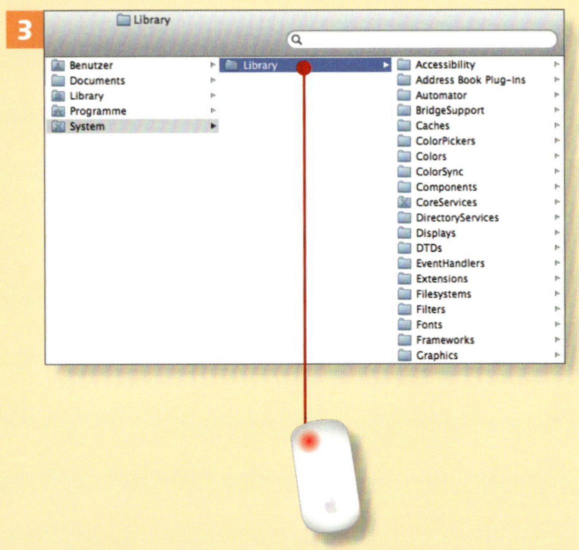

Schritt 3

Im Ordner **System** liegt der Ordner **Library**. Sie öffnen ihn mit einem Doppelklick. Er enthält die installierten Schriften, Internet-Plugins und andere für den Betrieb notwendige Dateien oder Einstellungen. Auch hier sollten Sie nichts verändern und keine eigenen Dateien ablegen.

Schritt 4

Das *Programmverzeichnis* ❷ enthält alle auf Ihrem Rechner installierten Programme und Anwendungen. Sie gelangen über den Menüpunkt **Gehe zu ▸ Programme** oder über die Tastenkombination cmd + ⇧ + A dorthin.

Schritt 5

Die Werkzeuge zur Verwaltung des Systems sind die *Dienstprogramme*. Sie finden sie im Verzeichnis **Dienstprogramme** ❸. Sie gelangen direkt über das Menü **Gehe zu ▸ Dienstprogramme** dorthin. Alternativ können Sie auch die Tastenkombination cmd + ⇧ + U verwenden.

Schritt 6

Alle Ihre Daten, z. B. Dokumente, Bilder oder Musik, liegen im geschützten Benutzerverzeichnis ❹ (das Ihren Benutzernamen trägt). Dorthin springen Sie direkt mit einem Klick auf die Seitenleiste, den Menübefehl **Gehe zu ▸ Benutzerordner** oder die Tastenkombination cmd + ⇧ + H.

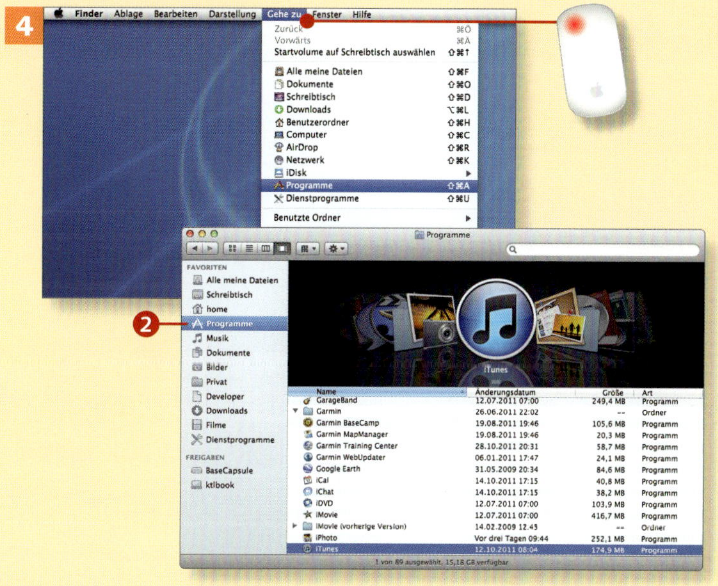

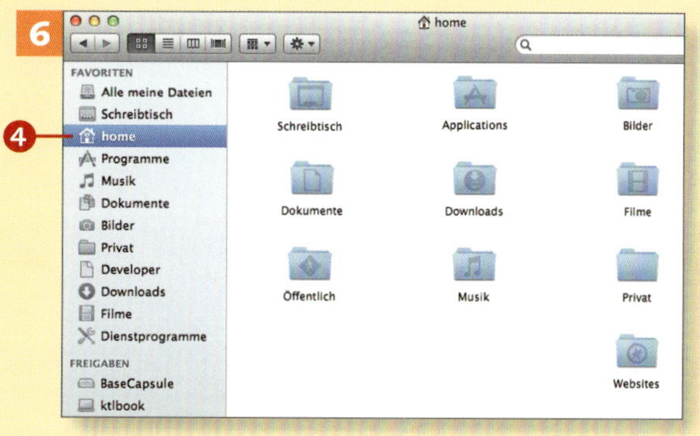

Was ist wo am Mac? (Forts.)

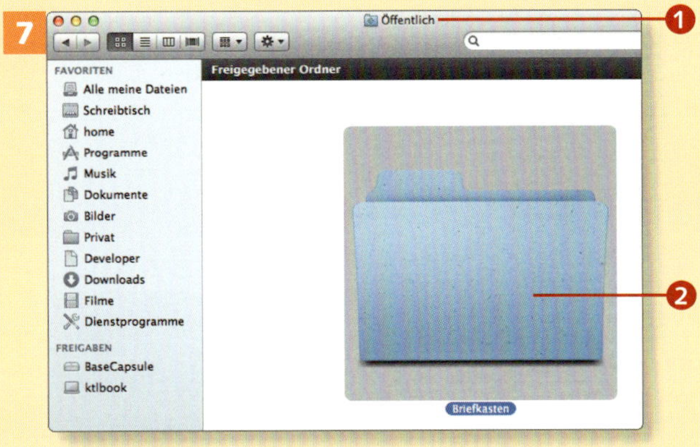

Schritt 7

Ihr Benutzerverzeichnis beherbergt auch den Ordner **Öffentlich** ❶. Alle Dateien, die Sie in das dort liegende Verzeichnis **Briefkasten** ❷ kopieren, werden für andere Nutzer im Netzwerk freigegeben, wenn Sie einen solchen Gastzugriff gewährt haben (siehe dazu den Abschnitt »Macs untereinander verbinden« ab Seite 94). Andere Nutzer können dann auch Dateien hineinlegen.

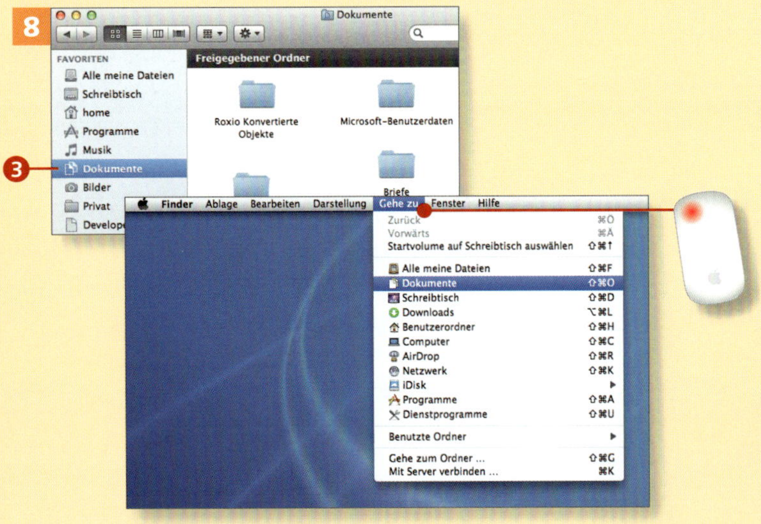

Schritt 8

Ihr Benutzerverzeichnis enthält weitere Ordner. Standardmäßig werden Textdateien im Ordner **Dokumente** ❸ abgelegt. Der Ordnung halber sollten Sie dort auch selbst erstellte Dokumente speichern. Um das Verzeichnis zu öffnen, wählen Sie **Gehe zu ▸ Dokumente** oder drücken [cmd] + [⇧] + [O].

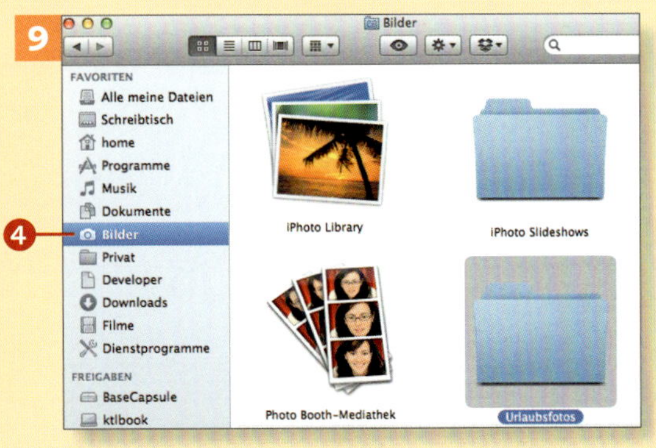

Schritt 9

In das Verzeichnis **Bilder** ❹ legt u.a. das Programm iPhoto seine Bilder-Bibliothek ab (siehe dazu Kapitel 10, »Fotos sortieren und bearbeiten – iPhoto«, ab Seite 220). Sie können dort aber auch nach Belieben eigene Fotos ablegen.

Schritt 10

Der Ordner **Filme** ❺ enthält Video- und Projektdateien von iMovie. Aber auch hier können Sie eigene Filme ablegen und so Ordnung in Ihre Dateien bringen.

Schritt 11

Im Ordner **Musik** ❻ finden Sie u. a. Ihre von iTunes verwaltete Musik (siehe Kapitel 11, »Musik verwalten und genießen – iTunes«, ab Seite 266). Sie liegt dort im gleichnamigen Ordner **iTunes** ❼. Auch das Musikprogramm GarageBand legt dort Ihre Kompositionen ab. Analog zu den anderen Ordnern auf dieser Ebene können Sie natürlich auch hier eigene Dateien ablegen.

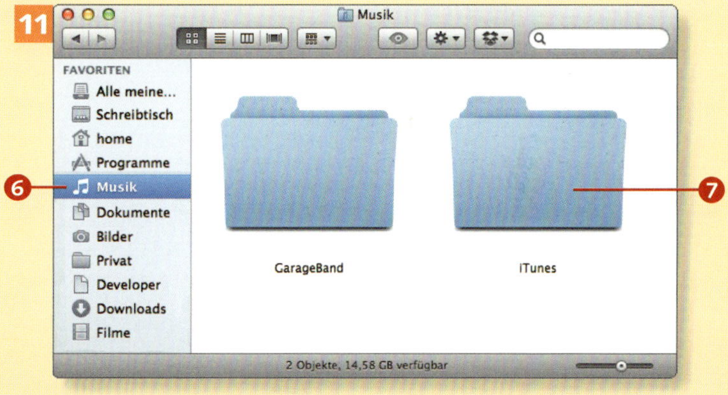

Schritt 12

Wenn Sie mit Safari etwas aus dem Internet herunterladen (siehe den Abschnitt »Webseiten mit Safari anrufen« ab Seite 144), werden diese Dateien im Ordner **Downloads** in Ihrem Benutzerverzeichnis gespeichert. Sie öffnen ihn über **Gehe zu ▸ Downloads**. Alternativ können Sie das Tastenkürzel `cmd` + `alt` + `L` verwenden oder den Punkt **Downloads** ❽ in der Menüleiste anklicken.

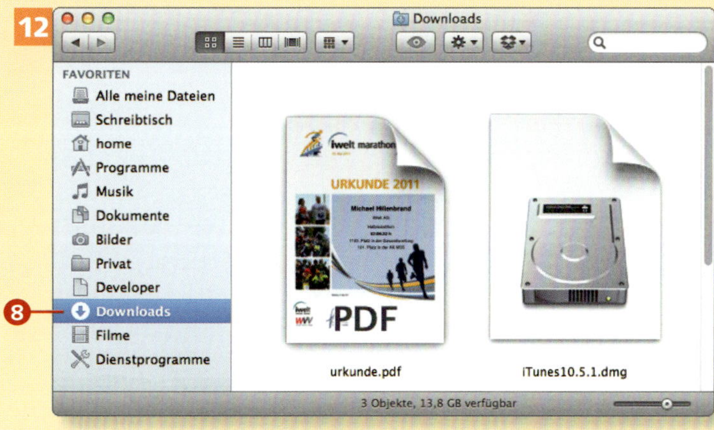

13

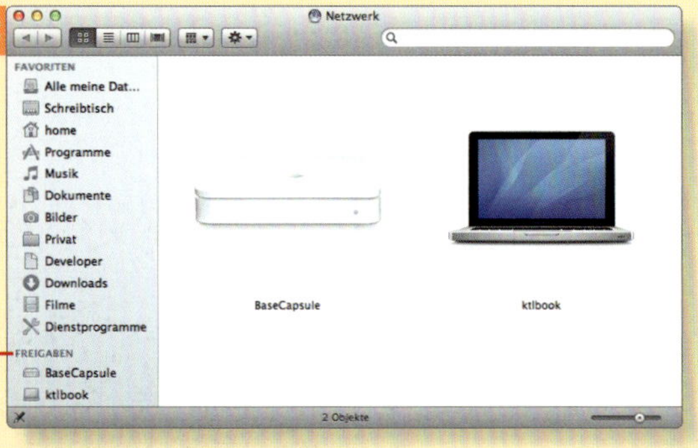

Schritt 13

Über **Gehe zu ▸ Netzwerk** bzw. mit cmd + ⇧ + K können Sie gegebenenfalls auf freigegebene Netzwerkressourcen, z. B. andere Rechner oder Festplatten, zugreifen. Alternativ erreichen Sie sie über die Seitenleiste im Bereich **Freigaben** ❶.

14

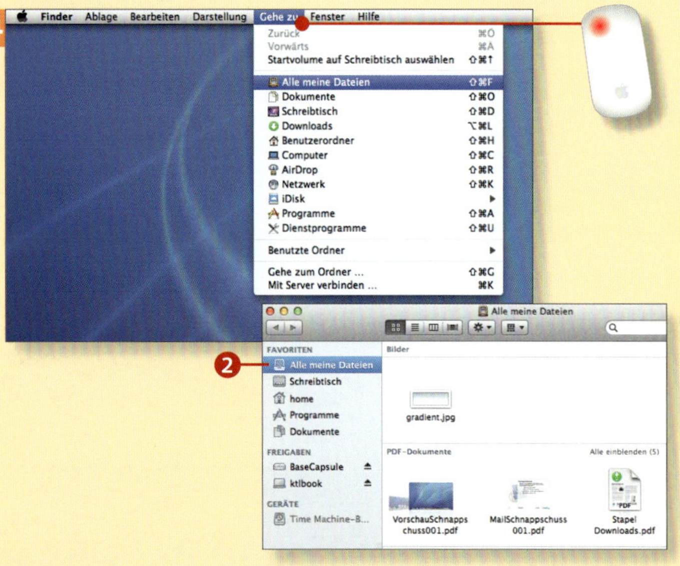

Schritt 14

Einen schnellen Überblick mit einer kleinen Vorschau auf alle von Ihnen angelegten Dateien finden Sie unter **Gehe zu ▸ Alle meine Dateien** oder mit cmd + ⇧ + F. Sie können auch hier das Symbol in der Seitenleiste ❷ benutzen. Erstellen Sie ein neues Dokument, wird es automatisch diesem Bereich hinzugefügt.

15

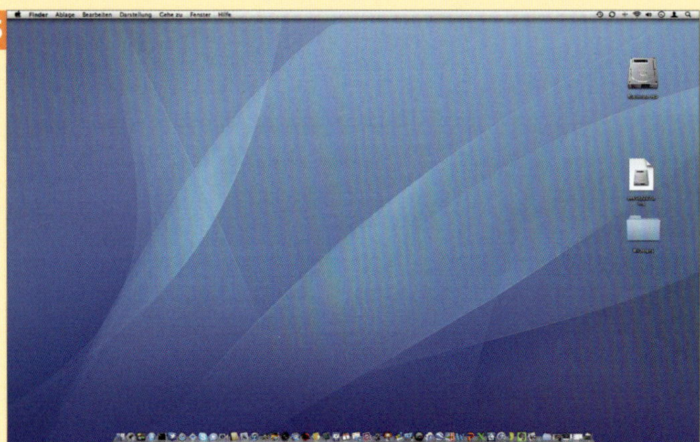

Schritt 15

Der *Schreibtisch* ist die zentrale Stelle für Ihre tägliche Arbeit. Hier können Sie Ihre Dateien und Ordner ebenfalls organisieren und sie nach Belieben anordnen.

Eigene Ordner anlegen

Sie können auf der Ebene des Benutzerverzeichnisses eigene Ordner anlegen und sich so eine individuelle Organisationsstruktur aufbauen. Wählen Sie dazu **Ablage ▸ Neuer Ordner**, oder drücken Sie cmd + ⇧ + N.

Schritt 16

Wählen Sie **Darstellung ▸ Darstellungsoptionen einblenden** oder cmd + J, um die Darstellung auf dem Schreibtisch zu ändern.

Schritt 17

Im Dialogfenster können Sie mithilfe des Schiebereglers **Symbolgröße** die Größe der Dokument- und Ordnersymbole einstellen. Der Abstand zwischen den Objekten lässt sich über den Schieberegler **Gitterabstand** ❸ anpassen.

Schritt 18

Sie können auch bestimmen, ob der Ordnername unter oder neben ❹ dem Ordner stehen und wie groß die Schrift des Ordnernamens sein soll. Im Beispiel wurden für eine bessere Lesbarkeit **14 Pt.** gewählt.

16
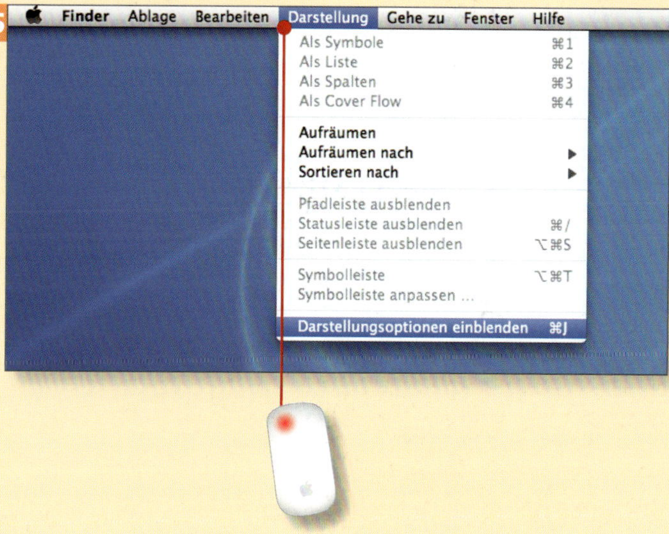

17
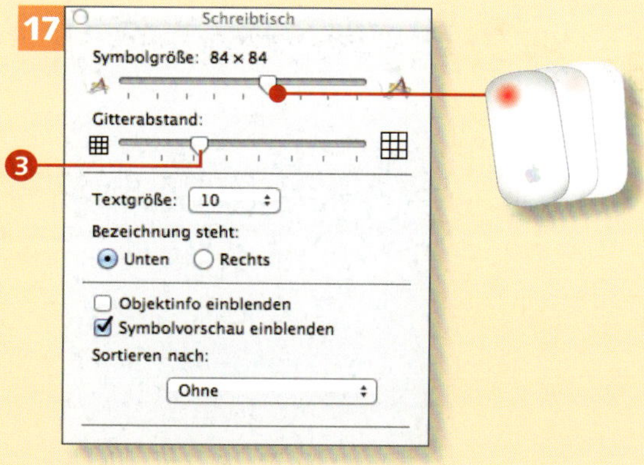

18
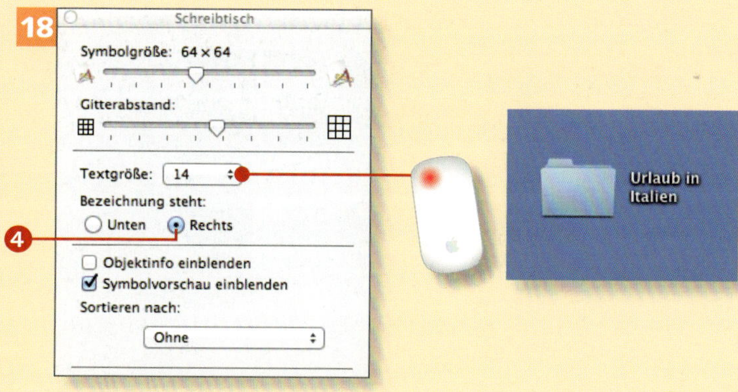

Auf dem Schreibtisch speichern

Wenn Sie mit einem Programm wie Pages arbeiten, können Sie Dateien direkt auf dem Schreibtisch speichern. Wählen Sie dazu im **Speichern**-Dialog unter **Ort** die Option **Schreibtisch**. Noch schneller geht's mit dem Tastenkürzel cmd + D.

So passen Sie Ihren Schreibtisch an

Beim Blick auf den Monitor steht meist der Schreibtisch von OS X im Vordergrund. Wie Sie seinen Hintergrund ändern und ihn mit Bildern und Mustern versehen, zeigen wir Ihnen nun.

1

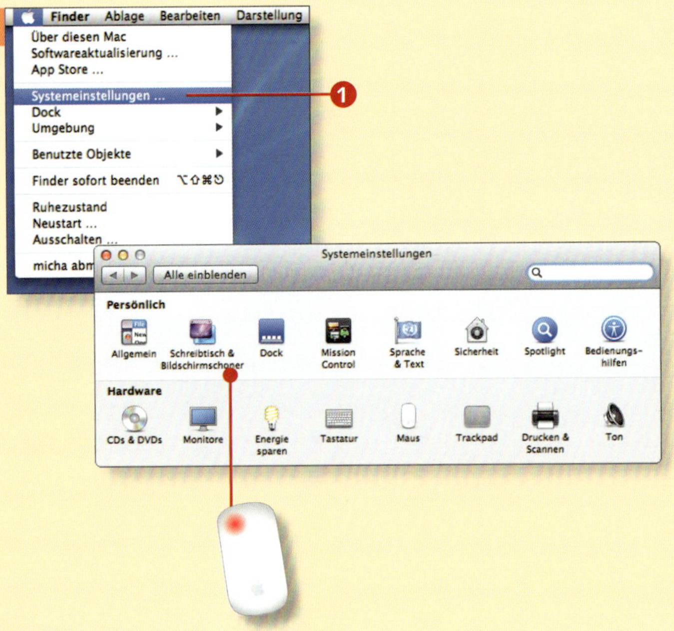

2

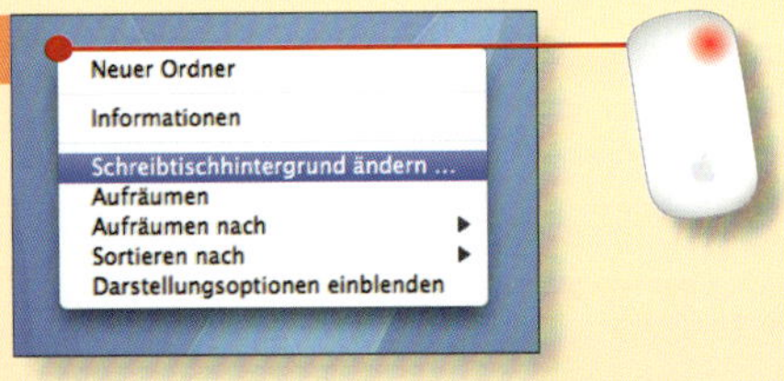

3

Schritt 1

Als Hintergrund für den Schreibtisch können Muster oder auch eigene Bilder dienen. Rufen Sie dazu über das Apfel-Menü den Punkt **Systemeinstellungen** ❶ auf, und wählen Sie anschließend die Option **Schreibtisch & Bildschirmschoner**.

Schritt 2

Sie können auch direkt zu den Hintergrundeinstellungen wechseln, indem Sie mit der rechten Maustaste auf den Schreibtisch klicken. Im Kontextmenü wählen Sie dann **Schreibtischhintergrund ändern**.

Schritt 3

Im zugehörigen Dialog können Sie dann mit einem Mausklick ein Hintergrundbild auswählen, z. B. **Andromeda Galaxy** aus dem Ordner **Apple ▸ Hintergrundbilder** ❷. Über das Vorschaufenster können Sie die Darstellung überprüfen.

Schritt 4

Klicken Sie auf das kleine Dreieck vor dem Punkt **iPhoto** ❸, um den Ordner zu öffnen. Hier haben Sie Zugriff auf die Unterordner **Ereignisse**, **Fotos**, **Gesichter** und **Orte** (siehe dazu Kapitel 10, »Fotos sortieren und bearbeiten – iPhoto«, ab Seite 220). Mit einem Doppelklick übernehmen Sie ein Bild als Hintergrundbild.

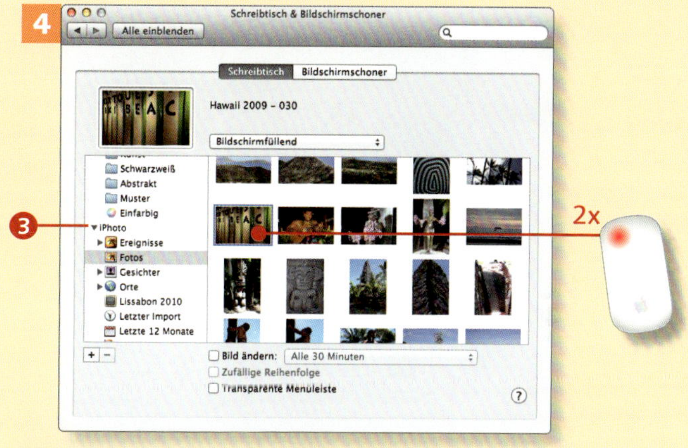

Schritt 5

Sie können das Hintergrundbild auch in regelmäßigen Intervallen wechseln lassen. Auf diese Art lassen Sie alle Bilder eines iPhoto-Albums im Hintergrund ablaufen. Markieren Sie dazu das Kontrollkästchen **Bild ändern**, und wählen Sie aus der Liste rechts daneben ein Intervall aus, z. B. **Alle 30 Minuten**.

Schritt 6

Falls Sie eine Fotosammlung für den neuen Hintergrund in einem eigenen Ordner abgelegt haben, können Sie diesen als Quelle hinzufügen. Klicken Sie dazu auf das Plus ❹ unterhalb der linken Spalte, und markieren Sie im zugehörigen Dialog den passenden Speicherort ❺. Mit einem Klick auf **Auswählen** wird der Ordner übernommen.

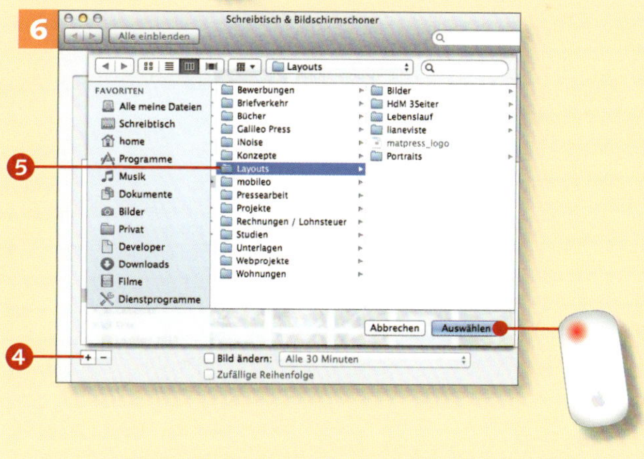

Das Dock individuell einrichten

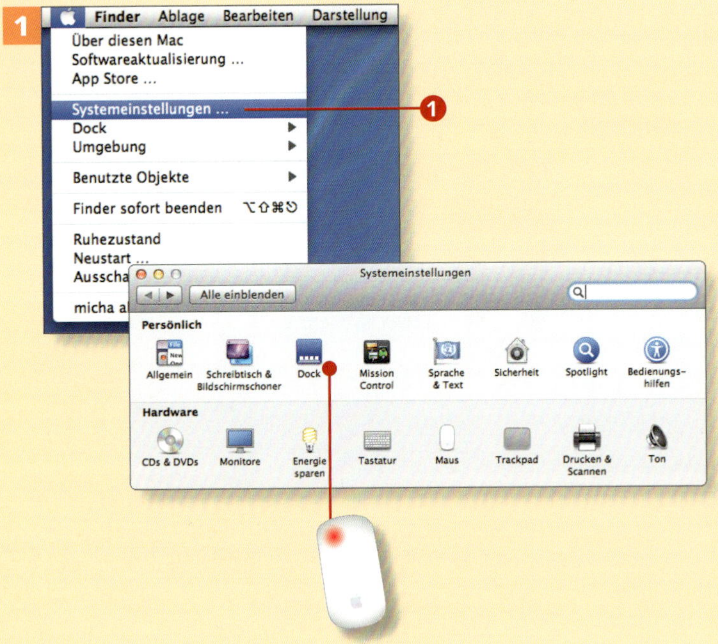

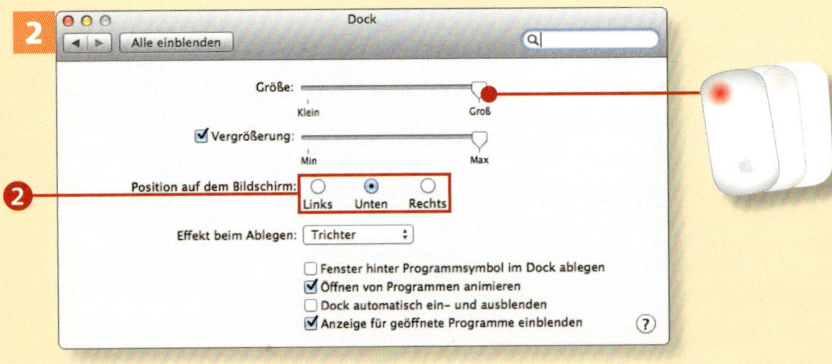

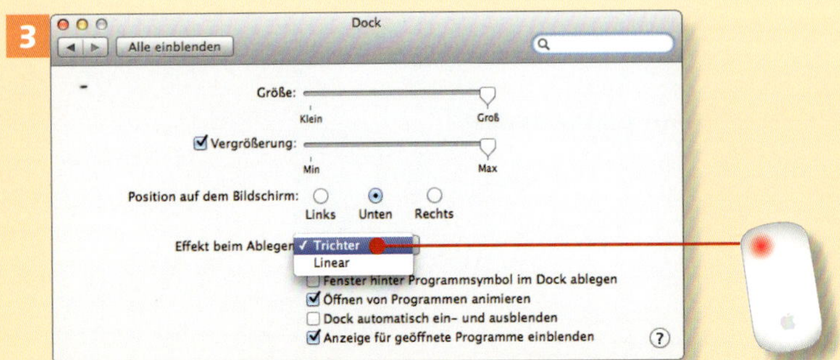

Das Verhalten des Docks können Sie individuell und nach Ihren Bedürfnissen einstellen. Neben seiner Position lassen sich auch die mit ihm verbundenen Effekte festlegen.

Schritt 1

Sie haben Zugriff auf die Dock-Einstellungen über den Punkt **Systemeinstellungen** ❶ im Apfel-Menü. Wählen Sie anschließend die Option **Dock**.

Schritt 2

Im Dialog **Dock** können Sie die Position ❷ des Docks festlegen: **Links**, **Unten** oder **Rechts**. Ebenso ist es möglich, die Größe der Programm- und Dokumentsymbole im Dock zu bestimmen. Nutzen Sie dazu den Schieberegler **Größe**.

Schritt 3

Zu guter Letzt lässt sich auch der Zoomeffekt des Docks verändern, wenn Sie auf den unteren Pfeil am Feld **Effekt beim Ablegen** klicken. So bestimmen Sie, in welcher Form ein Programmfenster oder Dokument im Dock abgelegt wird. Zur Wahl stehen hier die Optionen **Trichter** oder **Linear**.

Der Finder: Zugriff auf Dateien und Ordner

Der Finder eröffnet Ihnen die Wege zu Ihren Dateien, Ordnern und Programmen und bietet Zugriff auf zentrale Funktionen.

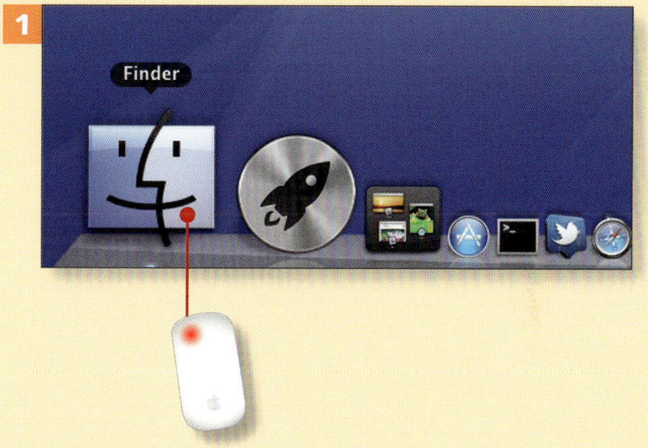

Schritt 1

Zum Finder können Sie wechseln, indem Sie auf das Symbol **Finder** im Dock klicken. Dabei verhält sich der Finder wie jedes andere Programm – nur dass er nicht erst gestartet werden muss.

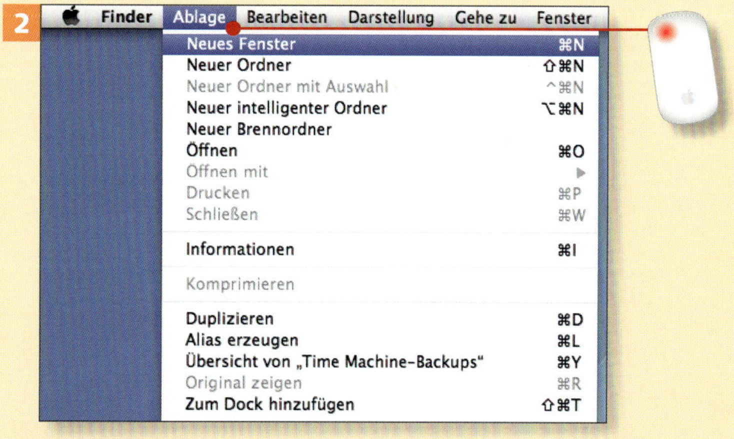

Schritt 2

Die Finder-Fenster sind die zentralen Zugänge zu Dateien und Verzeichnissen in OS X. Um ein neues Fenster zu öffnen, verwenden Sie den Menübefehl **Ablage ▸ Neues Fenster** oder das Tastenkürzel cmd + N.

Schritt 3

Jedes Finder-Fenster umfasst zentrale Bedien- und Navigationselemente. Ein Klick auf die rote Schaltfläche ❸ oder das Drücken von cmd + W schließt das Fenster, mit dem gelben Symbol ❹ oder cmd + M legen Sie es im Dock ab, und die grüne Schaltfläche ❺ maximiert das Fenster auf Bildschirmgröße.

Der Finder: Zugriff auf Dateien und Ordner (Forts.)

Schritt 4

Auch die *Symbolleiste* ist Bestandteil eines jeden Finder-Fensters. Mit ihren Schaltflächen lässt sich die Fensteransicht verändern. Zur Wahl stehen die Standardoption **Symbole** ❶, **Liste** ❷, **Spalte** ❸ und **Coverflow** ❹. Die entsprechenden Tastenbefehle sind cmd + 1, cmd + 2, cmd + 3 und cmd + 4.

Schritt 5

Mit **Liste** wird der Fensterinhalt übersichtlich sortiert. Sie können diese Ansicht über die Schaltfläche in der Symbolleiste, aber auch über den Menübefehl **Darstellung ▸ Als Liste** oder mit cmd + 2 aufrufen. Die Ordnerinformationen werden in Spalten angezeigt. Mit einem Klick auf den Spaltenkopf ❺ lässt sich die Liste der Elemente umsortieren. Ein kleines Dreieck ❻ zeigt die Sortierrichtung an.

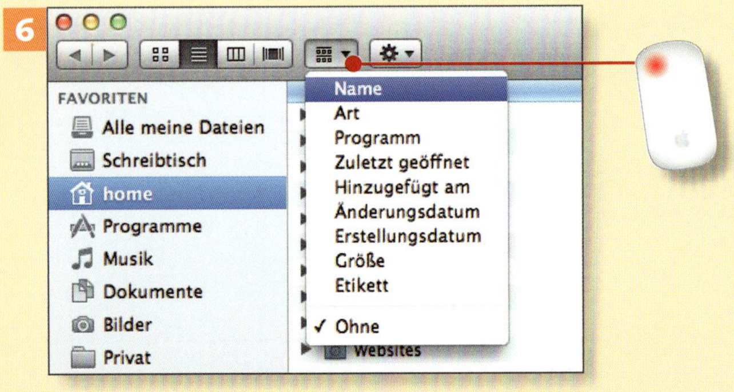

Schritt 6

Über die **Sortieren**-Schaltfläche nehmen Sie Einfluss auf die Ordnung im Finder-Fenster. Klicken Sie darauf, und wählen Sie das Sortierkriterium im zugehörigen Aufklappmenü.
Sie können die Elemente z. B. nach **Name**, **Art** oder **Größe** sortieren lassen.

Schritt 7

Die Seitenleiste ermöglicht es Ihnen, die wichtigsten Verzeichnisse und Ordner von OS X direkt anzusteuern. Wenn Sie dort z. B. auf den Ordner **Dokumente** klicken, wird sein Inhalt direkt rechts im Finder-Fenster angezeigt.

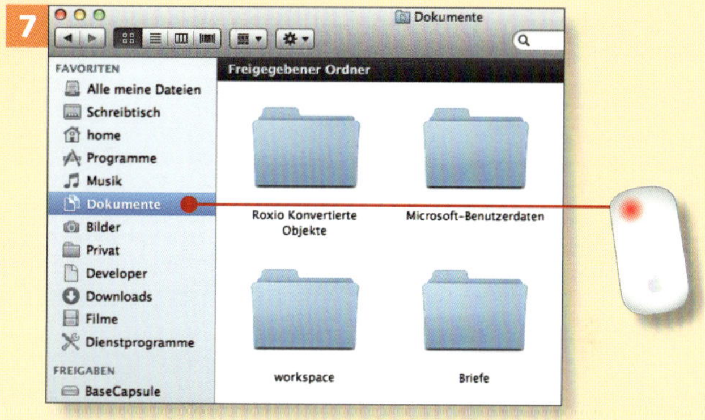

Schritt 8

Lassen Sie sich eine Vorschau auf eine Datei anzeigen, indem Sie sie markieren und dann auf das Augensymbol klicken. Alternativ können Sie die Datei auswählen und die Leertaste drücken. So bekommen Sie einen Überblick über ihren Inhalt, ohne sie öffnen zu müssen.

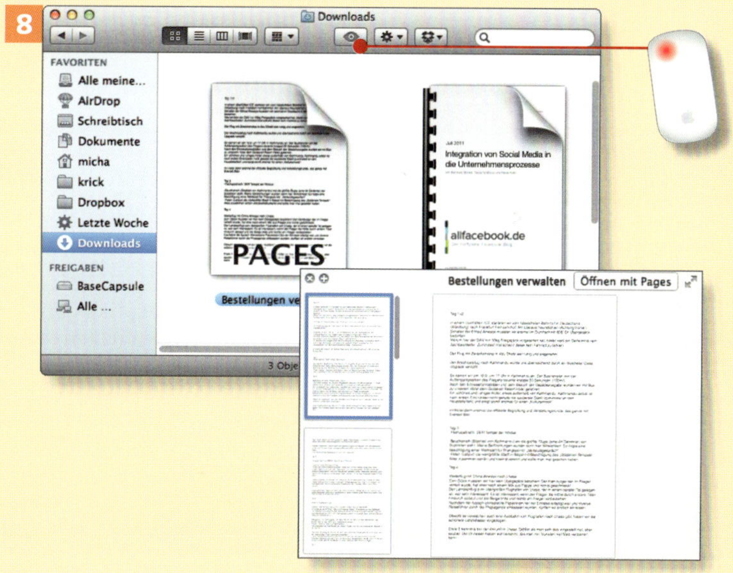

Schritt 9

Das Aufklappmenü, das Sie mit einem Klick auf die Zahnrad-Schaltfläche aufrufen, bietet direkten Zugriff auf wichtige Befehle. Darüber können Sie u. a. einen neuen Ordner, Dateiinformationen oder Darstellungsoptionen aufrufen.

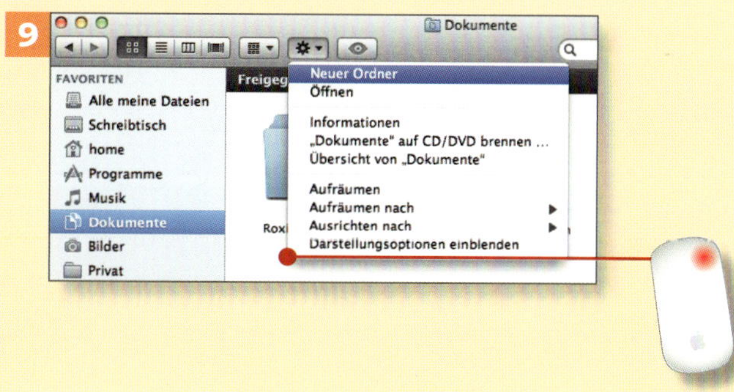

Finder-Fenster anpassen

Damit die Anzeige der Finder-Fenster genauso individuell wird, wie es Ihre Arbeitsmethoden sind, können Sie den Finder anpassen.

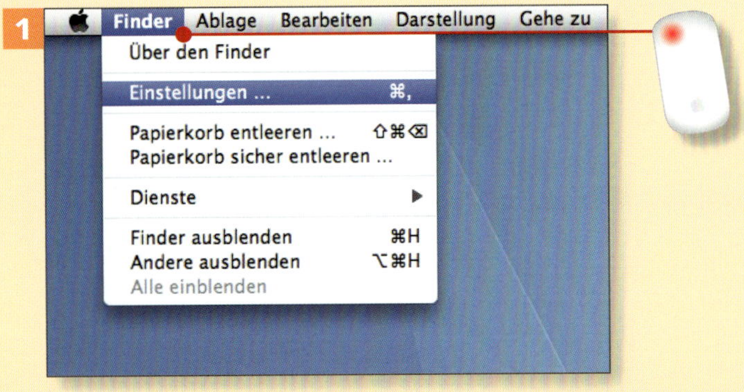

Schritt 1

Das Dialogfenster **Finder-Einstellungen** rufen Sie über den Menüpunkt **Finder ▸ Einstellungen** auf. Alternativ drücken Sie die Tastenkombination cmd + ,.

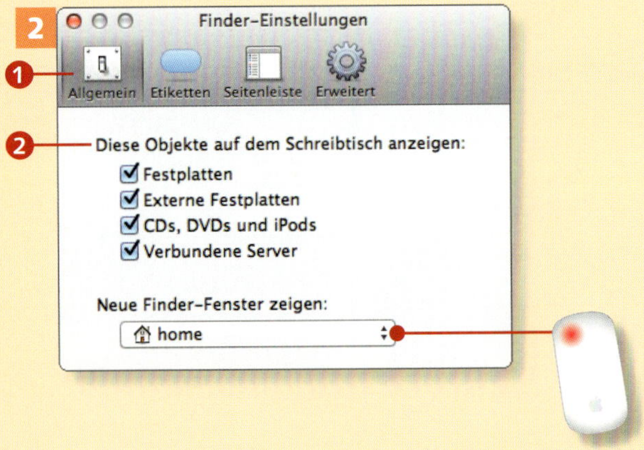

Schritt 2

Im Bereich **Allgemein** ❶ wählen Sie mit den Optionen unter **Diese Objekte auf dem Schreibtisch anzeigen** ❷, welche Symbole auf dem Schreibtisch zu sehen sind. Aus der Liste des Feldes **Neue Finder-Fenster zeigen** können Sie wählen, mit welcher Navigationsebene das Fenster geöffnet werden soll.

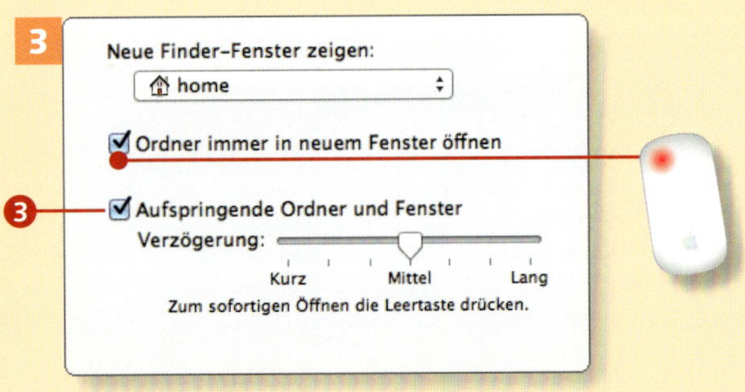

Schritt 3

Wenn Sie das Kontrollkästchen **Ordner immer in neuem Fenster öffnen** aktivieren, öffnet sich bei einem Klick auf einen Ordner automatisch ein neues Fenster. Mit **Aufspringende Ordner und Fenster** ❸ stellen Sie ein, dass diese sich öffnen, sobald Sie ein Dokument oder einen Ordner darüberziehen.

Schritt 4

Mit *Etiketten* zeichnen Sie Ordner und Dokumente aus. Im Bereich **Etiketten** ❹ können Sie ihre Namen verändern. Setzen Sie einfach den Mauszeiger in ein Feld, und überschreiben Sie die Standardbezeichnung mit einem passenden Begriff, z. B. »Bearbeiten«.

Schritt 5

Im Bereich **Seitenleiste** ❺ können Sie mit einem Mausklick auf das jeweilige Kontrollkästchen festlegen, welche Elemente in der Seitenleiste in den Abschnitten **Favoriten**, **Freigaben** und **Geräte** angezeigt werden.

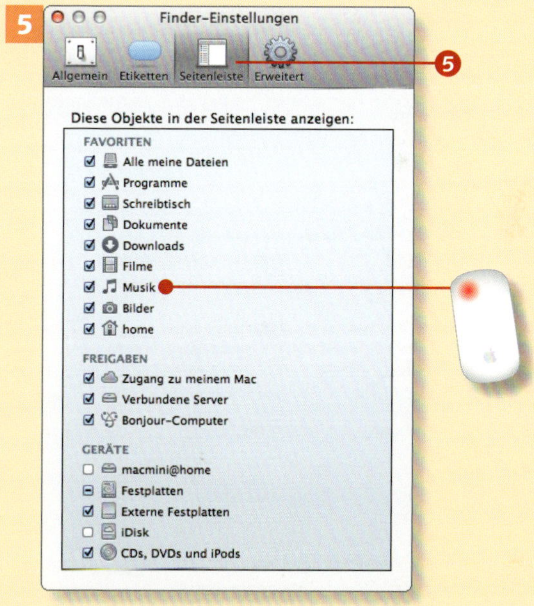

Schritt 6

Jede Datei hat eine Endung (*Suffix*), z. B. *.doc* oder *.mov*, über die man sie einem Programm zuordnen kann. Um sie einzublenden, aktivieren Sie das Kontrollkästchen **Alle Dateinamensuffixe einblenden** im Bereich **Erweitert** ❻.

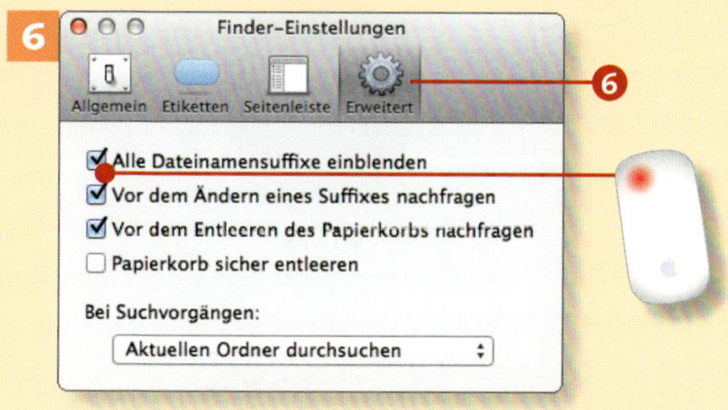

Das Erscheinungsbild ändern
Im Apfel-Menü können Sie über **Systemeinstellungen ▸ Allgemein ▸ Erscheinungsbild** u. a. die Farben ändern, die OS X für Steuerelemente, Menüs und Fenster oder für die Textauswahl verwendet.

Navigieren durch OS X Lion

Um schnell an den Speicherort von Programmen und Dateien zu gelangen, bietet OS X unterschiedliche Wege durch die Finder-Fenster.

1

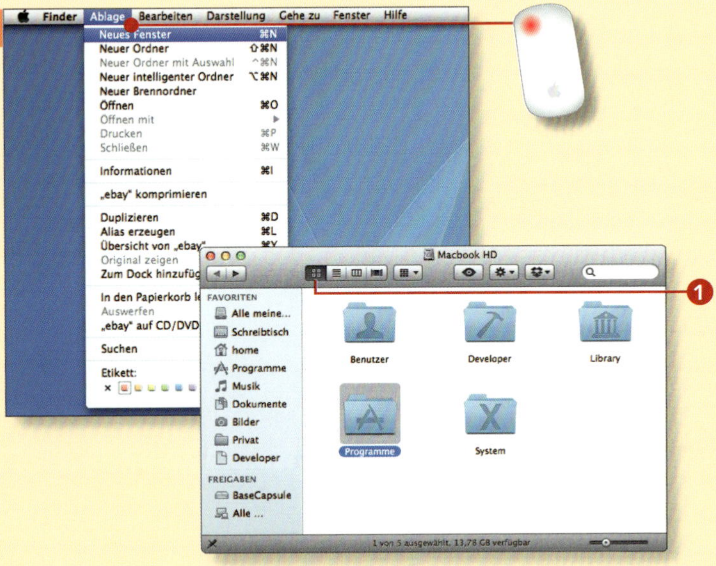

Schritt 1

Über das Finder-Fenster navigieren Sie durch die Systemhierarchie. Sie öffnen ein neues Fenster, indem Sie den Menübefehl **Ablage ▸ Neues Fenster** aufrufen oder cmd + N drücken. In der Ordnerdarstellung ❶ können Sie Ordner jeweils mit einem Doppelklick öffnen.

2

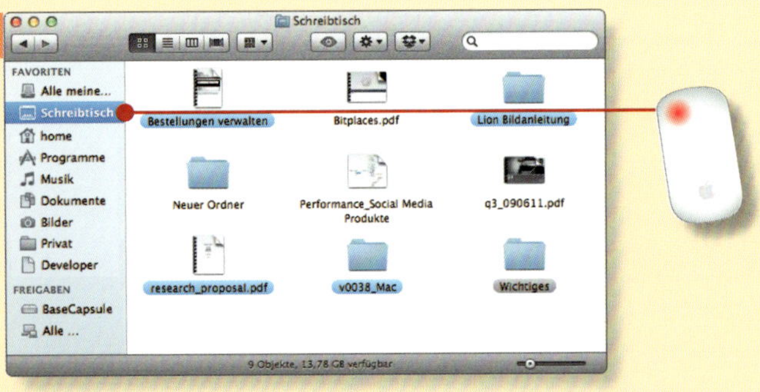

Schritt 2

Jedes Finder-Fenster hat eine Seitenleiste. Hierüber können Sie direkt die wichtigsten Speicherorte von OS X ansteuern. Ein Klick auf den Eintrag **Schreibtisch** bewirkt z. B., dass Ihnen rechts im Finder-Fenster alle Dateien angezeigt werden, die auf dem Schreibtisch liegen.

3

Schritt 3

Auch in der Spaltenansicht ❷ lässt es sich schnell navigieren. Sie können sich dann stufenweise durch die Hierarchie bis zu einem Programm oder einer Datei klicken – immer ausgehend vom Grundverzeichnis **Macintosh HD**.

Schritt 4

Zu den zentralen Verzeichnissen gelangen Sie über das Menü **Gehe zu**. Hier können Sie direkt zum **Benutzerordner**, zum **Schreibtisch** oder zu den Ordnern **Programme** und **Dokumente** springen. Hinter den Menüeinträgen steht jeweils die Tastenkombination als alternativer Weg.

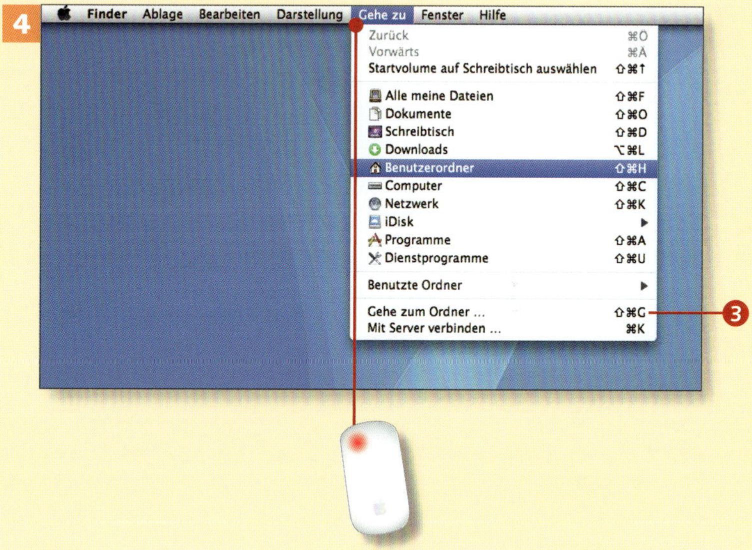

Schritt 5

Mit **Gehe zu ▸ Gehe zum Ordner** ❸ rufen Sie einen Ordner direkt auf. Geben Sie im Dialogfenster einfach den passenden Pfad ein, z. B. */Programme* für den Ordner **Programme**, und klicken Sie dann auf **Öffnen**.

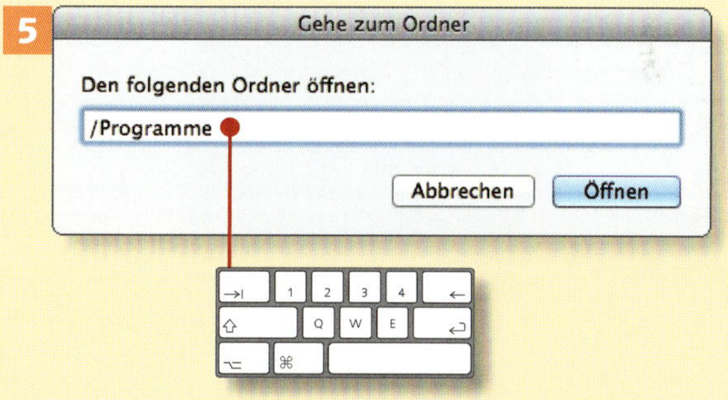

Schritt 6

Die Symbolleiste ist Bestandteil jedes Finder-Fensters und zeigt immer an, auf welcher Navigationsebene man sich im System befindet. Mit einem Klick mit der rechten Maustaste auf das Ordnersymbol in der Symbolleiste können Sie sich die gesamte Hierarchie anzeigen lassen.

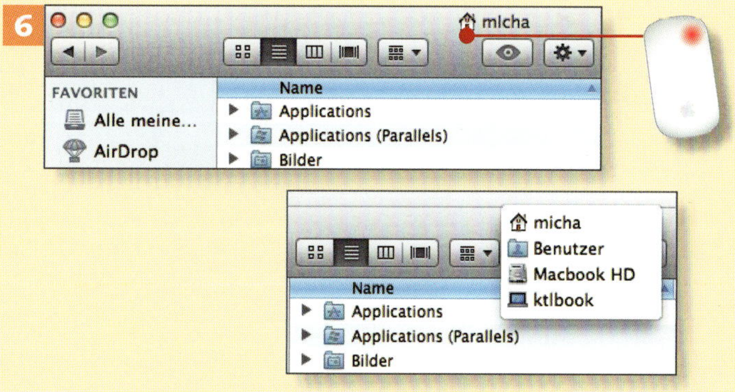

Dateieigenschaften abrufen
Klicken Sie mit der rechten Maustaste auf die Datei, und rufen Sie im Kontextmenü den Punkt **Informationen** auf. Im Abschnitt **Allgemein** können Sie dann die Dateieigenschaften ablesen, z. B. Dateigröße oder Speicherort.

Zu viele Fenster geöffnet? – Mission Control

1

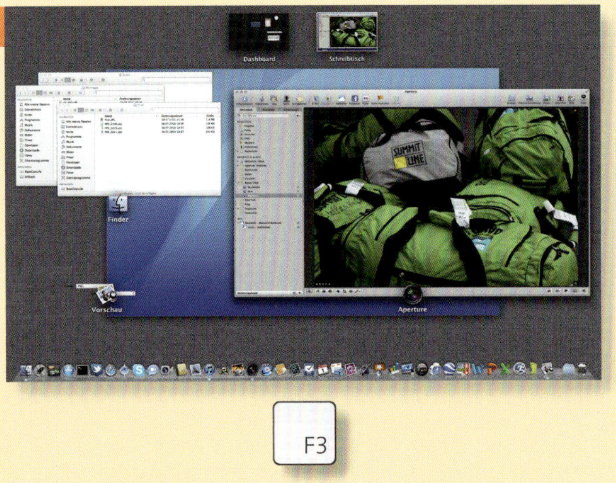

2

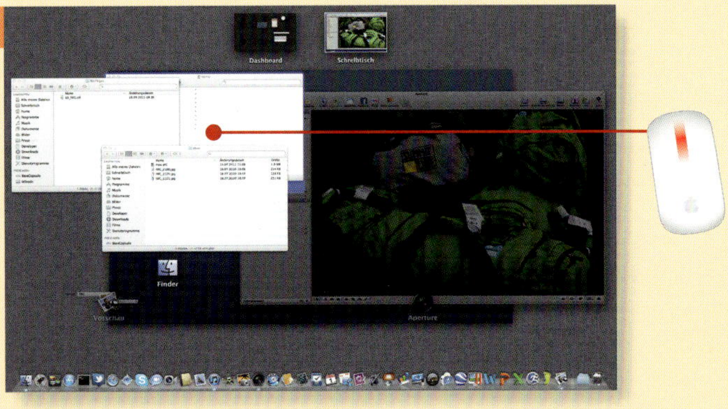

3

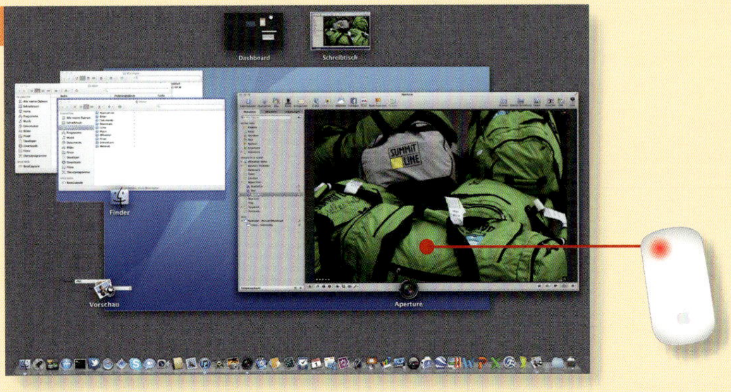

Wie Sie mit Mission Control Ihren kompletten Schreibtisch räumen oder schnell zwischen aktiven Programmfenstern und Dokumenten wechseln, erfahren Sie hier.

Schritt 1

Ein Klick auf die Taste F3 genügt, um alle Fenster so zusammenzuschrumpfen, dass Sie sie alle auf einmal auf dem Schreibtisch betrachten können. Wenn Sie ein Trackpad haben, können Sie darauf auch mit vier Fingern nach oben streichen, um Mission Control aufzurufen.

Schritt 2

Wenn in einem Programm mehrere Fenster geöffnet sind und Sie diesen Stapel ausgewählt haben, können Sie die einzelnen Fenster mit einer Scrollbewegung mit der Maus durchblättern.

Schritt 3

Zwischen den verschiedenen Fenstern in der Übersicht können Sie wählen, indem Sie mit dem Mauszeiger darüberfahren. Mit einem Klick auf ein Fenster wird dieses ausgewählt und in den Vordergrund gebracht.

Schritt 4

Mit der Funktionstaste [F10] zeigen Sie die geöffneten Dokumente eines Programms im Vordergrund in einer Reihe an. Bei manchen Programmen, z. B. TextEdit, sehen Sie dann auch die Dokumente aus der Historie.

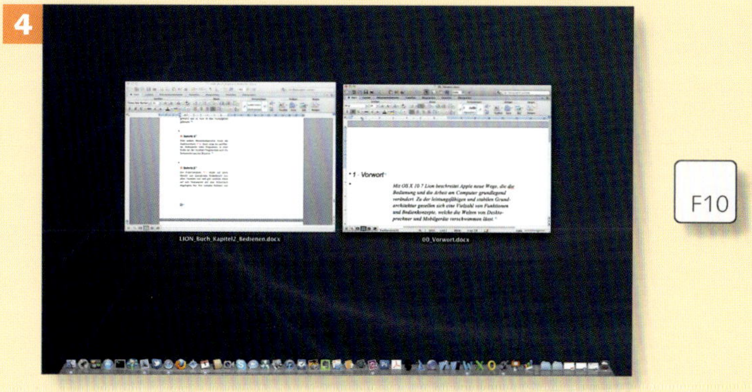

Schritt 5

Mit der Funktionstaste [F11] räumen Sie den kompletten Schreibtisch auf einen Streich von allen Fenstern leer, was den Blick auf alle auf dem Schreibtisch abgelegten Dokumente freigibt. Ein nochmaliges Drücken von [F11] bringt alle Fenster wieder zurück.

Schritt 6

Im Apfel-Menü können Sie über **Systemeinstellungen ▸ Mission Control** im Bereich **Tastatur- und Mauskurzbefehle** auch die Funktionstasten für Mission Control anpassen. Wählen Sie einfach eine Funktionstaste aus dem Aufklappmenü.

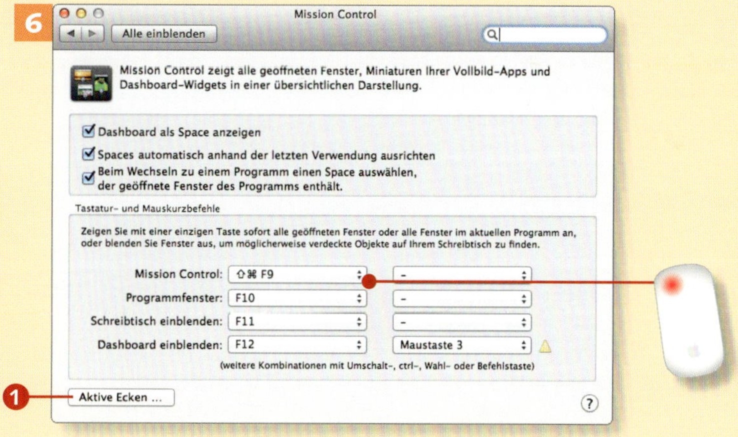

Aktive Ecken nutzen

Über **Aktive Ecken** ❶ im Dialog **Mission Control** wählen Sie eine Ecke des Bildschirms aus, über die bestimmte Aktionen ausgeführt werden können. Dann genügt eine Bewegung mit dem Mauszeiger in diese Ecke, um z. B. Mission Control zu öffnen.

Hilfe finden

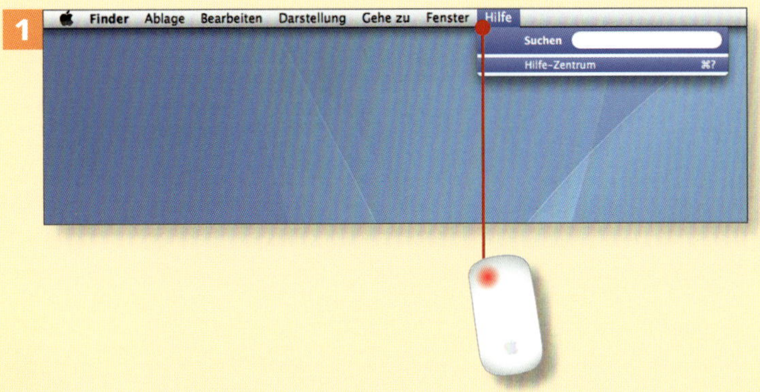

Nicht nur bei fast allen Programmen finden Sie eine eingebaute Hilfe, sondern auch im Betriebssystem selbst erhalten Sie Rat und Unterstützung beim täglichen Umgang mit Ihrem Mac.

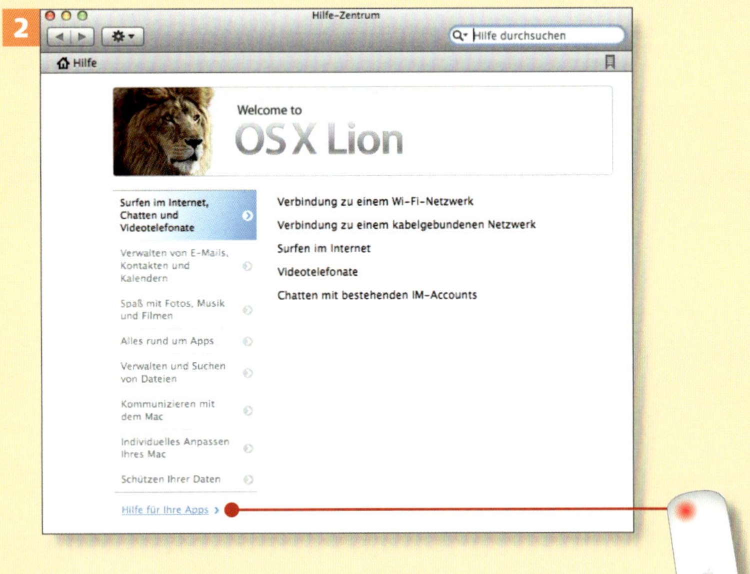

Schritt 1

Um die Mac-Hilfe aufzurufen, klicken Sie in der Menüleiste auf **Hilfe ▸ Hilfe-Zentrum**. Alternativ können Sie auch die Tastenkombination [cmd] + [?] nutzen.

Schritt 2

Im zugehörigen Hilfe-Fenster erhalten Sie als Erstes eine Übersicht über die Hilfe-Themen von OS X. Wenn Sie Informationen bezüglich Ihrer installierten Programme brauchen, klicken Sie hier z. B. auf den Punkt **Hilfe für Ihre Apps**.

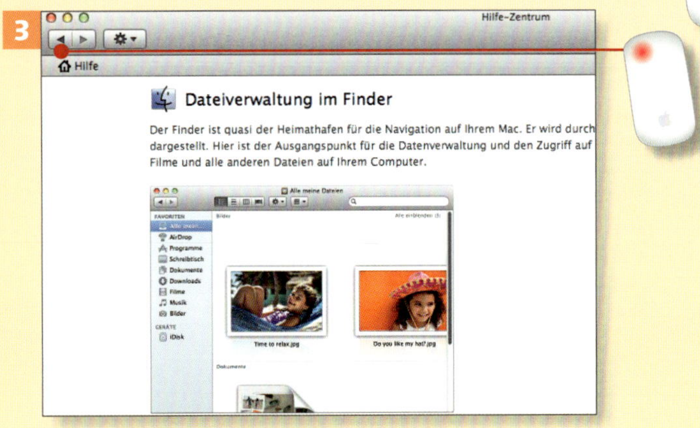

Schritt 3

Sie können also aus der Übersicht der Themen einfach den Punkt auswählen, zu dem Sie etwas wissen möchten. Mit den Schaltflächen **Zurück** und **Vor** in der Symbolleiste des Programmfensters wechseln Sie zwischen den Hilfe-Seiten hin und her.

Schritt 4

Über die Schaltfläche **Hilfe** gelangen Sie zurück zur Themenübersicht.

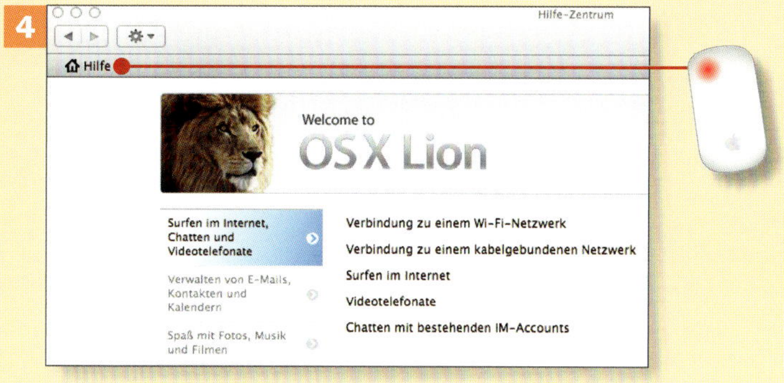

Schritt 5

Sie können die Hilfe-Bibliothek aber z. B. auch gezielt nach Themen durchsuchen. Geben Sie dazu einen Begriff in das Suchfeld oben rechts ein, und drücken Sie dann die [↵]-Taste. Die Ergebnisse werden in der Mitte aufgelistet ❶, und Sie können den passenden Eintrag auch hier mit einem Klick öffnen.

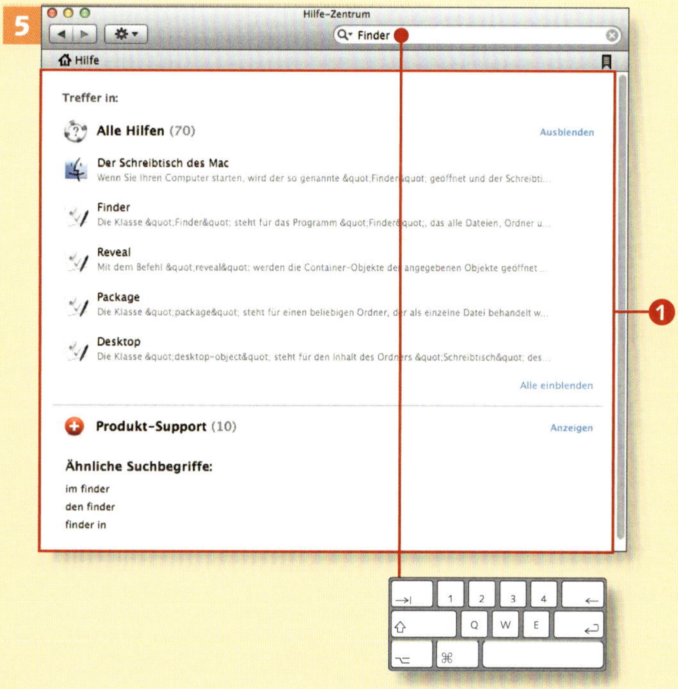

Schritt 6

Mit der Schaltfläche **Einstellungen** können Sie die Schrift des Hilfe-Fensters vergrößern oder verkleinern. Im gleichen Aufklappmenü finden Sie zudem die Funktion **Drucken** ❷.

Schnelle Hilfe

Wie im Bild zu Schritt 1 zu sehen ist, gibt es auch unter dem Menüpunkt **Hilfe** ein Suchfeld. Geben Sie dort einfach einen Begriff ein, die Hilfe präsentiert Ihnen dann sofort passende Vorschläge, unterteilt nach Menüpunkten und Hilfe-Themen. Mit einem Mausklick können Sie sich die Informationen anzeigen lassen.

Kapitel 3
Mit Dateien und Ordnern umgehen

Das Anwendungsspektrum von OS X erweitern Sie mit dem Einsatz von Programmen. Vom Programmstart über den Wechsel zwischen verschiedenen Programmen bis hin zum Löschen von Anwendungen – all das lernen Sie in diesem Kapitel kennen.

Dokumente und Dateien gezielt sichern

Um ein Dokument zu speichern, können Sie über den erweiterten Speicherdialog gezielt zu einem Speicherort navigieren. Nutzen Sie dazu das Navigationsfenster, und wechseln Sie zum gewünschten Speicherort. Den Ordner **Dokumente** in Ihrem Benutzerordner können Sie gezielt aufrufen, indem Sie Ihren Benutzerordner aus der Seitenleiste wählen. Im Übersichtsfenster klicken Sie auf den Ordner **Dokumente** und dann auf die Schaltfläche **Sichern** ❶, um die Datei in diesem Ordner abzulegen.

Dateien verschieben

Das Verschieben von Dateien ist recht einfach. Zuerst wählen Sie eine Datei aus, dann halten Sie die Maustaste gedrückt und ziehen die Datei an die gewünschte Stelle ❷. Sie wird jetzt verschoben, d.h. vom ursprünglichen Speicherort an den neuen Ort bewegt.

Dokumente suchen

Spotlight ist die integrierte Suchmaschine von OS X. Damit finden Sie in Windeseile alle Dokumente. Drücken Sie die Tastenkombination [cmd] + Leertaste. Es öffnet sich das Suchfeld ❸. Wenn Sie dort den Suchbegriff eingeben, beginnt Spotlight sofort mit der Suche und zeigt die gefundenen Ergebnisse in einer Aufklappliste an.

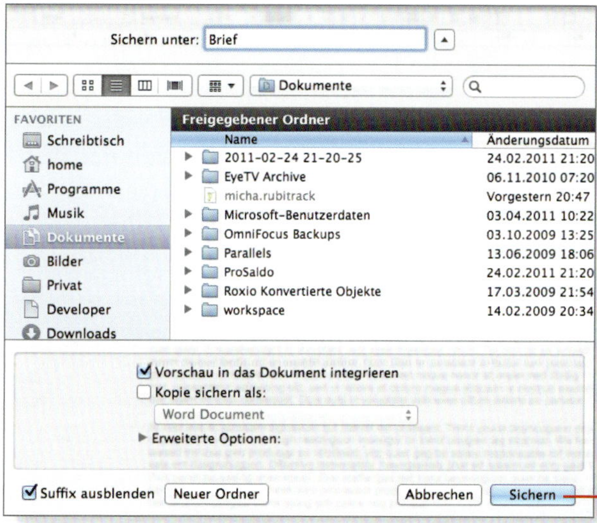

1 Sie können jedes Dokument über den **Speichern**-Dialog an der gewünschten Stelle sichern.

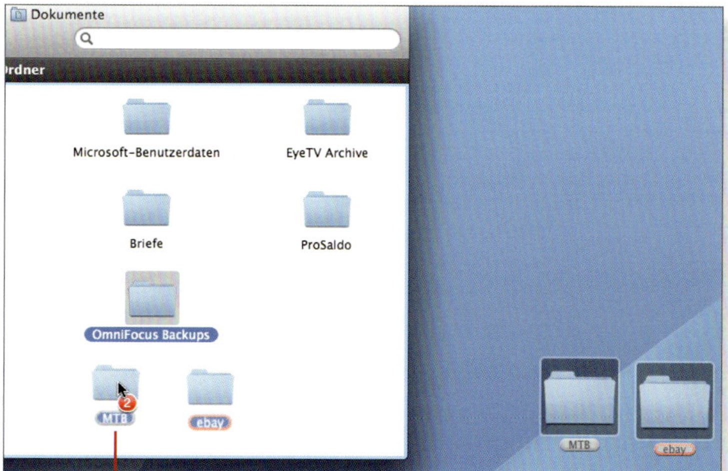

2 Dateien lassen sich ganz einfach mit der Maus verschieben.

3 Spotlight hilft Ihnen bei der Suche nach Dokumenten und Dateien.

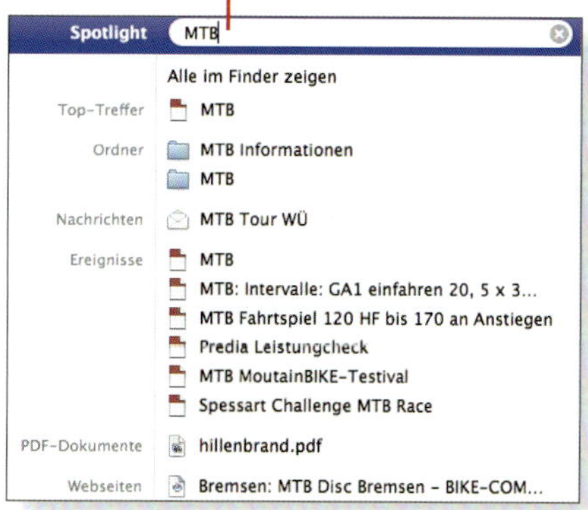

Dateien öffnen und schließen

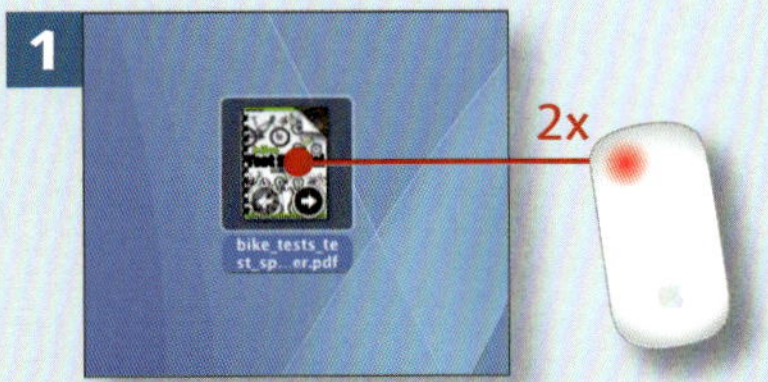

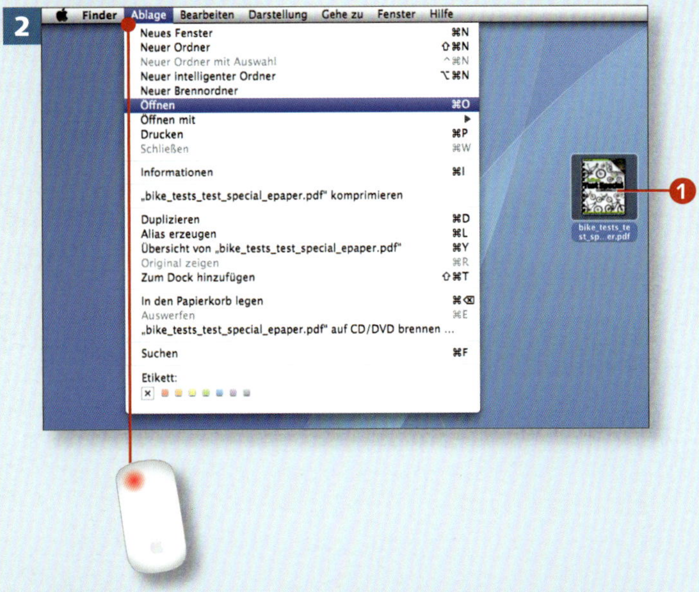

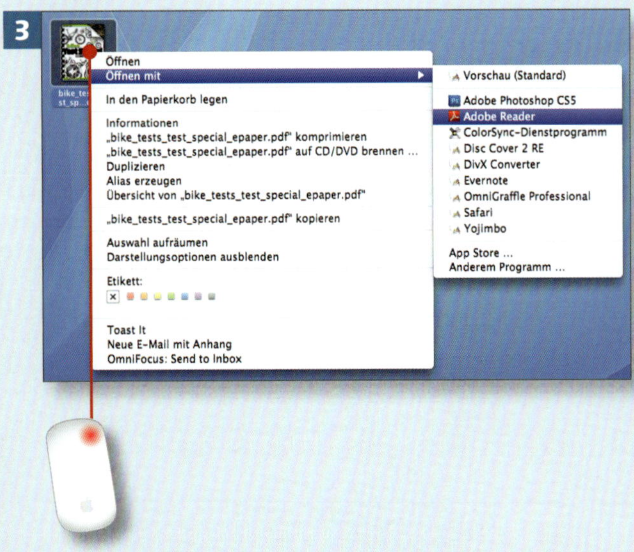

Sie erfahren in dieser Anleitung, wie Sie Dateien mit den entsprechenden Programmen öffnen und schließen können. Mit kleinen Tricks lässt sich auch die Arbeit mit Dateien noch effektiver gestalten.

Schritt 1

Sie können eine Datei einfach mit einem Doppelklick aus dem Finder öffnen. Automatisch wird die dazu passende Anwendung gestartet und das Dokument geöffnet.

Schritt 2

Sie können auch im Finder den Menübefehl **Ablage ▸ Öffnen** oder die Tastenkombination [cmd] + [O] verwenden. Damit der Menübefehl aktiv ist, müssen Sie vorher eine Datei ausgewählt haben ❶.

Schritt 3

Möchten Sie, dass die Datei mit einem bestimmten Programm geöffnet wird, wählen Sie die Datei aus und klicken mit der rechten Maustaste darauf. Im Kontextmenü wählen Sie den Punkt **Öffnen mit** und dann das Programm, mit dem das Dokument geöffnet werden soll.

Schritt 4

Sie können die Datei auch auf ein Programmsymbol im Dock ziehen. Ist die Datei mit dem Programm kompatibel, wird das Dokument automatisch mit dem gewählten Programm geöffnet.

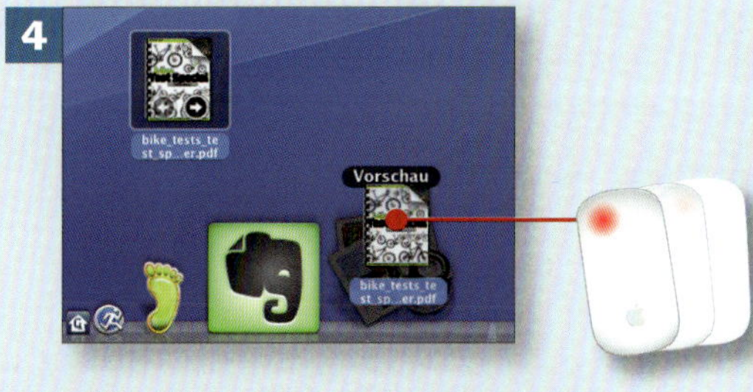

Schritt 5

Sie können Dateien einfach schließen, indem Sie im Dokumentenfenster auf die rote Schaltfläche klicken.

Schritt 6

Ein geöffnetes Dateifenster können Sie auch über das Menü des Programms schließen, mit dem Sie die Datei geöffnet haben. Nutzen Sie dazu den Menüpunkt **Ablage ▸ Fenster schließen** oder das Tastenkürzel cmd + W.

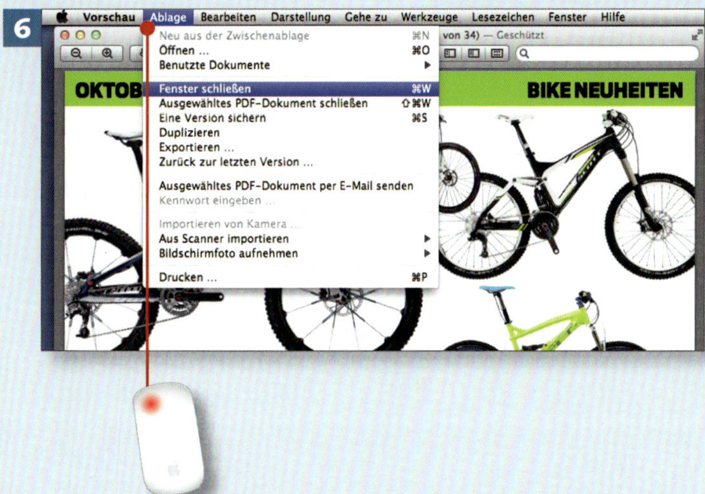

Kein passendes Programm?
Versuchen Sie, eine Datei zu öffnen, für die Ihr Mac kein passendes Programm hat oder das richtige Programm noch nicht kennt, erhalten Sie eine Meldung. Sie können dann das Programm manuell zuordnen oder das fehlende Programm im App Store suchen.

Die Programmzuordnung korrigieren

Normalerweise werden Dateien ganz einfach per Doppelklick im richtigen Programm geöffnet. Was aber, wenn Ihnen das von Apple vorgegebene Programm nicht passt? Hier erfahren Sie, wie Sie das Standardprogramm ändern.

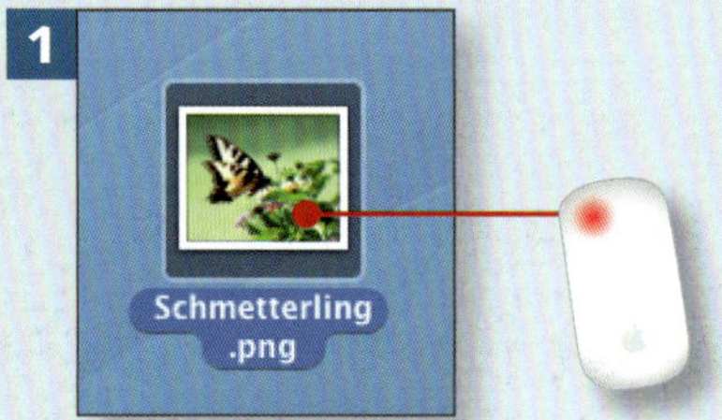

Schritt 1

Für dieses Beispiel sollen Dateien im Format PNG nicht mehr mit der Vorschau, sondern mit Photoshop geöffnet werden. Markieren Sie dazu eine PNG-Datei im Finder.

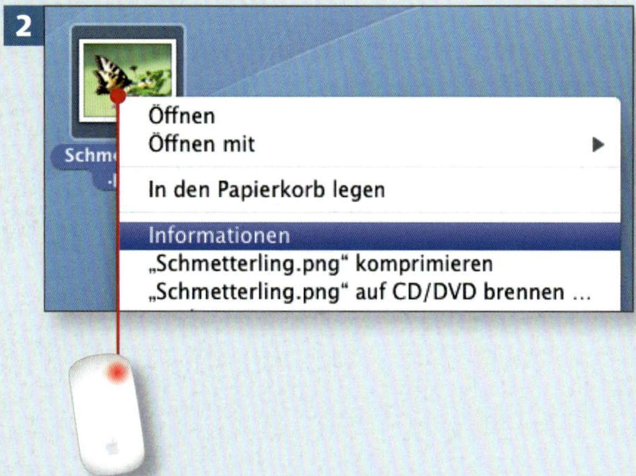

Schritt 2

Jetzt rufen Sie den Dialog **Informationen** zu dieser Datei auf. Dazu klicken Sie mit rechts auf die markierte Datei und wählen aus dem Kontextmenü den Eintrag **Informationen**. Alternativ nutzen Sie die Tastenkombination [cmd] + [I].

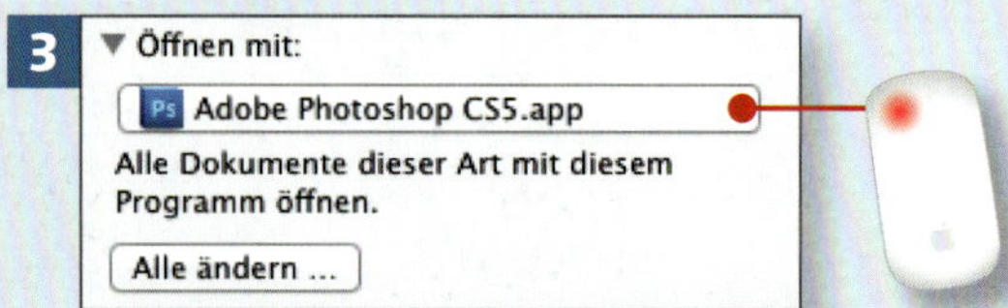

Schritt 3

Im **Informationen**-Dialog wählen Sie aus dem Aufklappmenü unter **Öffnen mit** das neue Programm aus.

Schritt 4

Ist das Programm nicht in der Liste zu finden, klicken Sie auf die Option **Anderem Programm**.

Schritt 5

Im folgenden Dialogfenster navigieren Sie zum gewünschten Programm und wählen es ❶ mit einem Klick aus. Bestätigen Sie Ihre Auswahl mit einem Klick auf die Schaltfläche **Hinzufügen**.

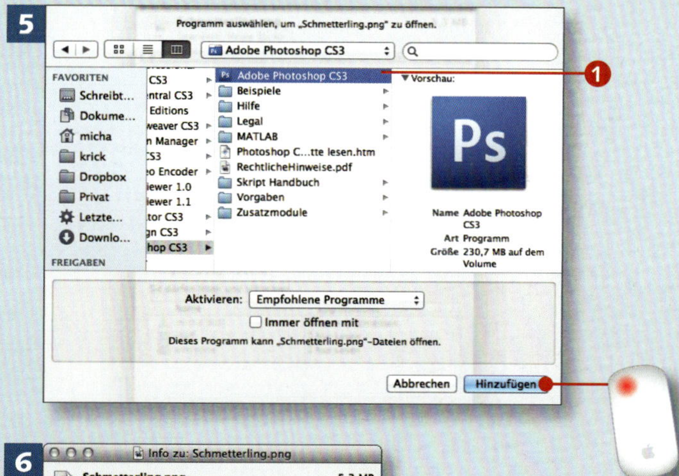

Schritt 6

Wenn Sie in Zukunft alle Dokumente dieses Typs, z. B. alle Dateien mit dem Format PNG, mit dem gewählten Programm öffnen wollen, klicken Sie auf die Schaltfläche **Alle ändern**.

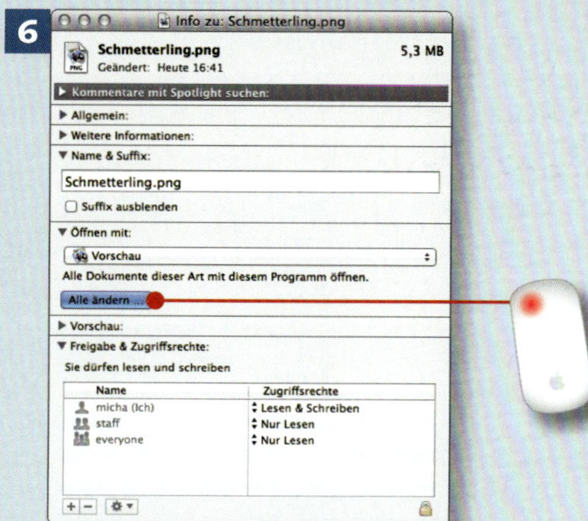

Die Symbolleiste anpassen

Über das Menü **Darstellung ▸ Symbolleiste anpassen**, das sich nur aufrufen lässt, wenn ein Finder-Fenster geöffnet ist, können Sie die Symbolleiste erweitern. Ziehen Sie ein Symbol aus der Übersicht in die Symbolleiste, und klicken Sie dann auf **Fertig**. Um die Symbolleiste ein- und auszublenden, wählen Sie **Darstellung ▸ Symbolleiste ausblenden** oder drücken cmd + alt + T.

Dateien am richtigen Ort sichern

1

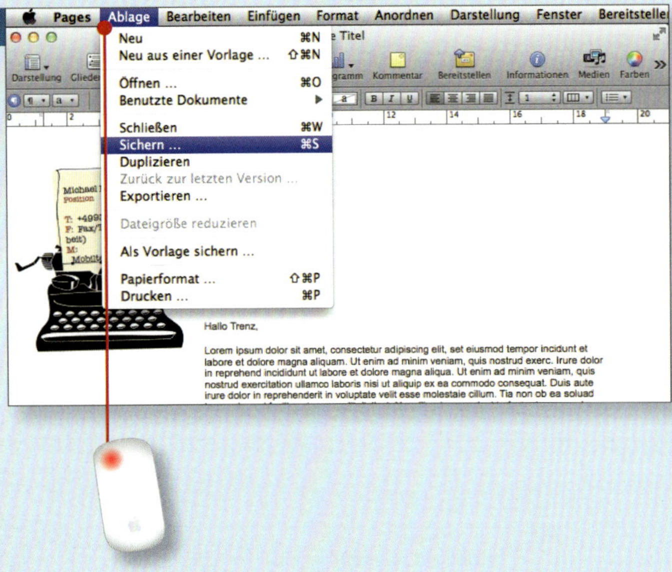

2

3

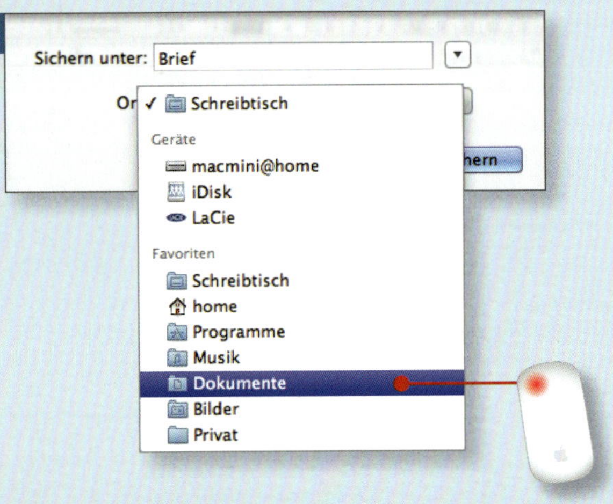

Damit Sie Ihre Dateien schnell wieder auffinden können, sollten Sie immer genau wissen, wo Sie sie ablegen.

Schritt 1

Sind Sie mit der Erstellung Ihres Dokuments oder der Datei fertig, heißt es als Nächstes, diese abzuspeichern. Den Speicherdialog finden Sie in der Menüleiste unter **Ablage ▸ Sichern**. Alternativ können Sie auch das Tastenkürzel cmd + S verwenden.

Schritt 2

Vergeben Sie im Speicherdialog einen Namen für das Dokument. Klicken Sie dazu in das Feld **Sichern unter**, und überschreiben Sie den vom System vorgeschlagenen Titel.

Schritt 3

Wählen Sie aus dem Aufklappmenü **Ort** den Speicherort für Ihre Datei. Standardmäßig schlägt Ihr Mac die wichtigsten Speicherorte vor. Sie können die Datei hier z. B. direkt auf dem Schreibtisch oder im Ordner **Dokumente** sichern.

Schritt 4

Sie können aber auch einen Speicherort wählen, der nicht im Aufklappmenü angegeben ist. Klicken Sie dazu auf die Schaltfläche mit dem Pfeil. Es öffnet sich der erweiterte Speicherdialog.

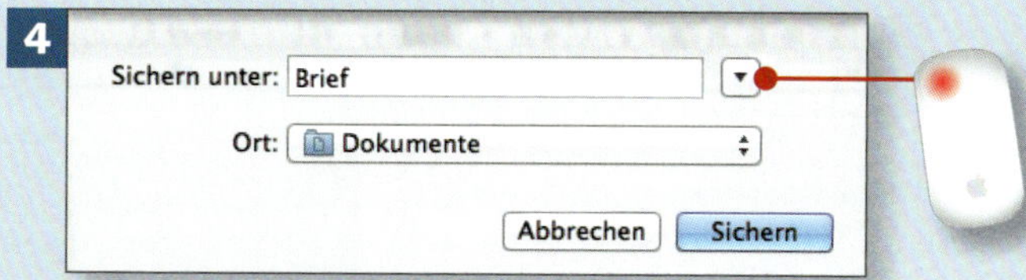

Schritt 5

Hier können Sie, wie vom Finder gewohnt, zum gewünschten Speicherort navigieren. Über die Seitenleiste wechseln Sie z. B. bequem zu Ihrem **Dokumente**-Ordner.

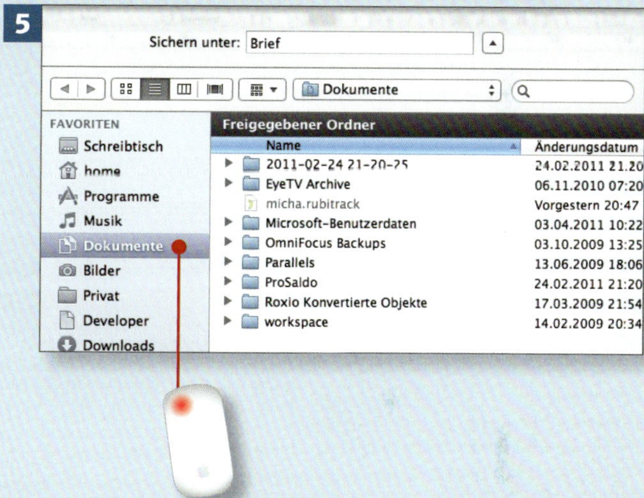

Schritt 6

Am Speicherort kann über **Neuer Ordner** ❶ ein neuer Ordner angelegt werden. Geben Sie ihm einen Namen, und bestätigen Sie mit **Erstellen**. Ihr Mac wechselt automatisch in den neuen Ordner, und Sie können die Datei mit einem Klick auf **Sichern** ❷ speichern.

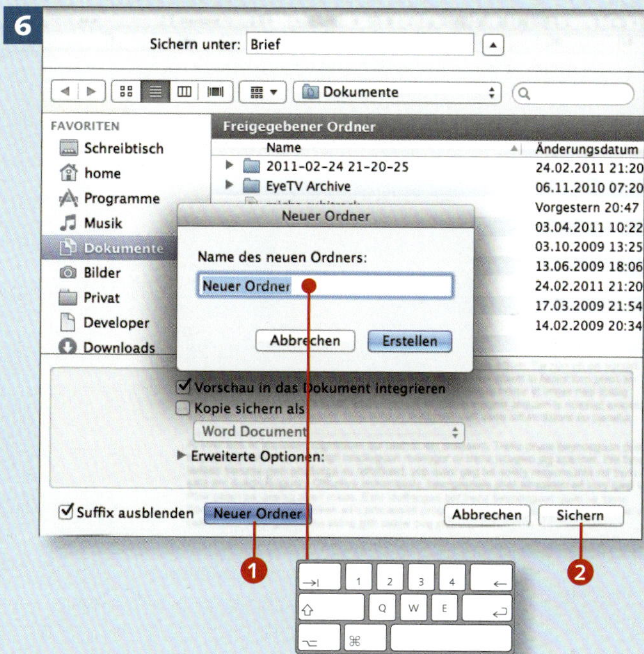

Dateiendungen einblenden

Sie können festlegen, ob die Dateiendung einer Datei, z. B. *.doc* bei einer Word-Datei, angezeigt wird. Wählen Sie dazu die Datei aus, und rufen Sie über cmd + I den **Informationen**-Dialog auf. Hier regeln Sie über das Kontrollkästchen **Suffix ausblenden** unter **Name & Suffix**, wie Ihr Mac arbeiten soll.

Ordner anlegen

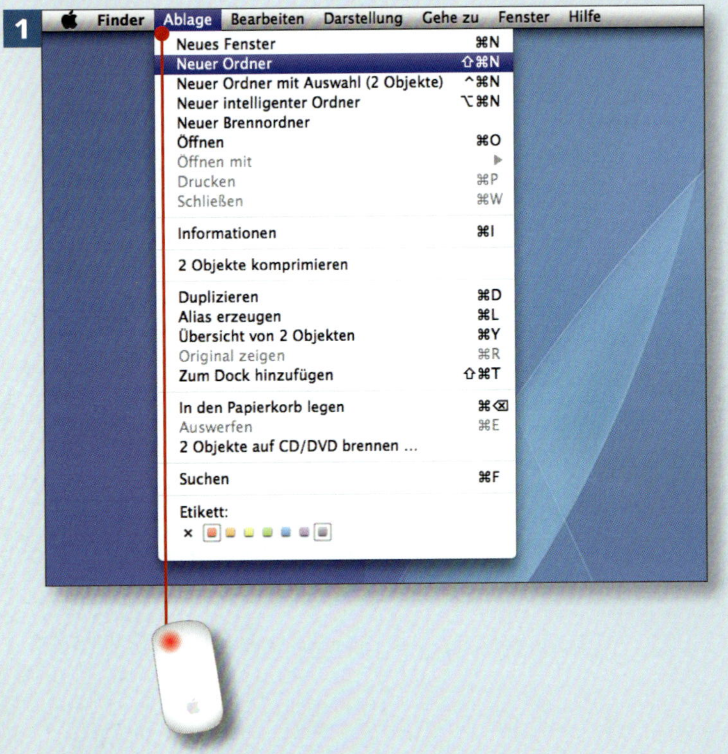

Mit Ordnern können Sie Dokumente, Dateien und Programme übersichtlich organisieren. Wie Sie neue Ordner im »Sichern«-Dialog anlegen können, steht in der vorangegangenen Anleitung. Es gibt aber noch mehr.

Schritt 1

Navigieren Sie zunächst über den Finder zu dem Ort, an dem Sie einen Ordner anlegen möchten. Sie können dann den Menübefehl **Ablage ▸ Neuer Ordner** oder alternativ die Tastenkombination [cmd] + [⇧] + [N] verwenden.

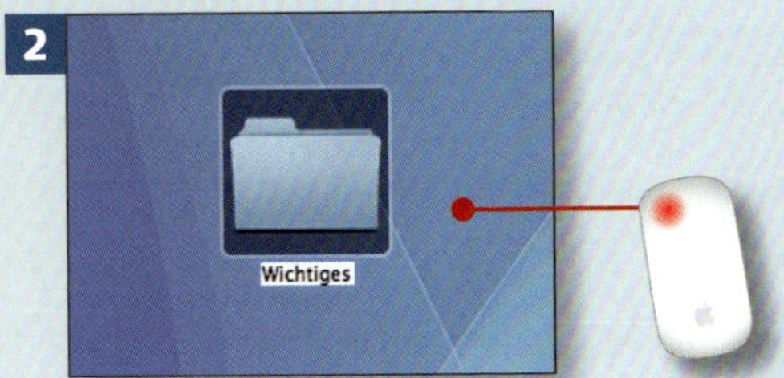

Schritt 2

Standardmäßig wird ein Ordner namens **Neuer Ordner** erstellt. Der Titel ist automatisch markiert, Sie können ihn also sofort überschreiben. Klicken Sie mit der Maus neben den Ordner, damit der neue Titel übernommen wird.

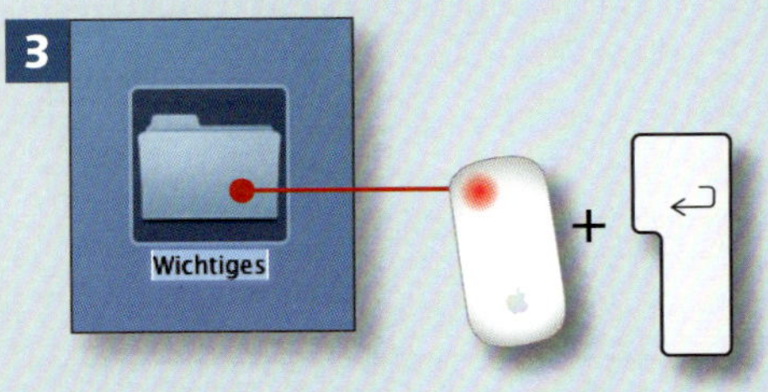

Schritt 3

Sie können einen Ordner aber auch noch nachträglich umbenennen. Dazu markieren Sie ihn und drücken auf die [↵]-Taste. Jetzt können Sie den neuen Namen eingeben. Klicken Sie dann wieder daneben.

Schritt 4

Es ist auch möglich, den Namen eines Ordners über den **Informationen**-Dialog zu ändern. Klicken Sie dazu mit der rechten Maustaste auf den Ordner. Im Kontextmenü wählen Sie die Option **Informationen**.

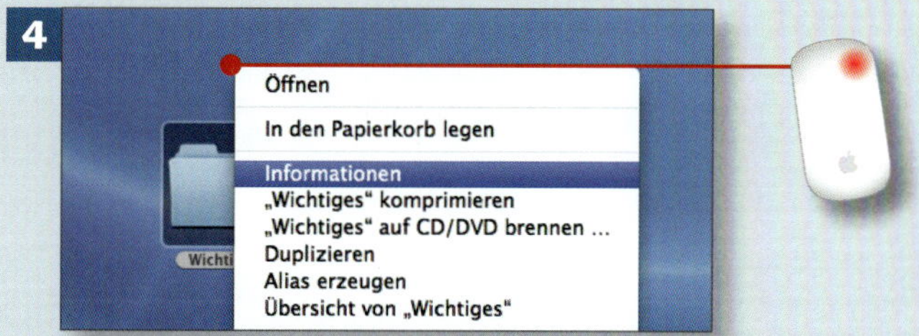

Schritt 5

Klicken Sie jetzt mit der Maus in das Feld **Name & Suffix**, und überschreiben Sie den dort angezeigten Titel nach Belieben. Wenn Sie das Fenster über die rote Schaltfläche oben links schließen, wird Ihre Änderung direkt übernommen.

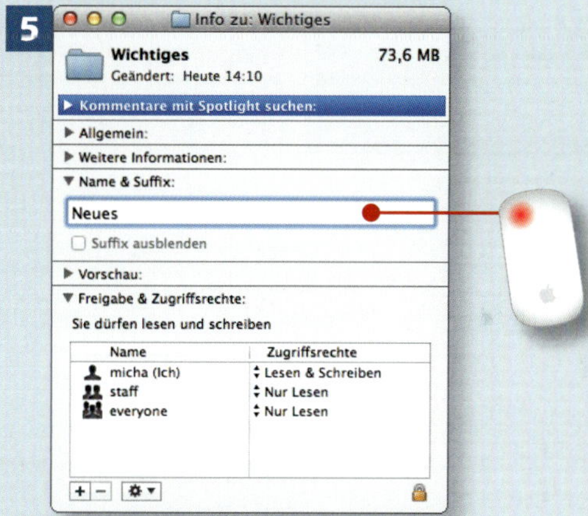

Schritt 6

Sie füllen den neuen Ordner mit Inhalt, indem Sie Dateien mit gedrückter Maustaste auf ihn ziehen. Wird der Ordnername dunkler dargestellt, können Sie die Maustaste loslassen. Wenn Sie etwas länger mit dem Loslassen warten, wird der Ordner automatisch geöffnet.

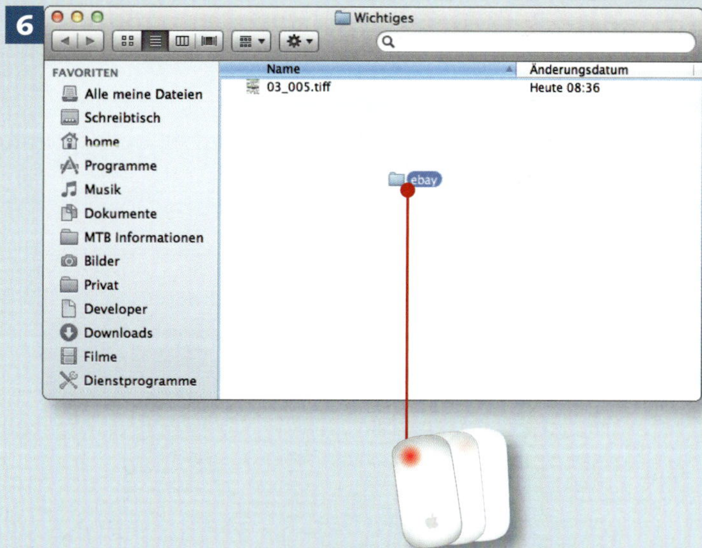

Ordner anlegen (Forts.)

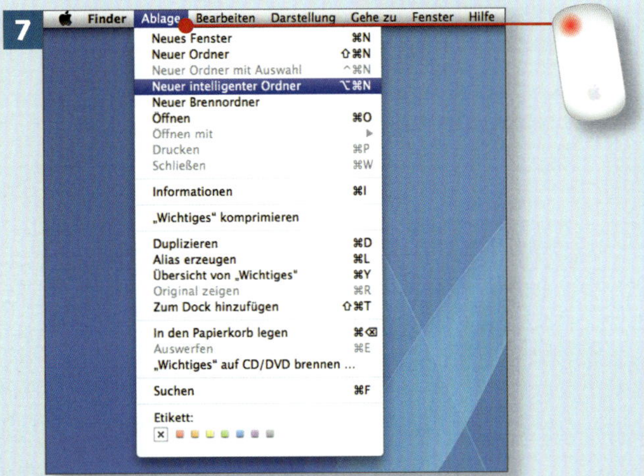

Schritt 7

Sie können auch Ordner anlegen, die sich auf Basis bestimmter Regeln automatisch füllen. Diese *intelligenten Ordner* werden über den Menübefehl **Ablage ▸ Neuer intelligenter Ordner** oder per Tastenkürzel [cmd] + [⇧] + [N] angelegt.

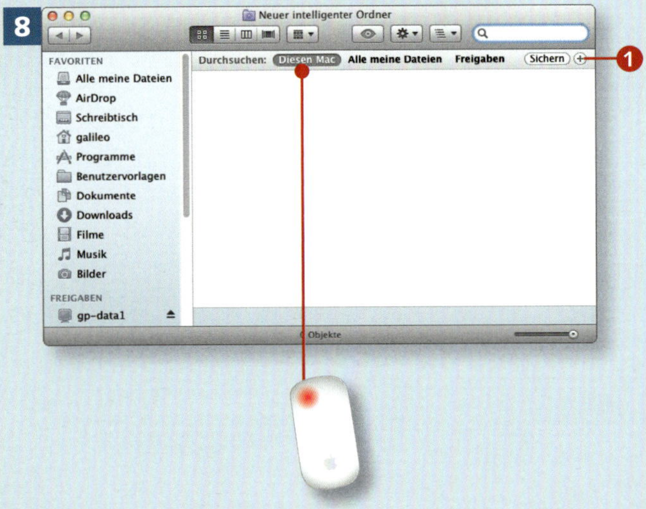

Schritt 8

Im noch leeren Finder-Fenster wird nun eine neue Symbolleiste eingeblendet. Hier wählen Sie zunächst den Ort aus, der durchsucht werden soll, um den intelligenten Ordner zu füllen. Soll der ganze Rechner durchsucht werden, wählen Sie die Option **Diesen Mac**.

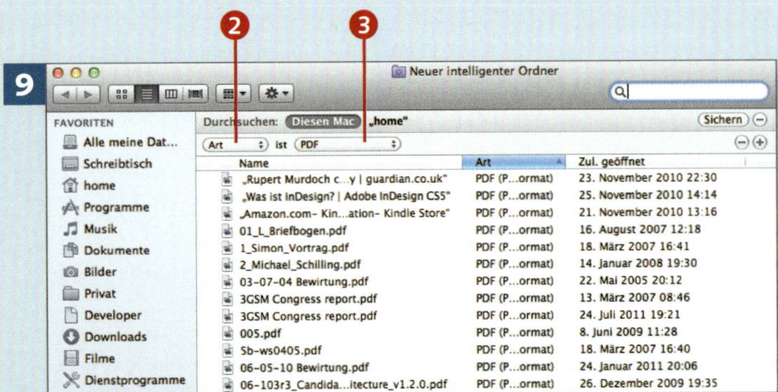

Schritt 9

Klicken Sie auf die Plus-Schaltfläche ❶, um Regeln für die Zusammenstellung des Ordners anzulegen. Wählen Sie oben den Punkt **Art** ❷ aus dem ersten Aufklappmenü und aus dem zweiten die Option **PDF** ❸, um beispielsweise alle PDFs auf dem Computer zu sammeln.

Schritt 10

Sie können weitere Regeln hinzufügen, um die Suche noch zu verfeinern. Dazu klicken Sie wieder auf das Plus. Eine zweite Zeile mit weiteren Aufklappmenüs wird eingeblendet, in der Sie z. B. **Name** ❹ als Kriterium wählen können.

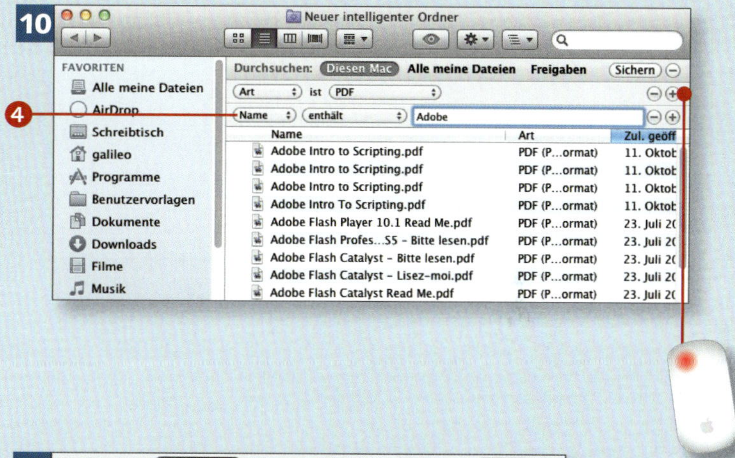

Schritt 11

Haben Sie alle Regeln festgelegt, können Sie den intelligenten Ordner speichern. Klicken Sie dazu auf **Sichern**.

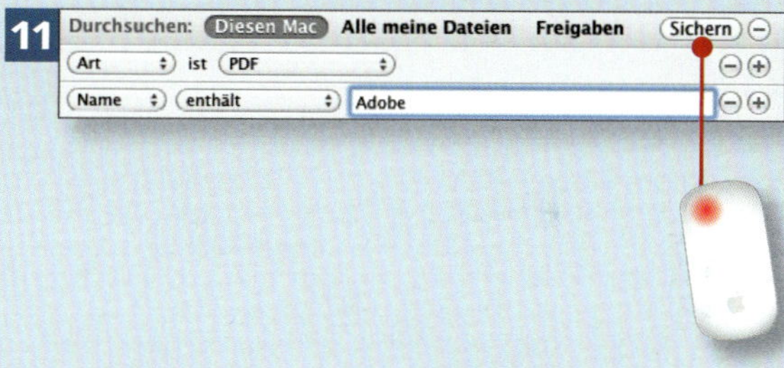

Schritt 12

Sie müssen nun einen Namen ❺ für den Ordner eingeben und den Speicherort ❻ wählen. Bestätigen Sie nochmals mit **Sichern**. Um später schnell über die Seitenleiste im Finder auf den Ordner zugreifen zu können, achten Sie darauf, dass die Option **Zur Seitenleiste hinzufügen** ❼ aktiviert ist.

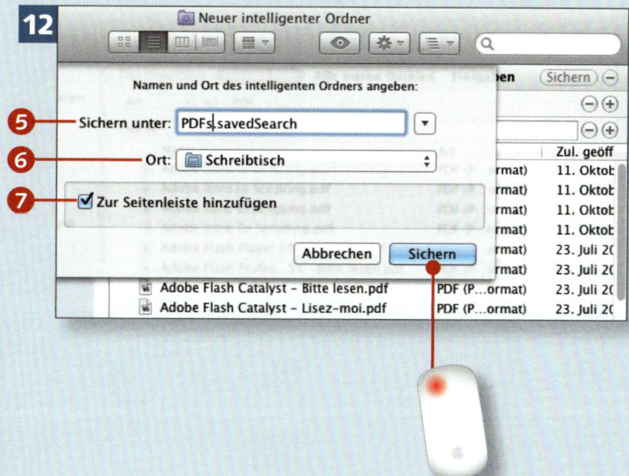

Ordnergröße herausfinden

Um herauszufinden, welche Dateigröße ein Ordner hat, wählen Sie ihn mit einem Mausklick aus und drücken die Tastenkombination [cmd] + [I]. Sie können die Dateigröße direkt im Kopf des **Informationen**-Fensters ablesen.

Verschieben, kopieren und umbenennen

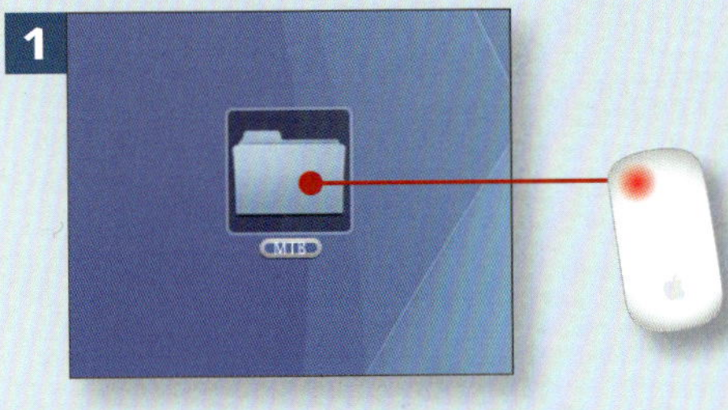

Wie Sie Ihre Dokumente und Ordner verschieben, kopieren und umbenennen können, erfahren Sie in dieser Anleitung. Mit diesen einfachen Mitteln können Sie Ihre Dokumente noch schneller und einfacher organisieren.

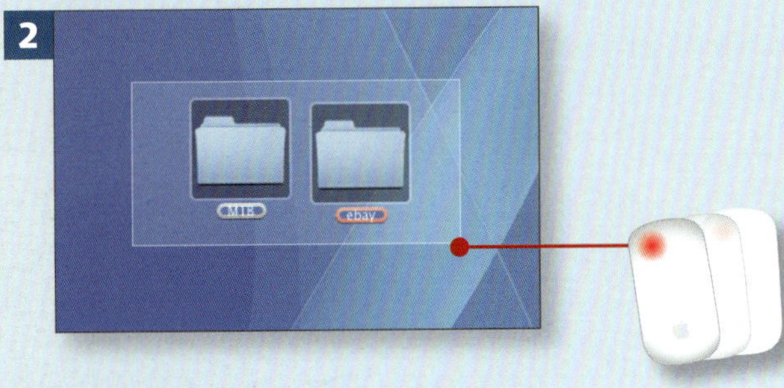

Schritt 1

Um Dateien und Ordner von einem Ort zum anderen zu bewegen, müssen Sie sie zuerst auswählen. Klicken Sie mit der Maus auf das Datei- oder Ordnersymbol.

Schritt 2

Eine Mehrfachauswahl an Ordnern oder Dateien erreichen Sie durch Ziehen mit gedrückter Maustaste über die Elemente. Eine selektive Auswahl von nicht nebeneinanderliegenden Dateien erstellen Sie mit gedrückter [cmd]-Taste und Mausklicks.

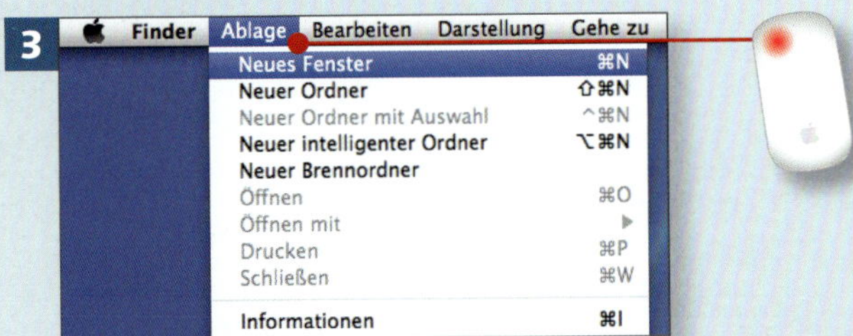

Schritt 3

Öffnen Sie ein neues Finder-Fenster mit dem Menübefehl **Ablage ▸ Neues Fenster**. Navigieren Sie jetzt zu dem Punkt, an dem die Ordner oder Dateien abgelegt werden sollen, beispielsweise zum Ordner **Dokumente** ❶.

Schritt 4

Klicken Sie jetzt mit der Maus auf Ihre Auswahl, und halten Sie die Maustaste gedrückt. Ziehen Sie die Dateien an die gewünschte Stelle. Die Dateien werden verschoben.

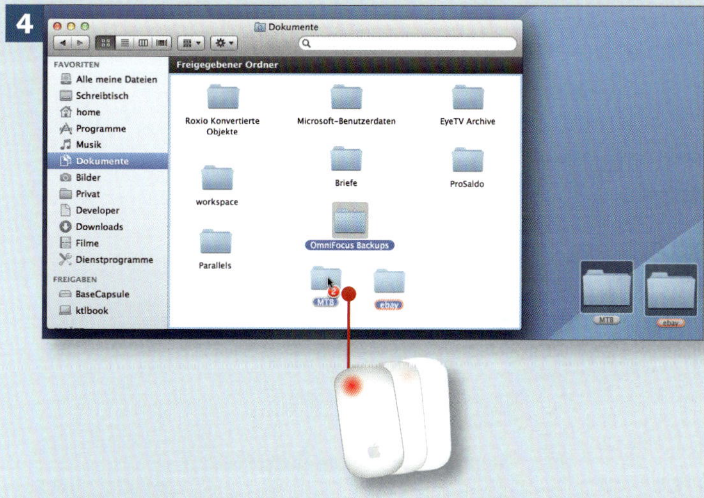

Schritt 5

Sie können die Dateien auch an eine andere Stelle kopieren. Markieren Sie die gewünschten Objekte, und wählen Sie dann aus dem Finder-Menü den Befehl **Bearbeiten ▸ [X] Objekte kopieren**, oder drücken Sie alternativ die Tastenkombination [cmd] + [C].

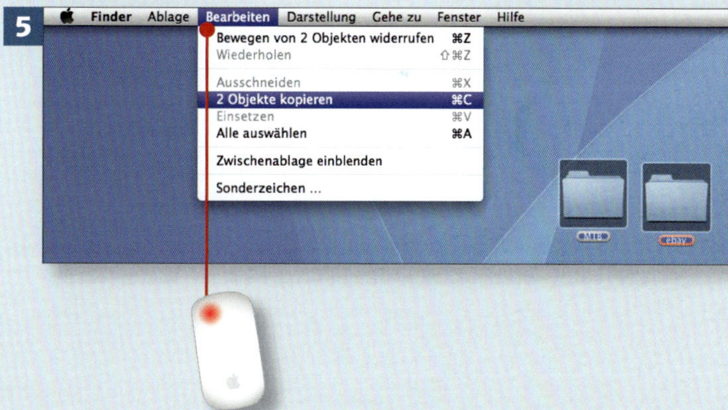

Schritt 6

Öffnen Sie nun ein neues Finder-Fenster über den Menübefehl **Ablage ▸ Neues Fenster**. Navigieren Sie darüber zu der Stelle, an der Sie die Dateien ablegen möchten, beispielsweise zum Ordner **Dokumente**.

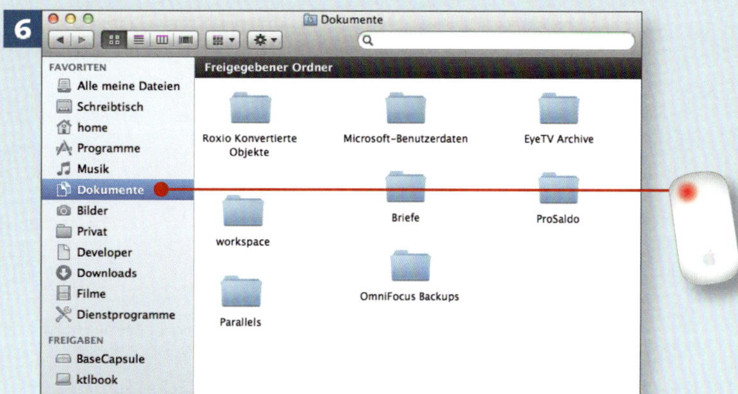

Icons am Mauszeiger

Achten Sie beim Verschieben immer auf den Mauszeiger. Hier wird u. a. angezeigt, wie viele Dateien verschoben werden; ein grünes Plus symbolisiert, dass die Dateien kopiert werden.

Verschieben, kopieren und umbenennen (Forts.)

7

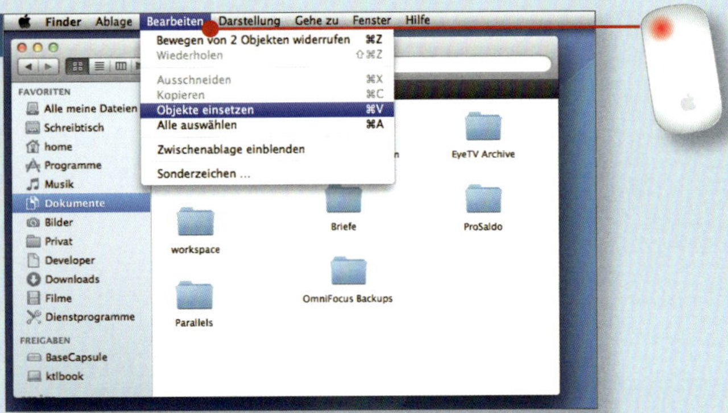

Schritt 7

Sobald Sie sich im gewünschten Ordner befinden, können Sie den Menübefehl **Bearbeiten ▸ Objekte einsetzen** ausführen. Die Daten werden dann direkt in den Ordner kopiert.

8

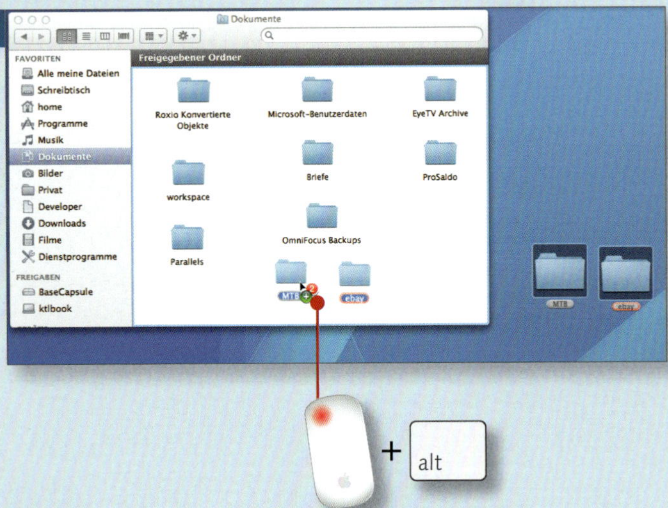

Schritt 8

Sie können auch Dateien kopieren, indem Sie beim Ziehen mit der Maus gleichzeitig `alt` drücken. Der Mauszeiger verwandelt sich dann in ein grünes Plus und zeigt Ihnen damit an, dass die Dateien kopiert und nicht komplett verschoben werden.

Schritt 9

Um den Ordner oder die Datei zu vervielfältigen, wählen Sie den Menübefehl **Ablage ▸ Duplizieren**. Es wird dann eine Kopie der Datei oder des Ordners erstellt und am Speicherort des Originals abgelegt.

9

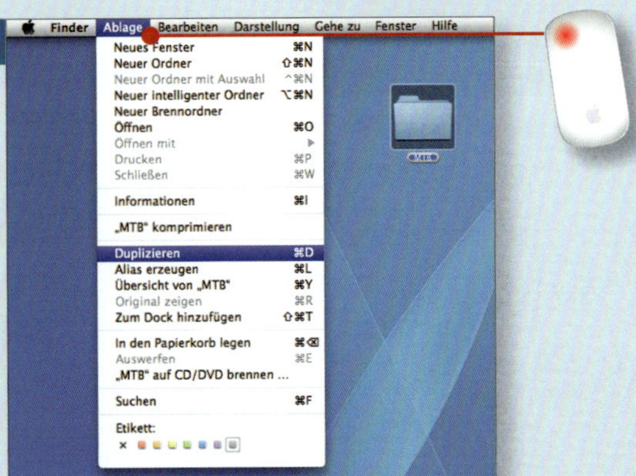

Alias erzeugen

Sie können ein sogenanntes *Alias* von jedem Ordner oder Verzeichnis (auch Netzlaufwerke) erstellen, um so einen schnelleren Zugriff auf diesen Ordner zu erhalten. Wählen Sie dazu das Verzeichnis mit einem Mausklick aus, und rufen Sie dann den Menübefehl **Ablage ▸ Alias erzeugen** auf oder drücken Sie `cmd` + `L`.

Schritt 10

Um Ordner und Dateien umzubenennen, markieren Sie sie, warten einen Moment und klicken dann erneut auf den Namen. Die Bezeichnung wird markiert, und Sie können mit der Eingabe beginnen. Sobald Sie neben das markierte Objekt klicken, wird die Bezeichnung übernommen.

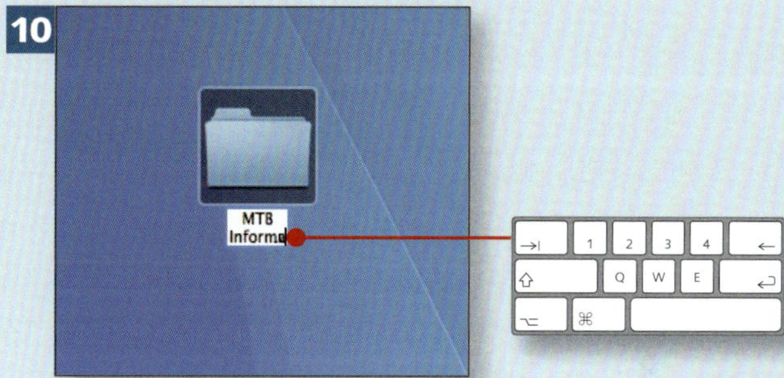

Schritt 11

Es ist auch möglich, die Bezeichnung über das **Informationen**-Fenster zu ändern. Wählen Sie die Datei oder den Ordner per Mausklick aus ❶, und rufen Sie den Befehl **Ablage ▸ Informationen** auf.

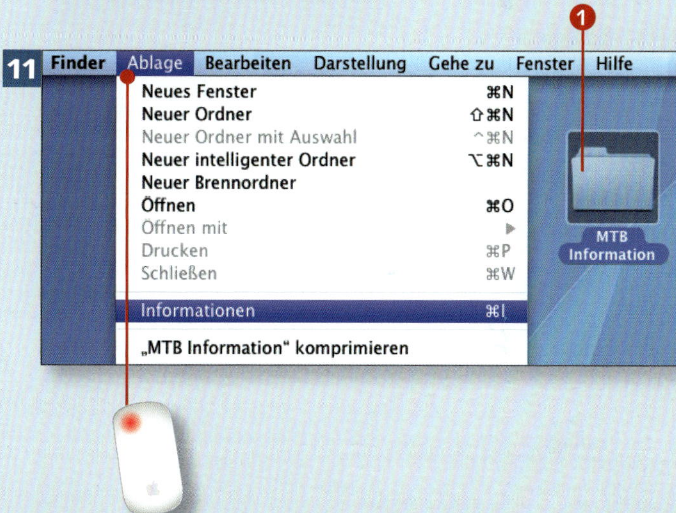

Schritt 12

Im **Informationen**-Fenster klicken Sie auf den Pfeil ❷ neben **Name & Suffix**. Hier können Sie den alten Namen überschreiben. Sind Sie mit der Eingabe fertig, schließen Sie das Fenster ❸.

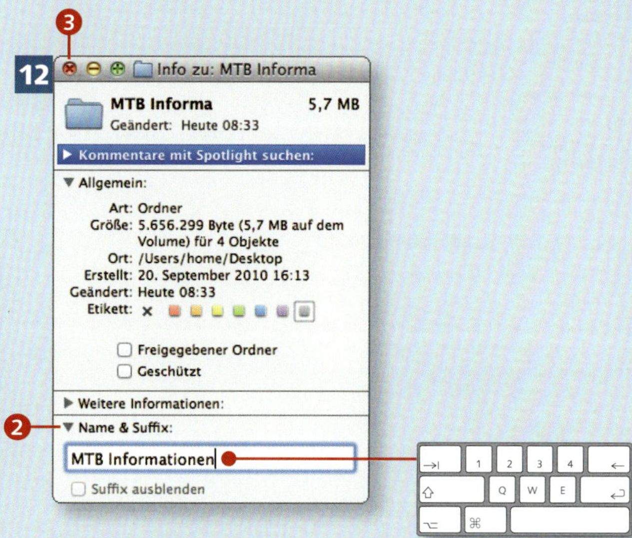

i

Rückgängig machen

Eine ausgeführte Aktion können Sie in den meisten Programmen einfach rückgängig machen. Rufen Sie dazu den Menübefehl **Bearbeiten ▸ Rückgängig** auf, oder drücken Sie [cmd] + [Z].

Dateien löschen und wiederherstellen

Das Löschen von Dateien am Mac gestaltet sich sehr einfach, und keine Datei, die aus Versehen gelöscht wurde, ist gleich verloren.

1 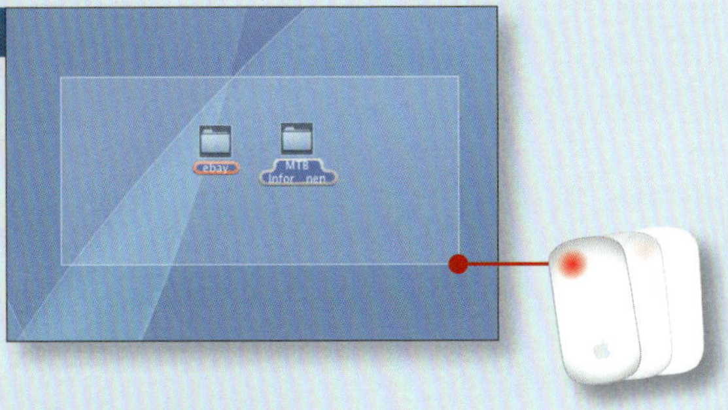

2 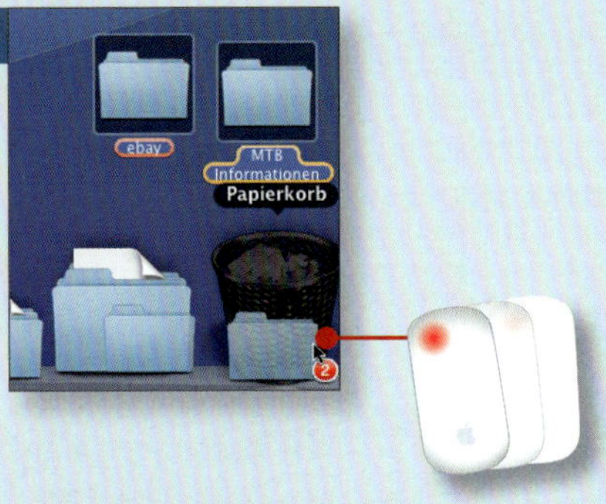

3 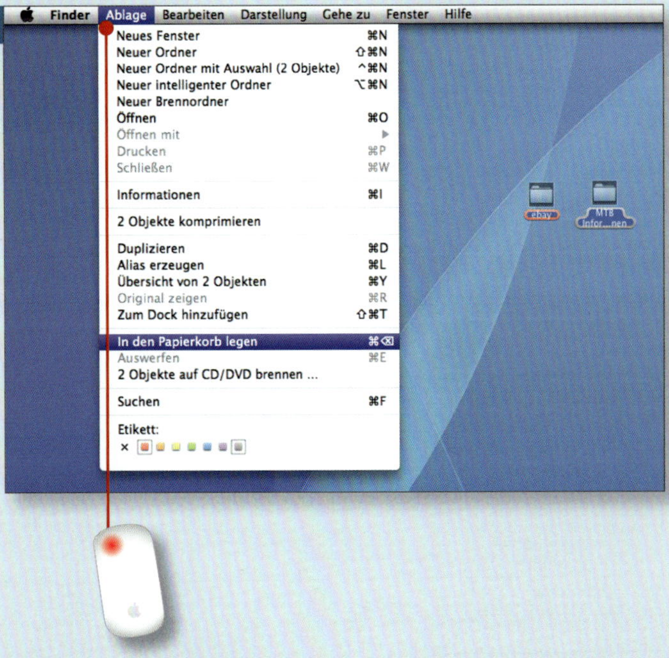

Schritt 1

Wählen Sie mit einem Klick die Dokumente bzw. Dateien oder Ordner aus, die Sie löschen möchten. Sie können mehrere Elemente gleichzeitig auswählen, indem Sie mit gedrückter Maustaste ein Auswahlfenster darüber aufziehen.

Schritt 2

Um die ausgewählten Elemente zu löschen, gibt es mehrere Möglichkeiten: Sie können sie auf den Papierkorb im Dock ziehen. Lassen Sie die Maustaste los, wenn der Papierkorb dunkler dargestellt wird.

Schritt 3

Wer Drag & Drop (also das »Ziehen und Fallenlassen«) nicht mag, kann den Befehl **Ablage ▸ In den Papierkorb legen** in der Finder-Menüleiste oder die Tastenkombination cmd + ← nutzen.

Schritt 4

Ab und zu sollten Sie den Papierkorb leeren. Dazu können Sie den Menübefehl **Finder ▸ Papierkorb entleeren** oder das Kürzel [cmd] + [⇧] + [←] nutzen.

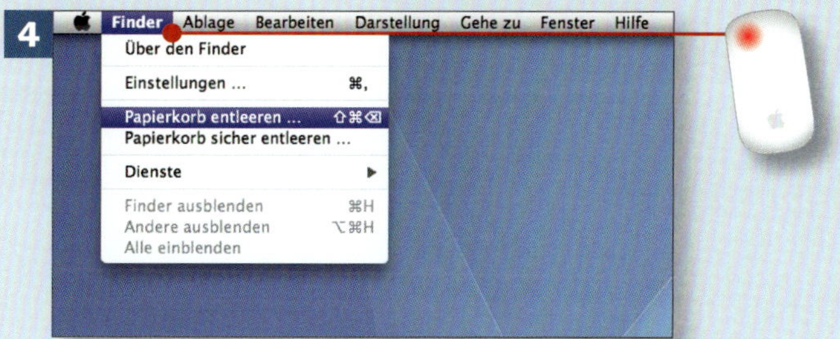

Schritt 5

Es erscheint ein Dialog, den Sie mit einem Klick auf die Schaltfläche **Papierkorb entleeren** bestätigen. Auf diese Weise haben Sie noch eine Sicherungsstufe, damit Sie Dateien und Dokumente nicht ungewollt löschen.

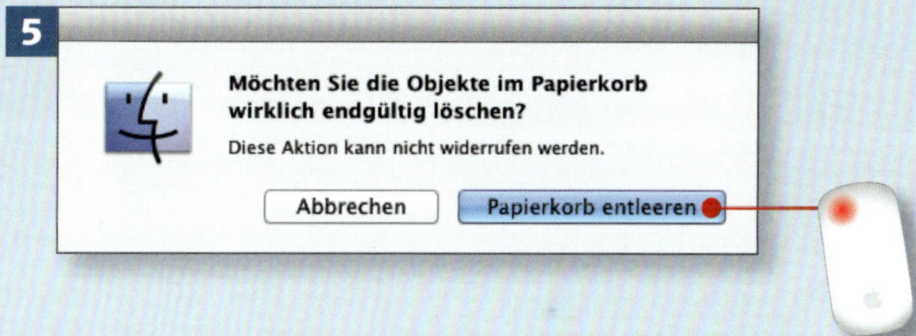

Schritt 6

Um eine Datei wieder an ihren ursprünglichen Ort im Finder zu legen, öffnen Sie den Papierkorb per Klick auf das Icon im Dock ❶. Markieren Sie dann das gewünschte Objekt ❷, klicken Sie auf die Zahnrad-Schaltfläche, und wählen Sie **Zurücklegen** aus dem Menü.

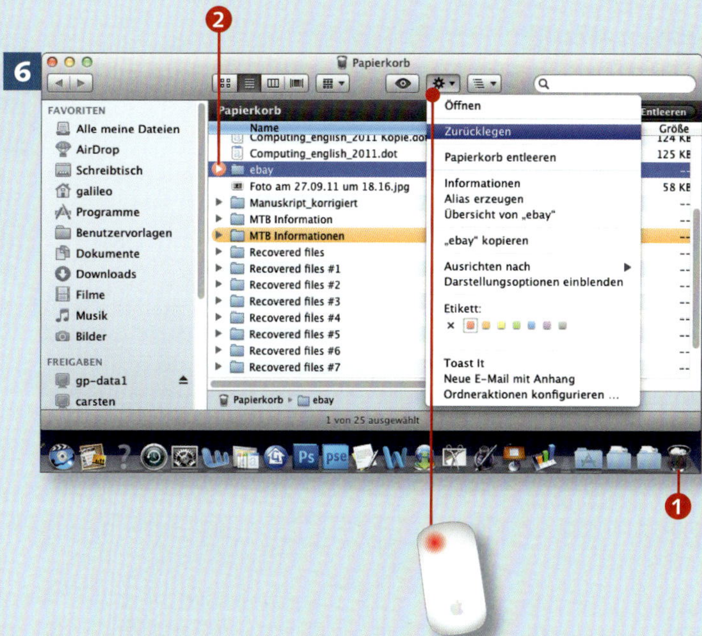

Sicheres Löschen

Wenn Sie den Papierkorb auf herkömmliche Weise leeren, können Ihre Daten mit bestimmten Programmen wiederhergestellt werden. Um sicherzugehen, dass sie endgültig gelöscht sind, verwenden Sie den Menübefehl **Finder ▸ Papierkorb sicher entleeren**.

Dateien und Ordner suchen

Mit der integrierten Suchfunktion Spotlight können Sie schnell und effektiv nach Dateien und Informationen suchen.

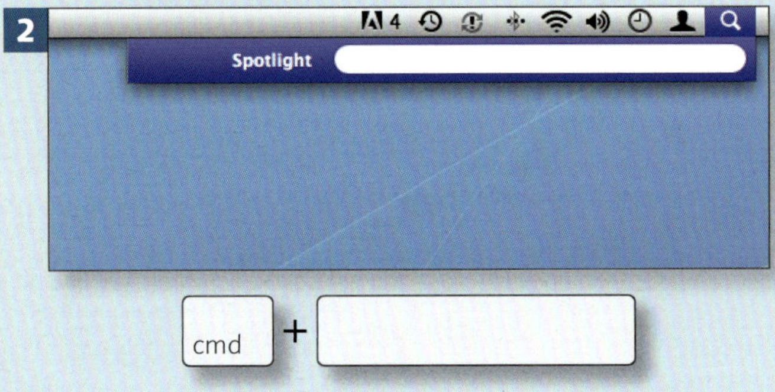

Schritt 1

Das Spotlight-Menü befindet sich oben rechts in der Menüleiste. Es ist mit einem Lupensymbol gekennzeichnet. Mit einem Klick darauf öffnet sich das Suchfeld.

Schritt 2

Noch schneller können Sie auf Spotlight zugreifen, wenn Sie die Tastenkombination cmd + Leertaste drücken. Das Suchfeld öffnet sich auch hier.

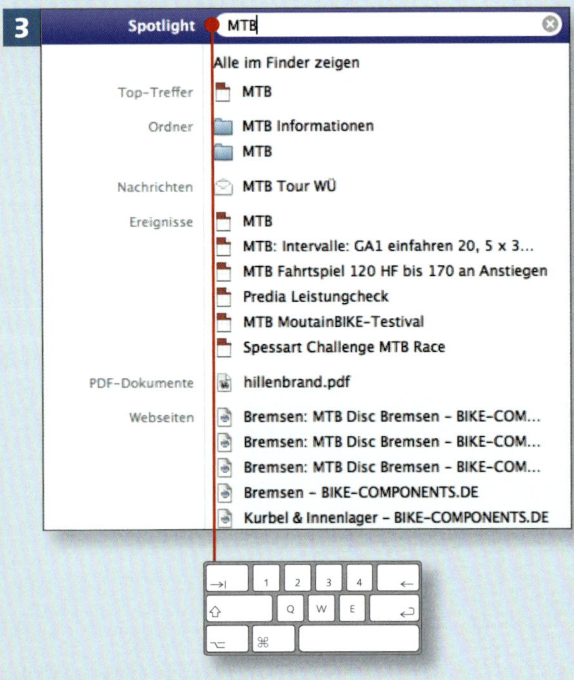

Schritt 3

Geben Sie einen Suchbegriff ein. Spotlight beginnt sofort mit der Suche und zeigt die gefundenen Ergebnisse in einer Aufklappliste an. Je mehr Zeichen Sie eintippen, desto genauer wird natürlich das Suchergebnis.

Schritt 4

Die Ergebnisliste ist in Bereiche **1** unterteilt, z. B. **Top-Treffer**, **Ordner**, **Nachrichten** oder **Ereignisse**. In der Ergebnisliste werden nur die Dateien und Bereiche angezeigt, die am besten zur Suchanfrage passen.

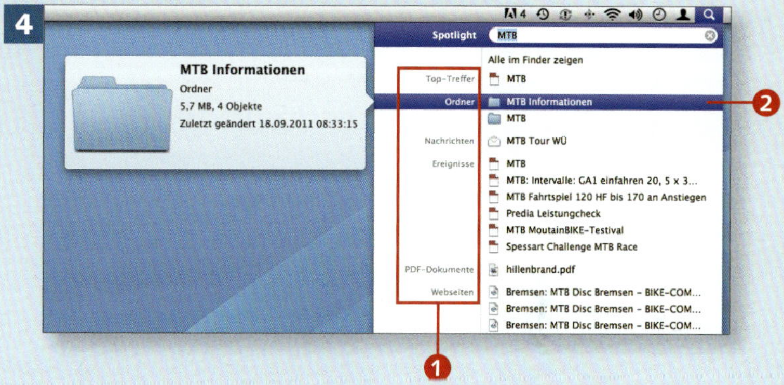

Schritt 5

Sie können direkt ein Ergebnis über die Liste auswählen. Klicken Sie dazu auf den Treffer **2**. Die Fundstelle, im Beispiel also der Ordner **MTB Informationen**, wird direkt im Finder geöffnet **3**.

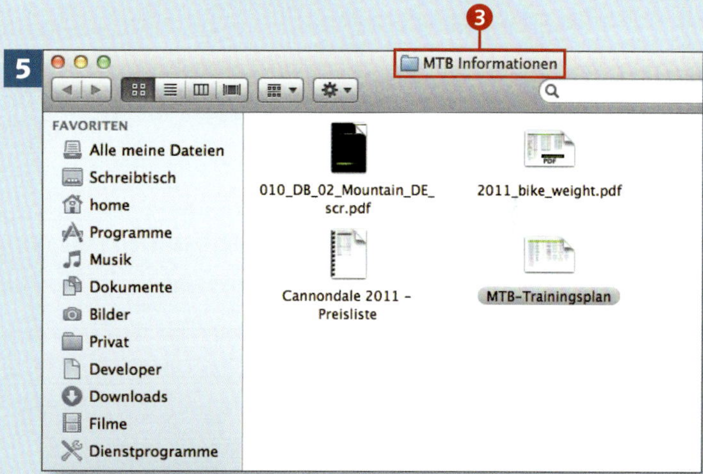

Schritt 6

Um sich das komplette Suchergebnis anzeigen zu lassen, wählen Sie die Option **Alle im Finder zeigen** in der Ergebnisliste mit einem Mausklick aus.

Etiketten

Mit Etiketten können Sie Ihre Dateien und Ordner farblich hervorheben und sie so optisch voneinander trennen. Klicken Sie mit der rechten Maustaste auf eine Datei oder einen Ordner. Aus dem Kontextmenü wählen Sie dann eine Farbe. Sie entfernen ein Etikett, indem Sie auf das Kreuzsymbol klicken.

Dateien und Ordner suchen (Forts.)

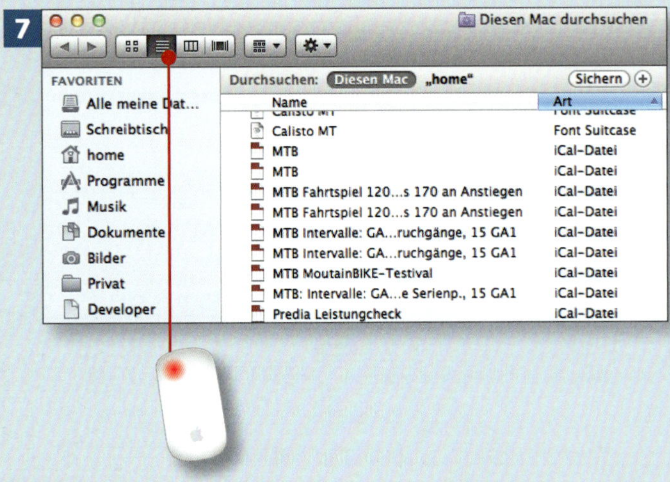

Schritt 7

Das erweiterte Suchfenster öffnet sich. Es bietet die gleichen Funktionen wie ein intelligenter Ordner. Damit Sie schneller durch den Inhalt navigieren können, klicken Sie auf die Schaltfläche **Liste** in der Symbolleiste und ändern so die Darstellung.

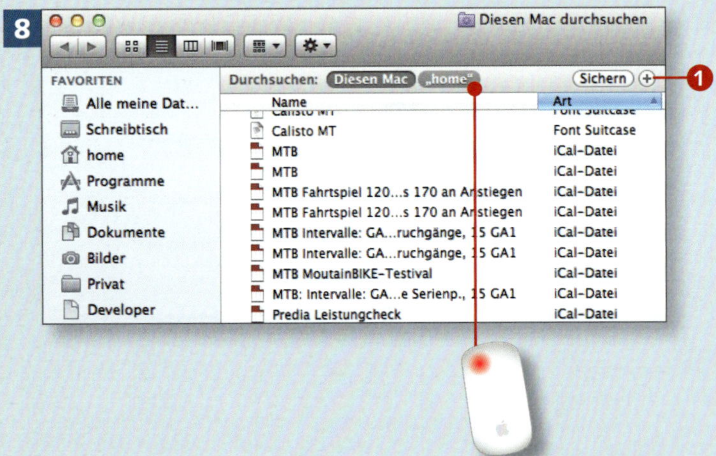

Schritt 8

Standardmäßig wird der komplette Rechner durchsucht. Wenn nur die Dateien in Ihrem Benutzerordner durchsucht werden sollen, wählen Sie seinen Namen in der Leiste **Durchsuchen** mit einem Klick aus.

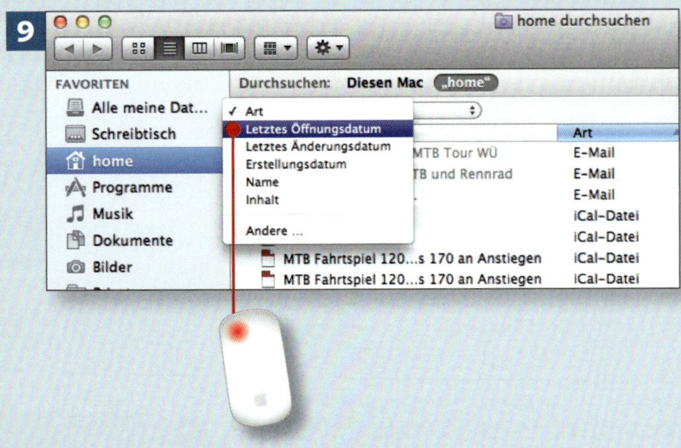

Schritt 9

Klicken Sie auf das Plus ❶, um weitere Einschränkungen vorzunehmen. Im ersten Aufklappmenü können Sie als Suchkriterium z. B. den Zeitpunkt angeben, an dem Sie die Datei zum letzten Mal bearbeitet haben. Wählen Sie dazu den Eintrag **Letztes Öffnungsdatum**.

Schritt 10

Aus dem zweiten Aufklappmenü können Sie die Option **innerhalb der letzten** auswählen, wenn Sie sich nicht sicher sind, wann Sie die Datei das letzte Mal bearbeitet haben.

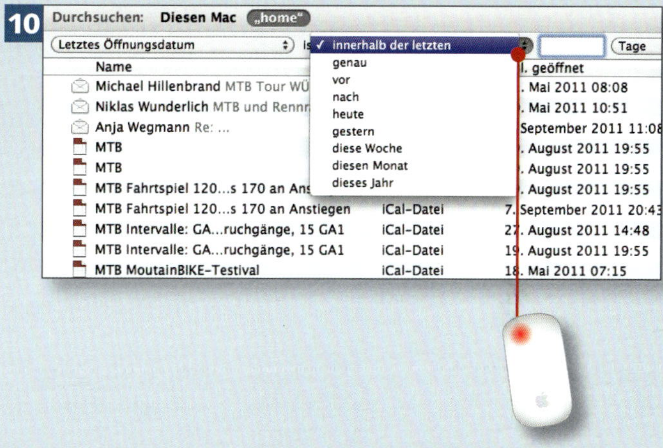

Schritt 11

Klicken Sie dann in das Eingabefeld ❷, und tragen Sie den Wert »1« ein. Aus dem nächsten Aufklappmenü wählen Sie **Wochen**. So wird die Suche auf einen Zeitraum von einer Woche eingeschränkt. Klicken Sie auf **Sichern** ❸, um die Suchabfrage zu speichern.

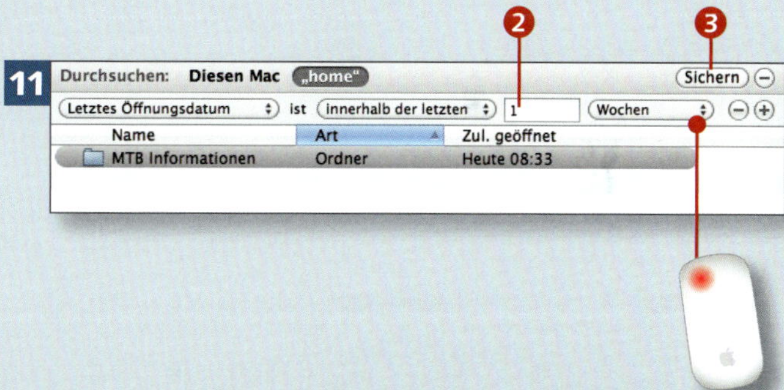

Schritt 12

Vergeben Sie einen Namen für die Suche, und lassen Sie den Speicherort auf **Gesicherte Suchabfragen** ❹ stehen. Ist die Option **Zur Seitenleiste hinzufügen** ❺ aktiviert, erscheint die Suche direkt in der Seitenleiste des Finders. Klicken Sie erneut auf **Sichern** ❻.

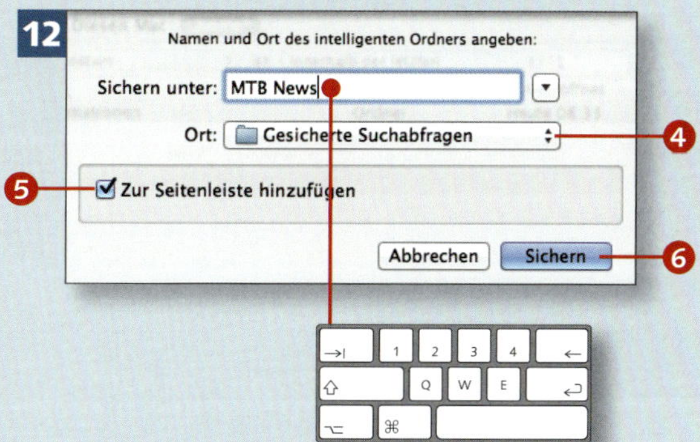

Suche im Finder-Fenster

Neben der globalen Spotlight-Suche bietet auch jedes Finder-Fenster rechts oben ein Suchfeld. Tippen Sie hier einfach den Begriff ein, den Sie suchen. Dann wird wahlweise entweder der komplette Rechner oder das ausgewählte Fenster durchsucht.

Dateien komprimieren und entpacken

1

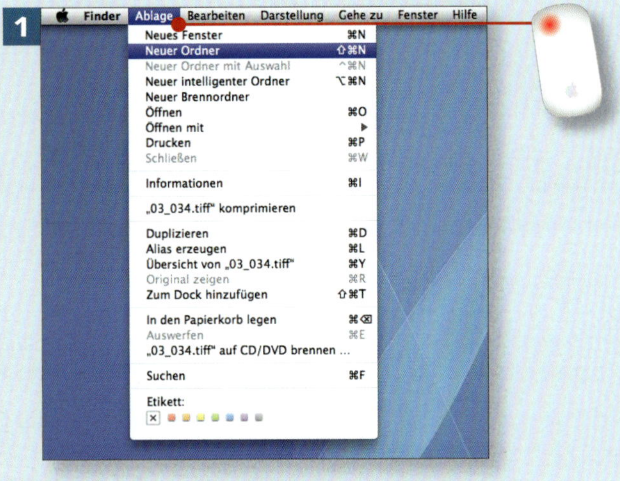

2

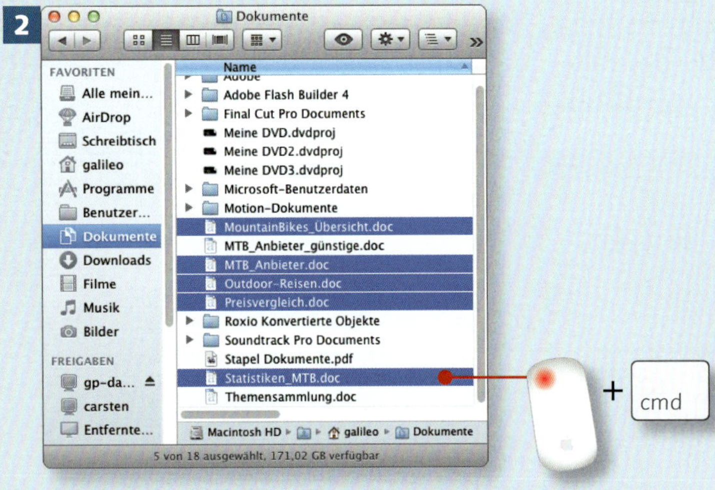

3

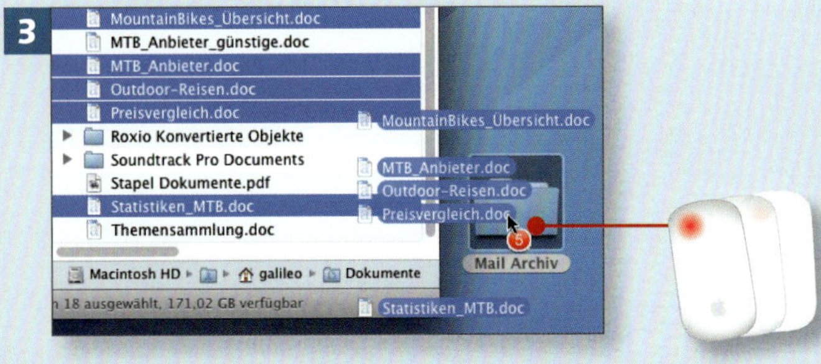

Daten, die Sie über das Internet verschicken, sollten eine möglichst geringe Dateigröße aufweisen, um die Ladezeit zu verringern. Ihr Mac bringt eine Lösung für das Komprimieren und Entpacken von Dateien mit, die sogenannten Archive.

Schritt 1

Um ein Archiv aus mehreren Dateien zu erstellen, legen Sie zuerst über **Ablage ▸ Neuer Ordner** oder mit cmd + ⇧ + N einen Ordner an. Ersetzen Sie den vorgeschlagenen Ordnernamen durch einen aussagekräftigen Namen.

Schritt 2

Wählen Sie jetzt die Dateien aus, die in dem Archiv gespeichert werden sollen. Nutzen Sie dazu beim Mausklick zusätzlich die Taste cmd, um nicht untereinanderliegende Dateien Klick für Klick zusammen auszuwählen.

Schritt 3

Ziehen Sie jetzt die Dateien mit gedrückter Maustaste auf den Ordner. Lassen Sie die Maustaste los, wenn sich die Dateien direkt über dem Ordnersymbol befinden. Sie werden dazu in den Ordner verschoben.

Schritt 4

Um den Ordner nun zu komprimieren, klicken Sie mit der rechten Maustaste darauf. Wählen Sie **»[Ordnername]« komprimieren** aus dem Kontextmenü. Sie erhalten dann eine Archivdatei mit der Endung *.zip*.

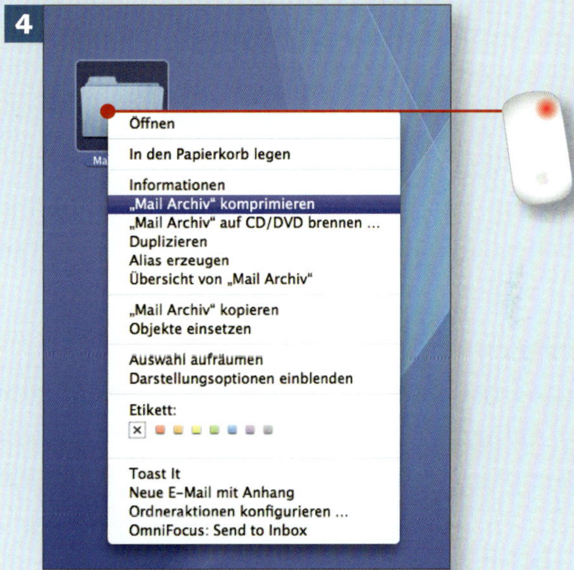

Schritt 5

Das Ganze geht auch umgekehrt. Wenn Sie eine ZIP-Datei mit einem Doppelklick auswählen, wird automatisch der »Entpacker« gestartet.

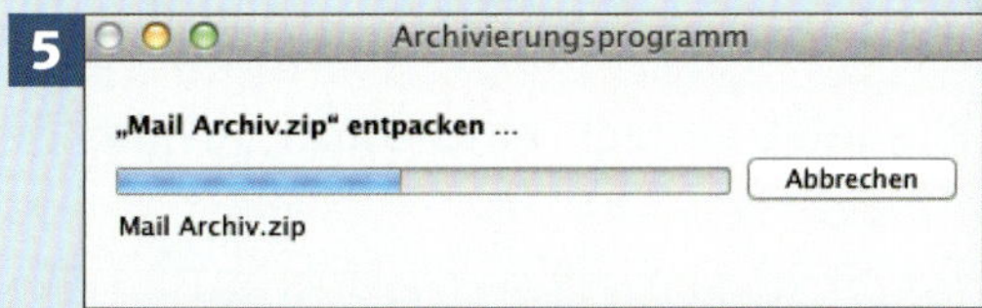

Schritt 6

Zusätzlich zur ZIP-Datei werden der entpackte Ordner ❶ oder die entpackten Dateien angezeigt, und Sie können nun mit diesen weiterarbeiten.

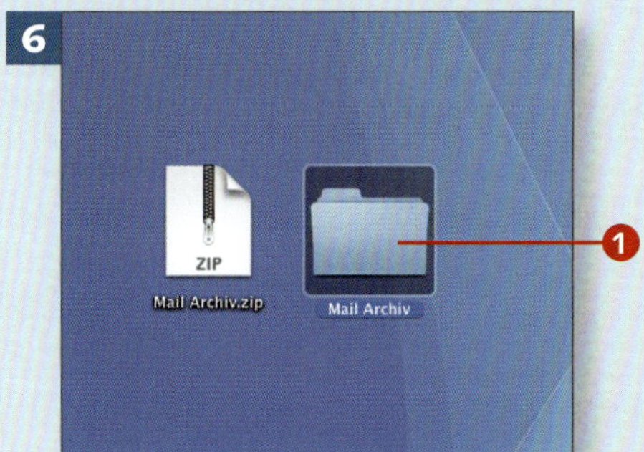

Schnell ein ZIP-Archiv erstellen

Sie können auch aus einer Dateiauswahl ein ZIP-Archiv erstellen. Wählen Sie die Dateien aus, indem Sie mit gedrückter Maustaste ein Auswahlrechteck darüber aufziehen. Rufen nun mit der rechten Maustaste das Kontextmenü auf. Wählen Sie dort die Option **Objekte komprimieren**, dann erhalten Sie eine ZIP-Datei mit dem Namen *Archiv.zip*.

Kapitel 4
Dokumente sichern und weitergeben

Sie können Dokumente und Dateien auf den unterschiedlichsten Wegen mit anderen Benutzern teilen, z. B. Dokumente drucken, Dateien auf externe Rechner kopieren oder sie auf ein Speichermedium brennen. Wie Sie dabei vorgehen, erfahren Sie in diesem Kapitel.

Aus Programmen drucken

Sie können aus fast jedem Programm Ihr Arbeitsdokument drucken. Rufen Sie dazu den Menüpunkt **Ablage ▸ Drucken** auf. Jetzt müssen Sie nur noch die Anzahl der auszudruckenden Exemplare einstellen und mit einem Klick auf **Drucken** bestätigen ❶.

Daten via AirDrop tauschen

Über *AirDrop* ist der Austausch von Daten zwischen unterschiedlichen Macs innerhalb eines Wi-Fi-Netzwerks kinderleicht. Klicken Sie auf die Schaltfläche **AirDrop** in der Seitenleiste ❷, um das Programm zu öffnen. Sie sehen dann alle mit AirDrop erreichbaren Rechner. Ziehen Sie jetzt einfach eine Datei auf das Benutzerbild, und schon startet der Austausch.

Daten brennen

Auch das Brennen von Daten gestaltet sich am Mac sehr einfach. Legen Sie zunächst einen Brennordner über den Menüpunkt **Ablage ▸ Neuer Brennordner** ❸ an. Kopieren Sie dann Ihre Dateien und Dokumente in den Ordner. Jetzt heißt es nur noch, ein beschreibbares Medium in das CD-/DVD-Laufwerk Ihres Rechners einzulegen und auf die Schalfläche **Brennen** zu klicken.

❶ Dokumente lassen sich einfach über den **Drucken**-Dialog zu Papier bringen.

❷ Via AirDrop können Sie auf die Schnelle Dateien mit anderen Mac-Nutzern austauschen.

❸ Die Sammelstelle für Daten, die auf eine CD/DVD gebrannt werden sollen, sind Brennordner.

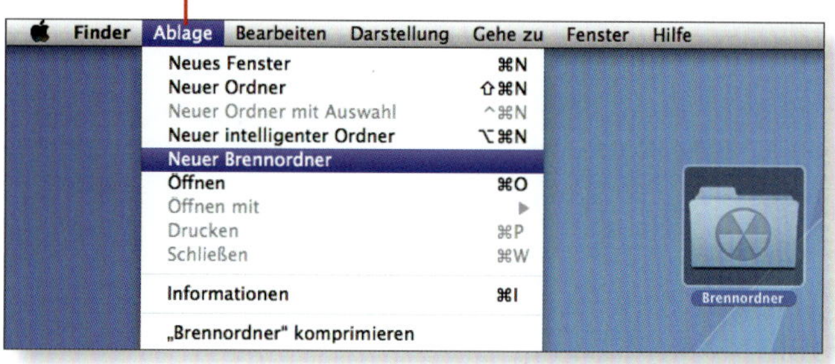

Den Drucker einrichten

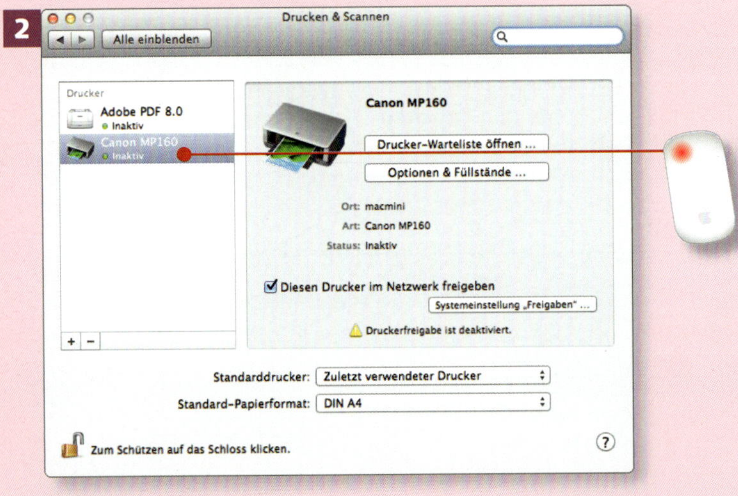

Mit dem Mac geht die Konfiguration eines Druckers dank des Drucker-Dienstprogramms einfach von der Hand.

Schritt 1

Um einen neuen Drucker anzulegen, rufen Sie im Apfel-Menü über **Systemeinstellungen ▸ Drucken & Scannen** die Systemeinstellungen auf.

Schritt 2

Das Dialogfenster **Drucken & Scannen** zeigt eine Übersicht über alle bereits angelegten Drucker. Falls Sie schon einen Drucker angelegt haben, können Sie ihn links in der Liste auswählen und bekommen auf der rechten Seite dann alle Informationen zum Gerät angezeigt.

Schritt 3

Um einen neuen Drucker hinzuzufügen, klicken Sie auf die Plus-Schaltfläche. Der Drucker muss dazu bereits an den Rechner angeschlossen und betriebsbereit sein.

Schritt 4

Das Dialogfenster **Drucker hinzufügen** startet in der Ansicht **Standard** ❶. Alle angeschlossenen und aktiven Drucker werden angezeigt. Sie sehen den Namen des Druckers ❷ und seinen Typ ❸, d. h. wie er mit dem Rechner verbunden ist.

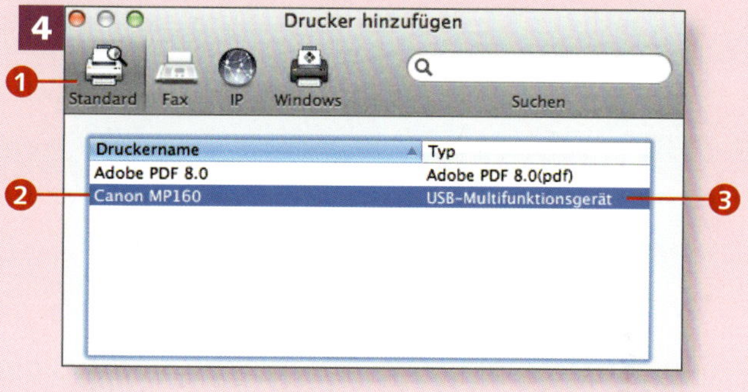

Schritt 5

Klicken Sie auf den Drucker, den Sie hinzufügen möchten ❹. Im Feld **Name** wird automatisch die Bezeichnung des Geräts angezeigt; Sie können sie ändern, indem Sie in das Feld klicken und den Eintrag überschreiben. Im Feld **Standort** ❺ können Sie noch angeben, wo Ihr Drucker angeschlossen ist.

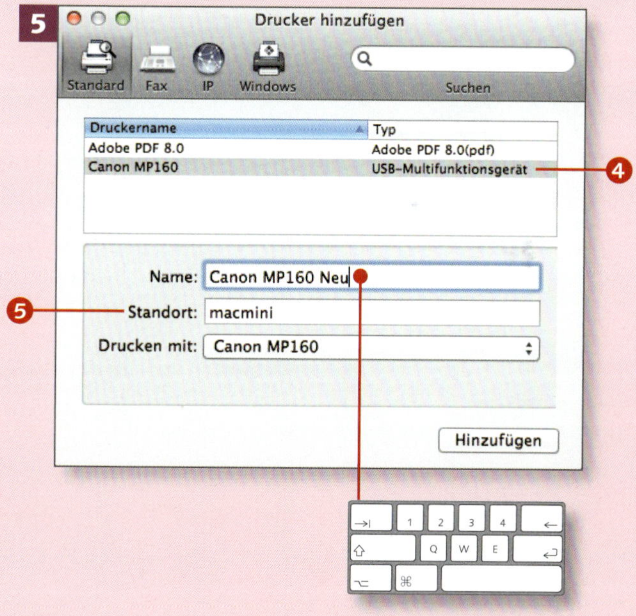

Schritt 6

Im Feld **Drucken mit** wird nach einem Klick auf den Pfeil automatisch der passende Druckertreiber zum angeschlossenen Drucker in einem Aufklappmenü angezeigt.

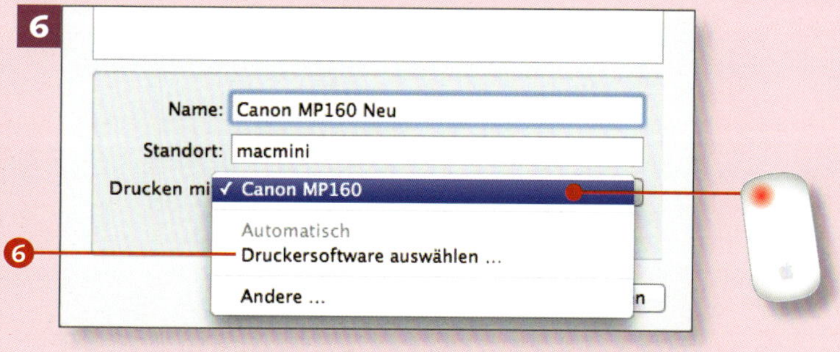

Druckersoftware auswählen
Wird kein passender Drucker gefunden, wählen Sie ihn über **Druckersoftware auswählen** ❻ aus. Im nächsten Infofenster wählen Sie den entsprechenden Treiber aus, und bestätigen Sie mit **OK**.

Den Drucker einrichten (Forts.)

7

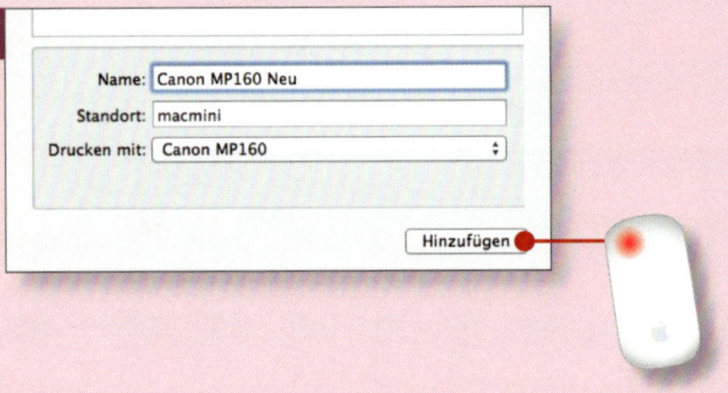

8

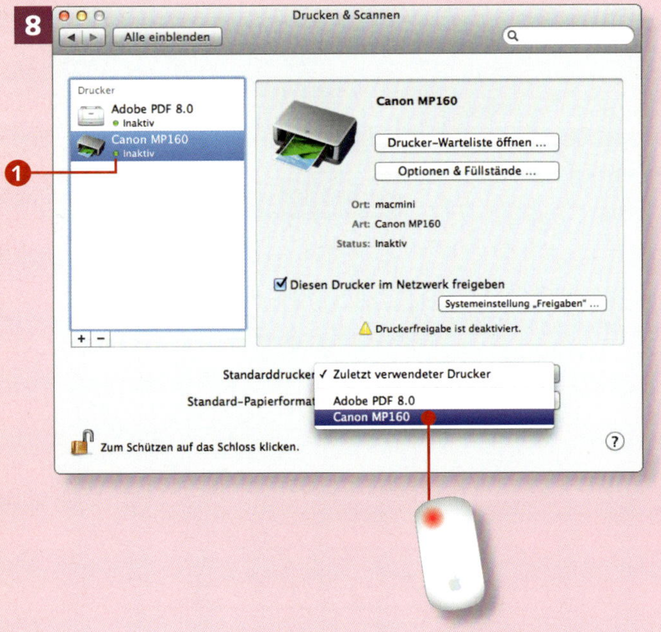

9

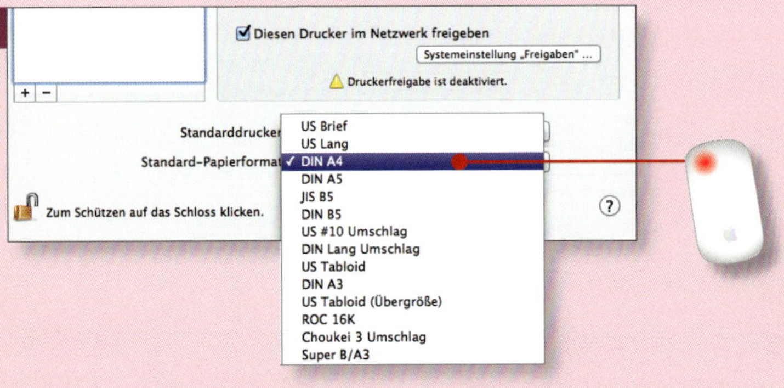

Schritt 7

Klicken Sie anschließend auf die Schaltfläche **Hinzufügen**, um den Drucker anzulegen. Der Drucker erscheint daraufhin in der Druckerliste auf der rechten Seite.

Schritt 8

Das grüne Statussymbol 1 vor dem Gerät signalisiert, dass der Drucker eingeschaltet und betriebsbereit ist. Wenn Sie mehrere Drucker installiert haben, können Sie einen Standarddrucker festlegen, auf dem dann immer automatisch gedruckt wird. Wählen Sie ihn einfach im Aufklappmenü **Standarddrucker** aus.

Schritt 9

Um festzulegen, auf welchem Papierformat Ihr Standarddrucker druckt, klappen Sie das Menü des Feldes **Standard-Papierformat** mit einem Klick auf den Pfeil rechts am Feld auf. In der Liste klicken Sie das gewünschte Format an, z. B. **DIN A4**.

Schritt 10

Sie können nun weitere Einstellungen vornehmen oder sich zusätzliche Informationen anzeigen lassen. Klicken Sie dazu auf die Schaltfläche **Optionen & Füllstände**.

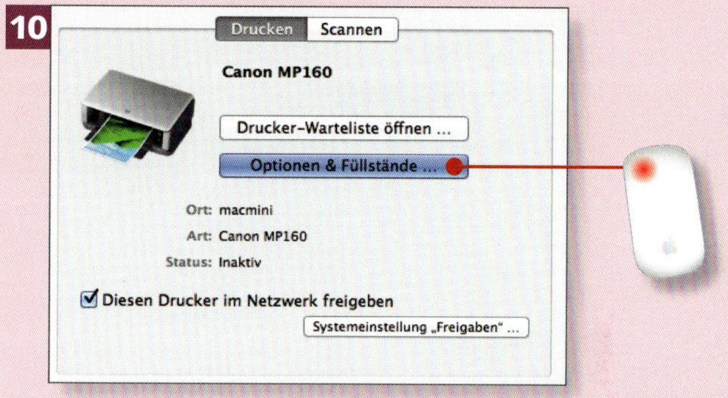

Schritt 11

Im nächsten Dialogfenster klicken Sie auf die Registerkarte **Füllstände**. Hier sehen Sie, ob Ihr Drucker noch genügend Tinte (**Schwarz**) bzw. Toner (**Farbe**) enthält. Der jeweilige Füllstand der unterschiedlichen Patronen wird einzeln angezeigt.

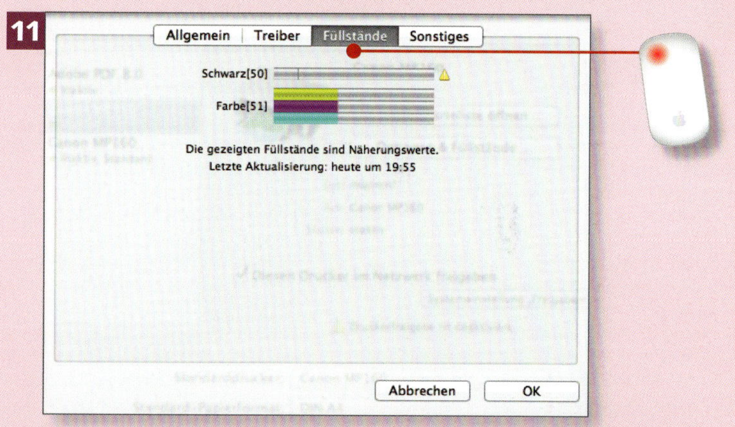

Schritt 12

Unter **Sonstiges** können Sie einen Testdruck starten. Klicken Sie dazu auf **Testseite drucken**. Um den Dialog zu verlassen, klicken Sie auf **OK**. Nun haben Sie den Drucker angelegt und können die Systemeinstellungen verlassen.

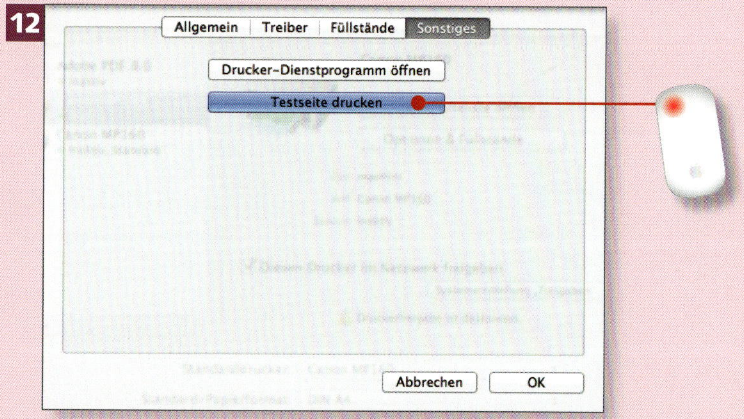

Drucker im Netzwerk freigeben
Sie können den Drucker in einem lokalen Netzwerk auch anderen Rechnern zur Verfügung stellen. Aktivieren Sie dazu in den Systemeinstellungen **Drucken & Scannen** das Kontrollkästchen **Diesen Drucker im Netzwerk** freigeben. Dazu muss in den Systemeinstellungen **Freigaben** die Option **Druckerfreigabe** aktiviert sein.

Dokumente drucken

1

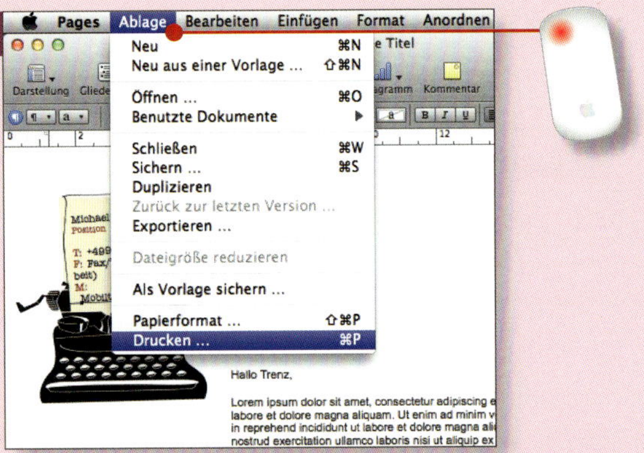

2

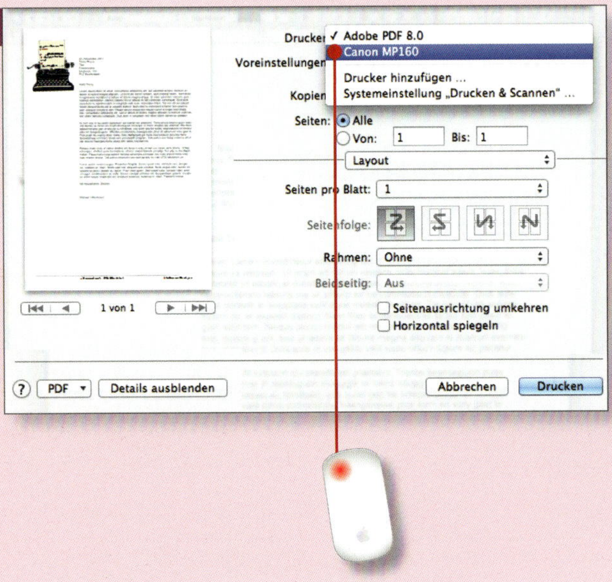

3

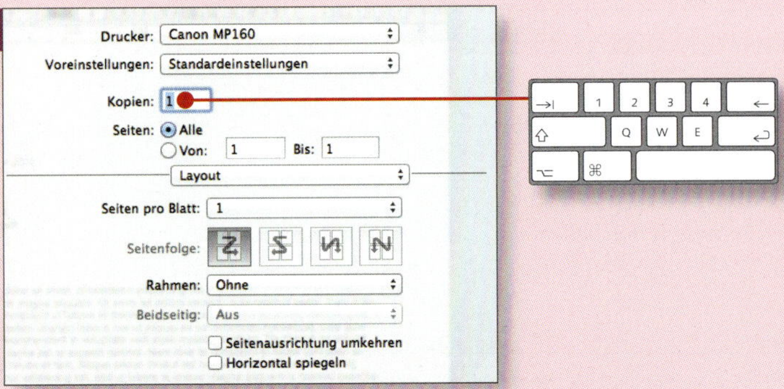

Das Drucken gehört zur täglichen Routine bei der Arbeit mit Ihrem Mac. Sie erfahren nun, wie Sie aus Anwendungen heraus drucken können.

Schritt 1

Die meisten Programme verfügen über einen integrierten Drucken-Dialog, mit dessen Hilfe Sie das bearbeitete Dokument auf Ihrem Drucker ausgeben können. Sie rufen ihn immer über **Ablage ▸ Drucken** oder mit [cmd] + [P] auf.

Schritt 2

Das Fenster **Kopien & Seiten** öffnet sich. Falls Sie mehrere Drucker installiert haben, können Sie über das Aufklappmenü des Feldes **Drucker** nun einen auswählen, indem Sie ihn in der Liste anklicken.

Schritt 3

Um mehrere Exemplare Ihres Dokuments auszudrucken, geben Sie die gewünschte Menge in das Feld **Kopien** ein.

Schritt 4

Sie können auch bestimmen, welche Seiten des Dokuments gedruckt werden. Um das gesamte Dokument zu drucken, wählen Sie die Option **Alle** im Bereich **Seiten**.

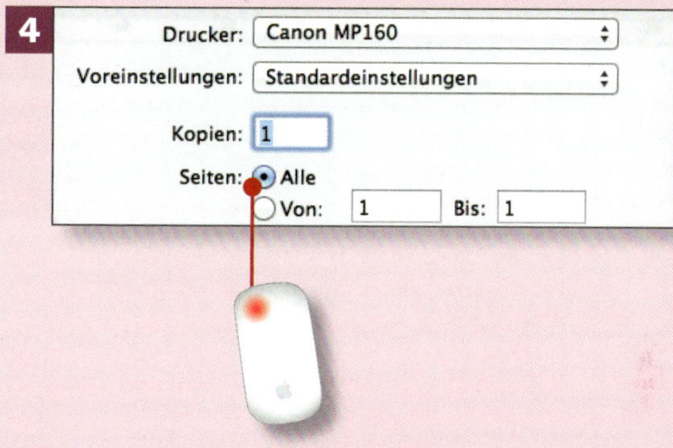

Schritt 5

Soll nur ein bestimmter Bereich gedruckt werden, geben Sie in den Feldern **Von** und **Bis** einfach die Seiten des Dokuments an, die gedruckt werden sollen.

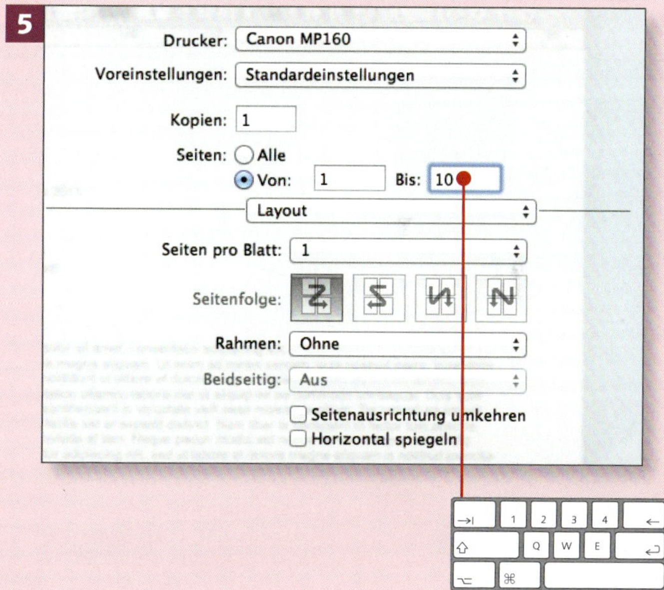

Schritt 6

Wenn Sie alle nötigen Einstellungen vorgenommen haben, starten Sie den Druckvorgang mit einem Klick auf **Drucken**. Die Daten werden jetzt an den Drucker übertragen und ausgedruckt.

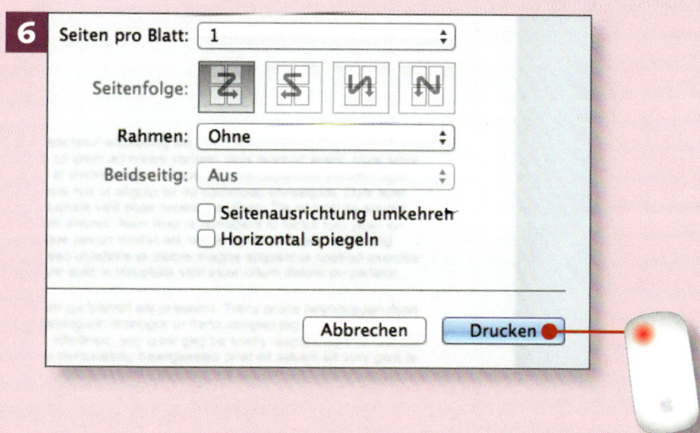

i

Format ändern

Um das Dokument in einem anderen Format auszugeben, wählen Sie **Ablage ▸ Seite einrichten** (in einigen Programmen auch **Ablage ▸ Papierformat**). Im Dialogfenster wählen Sie dann zwischen den beiden Formaten Hochkant und Querformat. Klicken Sie auf die entsprechende Schaltfläche, und bestätigen Sie Ihre Auswahl mit einem Klick auf **OK**.

Dokumente und Dateien brennen

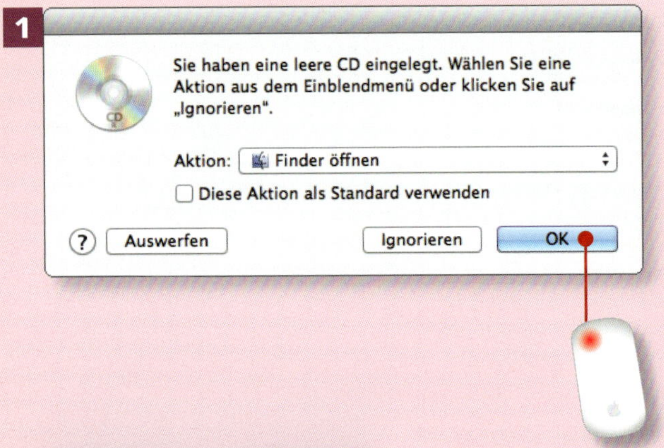

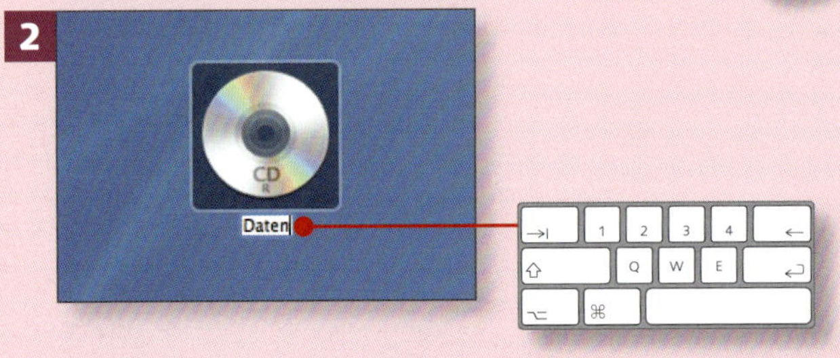

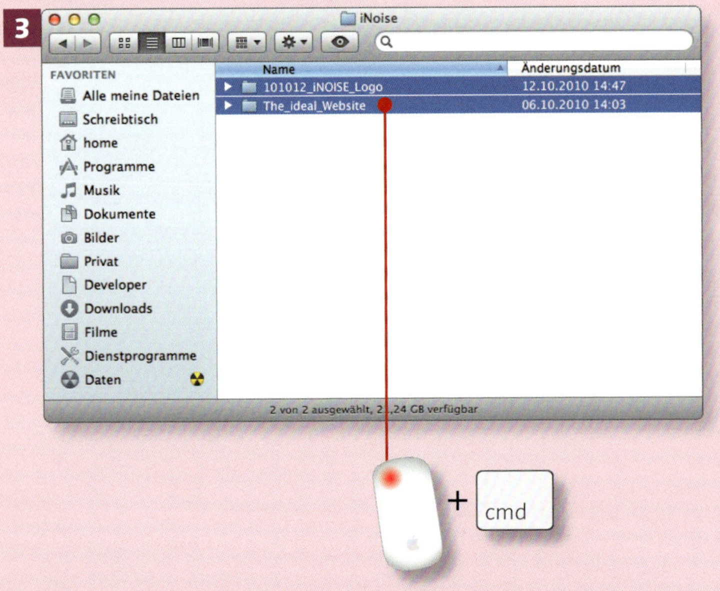

In OS X Lion ist ein Brennprogramm integriert. Sie können damit Dateien oder Ordner brennen. Wie Sie dabei vorgehen, erfahren Sie in diesem Abschnitt.

Schritt 1

Zunächst müssen Sie einen CD- oder DVD-Rohling in das entsprechende Laufwerk Ihres Rechners einlegen. Bestätigen Sie den Dialog, der sich daraufhin öffnet, mit einem Klick auf **OK**.

Schritt 2

Auf dem Schreibtisch erscheint ein Symbol (*Icon*), das für das beschreibbare Medium steht. Noch trägt es die Bezeichnung **Ohne Titel**. Klicken Sie in dieses Feld, und überschreiben Sie den Text mit dem Namen Ihres Brennprojekts.

Schritt 3

Nun navigieren Sie zum Speicherort der Dateien oder Ordner, die Sie brennen möchten, und wählen sie aus, indem Sie die cmd-Taste gedrückt halten und die Dateien nacheinander anklicken.

Schritt 4

Halten Sie dann die Maustaste gedrückt, und ziehen Sie so die markierten Dateien auf das Symbol des eingelegten Mediums. Das Fenster **Brennen** öffnet sich daraufhin automatisch. Lassen Sie nun die Dateien los.

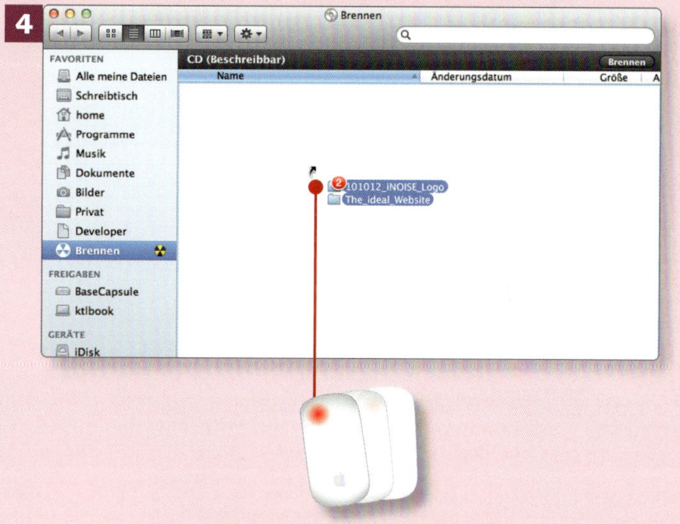

Schritt 5

Wenn Sie alle Dateien ausgewählt haben, starten Sie den Brennvorgang über die Schaltfläche **Brennen**. Alternativ können Sie auch den Menübefehl **Ablage ▸ CD/DVD brennen** verwenden.

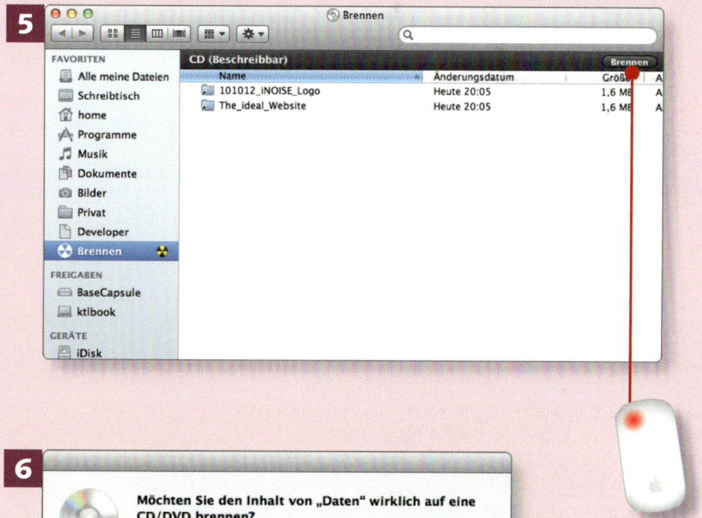

Schritt 6

Im nächsten Dialogfenster können Sie den Namen der CD/DVD nochmals ändern ❶ und die Brenngeschwindigkeit über ein Aufklappmenü ❷ festlegen. Standardmäßig schlägt das System hier die maximal mögliche Geschwindigkeit Ihres Brenners vor. Bestätigen Sie mit einem Klick auf **Brennen**.

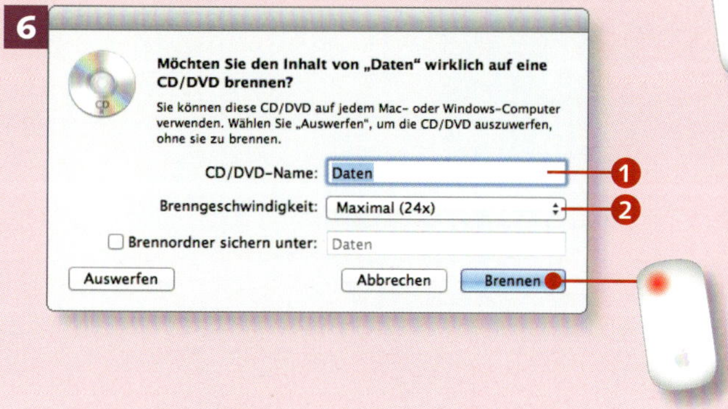

Dokumente und Dateien brennen (Forts.)

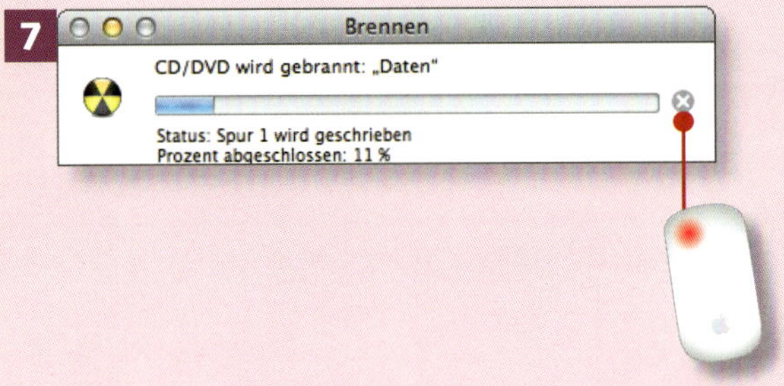

Schritt 7

Den Fortschritt des Brennvorgangs können Sie über ein Statusfenster verfolgen. Hierüber ist es auch möglich, den Vorgang abzubrechen. Klicken Sie dazu auf das kleine Kreuz. Ist der Brennvorgang abgeschlossen, ertönt ein Signalton.

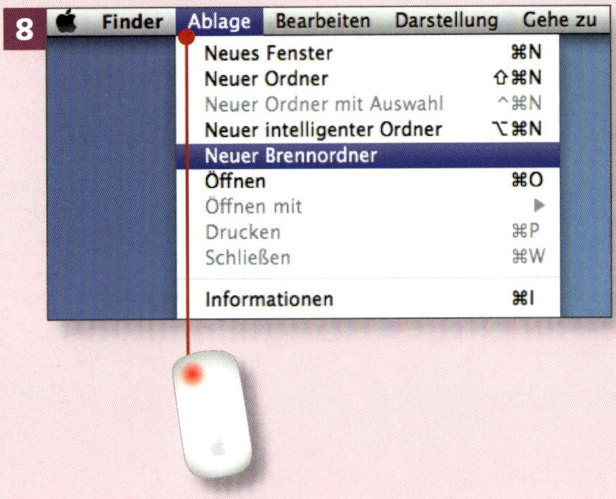

Schritt 8

Falls Sie nicht direkt brennen wollen, können Sie auch einen Brennordner erstellen, in dem Sie die Dateien ablegen, die später auf der CD/DVD landen sollen. Öffnen Sie das Menü **Ablage ▸ Neuer Brennordner**.

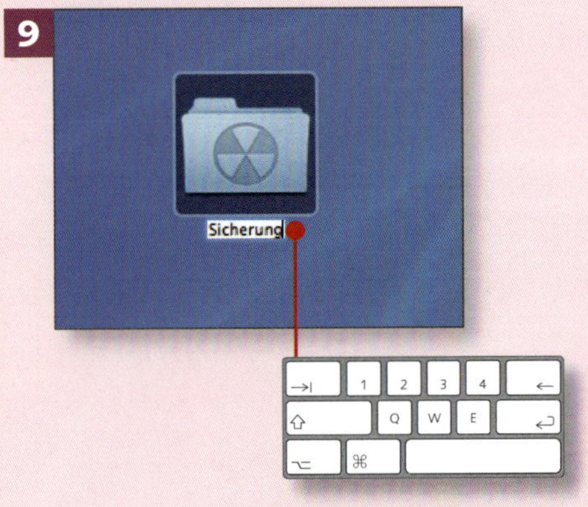

Schritt 9

Wenn nötig, geben Sie dem Ordner einen aussagekräftigeren Namen als »Brennen«. Klicken Sie dazu den Ordner mit der Maus an, und drücken Sie dann die ↵-Taste. Geben Sie jetzt einen beliebigen Namen ein.

Größe des Brennordners ermitteln

In der Leiste am unteren Rand des Brennordners wird die tatsächliche Datenmenge angezeigt. Daran können Sie sehen, welches Medium Sie für den Brennvorgang benötigen (eine CD oder eine DVD). Hinter den hinzugefügten Dateien steht hingegen nur die Größe des jeweiligen Verweises zur Originaldatei.

Schritt 10

Dann kopieren Sie die Dokumente und Dateien, die Sie später auf die CD/DVD brennen möchten, in den Ordner. Wählen Sie sie dazu mit einem Mausklick aus. Eine Mehrfachauswahl erreichen Sie mit gleichzeitigem Drücken der cmd-Taste. Ziehen Sie die Auswahl dann mit gedrückter Maustaste auf den Brennordner.

10

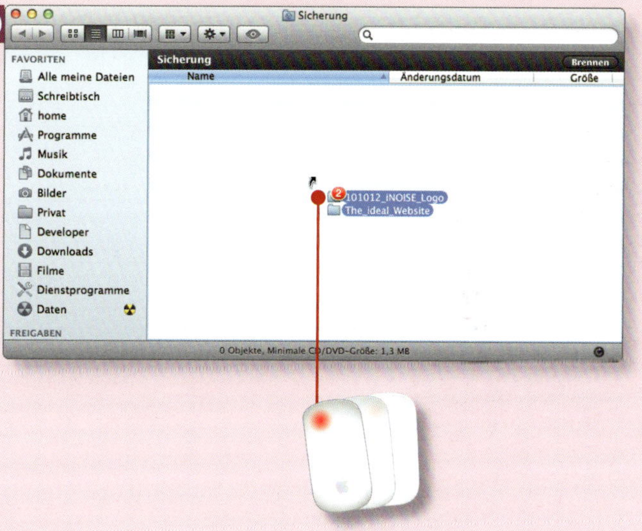

Schritt 11

Möchten Sie schließlich die Daten brennen, öffnen Sie den Brennordner per Doppelklick. Dann klicken Sie nur noch auf die Schaltfläche **Brennen**. Das System fordert Sie jetzt auf, ein beschreibbares Medium einzulegen. Nachdem Sie das getan haben, öffnet sich der Brenndialog.

11

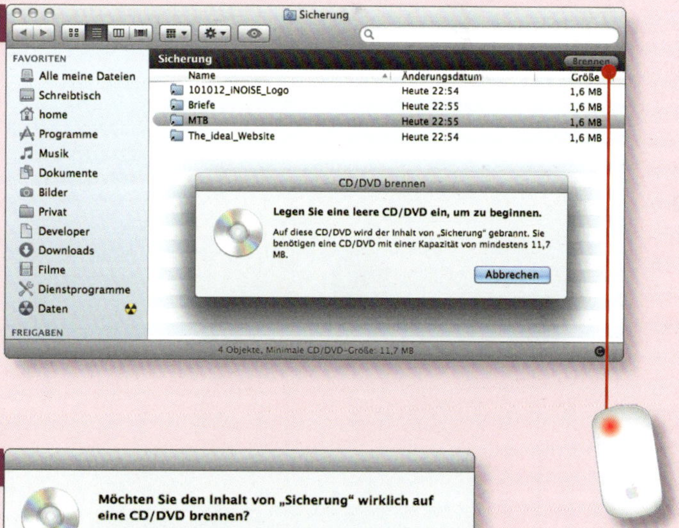

Schritt 12

Im Feld **CD/DVD-Name** wird der Name des Brennordners angezeigt. Starten Sie den Vorgang, indem Sie auf **Brennen** klicken. Analog zum normalen Brennvorgang erscheint jetzt ein Statusfenster, über das Sie den Fortschritt verfolgen können. Zum Schluss ertönt ein Signal.

12

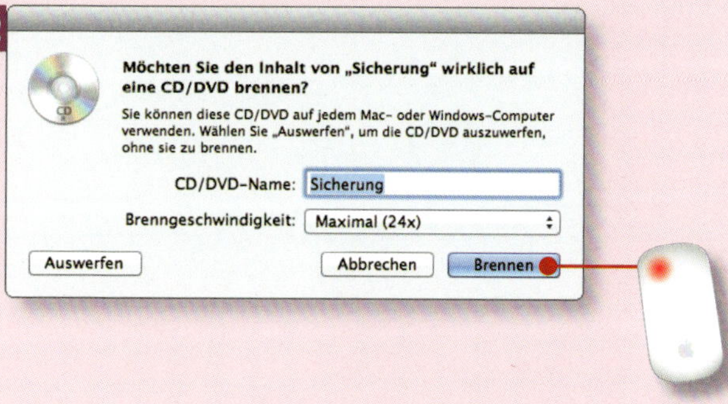

Dateien mit anderen teilen: AirDrop

Um Dateien mit anderen zu teilen, müssen Sie sie nicht per E-Mail verschicken. Viel schneller geht es über AirDrop. Wie Sie dazu vorgehen, das erfahren Sie hier.

1

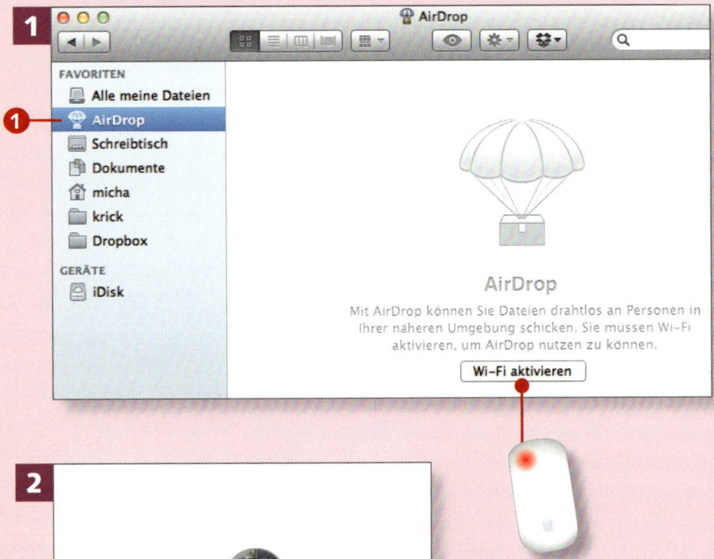

2

3

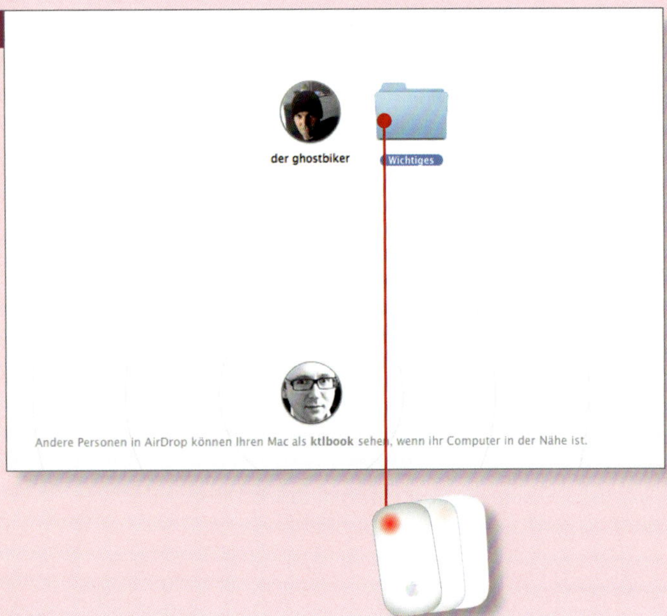

Schritt 1

Um eine Verbindung zu einem Mac in der Nähe herzustellen, klicken Sie einfach auf den Eintrag **AirDrop** 1 in der Finder-Seitenleiste. Wenn Ihre Wi-Fi-Verbindung nicht aktiv ist, klicken Sie zunächst auf **Wi-Fi aktivieren**.

Schritt 2

Wenn im Umkreis von etwa 10 m ein anderer Mac mit OS X Lion und aktiver Air-Drop-Funktionalität via Wi-Fi gefunden wird, wird dieser im AirDrop-Fenster angezeigt. Sie sehen dort das jeweilige Benutzerbild und den Benutzernamen des anderen Benutzers.

Schritt 3

Um z. B. einen Ordner mit einem anderen Benutzer zu teilen, wählen Sie ihn mit der Maus aus und ziehen ihn mit gedrückter Maustaste auf diesen Benutzer. Lassen Sie die Maustaste los, wenn sich der Ordner direkt über dem Benutzerbild befindet.

Schritt 4

Damit Ihr Gegenüber auf die Datenübertragung hingewiesen wird, klicken Sie auf **Senden**. Akzeptiert Ihr Gegenüber die Übertragung, wird die Datei automatisch in seinen Ordner **Downloads** kopiert.

4

Schritt 5

Wenn Sie eine Datei gesendet bekommen und sie akzeptieren wollen, klicken Sie auf **Sichern**. Wie zuvor Ihr Gegenüber finden auch Sie die übertragene Datei dann im Ordner **Downloads**.

5

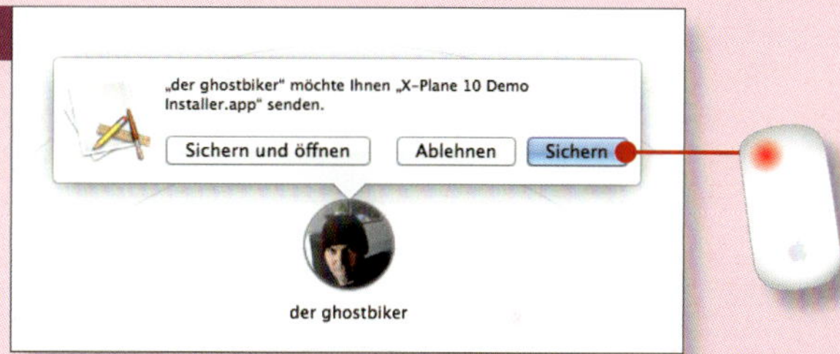

Schritt 6

Benötigen Sie AirDrop nicht mehr, schließen Sie das Fenster. Ihr Gerät steht dann nicht mehr für die Dateiübertragung zur Verfügung.

6

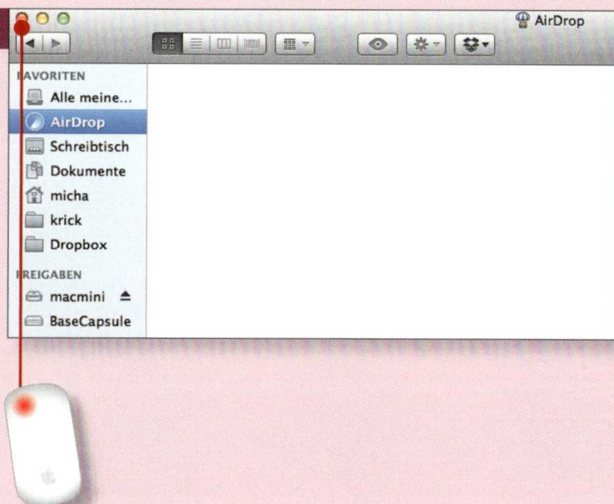

i

Andere Ordner freigeben

Um neben **Public** auch andere Ordner freizugeben, klicken Sie auf das Plus im Fenster **Freigaben**, wählen das Element aus und bestätigen mit **Hinzufügen**. Der Ordner erhält die Standardzugriffsrechte, sodass andere Benutzer nur etwas in diesen Ordner hineinlegen können. Nur jemand, der Ihre Zugangsdaten hat, kann auch Dateien herauskopieren.

Macs untereinander verbinden

Der Datentausch ist auch über ein drahtloses Netzwerk möglich. Wie Sie Daten von Mac zu Mac schicken, erfahren Sie in diesem Abschnitt.

Schritt 1

Um Dateien zwischen Macs auszutauschen, müssen Sie erst Ihren Rechner für den Datenaustausch freigeben. Rufen Sie dazu im Apfel-Menü den Punkt **Systemeinstellungen** ❶ und dann **Freigaben** auf.

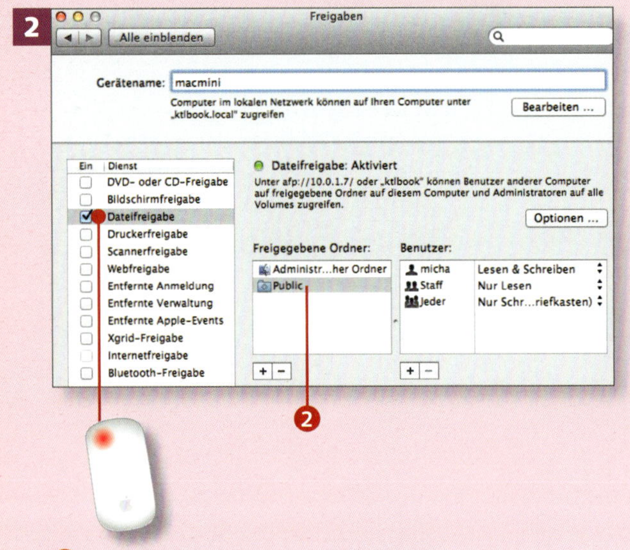

Schritt 2

Im Dialogfenster **Freigaben** aktivieren Sie links die Option **Dateifreigabe** mit einem Mausklick. Auf diese Weise können andere Rechner auf Ihren Computer zugreifen. Als Standardordner wird Ihr öffentlicher Ordner (**Public**) ❷ freigegeben. Andere Benutzer können dort Dateien hineinlegen, ohne dass sie Ihre Zugangsdaten haben.

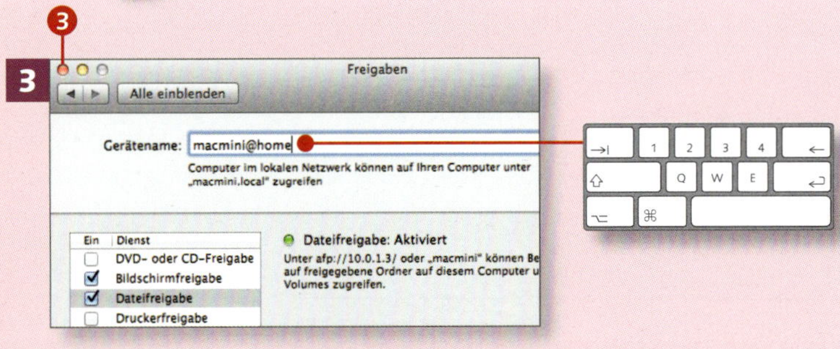

Schritt 3

Im Feld **Gerätename** können Sie noch eine Bezeichnung für Ihren Rechner eingeben. Unter diesem Namen erscheint er dann bei anderen Nutzern in der Freigabenliste. Wenn Sie fertig sind, klicken Sie auf die rote Schaltfläche ❸.

Schritt 4

Ist ein anderer Rechner für die Dateiweitergabe freigegeben, wird er in der Seitenleiste unter dem Punkt **Freigaben** angezeigt. Markieren Sie ihn mit der Maus.

4
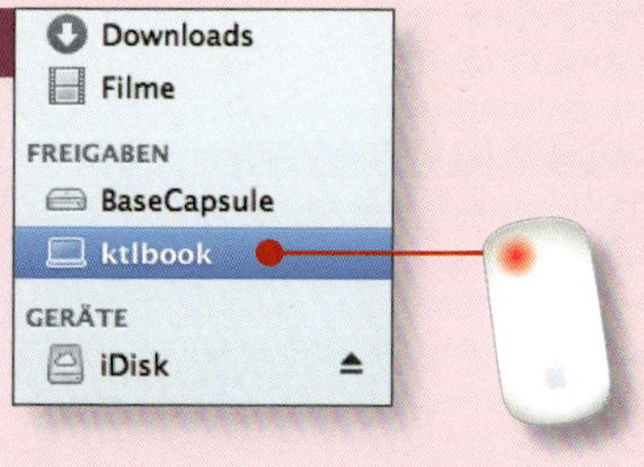

Schritt 5

Sofort sehen Sie in der Mitte die freigegebenen Dateien und Ordner des Gegenübers. Der Ordner **Public** ❹ ist öffentlich, d.h., dorthinein können Sie Daten kopieren, ohne dass Sie sich vorher bei dem anderen Rechner anmelden müssen.

5
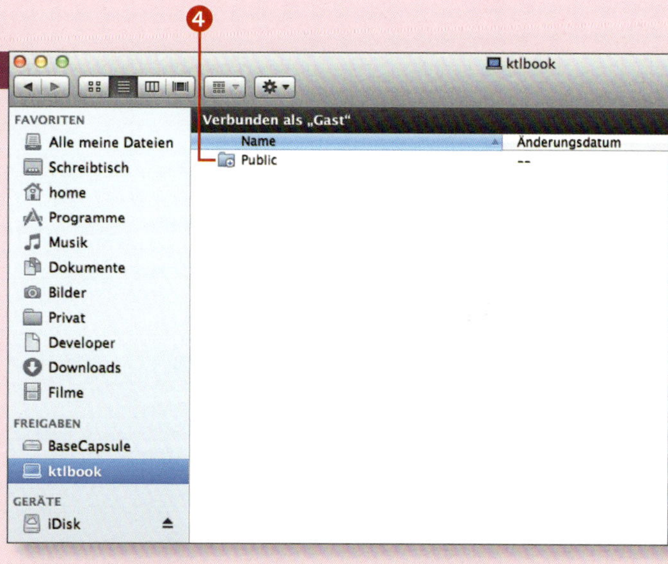

Schritt 6

Ziehen Sie einfach eine Datei mit gedrückter Maustaste auf das Ordnersymbol. Es erscheint ein Informationsdialog mit dem Hinweis, dass Sie die Datei dorthin kopieren, aber den Inhalt des Ordners nicht sehen können. Bestätigen Sie diesen Dialog mit einem Klick auf **OK**.

6
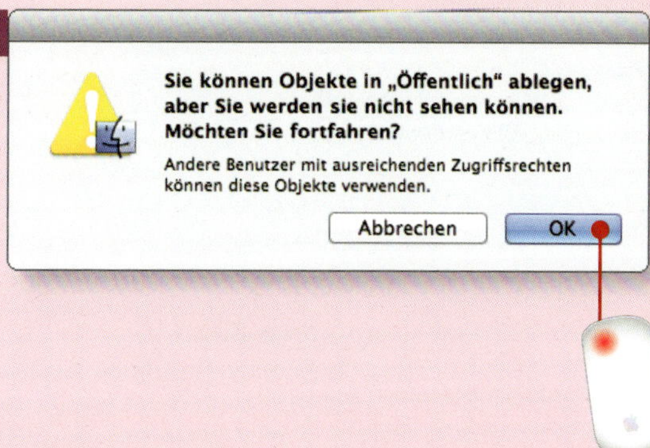

Datenübertragung

Die Voraussetzung für den hier gezeigten Datenaustausch ist, dass sich beide Macs im gleichen lokalen Netzwerk befinden, also über ein Netzwerkkabel oder eine Wi-Fi-Verbindung miteinander verbunden sind.

Macs untereinander verbinden (Forts.)

7

8

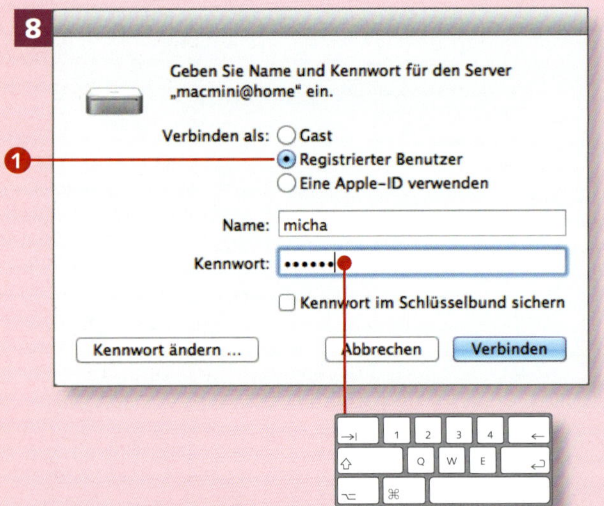

9

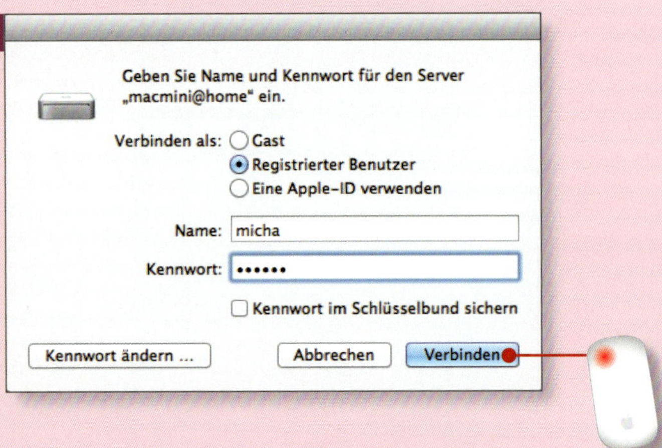

Schritt 7

Um auf alle freigegebenen Dateien eines anderen Rechners zugreifen zu können, benötigen Sie den Benutzernamen und das Kennwort dieses anderen Rechners. Um eine solche *Remote-Verbindung* herzustellen, klicken Sie oben rechts auf **Verbinden als**.

Schritt 8

Im nächsten Dialogfenster aktivieren Sie bei **Verbinden als** die Option **Registrierter Benutzer** 1. Machen Sie nun die entsprechenden Eingaben in den Feldern **Name** und **Kennwort**. Achten Sie hier darauf, dass Sie die Daten des anderen Rechners, nicht Ihre eigenen eingeben.

Schritt 9

Bestätigen Sie ihre Angaben dann mit einem Klick auf **Verbinden**. Nun wird eine Verbindung zu dem fremden Rechner hergestellt.

i

Drucker teilen

Es ist auch möglich, einen Drucker, der an Ihren Rechner angeschlossen ist, mit anderen Rechnern im Netzwerk zu teilen. Aktivieren Sie dazu die Option **Druckerfreigabe** unter **Freigaben** in den Systemeinstellungen.

Schritt 10

Wenn alle Angaben richtig waren, haben Sie jetzt Zugriff auf die freigegebenen Benutzerverzeichnisse des anderen Rechners. Den Namen ❷ dieses Remote-Rechners sehen Sie in der Titelleiste.

10

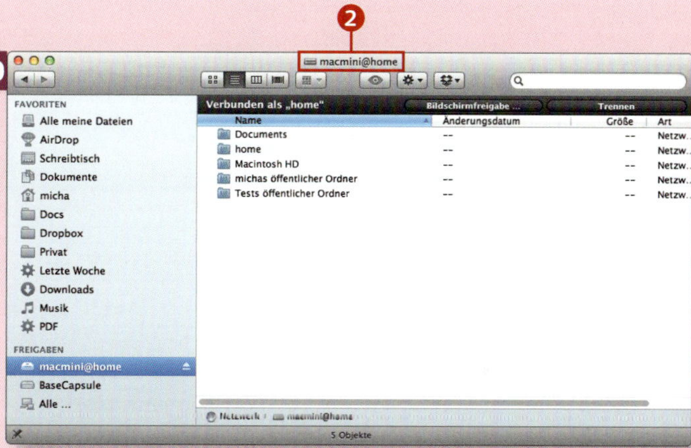

Schritt 11

Navigieren Sie jetzt zur gesuchten Datei, und wählen Sie sie mit einem Klick aus. Ziehen Sie sie mit gedrückter Maustaste auf den Schreibtisch Ihres Rechners. Sobald Sie die Taste loslassen, wird die Datei auf Ihren Schreibtisch kopiert. Sie können den Fortschritt des Vorgangs über das Anzeigefenster verfolgen.

11

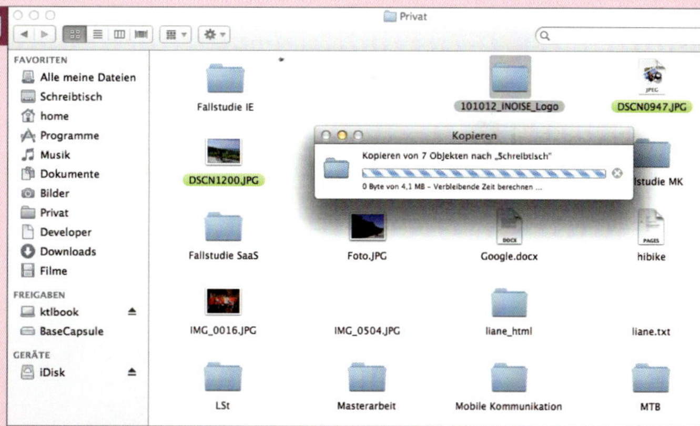

Schritt 12

Wird die Verbindung zwischen den beiden Rechnern nicht mehr benötigt, heben Sie sie wieder auf. Klicken Sie dazu im Freigaben-Fenster oben rechts auf die Schaltfläche **Trennen**.

12

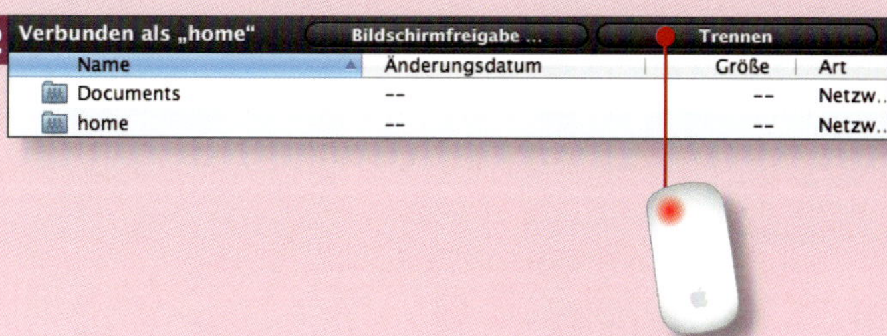

i

Remote-Rechner als Symbol

Sie können über **Finder ▸ Einstellungen** bestimmen, dass der freigegebene Ordner Ihres Gegenübers auch als Symbol auf Ihrem Schreibtisch erscheint. Haken Sie dazu in der Kategorie **Allgemein** die Option **Verbundene Server** an.

Externe Speichermedien anschließen

1

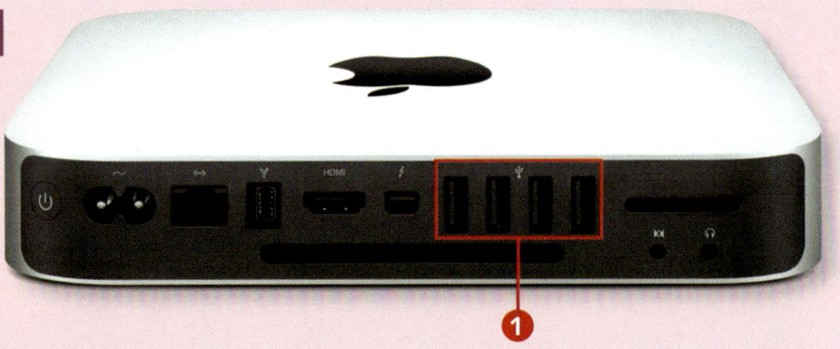

2

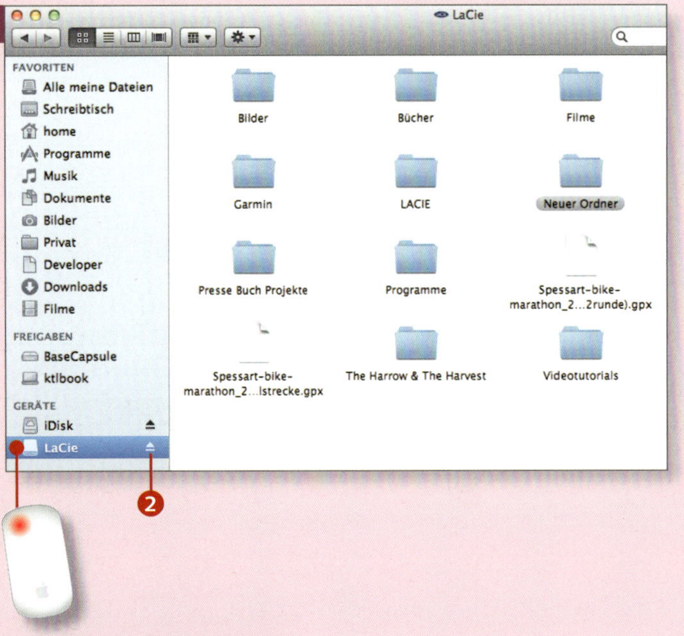

3

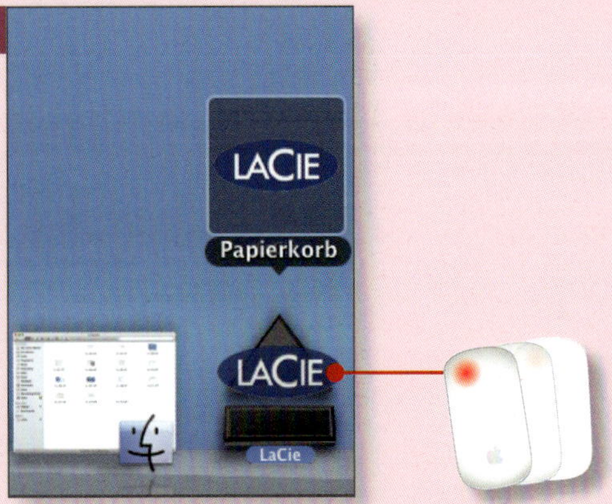

Festplatten und andere Speichermedien können Sie auf unterschiedlichen Wegen, z. B. über USB, mit Ihrem Rechner verbinden.

Schritt 1

Verbinden Sie das Speichermedium über die entsprechende Schnittstelle mit Ihrem Rechner. Einen USB-Stick oder eine USB-Festplatte schließen Sie z. B. an den USB-Anschluss 1 Ihres Rechners an.

Schritt 2

Die externe Festplatte erscheint dann direkt als Symbol auf dem Schreibtisch. Gleichzeitig wird sie auch in der Seitenleiste des Finder-Fensters unter **Geräte** angezeigt. Nach einem Klick auf das Festplattensymbol zeigt sich der Inhalt des Speichermediums in der Mitte des Finder-Fensters.

Schritt 3

Benötigen Sie die Festplatte oder das Speichermedium nicht mehr, klicken Sie auf die **Auswerfen**-Schaltfläche 2. Alternativ können Sie auch das entsprechende Symbol vom Schreibtisch auf den Papierkorb ziehen oder die Tastenkombination cmd + E verwenden.

Geräte per Bluetooth verbinden

Die Auswahl an Bluetooth-Geräten ist groß und reicht von Tastaturen bis hin zu Mobiltelefonen. Wir zeigen Ihnen, wie Sie eine Bluetooth-Maus anschließen.

Schritt 1

Um ein Bluetooth-Gerät an Ihren Mac anzuschließen, öffnen Sie im Apfel-Menü den Eintrag **Systemeinstellungen**.

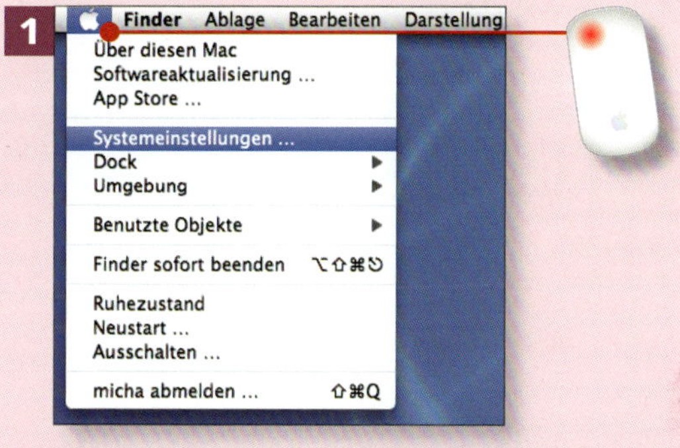

Schritt 2

Im Dialogfenster **Systemeinstellungen** klicken Sie dann auf den Punkt **Bluetooth**.

Schritt 3

Das Fenster **Bluetooth** zeigt eine Übersicht über alle mit dem Rechner verbundenen Bluetooth-Geräte. Die Liste ist leer, wenn noch keine Geräte verbunden sind. Klicken Sie auf die Schaltfläche **Neues Gerät konfigurieren**. Daraufhin wird automatisch der Bluetooth-Assistent gestartet.

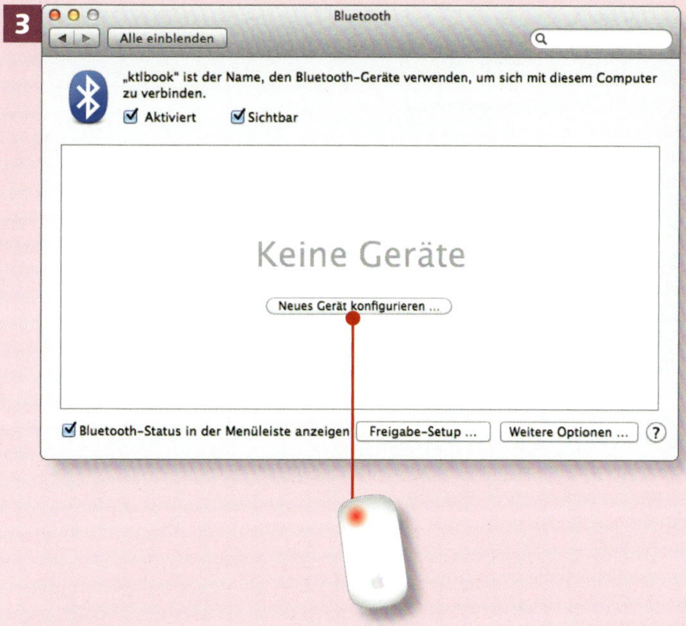

Geräte per Bluetooth verbinden (Forts.)

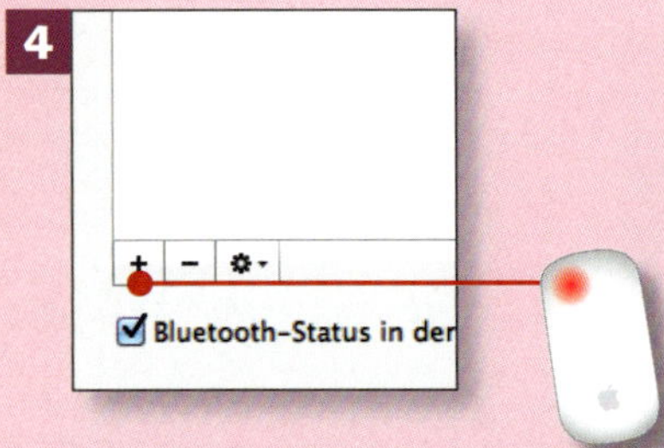

Schritt 4

Alternativ fügen Sie zusätzliche Geräte mit einem Klick auf das Plus hinzu. Der Bluetooth-Assistent wird direkt gestartet.

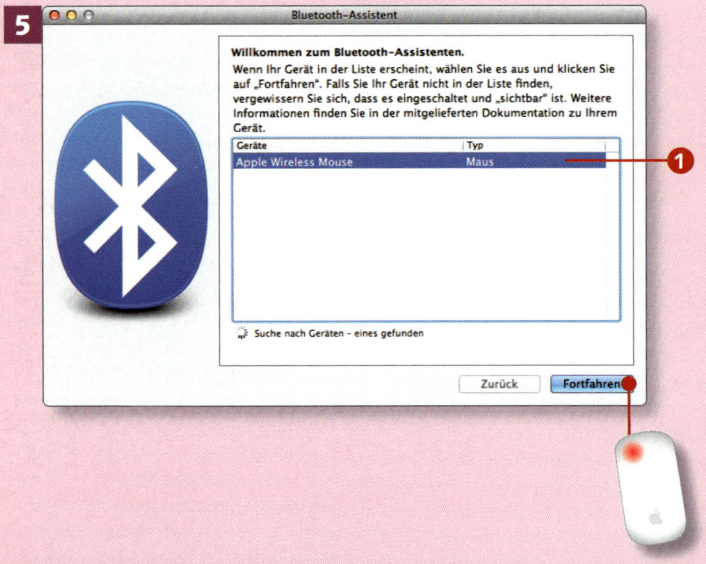

Schritt 5

Er macht sich automatisch auf die Suche nach Bluetooth-Geräten. Wurde ein Gerät gefunden, wird es in der Liste angezeigt ❶. Wählen Sie mit einem Klick das Gerät aus, das Sie mit Ihrem Rechner koppeln möchten, und klicken Sie auf **Fortfahren**.

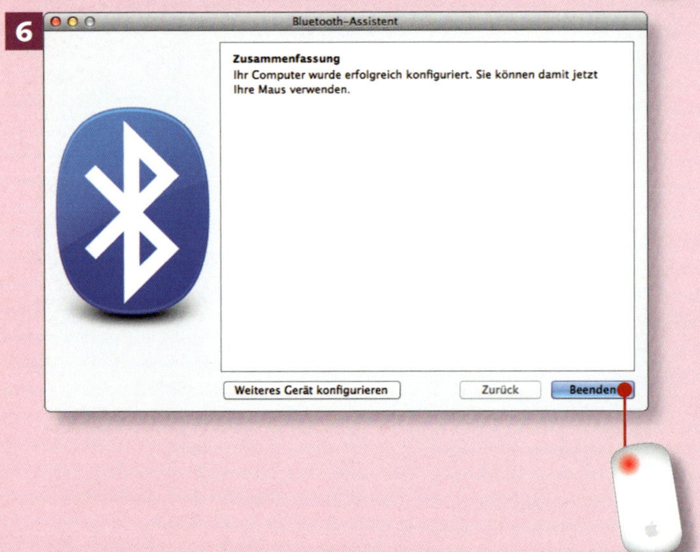

Schritt 6

Es wird jetzt eine Verbindung zum Gerät hergestellt. War die Anlage erfolgreich, erhalten Sie eine entsprechende Meldung. Schließen Sie jetzt den Assistenten mit einem Klick auf die Schaltfläche **Beenden**.

Verbindungsanforderung

Bei einigen Geräten – z. B. Computern – muss ein spezieller Code ausgetauscht werden, um eine Bluetooth-Verbindung herzustellen. Sie werden aufgefordert, diesen Code zu überprüfen. Stimmt er, klicken Sie auf **Ja**, um Ihren Rechner und das Bluetooth-Gerät miteinander zu koppeln. Stimmen die Codes nicht überein, klicken Sie auf **Nein**.

Schritt 7

Wenn Sie das Kontrollkästchen **Bluetooth-Status in der Menüleiste anzeigen** aktivieren, können Sie Ihre Bluetooth-Verbindungen über die Menüleiste verwalten. Schließen Sie das Fenster mit einem Klick auf die rote Schaltfläche ❷.

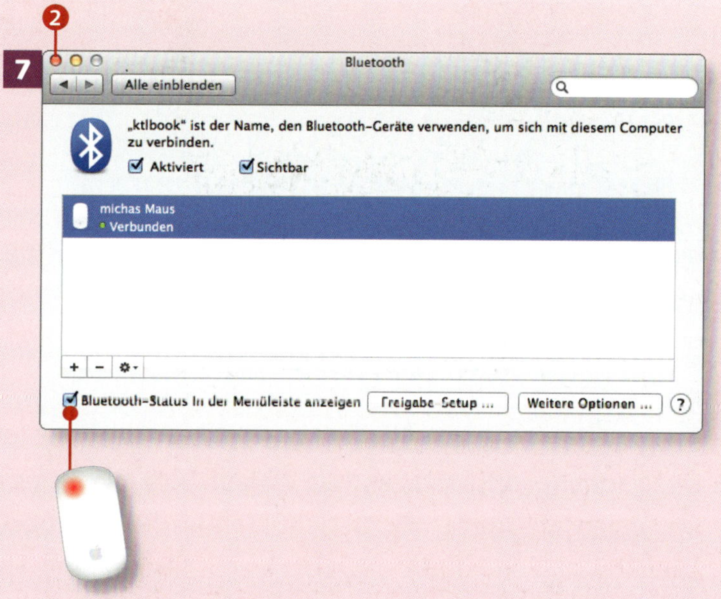

Schritt 8

Wenn Sie in der Menüleiste auf das Bluetooth-Symbol klicken, können Sie aus dem Aufklappmenü jetzt die gekoppelte Maus auswählen. In einem weiteren Menü wählen Sie dann die Option **Trennen**, um die Bluetooth-Verbindung zu diesem Gerät aufzuheben.

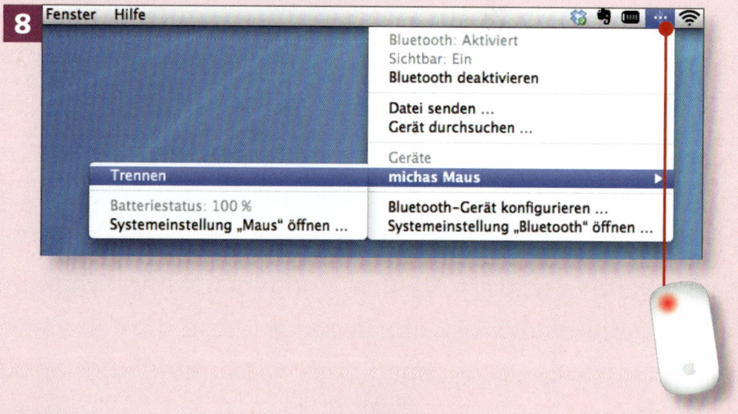

Schritt 9

Über das Symbol in der Menüleiste können Sie Bluetooth auch komplett deaktivieren. Auf diese Weise verlängern Sie z. B. die Akkuleistung bei einem tragbaren Rechner. Wählen Sie im Menü einfach die Option **Bluetooth deaktivieren** aus.

Kapitel 5

Programme auf dem Mac

Das Anwendungsspektrum von OS X Lion ist zwar schon recht groß, Sie können es aber durch neue Programme noch erweitern. Wie Sie Programme starten, zwischen verschiedenen Programmen hin- und herspringen oder Anwendungen von Ihrer Festplatte löschen, erfahren Sie in diesem Kapitel.

Programme über das Launchpad starten

Das Launchpad ist die zentrale Anlaufstelle, wenn es darum geht, Programme zu starten. Im Gegensatz zum Dock, in dem Sie nur die wichtigsten Programme finden, bietet das Launchpad eine vollständige Übersicht ❶. Wählen Sie aus dieser Übersicht ein Programm aus, und starten Sie es mit einem Mausklick.

Zwischen Programmen wechseln

Es gibt zwei Wege, wie Sie zwischen laufenden Programmen wechseln können: das Dock und den *Programmumschalter*, den Sie über die Tastenkombination [cmd] + [→|] aufrufen. Ein geöffnetes Programm wird im Dock dargestellt und erhält dort eine weiße Markierung ❷.

Programme organisieren

Sie können selbst festlegen, von wo aus Ihre Programme aufrufbar sind. Es ist möglich, Programme im Dock abzulegen oder sie dort zu verschieben. Programme lassen sich aber auch über das Launchpad organisieren und können dort z. B. in Ordnern zusammengefasst werden ❸.

1 Mit einem Klick können Sie über das Launchpad Programme starten.

2 Über das Dock lassen sich Programme ebenfalls öffnen.

3 Um den Überblick zu behalten, fassen Sie Ihre Programme mit Launchpad in Ordnern zusammen.

Wo befinden sich die Programme?

Am Mac gibt es verschiedene Wege, Programme zu starten. Die Anwendungen selbst werden aber zentral an einer Stelle gespeichert und verwaltet.

1

2

3

Schritt 1

Die zentrale Stelle für den Programmzugriff ist das *Dock*. Sie finden es mittig ausgerichtet am unteren Bildschirmrand. Über diese Leiste haben Sie Zugriff auf die wichtigsten Programme von OS X Lion, allerdings nicht auf alle auf dem System installierten Anwendungen.

Schritt 2

Wenn Sie mit der Maus über die einzelnen Programmsymbole fahren, werden Ihnen die Namen der Programme angezeigt.

Schritt 3

Die übrigen Programme können Sie direkt über das *Launchpad* erreichen, das Sie im Dock finden ❶. Wenn Sie daraufklicken, erscheint eine Übersicht aller Programme auf dem Schreibtisch.

Schritt 4

Falls Sie mehr Programme installiert haben, als auf den Schreibtisch passen, werden sie auf mehrere Seiten verteilt. Zur nächsten Seite gelangen Sie mit einem Klick auf den Punkt. Mit einer Magic Mouse oder einem Trackpad »wischen« Sie einfach nach links, um die nächste Seite zu öffnen.

Schritt 5

Alle Programme werden unter OS X Lion standardmäßig in der Verzeichnisstruktur *Macintosh HD/Programme* installiert. Zu diesem Ordner können Sie über die Seitenleiste des Finder-Fensters navigieren. Klicken Sie dort auf den Eintrag **Programme**.

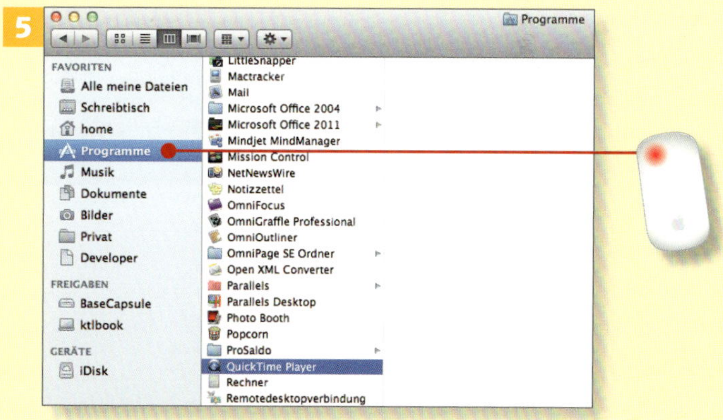

Schritt 6

Im Ordner **Programme** werden alle Anwendungen aufgelistet, die auf dem System installiert sind. Wenn Sie die Listenansicht einstellen, werden die Programme standardmäßig alphabetisch sortiert.

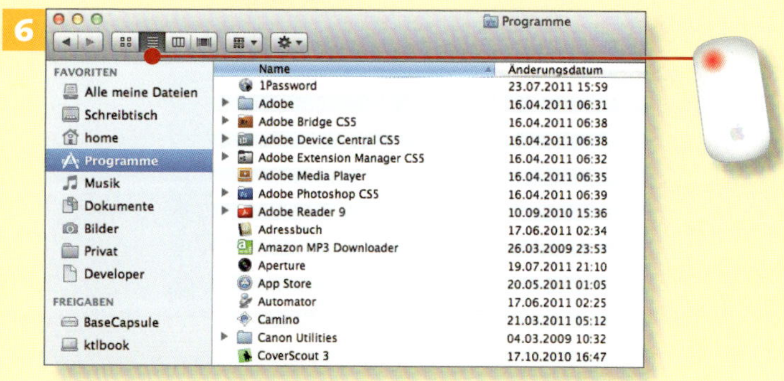

Das Launchpad schließen

Sie verlassen das Launchpad wieder mit einem Klick auf das Programmsymbol **Launchpad** oder mithilfe der esc-Taste.

Programme starten und beenden

1
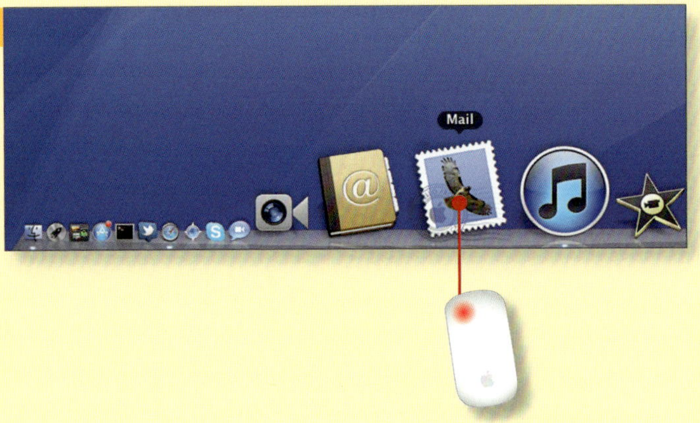

2
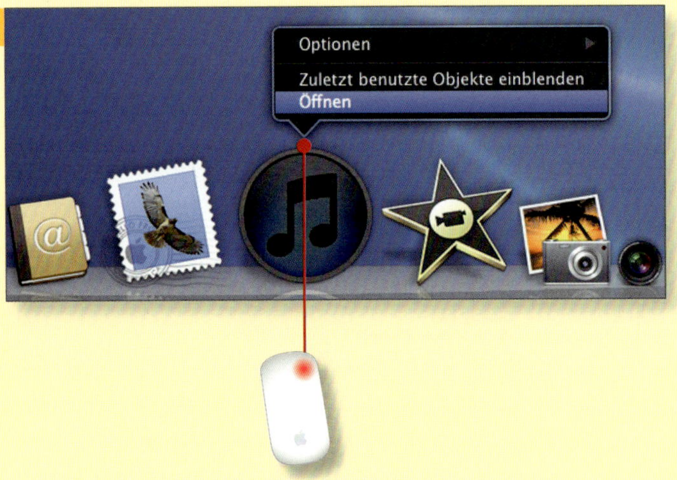

3

Nachdem Sie nun erfahren haben, wo sich die Programme auf Ihrem Mac befinden, lernen Sie jetzt, wie Sie sie starten und beenden.

Schritt 1

Sie können alle Programme mit einem Mausklick auf das Programmsymbol aus dem Dock heraus starten.

Schritt 2

Eine Anwendung lässt sich auch starten, wenn Sie mit der rechten Maustaste auf das Programmsymbol im Dock klicken. Im Kontextmenü wählen Sie dann den Eintrag **Öffnen** aus.

Schritt 3

Wenn Sie ein Programm gestartet haben, wird es mithilfe eines dezenten weißen Punktes 1 unterhalb des Programmsymbols im Dock als aktiv gekennzeichnet.

Schritt 4

Alle Programme lassen sich natürlich auch direkt über das Launchpad starten. Klicken Sie auf das Programmsymbol **Launchpad** im Dock.

4
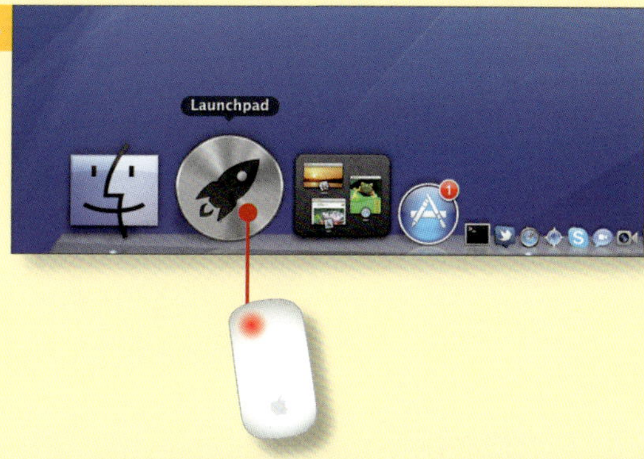

Schritt 5

In der Übersicht klicken Sie mit der Maus auf das jeweilige Programmsymbol, z. B. **QuickTime Player**. Launchpad wird dann automatisch beendet und das gewählte Programm gestartet.

5

Schritt 6

Auch über den Ordner **Programme** können Sie Anwendungen starten. Klicken Sie in der Seitenleiste des Finder-Fensters auf den Eintrag **Programme**, um den Ordner zu öffnen.

6
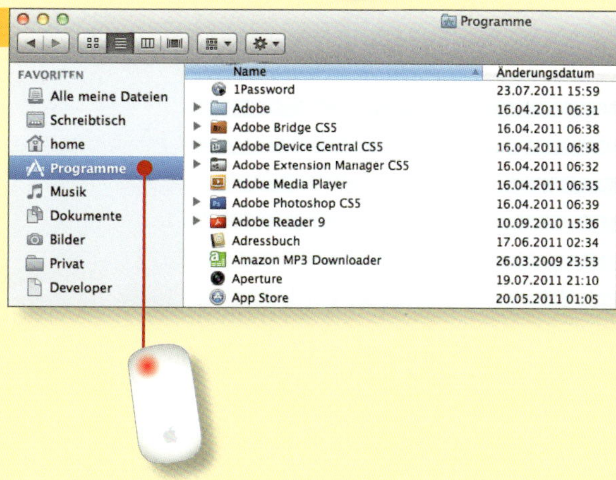

Das Dock ein- und ausblenden

Sie können das Dock auch so einrichten, dass es automatisch ein- und ausgeblendet wird. Dafür wählen Sie im Apfel-Menü **Systemeinstellungen ▸ Dock ▸ Dock automatisch ein- und ausblenden**. Alternativ können Sie auch die Tastenkombination `cmd` + `alt` + `D` benutzen.

Programme starten und beenden (Forts.)

7

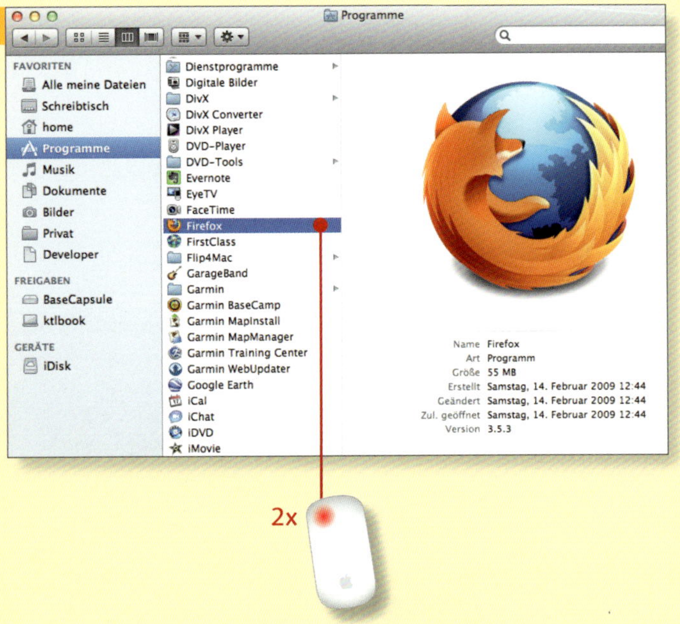

8

9

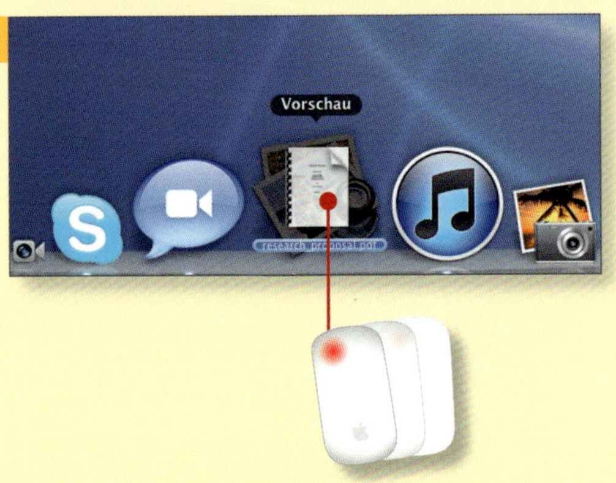

Schritt 7

Scrollen Sie im Ordner **Programme** zu der Anwendung, die gestartet werden soll, z. B. **Firefox**. Doppelklicken Sie dann auf den Programmeintrag, um die Anwendung zu starten.

Schritt 8

Sie können problemlos auch mehrere Programme gleichzeitig nutzen. Klicken Sie einfach auf ein weiteres Symbol im Dock, dann wird die nächste Anwendung gestartet.

Schritt 9

Ein Programm wird auch geöffnet, wenn Sie ein entsprechendes Dokument mit gedrückter Maustaste auf das Programmsymbol im Dock ziehen. Um z. B. die Anwendung Vorschau zu starten, ziehen Sie eine PDF-Datei auf das Programmsymbol **Vorschau**.

Schrittweise durch Fenster blättern

Sie können Schritt für Schritt zwischen geöffneten Fenstern wechseln, indem Sie die Menüfunktion **Fenster ▸ Nächstes Fenster** bzw. die Tastenkombination cmd + < verwenden.

Schritt 10

Zu guter Letzt können Sie Programme auch direkt über Dokumente starten. Doppelklicken Sie auf ein Dokument, z. B. eine Pages-Datei. Das korrespondierende Programm wird automatisch geöffnet.

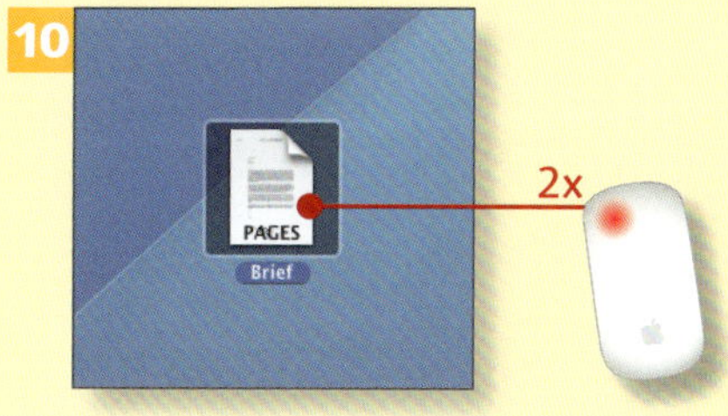

Schritt 11

Um ein Programm zu schließen, nutzen Sie das Programmmenü. Wählen Sie also **[Programmname] ▸ [Programmname] beenden**, oder drücken Sie die Tastenkombination cmd + Q.

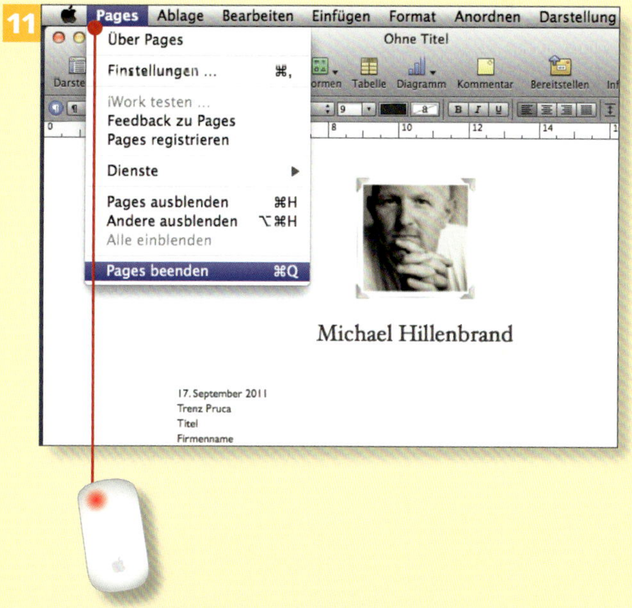

Schritt 12

Programme lassen sich auch über das Dock beenden. Klicken Sie ein aktives Programm im Dock mit der rechten Maustaste an, und wählen Sie die Option **Beenden** aus dem Kontextmenü.

»Abgestürzte« Programme

Wenn ein Programm nicht mehr auf die Eingabe reagiert, können Sie es nicht mehr auf dem normalen Weg beenden. Klicken Sie dann mit der rechten Maustaste auf das Programmsymbol im Dock, und drücken Sie zusätzlich die alt-Taste. Im Menü wählen Sie die Option **Sofort beenden**.

Programme im Vollbildmodus nutzen

Am Mac lassen sich alle Programme im Vollbildmodus verwenden. So können Sie die komplette Bildschirmgröße für die Bearbeitung Ihrer Dokumente ausnutzen.

1

2

3

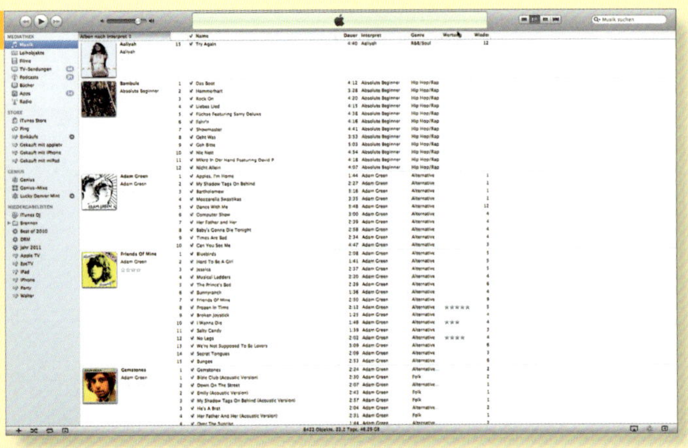

Schritt 1

Starten Sie zuerst das Programm, mit dem Sie arbeiten möchten, durch einen Klick auf das Programmsymbol im Dock.

Schritt 2

Klicken Sie dann auf die Schaltfläche **Vollbild**. Sie befindet sich bei allen Programmen, die den Vollbildmodus unterstützen, in der rechten oberen Ecke des Programmfensters.

Schritt 3

Daraufhin wird das Programmfenster auf dem gesamten Bildschirm im Vordergrund angezeigt. Dabei wird auch die Menüleiste des Programms ausgeblendet.

Schritt 4

Dennoch können Sie wie gewohnt auf alle Programmfunktionen zugreifen, z. B. die Steuerelemente ❶, und nach Belieben mit den Fensterelementen arbeiten.

Schritt 5

Um die Menüleiste wieder einzublenden (sie wird dann über das Programmfenster »gelegt«), zeigen Sie mit der Maus auf den oberen Bildschirmrand.

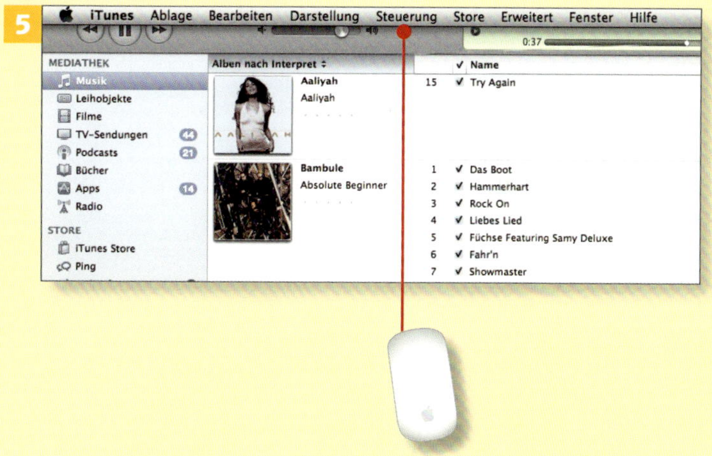

Schritt 6

Klicken Sie auf die Schaltfläche **Vollbildmodus** oben rechts in der Menüleiste, um wieder in den normalen Programmmodus zu wechseln.

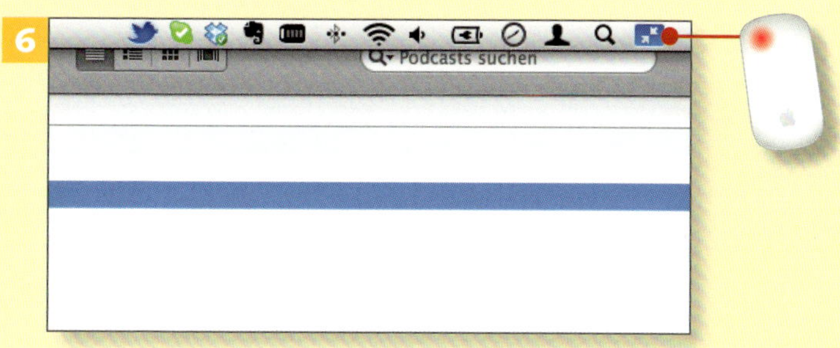

Vollbild per Geste

Jedes Programm lässt sich auch über die Gestensteuerung Ihres Trackpads in den Vollbildmodus versetzen. Wischen Sie dazu mit vier Fingern horizontal über die Trackpad-Fläche.

Launchpad oder Dock?

1

2

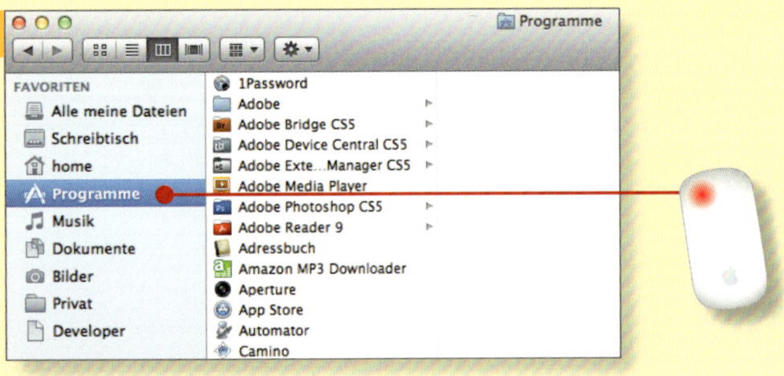

3

Sie können Ihre Programme organisieren, indem Sie sie im Dock platzieren oder dort neu anordnen. Seltener genutzte Programme können Sie dann über das Launchpad öffnen.

Schritt 1

Um die Position eines Programms im Dock zu verändern, klicken Sie es an und verschieben es mit gedrückter Maustaste an die gewünschte Stelle. Dann lassen Sie die Maustaste los.

Schritt 2

Sie können Anwendungen auch im Dock platzieren, indem Sie sie aus dem Ordner **Programme** übernehmen. Öffnen Sie den Ordner, indem Sie in der Seitenleiste des Finder-Fensters auf den Eintrag **Programme** klicken.

Schritt 3

Wählen Sie ein Programm aus der Liste aus, z. B. **Firefox**, und ziehen Sie es mit gedrückter Maustaste direkt in den Dockbereich. Das Programmsymbol wird dort dann automatisch hinzugefügt.

Schritt 4

Ein geöffnetes Programm steht automatisch im Dock. Um es dort dauerhaft hinzuzufügen, klicken Sie das Programmsymbol mit der rechten Maustaste an. Im Kontextmenü wählen Sie **Optionen ▸ Im Dock behalten**.

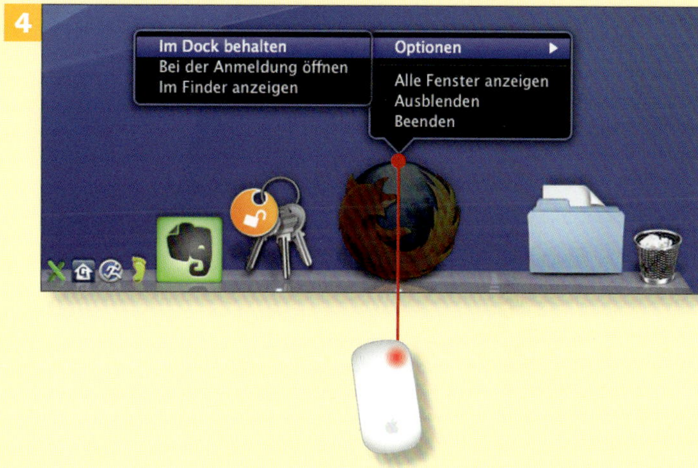

Schritt 5

Ein Programm wieder aus dem Dock zu löschen ist ebenso einfach. Klicken Sie das Programmsymbol im Dock an, und ziehen Sie es mit gedrückter Maustaste nach oben in Richtung Schreibtisch. Wenn ein Wolkensymbol zu sehen ist, lassen Sie die Maustaste los. Das Programmsymbol wird entfernt.

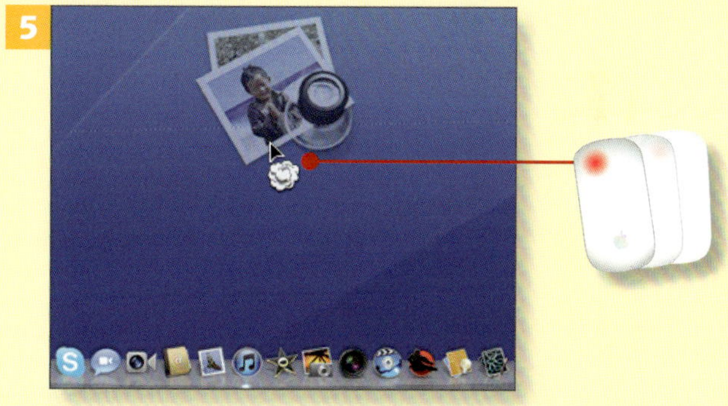

Schritt 6

Alternativ klicken Sie mit der rechten Maustaste auf das Programmsymbol und wählen dann im Kontextmenü den Punkt **Optionen ▸ Aus dem Dock entfernen**.

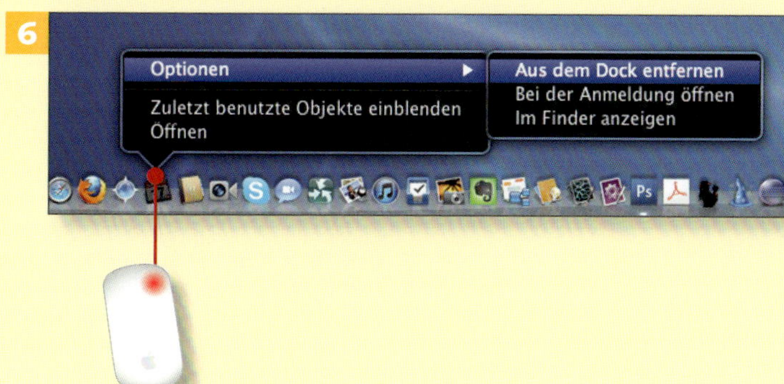

Launchpad oder Dock? (Forts.)

7

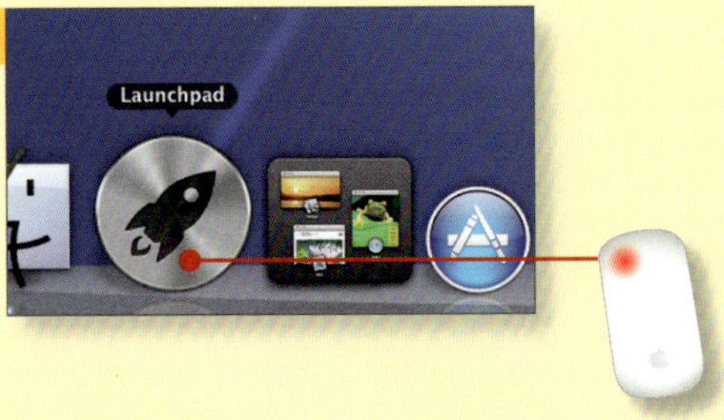

Schritt 7

Auch über das Launchpad haben Sie Zugriff auf alle installieren Programme. Es befindet sich ebenfalls direkt im Dock. Sie starten es mit einem Klick auf das Programmsymbol.

8

Schritt 8

In einer bildschirmgroßen Übersicht werden dann alle im Ordner **Programme** befindlichen Programme angezeigt. Wenn Sie mehr Programme installiert haben, als auf einer Seite angezeigt werden können, wird das über Punkte am unteren Bildschirmrand ❶ signalisiert.

9

Schritt 9

Indem Sie auf diese Punkte klicken, können Sie zwischen den Seiten wechseln. Mit einer Magic Mouse oder einem Trackpad können Sie auch nach links »wischen«, um die nächste Seite zu sehen.

Schritt 10

Auch im Launchpad können Sie Programme verschieben. Wählen Sie dazu das Programmsymbol aus, und ziehen Sie es mit gedrückter Maustaste an eine andere Stelle in der Übersicht. Dann lassen Sie die Maustaste los.

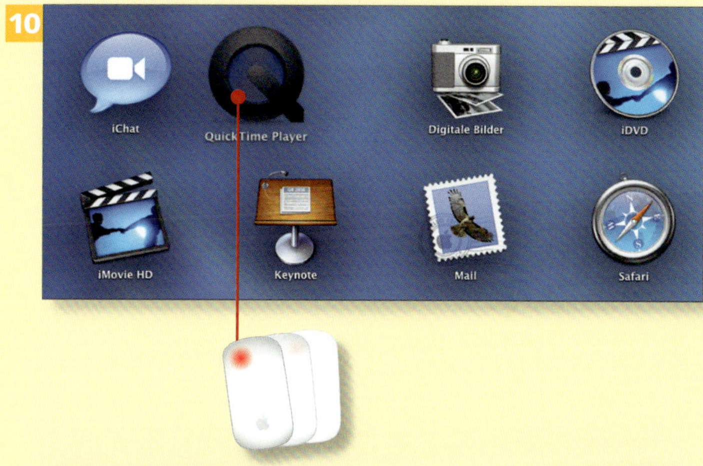

Schritt 11

Auf diese Weise lassen sich Programme auch auf die nächste Seite des Launchpads verschieben. Wenn Sie das Programmsymbol in die linke obere Ecke ziehen, wird automatisch eine Seite zurückgeblättert. Ziehen Sie es in rechte obere Ecke, wird eine Seite vorgeblättert. Lassen Sie die Maustaste an der Stelle los, an der die Anwendung platziert werden soll.

Schritt 12

Sie verschaffen sich mehr Überblick, wenn Sie Programme im Launchpad zusammenfassen. Wählen Sie ein Programmsymbol aus, und ziehen Sie es auf ein anderes Programmsymbol. Automatisch wird eine Art Ordner erstellt. Sie können ihn auch umbenennen, indem Sie auf seinen Titel klicken und einen neuen Namen eingeben.

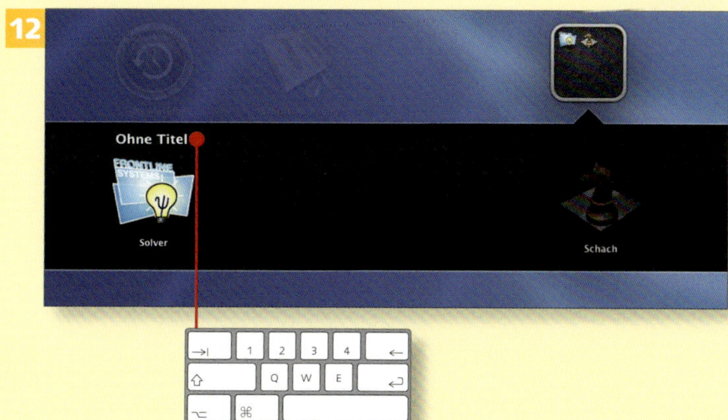

Zwischen Programmen wechseln

1

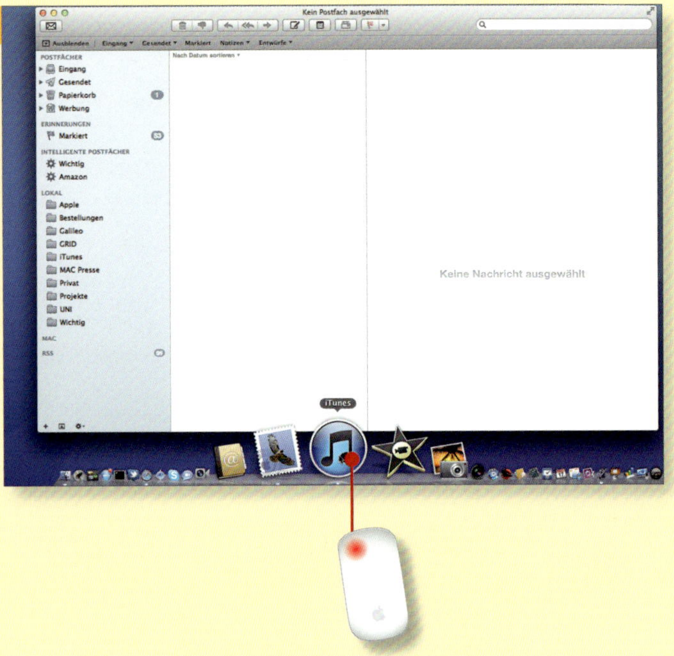

2

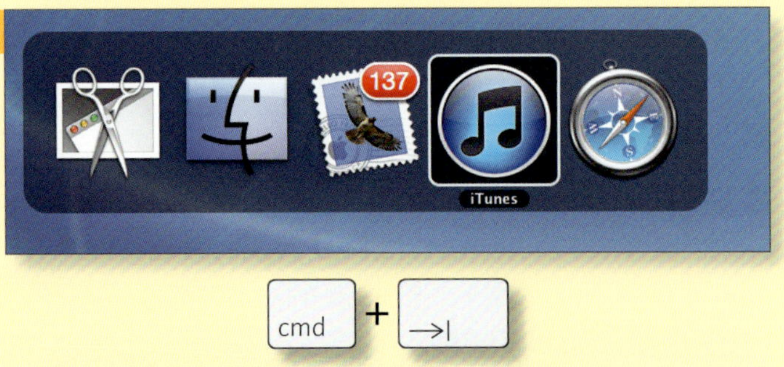

3

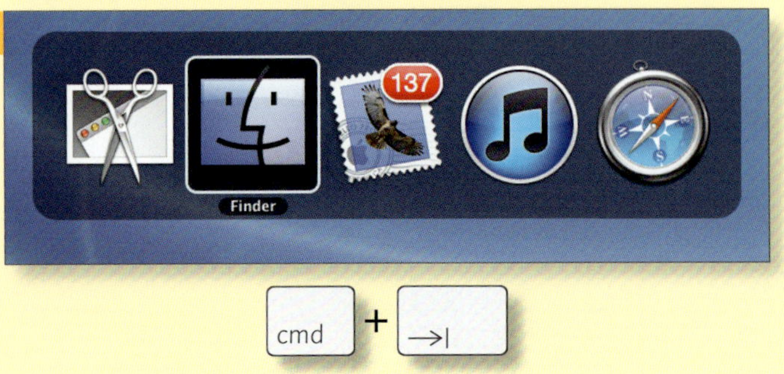

Schnell von einem Programm zum anderen zu wechseln ist eine Aufgabe, die Sie bei der täglichen Arbeit mit dem Mac häufig zu bewältigen haben.

Schritt 1

Sie können ganz einfach zwischen laufenden Programmen wechseln, indem Sie im Dock auf das jeweilige Programmsymbol klicken.

Schritt 2

Ein schneller Wechsel zwischen den Programmen ist auch über den *Programmumschalter* möglich. Sie rufen ihn über die Tastenkombination cmd + →| auf.

Schritt 3

Hier werden alle aktiven Programme angezeigt. Mithilfe der →|-Taste können Sie von Programm zu Programm springen. Halten Sie dabei cmd gedrückt.

Schritt 4

Wenn Sie beide Tasten auf einem Programmsymbol loslassen, wird dieses Programm in den Vordergrund geholt. Sie können also direkt damit weiterarbeiten.

4

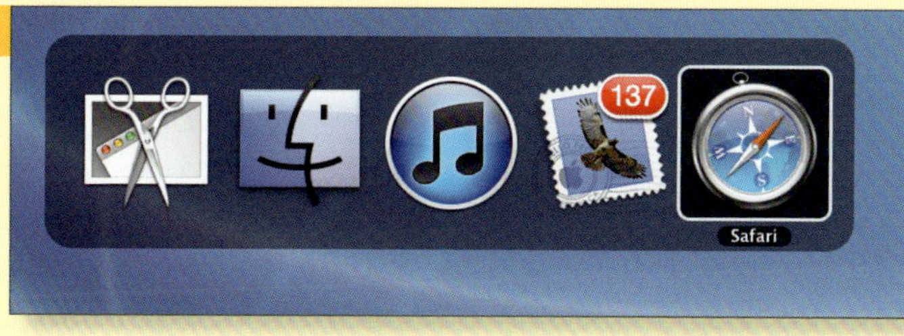

Schritt 5

Wenn Sie mehrere Programme gleichzeitig geöffnet haben, können Sie sie über das Programmmenü ein- und ausblenden. Um das aktuelle Programm auszublenden, wählen Sie **[Programmname] ▸ [Programmname] ausblenden** oder drücken cmd + H.

5

Schritt 6

Um alle anderen geöffneten Programme in den Hintergrund zu verbannen, rufen Sie den Menüpunkt **[Programmname] ▸ Andere ausblenden** auf oder drücken alt + cmd + H.

6

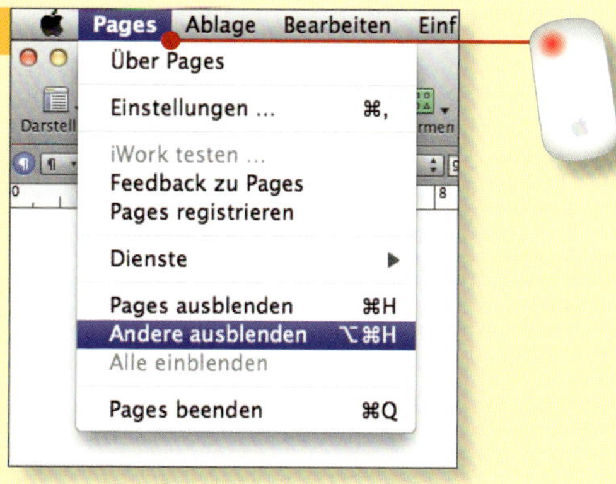

Programme kaufen: der App Store

1

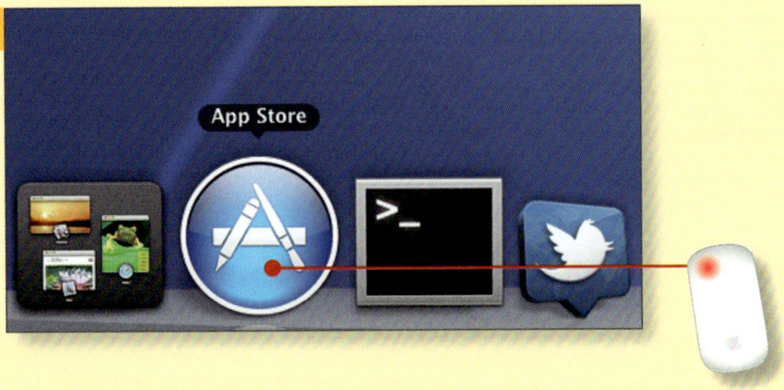

2

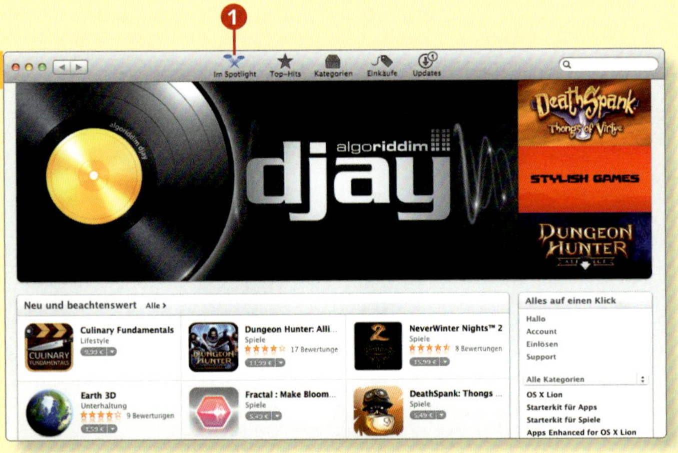

3

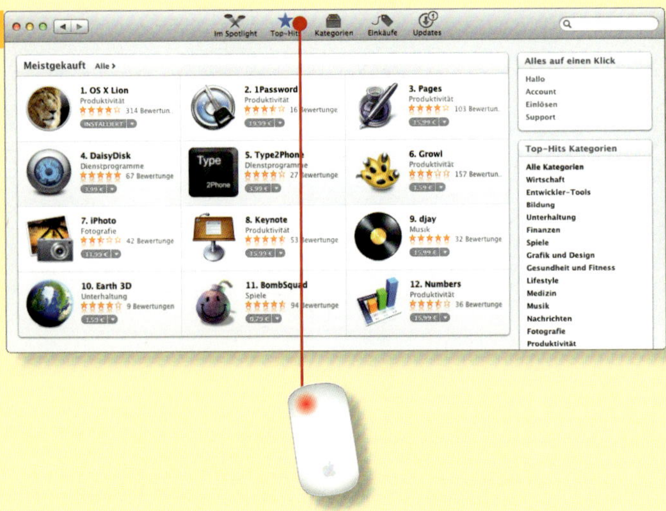

Neue Programme können Sie direkt über den integrierten App Store beziehen. Hier können Sie aus einem reichhaltigen Angebot an kostenfreien und kostenpflichtigen Programmen wählen.

Schritt 1

Der App Store ist direkt im Dock platziert. Nach einem Klick auf das Programmsymbol können Sie sofort mit dem Einkaufsvergnügen beginnen. Allerdings muss hierzu eine Internetverbindung bestehen.

Schritt 2

Die Startseite des App Stores öffnet sich unter dem Punkt **Im Spotlight** 1. Hier sehen Sie einige von Apple empfohlene Programme. In der Symbolleiste am Kopf des Programmfensters können Sie zwischen den unterschiedlichen Kategorien im Store wechseln.

Schritt 3

Wählen Sie den Bereich **Top-Hits** in der Symbolleiste aus, um Zugriff auf die beliebtesten Programme zu erhalten, also diejenigen, die am häufigsten aus dem App Store geladen wurden.

Schritt 4

Einen Überblick erhalten Sie im Bereich **Kategorien**. Dort werden die Programme nach Kategorien geordnet aufgelistet. Sie können u.a. in den Bereichen **Wirtschaft** ❷, **Bildung** ❸ oder **Spiele** ❹ stöbern.

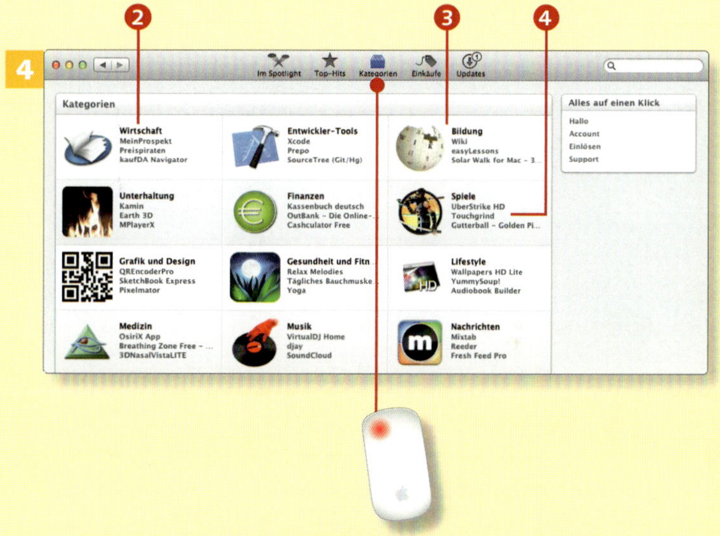

Schritt 5

Unter **Einkäufe** finden Sie alle Programme, die Sie über Ihren Account gekauft haben. Wenn Sie ein Programm mit einem anderen Rechner gekauft haben, müssen Sie hier noch auf **Installieren** ❺ klicken, um es auch auf dem aktuellen Rechner einzurichten.

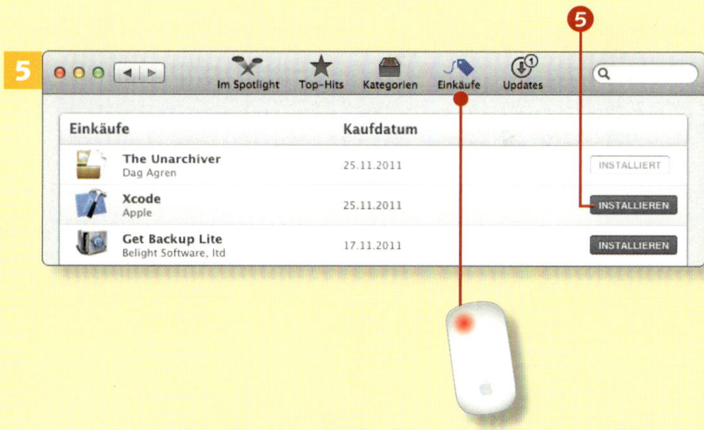

Schritt 6

In der Rubrik **Updates** werden die Anwendungen aufgeführt, für die eine Aktualisierung zur Verfügung steht. Die Ziffer neben dem Symbol zeigt die Anzahl der verfügbaren Updates an. Klicken Sie dann auf **Aktualisieren** ❻.

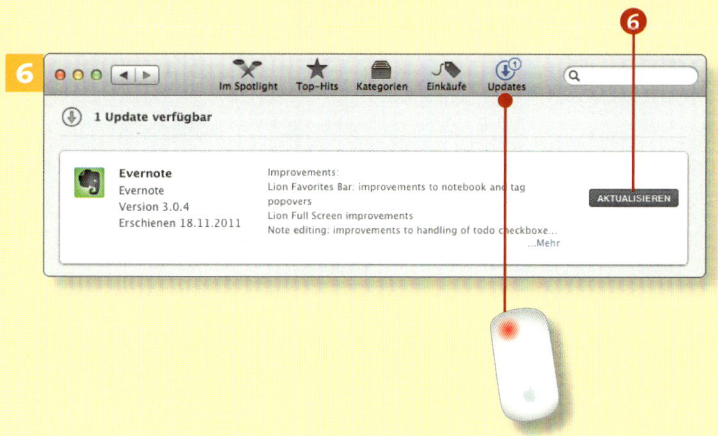

Information zu Updates

Wenn es eine Aktualisierung für eines Ihrer Programme gibt, werden Sie direkt über das Programmsymbol **App Store** informiert. Dort wird die Anzahl der möglichen Aktualisierungen angezeigt.

Programme kaufen: der App Store (Forts.)

7

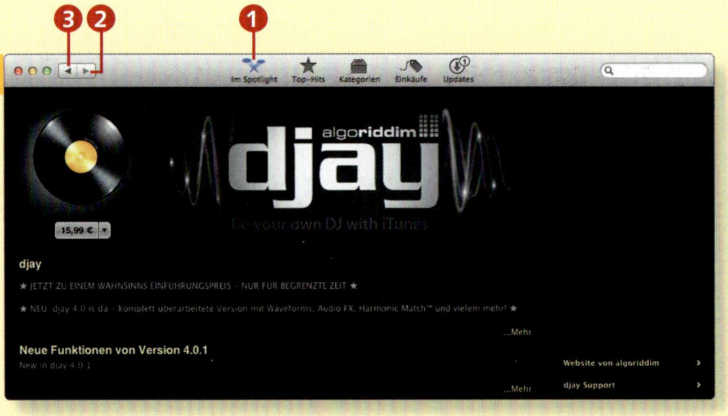

Schritt 7

Wenn Sie im Bereich **Im Spotlight** ❶ auf ein Programm klicken (siehe Schritt 2), gelangen Sie zu den Detailinformationen zu dieser Anwendung. Mithilfe der Schaltflächen **Vor** ❷ und **Zurück** ❸ können Sie eine Seite vorwärts- bzw. rückwärtsnavigieren.

8

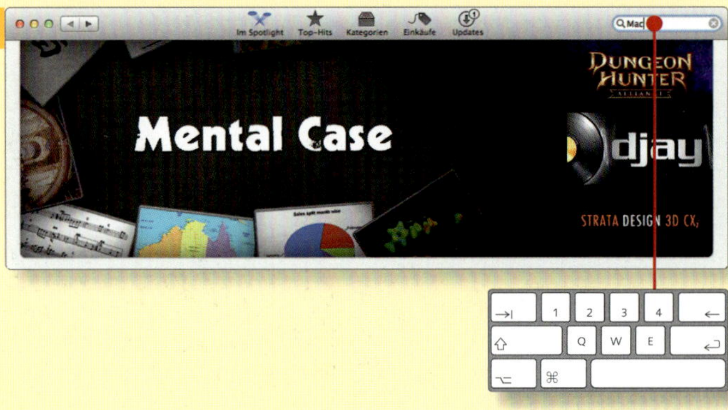

Schritt 8

Über das Suchfeld in der Symbolleiste können Sie direkt nach einem bestimmten Programm suchen. Geben Sie Ihren Suchbegriff in das Feld ein, und drücken Sie dann die [↵]-Taste.

9

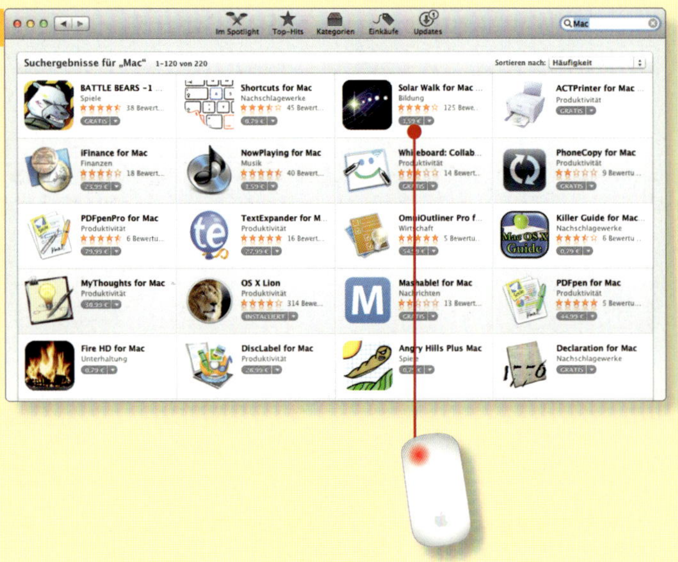

Schritt 9

Mit einem Klick auf die Preis-Schaltfläche bei kostenpflichtigen Programmen oder auf die Schaltfläche **Gratis** bei kostenfreien Anwendungen laden Sie das Programm auf Ihren Rechner.

Detailinfos und Bewertungen

Auch zu den Suchergebnissen können Sie sich Details anzeigen lassen. Klicken Sie dazu eine App an. Hier finden Sie zusätzlich auch Bewertungen anderer Benutzer, die Ihnen bei der Auswahl behilflich sein können.

Schritt 10

Falls Sie noch nicht beim App Store angemeldet sind, müssen Sie jetzt Ihre Apple-ID und das Kennwort in die jeweiligen Felder im Dialogfenster eingeben. Klicken Sie dann auf die Schaltfläche **Anmelden**.

10

Schritt 11

Die Anwendung wird dann aus dem App Store geladen und installiert. Das Symbol des neuen Programms ❹ erscheint im Launchpad, und eine Statusmeldung zeigt an, dass ein Download im Gange ist.

11

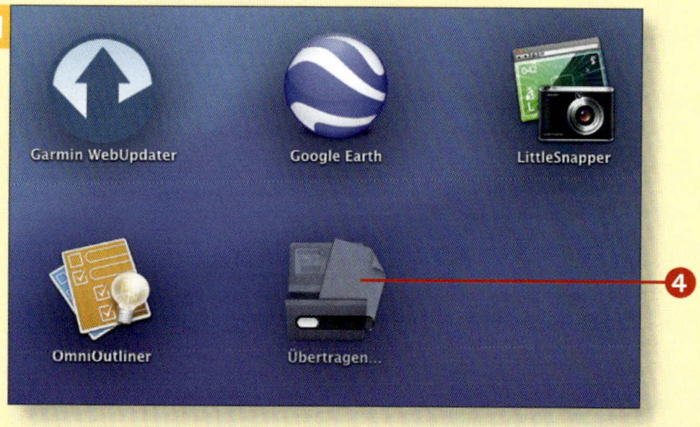

Schritt 12

Ist die Installation beendet, wird das Programmsymbol komplett im Launchpad angezeigt. Die Anwendung kann jetzt ganz normal mit einem Klick gestartet werden.

12

Eine Apple-ID anlegen

Eine Apple-ID können Sie direkt im App Store anlegen. Öffnen Sie den App Store mit einem Klick auf das Programmsymbol im Dock. Klicken Sie dann auf der Startseite auf den Punkt **Anmelden**. Im nächsten Dialogfenster wählen Sie **Apple-ID erstellen**. Folgen Sie dann den Anmeldeschritten.

Programme installieren und aktualisieren

Die Installation von Programmen geht am Mac leicht von der Hand. Ist das Programm einmal installiert, lässt es sich immer auf dem aktuellen Stand halten.

1

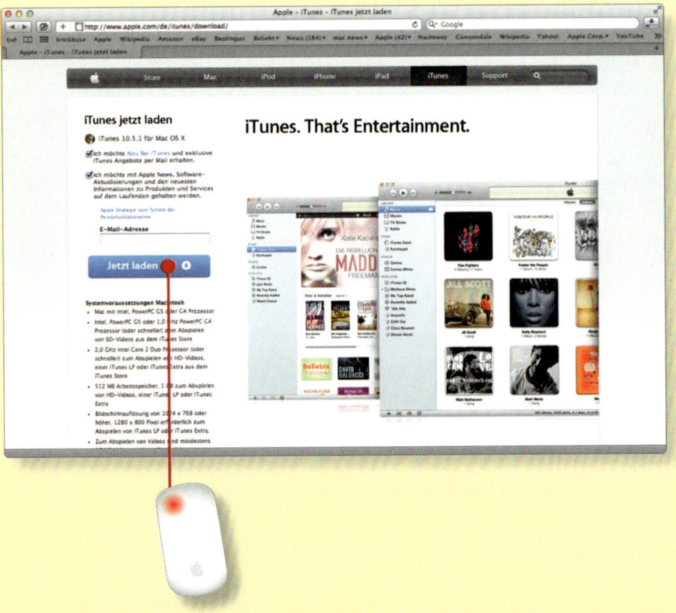

Schritt 1

Neue Programme können Sie meist über die Internetseite des Anbieters beziehen. Um die Datei auf den Rechner zu laden, klicken Sie dort auf die Download-Schaltfläche. Daraufhin startet der Browser mit dem Laden der Datei und legt diese im Ordner **Downloads** ab.

2

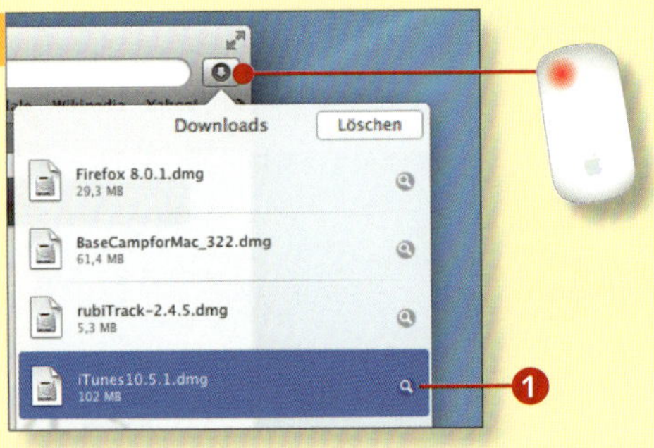

Schritt 2

Navigieren Sie zum Ordner **Downloads** über die Schaltfläche **Downloads** in Safari. Es werden nun alle geladenen Dateien in einem Aufklappfenster angezeigt. Mit einem Klick auf die Lupe ❶ gelangen Sie direkt zur gesuchten Datei.

3

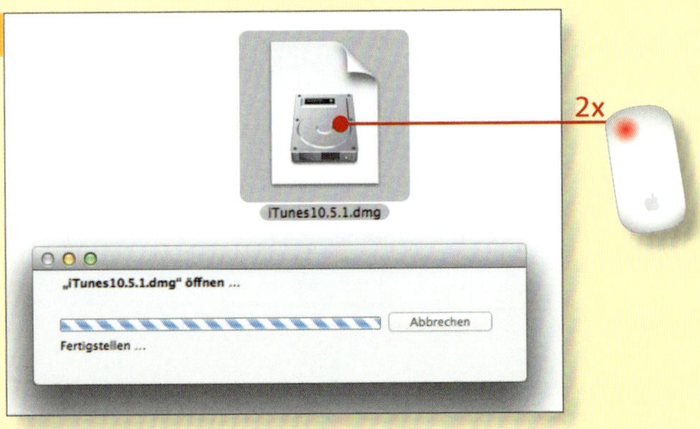

Schritt 3

Nachdem Sie sich ein Programm aus dem Internet heruntergeladen haben, z. B. iTunes, entpacken Sie es auf dem Schreibtisch. Doppelklicken Sie dazu auf die DMG-Datei.

Schritt 4

Nachdem die Datei entpackt wurde, wird auf dem Schreibtisch ein Symbol für das Wechselmedium (*Image Volume*) angezeigt. Sie können es ebenfalls mit einem Doppelklick öffnen.

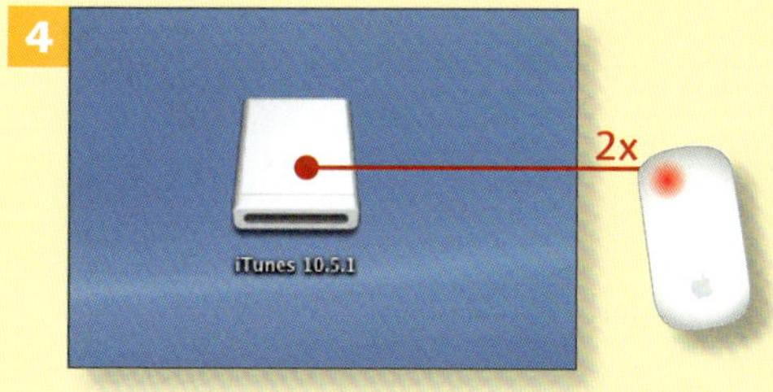

Schritt 5

Wenn das Wechselmedium eine Installationsdatei enthält, klicken Sie doppelt darauf, um den Installationsvorgang zu starten.

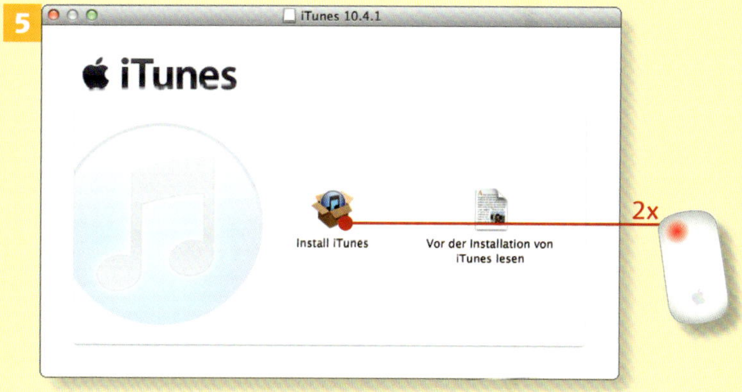

Schritt 6

Der Installationsvorgang ist in unterschiedliche Schritte gegliedert. Folgen Sie den Anweisungen auf dem Bildschirm, um das neue Programm einzurichten.

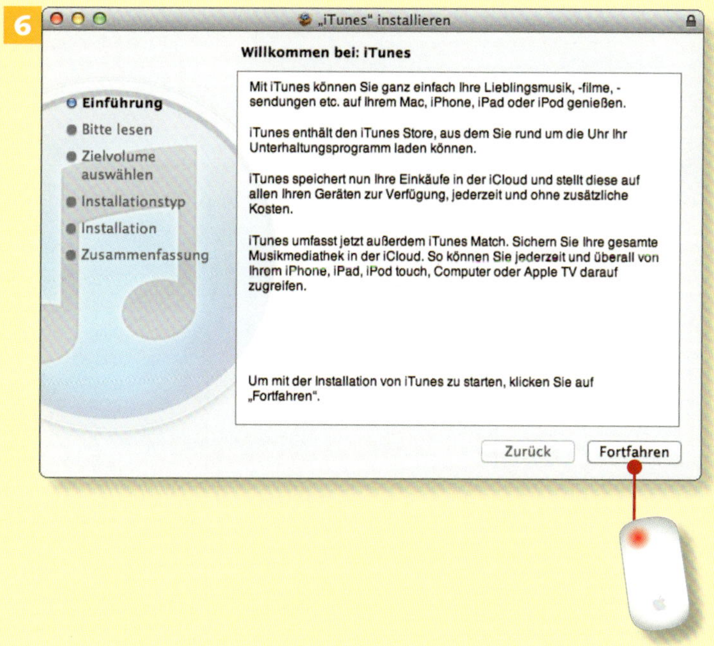

Programme von CD/DVD

Es ist auch möglich, Programme von einer CD oder DVD zu installieren. Legen Sie das Medium in das CD-/DVD-Laufwerk Ihres Rechners ein. Daraufhin wird es auf dem Schreibtisch angezeigt. Doppelklicken Sie auf das Symbol, und starten Sie das Installationsprogramm.

7

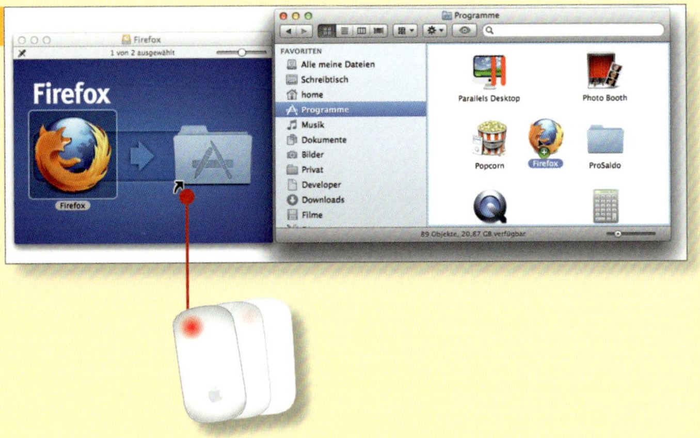

Schritt 7

Es gibt auch Programme, die sich einfach kopieren und so installieren lassen. Im Wechselmedium sehen Sie dann direkt das Programmsymbol. Ziehen Sie es mit gedrückter Maustaste auf den Eintrag **Programme** in der Seitenleiste des Finder-Fensters. Als Speicherort für die neue Anwendung wird dann standardmäßig der Ordner *Macintosh HD/Programme* gewählt.

8

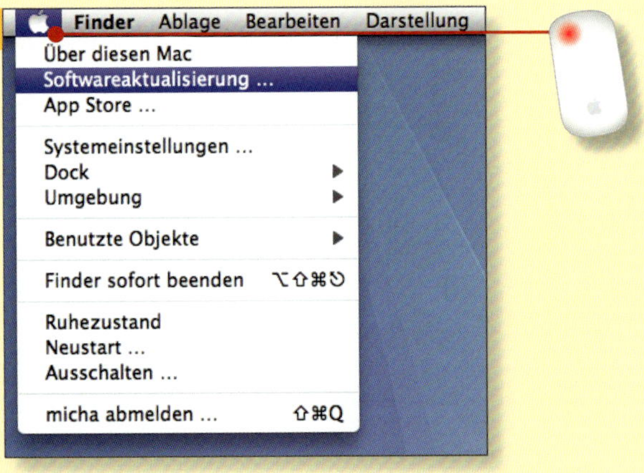

Schritt 8

Die zentralen Programme und Ihr System können Sie leicht auf dem neusten Stand halten. Rufen Sie dazu im Apfel-Menü den Menüpunkt **Softwareaktualisierung** auf. Besteht eine Internetverbindung, macht sich OS X Lion dann auf die Suche nach Updates.

9

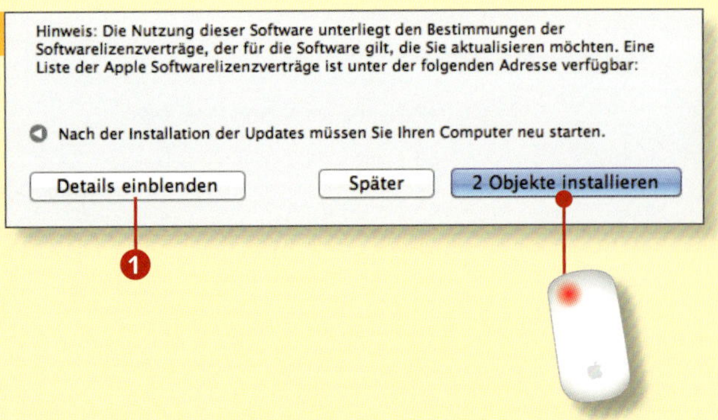

Schritt 9

Wurden Updates gefunden, öffnet sich das Dialogfenster **Softwareaktualisierung**. Klicken Sie auf die Schaltfläche **Installieren** bzw. – wenn mehrere Aktualisierungen vorliegen – auf **[X] Objekte installieren**. Das Update wird automatisch aus dem Internet geladen und installiert.

Schritt 10

Um sich vorher über vorliegende Aktualisierungen zu erkundigen, klicken Sie auf die Schaltfläche **Details einblenden** ❶. Wählen Sie dann eine Aktualisierung mit einem Mausklick aus, erhalten Sie genauere Informationen über die Art der Änderungen und Neuerungen, die die neue Version mit sich bringt.

10

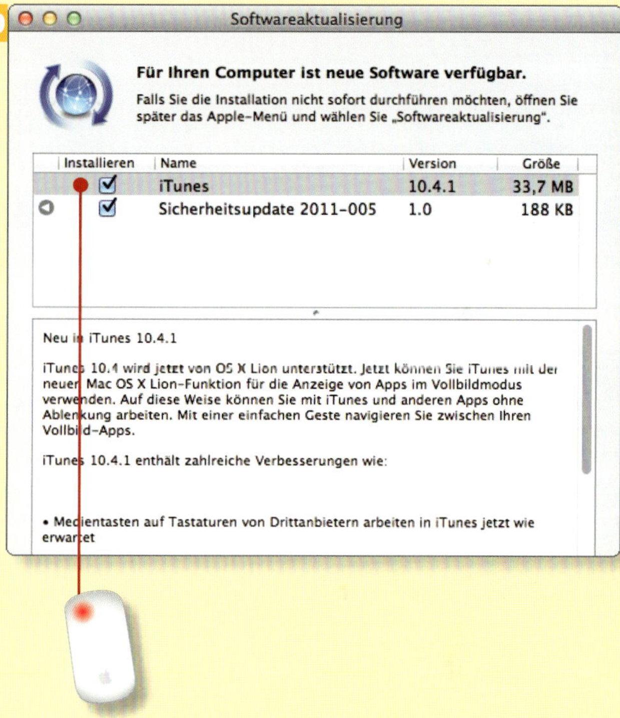

Schritt 11

Wenn die Softwareaktualisierung keine neuen Versionen gefunden hat, meldet das Programm dies über ein Informationsfenster. Bestätigen Sie den Dialog mit einem Klick auf **Beenden**, um die Softwareaktualisierung zu verlassen.

11

Überprüfen der Aktualisierungen
Sie können sich eine Übersicht der Softwareaktualisierungen anzeigen lassen, die auf Ihrem Rechner installiert wurden. Damit lässt sich leicht prüfen, ob eine bestimmte Aktualisierung bereits ausgeführt wurde. Rufen Sie dazu im Apfel-Menü den Punkt **Systemeinstellungen** auf. Wählen Sie dann **Softwareaktualisierung** und im nächsten Dialogfenster die Option **Installierte Software**.

Programme löschen

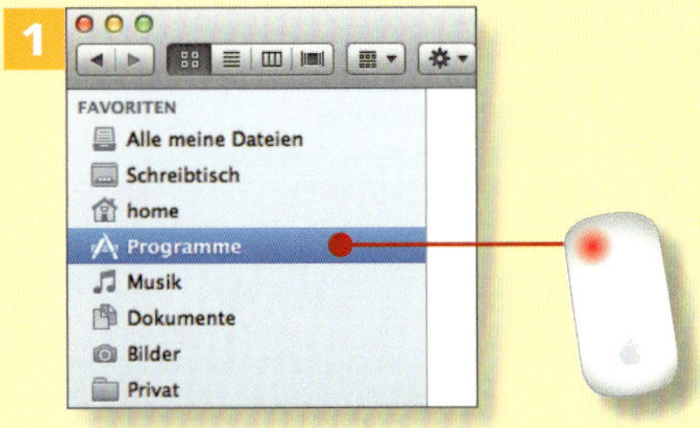

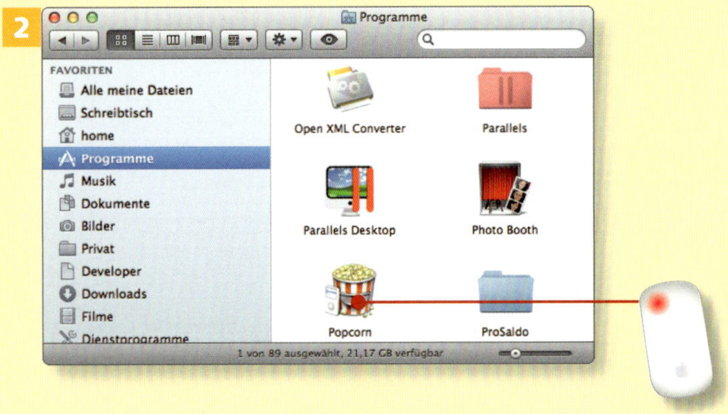

Benötigen Sie bestimmte Programme nicht mehr, können Sie sie wieder von Ihrem Rechner löschen. Am Mac ist das kinderleicht.

Schritt 1

Sie können Anwendungen am Mac ganz einfach löschen, indem Sie die Programmdatei entfernen. Öffnen Sie den Ordner **Programme**, indem Sie im Finder-Fenster auf den gleichnamigen Eintrag in der Seitenleiste klicken.

Schritt 2

Aus der Übersicht des Ordners **Programme** wählen Sie das zu löschende Programm mit einem Mausklick aus.

Schritt 3

Ziehen Sie das Programm jetzt mit gedrückter Maustaste auf das Symbol **Papierkorb** im Dock. Alternativ können Sie auch die Taste [←] drücken, um das markierte Programm zu löschen.

Schritt 4

Sind Sie nicht als Administrator angemeldet, müssen Sie dies nun über die Eingabe der entsprechenden Anmeldedaten in den Feldern **Name** und **Kennwort** nachholen. Klicken Sie dann auf **OK**.

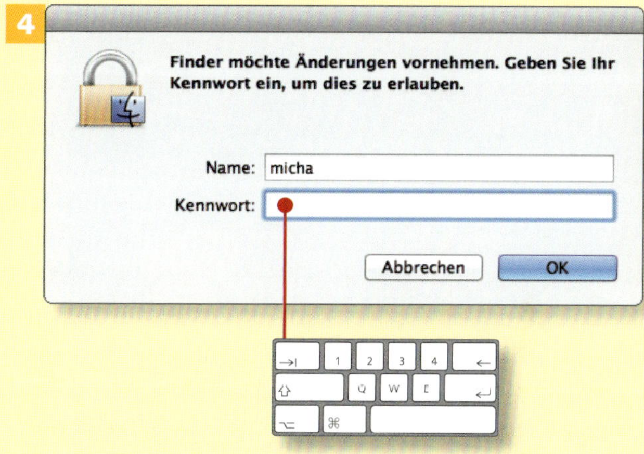

Schritt 5

Damit das Programm endgültig von Ihrer Festplatte gelöscht wird, müssen Sie jetzt noch den Papierkorb entleeren. Wechseln Sie dazu mit einem Klick auf das **Finder**-Symbol im Dock zurück zum Finder.

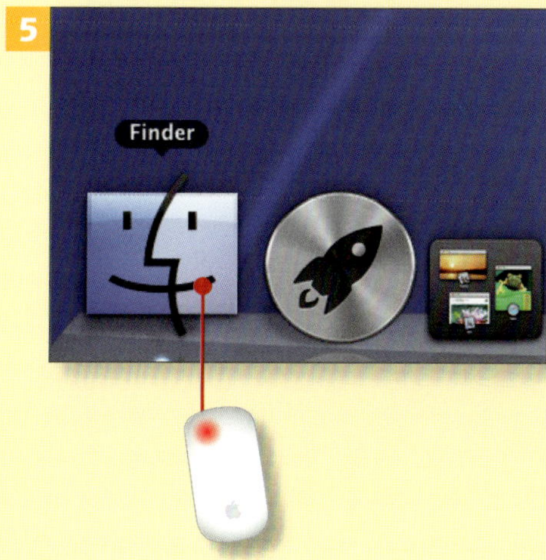

Schritt 6

Rufen Sie dann die Menüfunktion **Finder ▸ Papierkorb entleeren** auf. Alternativ können Sie die Tastenkombination [cmd] + [⇧] + [←] verwenden. Damit werden alle Dateien im Papierkorb endgültig gelöscht, und so wird auch das Programm von der Festplatte entfernt.

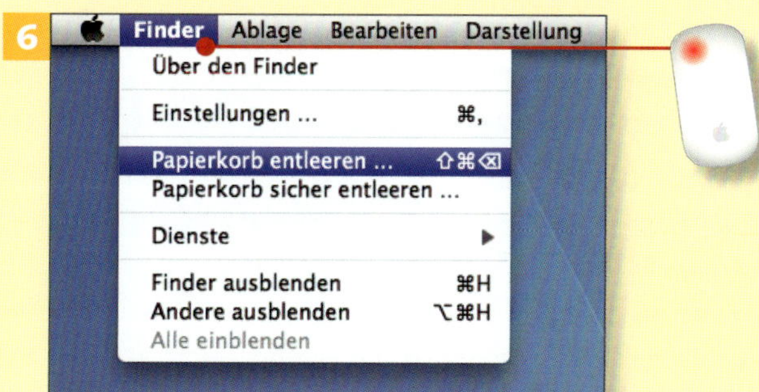

i

Administratorrechte

Für die Installation und das Löschen von Programmen benötigen Sie Administratorrechte. Falls Sie am Rechner noch nicht als Administrator angemeldet sind, melden Sie sich mit Ihrem Administratornamen und Ihrem Kennwort an.

Nützliche Helfer

1

2

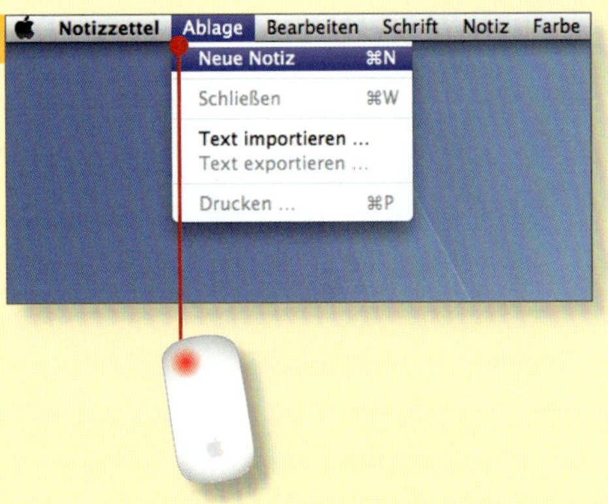

3

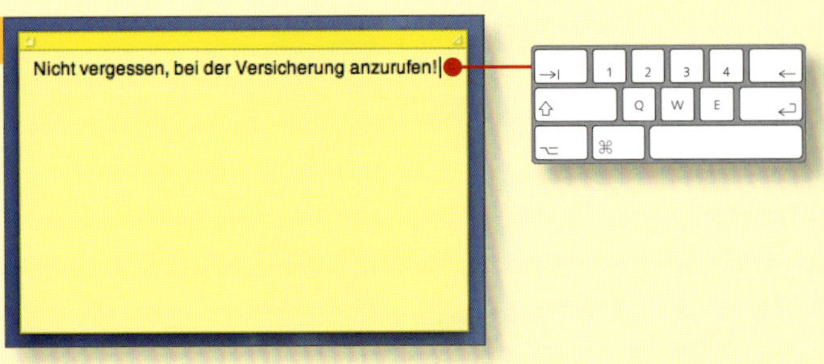

OS X Lion bringt eine Reihe nützlicher Programme mit, z. B. für Notizen, die Betrachtung von Videos oder zum Anfertigen von Schnappschüssen. Alle diese Hilfsmittel stellen wir Ihnen in diesem Abschnitt vor.

Schritt 1

Mit dem Hilfsprogramm Notizzettel können Sie sich kleine elektronische Merkzettel erstellen und diese abspeichern. Zum Starten des Programms klicken Sie auf das Programmsymbol im Launchpad.

Schritt 2

Sobald das Programm geöffnet ist, können Sie eine neue Notiz über den Menübefehl **Ablage ▸ Neue Notiz** oder mit der Tastenkombination [cmd] + [N] erzeugen.

Schritt 3

Um sich etwas aufzuschreiben, klicken Sie mit der Maus auf das Textfeld und beginnen mit der Eingabe des Textes für Ihre Notiz. Wenn Sie die [↵]-Taste drücken, springt der Cursor in eine neue Zeile.

Schritt 4

Wenn Ihnen die Schrift nicht gefällt, wählen Sie **Schrift ▸ Schriften einblenden**. Im Dialog wählen Sie eine Schriftart ❶, ihren Schnitt ❷ und ihre Größe ❸ aus.

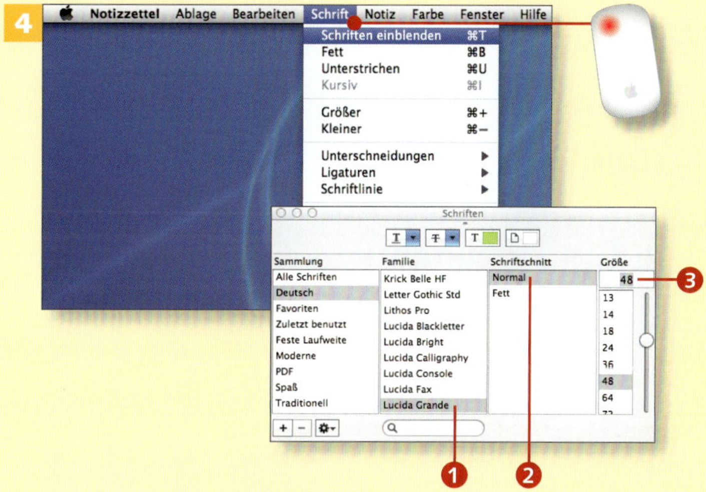

Schritt 5

Auch die Farbe der Schrift können Sie ändern. Dafür rufen Sie das Menü **Schrift ▸ Farben einblenden** ❹ auf. Eine Farbpalette öffnet sich. Markieren Sie mit gedrückter Maustaste den Text ❺, und wählen Sie dann mit einem Klick auf die Palette eine Farbe aus.

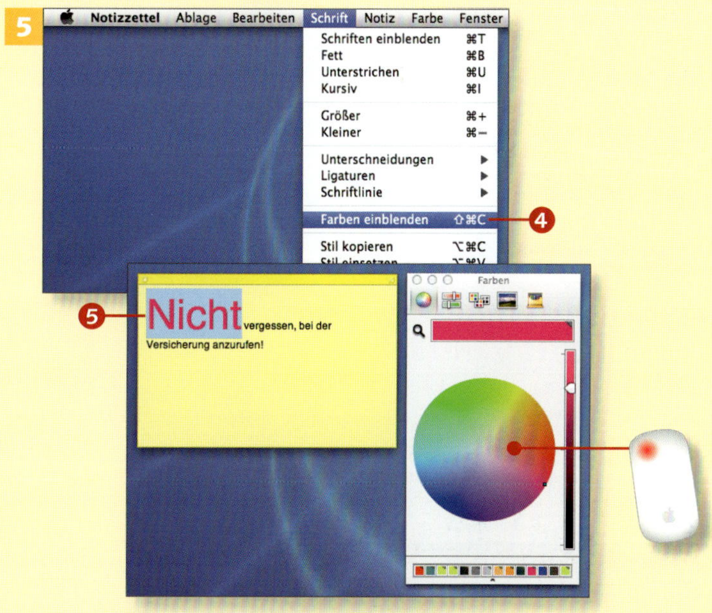

Schritt 6

Schließlich können Sie auch die Farbe des Notizzettels bestimmen. Um einen blauen Notizzettel zu erzeugen, rufen Sie den Menüpunkt **Farbe ▸ Blau** auf. Wenn Sie das Programm schließen, werden alle Notizzettel gesichert und stehen beim nächsten Programmstart zur Verfügung.

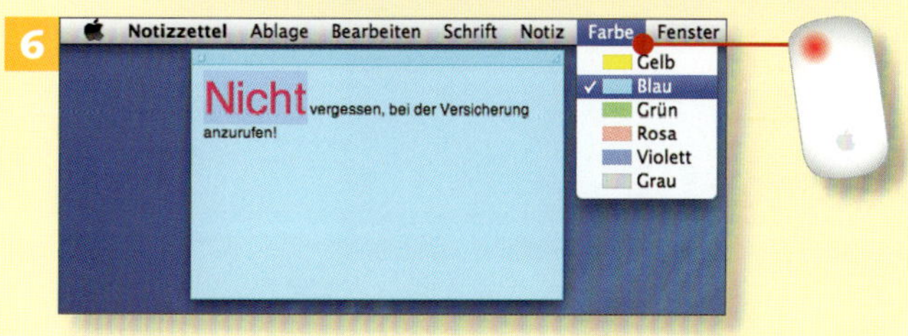

7

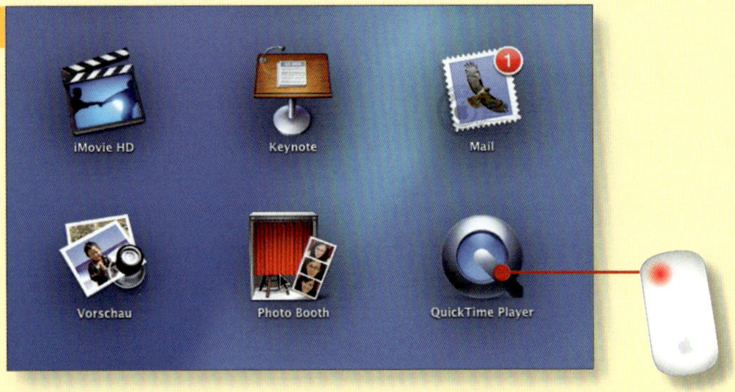

Schritt 7

Mit *QuickTime* liefert Apple eine komplette Lösung für die Wiedergabe von Multimedia-Inhalten, z. B. Videos. Klicken Sie im Launchpad auf das Programm QuickTime Player.

8

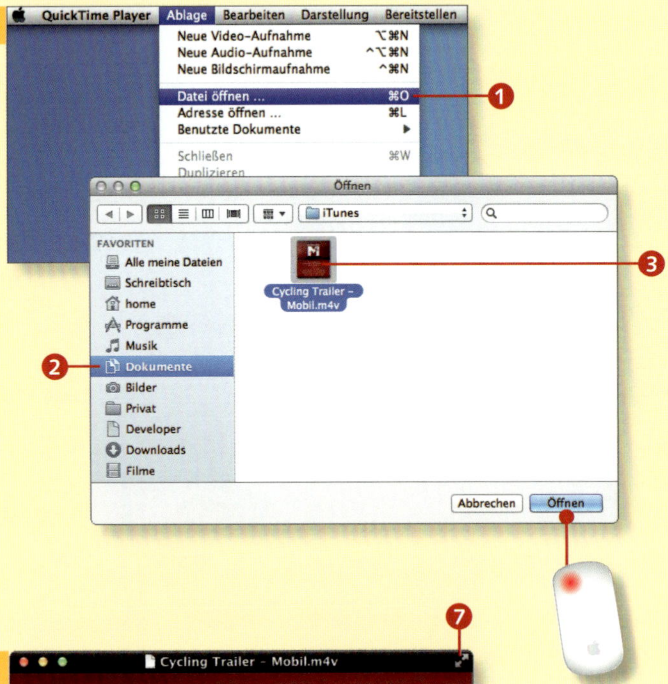

Schritt 8

Um ein Video abzuspielen, öffnen Sie den Menüpunkt **Ablage ▸ Datei öffnen** ❶ oder drücken [cmd] + [O]. Navigieren Sie zum Speicherort ❷ des Videos, wählen Sie die Datei ❸ mit einem Klick aus, und bestätigen Sie mit **Öffnen**.

9

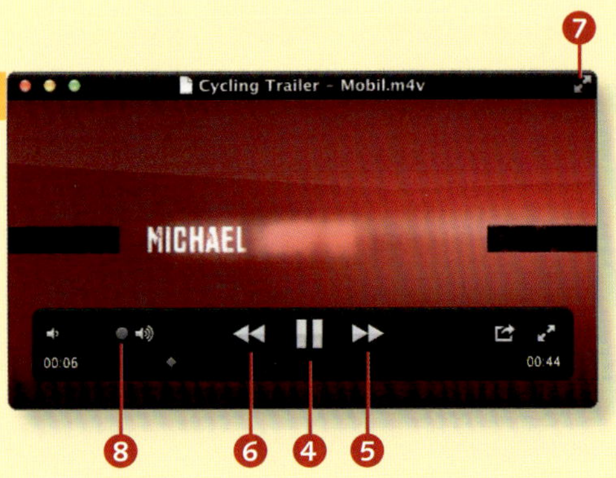

Schritt 9

Das Video wird über den Player abgespielt. Hier stehen Ihnen die Steuerelemente Wiedergabe/Pause ❹, Vor- ❺ und Zurückspulen ❻, Vollbildmodus ❼ und die Lautstärkeanpassung ❽ zur Verfügung.

Notizen löschen

Benötigen Sie eine Notiz nicht mehr, können Sie sie löschen, indem Sie auf das kleine Rechteck in der linken oberen Ecke klicken. Es erscheint ein Dialogfenster. Dort bestätigen Sie das Löschen über die Schaltfläche **Nicht sichern**.

Schritt 10

Mithilfe des Scrollbalkens können Sie eine bestimmte Stelle im Video ansteuern. Klicken Sie auf die kleine Raute, und ziehen Sie sie mit gedrückter Maustaste nach rechts, um den Film vorzuspulen.

10

Schritt 11

Über das Menü **Darstellung** können Sie die Größe des Abspielfensters anpassen. Rufen Sie den Menüpunkt **Darstellung ▸ Vollbild ein** auf, um das Video bildschirmfüllend darzustellen. Sie können es auch in seiner ursprünglichen Größe darstellen: **Darstellung ▸ Originalgröße** 9.

11
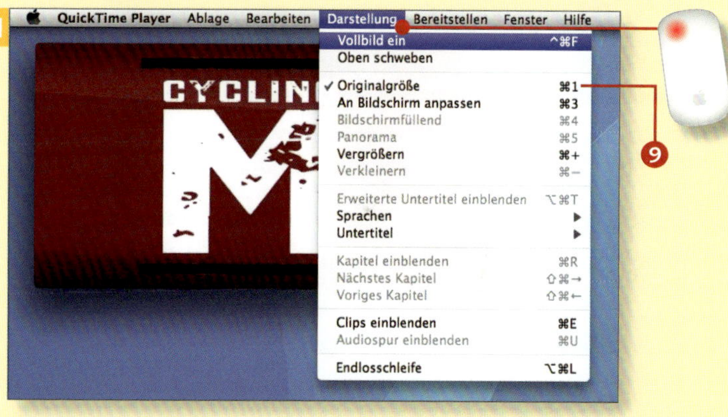

Schritt 12

Um den Vollbildmodus wieder zu verlassen und zur Fensterdarstellung zurückzukehren, drücken Sie die Taste [esc].

12
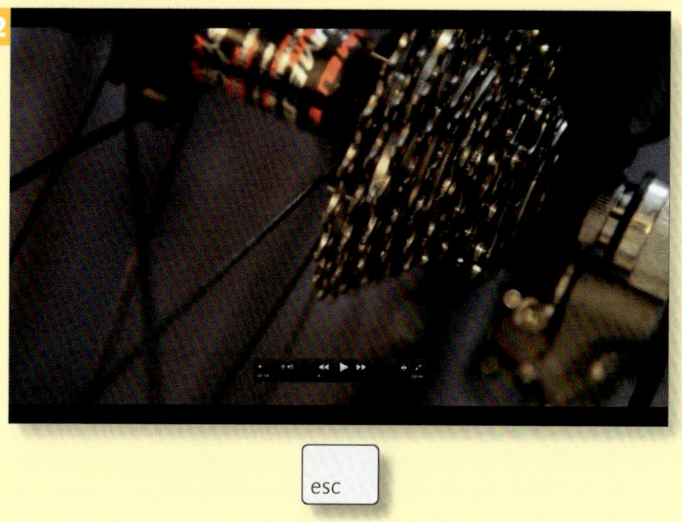

Aktualisieren über den App Store

Wenn Sie ein Programm im App Store gekauft haben, können Sie es dort auch aktualisieren (siehe dazu den Abschnitt »Programme kaufen: der App Store« ab Seite 118 in diesem Kapitel).

Nützliche Helfer (Forts.)

13

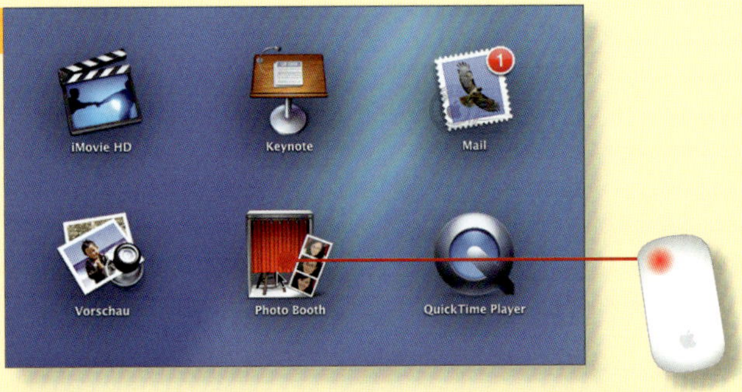

14

15

Schritt 13

Unterhaltsamen Fotospaß finden Sie mit dem Programm Photo Booth. Sie können diese Anwendung mit einem Klick auf das Programmsymbol im Launchpad starten.

Schritt 14

Wenn in Ihrem Rechner eine Kamera integriert oder ein Apple Cinema Display angeschlossen ist, sehen Sie nun ein Bild von sich selbst im Programmfenster. Klicken Sie auf **Effekte** ❶, um Ihr Bild zu verfremden. Wenn Sie z. B. auf **Pop-Art** klicken, wird Ihr Bild zu einem bunten Andy-Warhol-Kunstwerk.

Schritt 15

Um ein Foto anzufertigen, klicken Sie auf den Auslöser in der Fenstermitte. Auf drei wird das Bild erstellt und in der Bilderleiste ❷ von Photo Booth abgelegt.

Schritt 16

Mit dem Programm DVD-Player können Sie, wenn Sie einen Rechner mit DVD-Laufwerk haben, eine DVD wiedergeben. Sie starten es mit einem Klick auf das Programmsymbol im Launchpad.

16

Schritt 17

Legen Sie jetzt eine DVD in das Laufwerk ein. Der Film startet automatisch. Im Steuerfenster stehen Ihnen folgende Funktionen zur Verfügung: Wiedergabe/Pause ❸, Vor- ❹ und Zurückspulen ❺, Lautstärke ❻, Menü ❼, Titel ❽ und Auswerfen ❾.

17
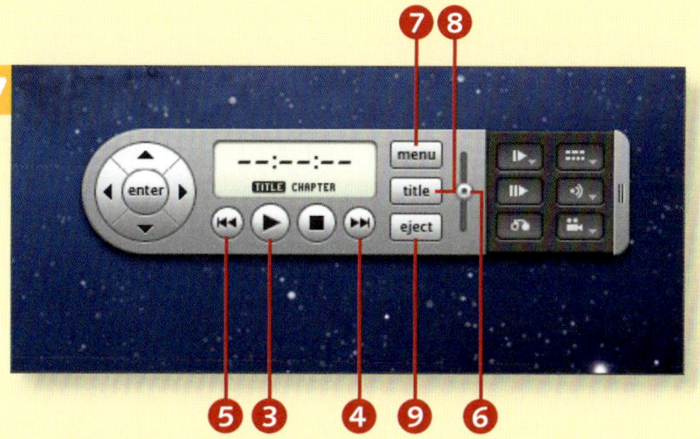

Schritt 18

Sie können die Größe des Abspielfensters verändern. Um den Film auf dem gesamten Bildschirm zu zeigen, wählen Sie **Darstellung ▸ Vollbild ein** oder drücken [cmd] + [F]. Mit der Taste [esc] beenden Sie den Vollbildmodus wieder.

18
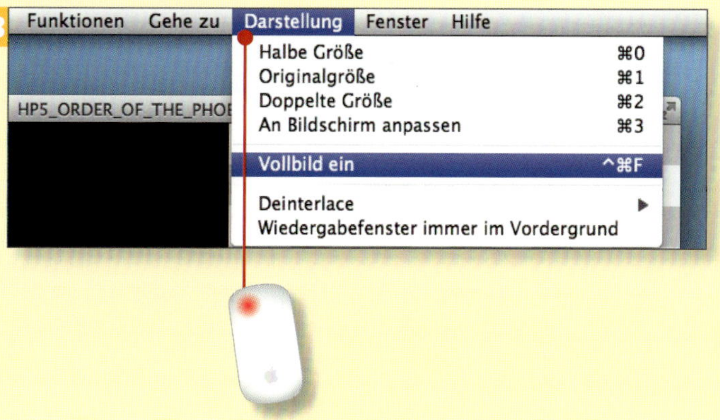

Kapitel 6
Mit dem Mac ins Internet

Ein Zugang zum Internet ist heutzutage extrem wichtig, um mit anderen kommunizieren zu können und immer informiert zu sein. Am Mac richten Sie schnell eine Internetverbindung ein und können dann bald über Safari oder einen anderen Browser im Internet surfen.

Eine Internetverbindung einrichten

Die Einrichtung einer Internetverbindung lässt sich am Mac mit dem Netzwerkassistenten einfach erledigen ❶. Er hilft Ihnen bei der Einrichtung einer Verbindung mit einem DSL-Modem oder auch einem WLAN-Netzwerk. Sie rufen ihn in den Systemeinstellungen unter dem Punkt **Netzwerk** auf.

Mit Safari im Internet surfen

Safari ist der Internetbrowser von OS X Lion. Mit ihm können Sie bequem, einfach und schnell Websites aufrufen oder dank der integrierten Suchfunktion direkt mit der Suchmaschine Google arbeiten. Um eine Website aufzurufen, geben Sie die Adresse, z. B. *http://www.apple.de*, in die Adressleiste des Browsers ein ❷ und bestätigen sie mit der [↵]-Taste.

Websites merken

Es gibt Websites, die Sie immer wieder besuchen? Oder Sie sind auf eine interessante Website gestoßen, haben aber gerade keine Zeit zum Lesen ihrer Inhalte? Safari bietet Lösungen in Form von Lesezeichen, Favoriten und der Leseliste ❸. Schon sind die Websites für den späteren Besuch gespeichert, und Sie müssen nicht mehr lange danach suchen.

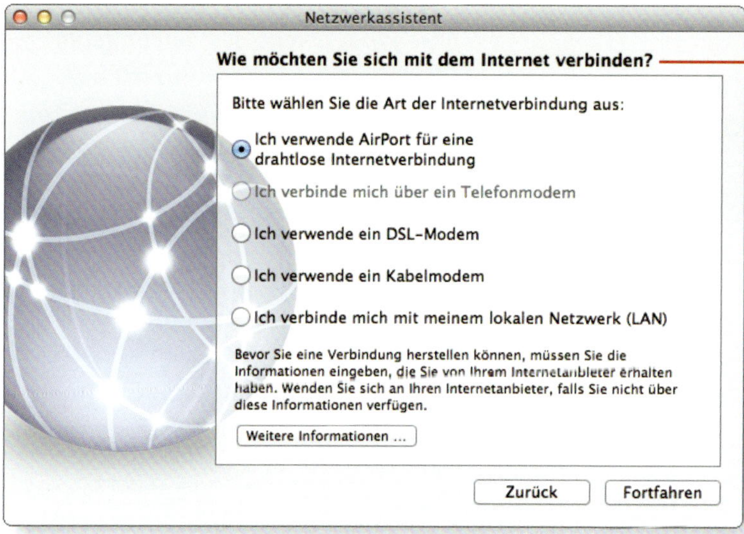

1 Sie haben die Wahl zwischen verschiedenen Verbindungsarten, wenn Sie mit Ihrem Rechner ins Internet möchten.

2 Zum Aufrufen einer Website geben Sie Ihre Adresse in die Adressleiste ein.

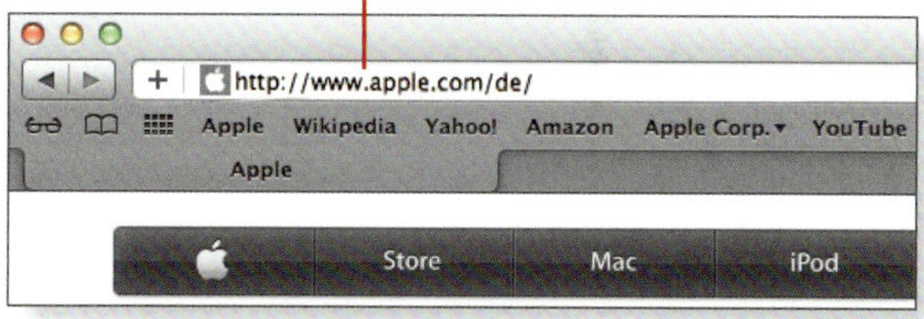

3 Nehmen Sie eine interessante Website in die Leseliste auf, und lesen Sie später einfach an der markierten Stelle weiter.

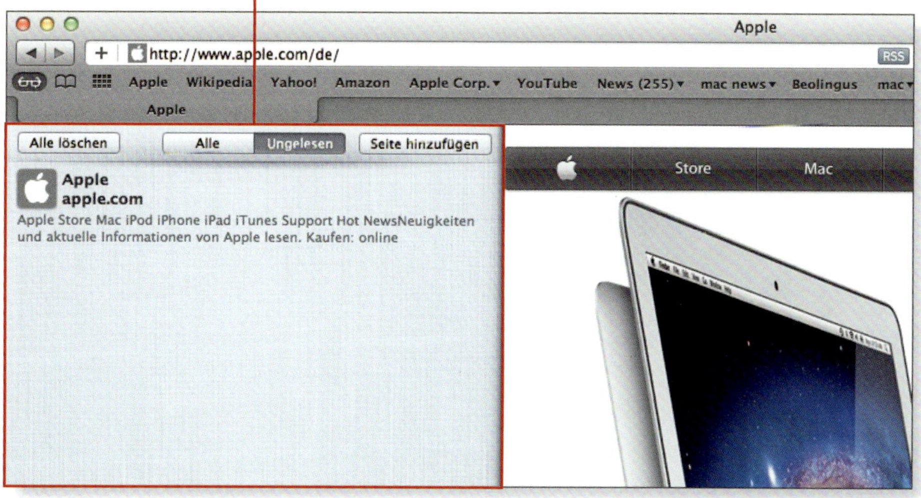

Eine Internetverbindung einrichten

1

Der Weg ins Internet ist mit dem Mac kinderleicht. Die wichtigsten Einstellungen für den Zugriff auf eine Internetverbindung erklären wir Ihnen in diesem Abschnitt.

2

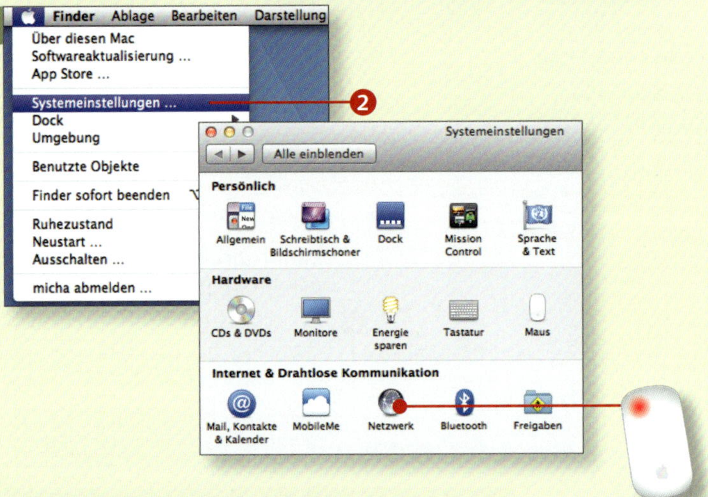

Schritt 1

Stellen Sie sicher, dass Ihr DSL-Router über ein Netzwerkkabel (*Ethernet-Kabel*) mit dem Ethernet-Anschluss ❶ Ihres Rechners verbunden ist.

Schritt 2

Um eine neue Netzwerkverbindung einzurichten, rufen Sie im Apfel-Menü über den Menüpunkt **Systemeinstellungen** ❷ ▸ **Netzwerk** die entsprechenden System-einstellungen auf.

3

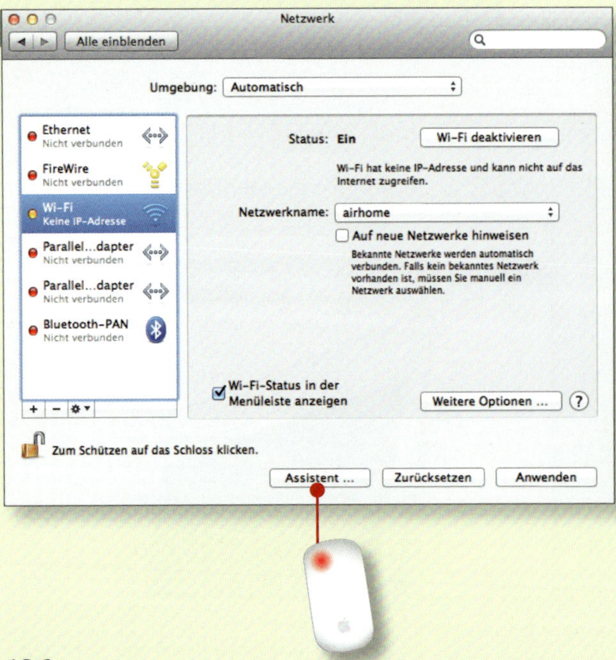

Schritt 3

Im Dialogfenster **Netzwerk** können Sie sich Ihre Verbindung bequem von einem Assistenten einrichten lassen. Klicken Sie dazu auf die Schaltfläche **Assistent**.

Schritt 4

Bestätigen Sie auch den folgenden Dialog mit einem Klick auf die Schaltfläche **Assistent**.

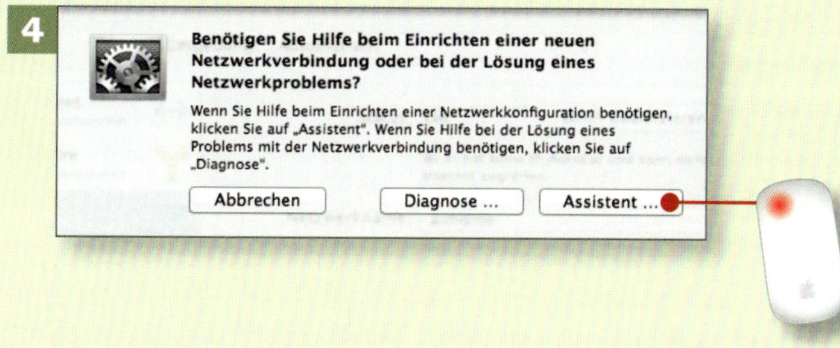

Schritt 5

Vergeben Sie jetzt einen Namen für die neue Netzwerkumgebung, z. B. »DSL« für Ihre kabelgebundene Internetverbindung. Bestätigen Sie Ihre Angabe mit einem Klick auf die Schaltfläche **Fortfahren** ❸.

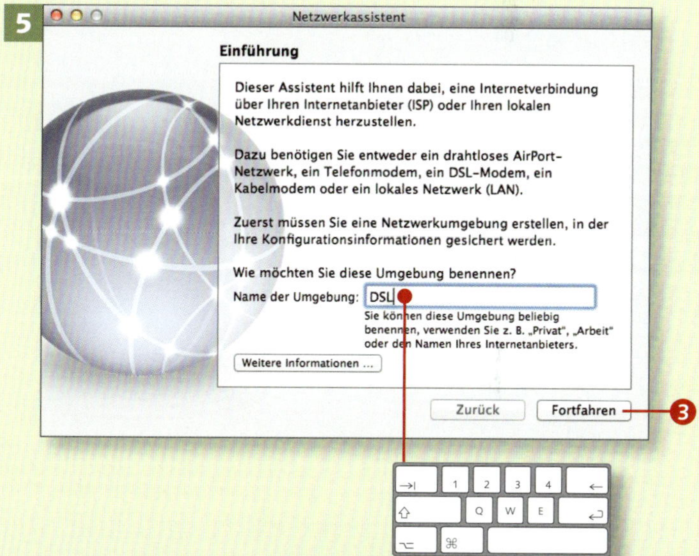

Schritt 6

Nun geben Sie die Art Ihres Anschlusses an. Wählen Sie z. B. die Option **Ich verwende ein DSL-Modem** ❹, wenn Sie einen Anschluss einrichten möchten, der eine direkte Verbindung zu einem DSL-Modem hat. Klicken Sie dann auf **Fortfahren**.

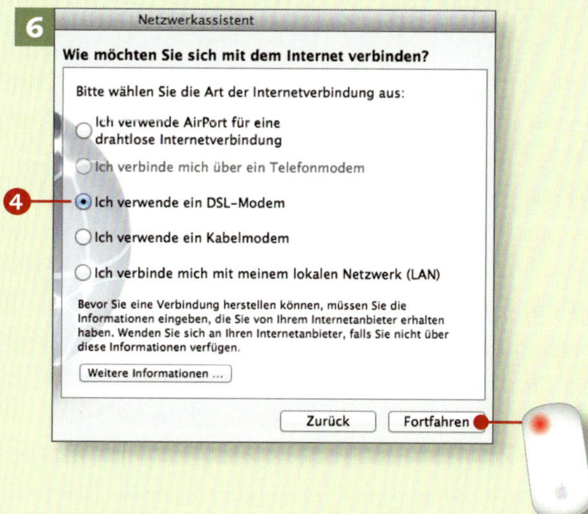

Schneller von Feld zu Feld
Wenn Sie wie hier viele Felder füllen müssen, können Sie bequem und schnell von Feld zu Feld springen, indem Sie die [⇥]-Taste drücken.

Eine Internetverbindung einrichten (Forts.)

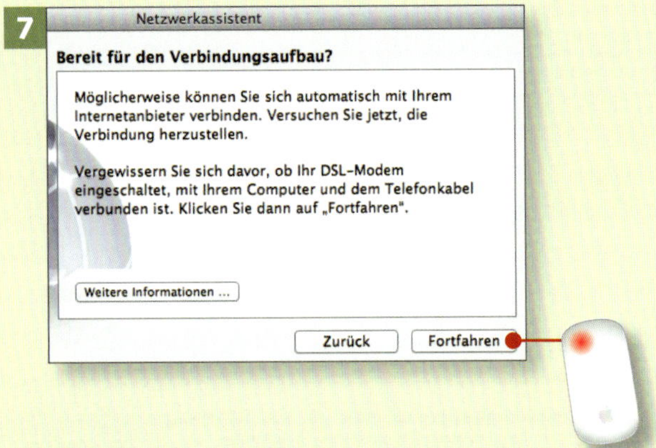

Schritt 7

Bei einigen Anbietern ist es möglich, nun schon ohne die Angabe weiterer Informationen eine Verbindung herzustellen. Klicken Sie hierzu erneut auf die Schaltfläche **Fortfahren**. War die Suche nicht erfolgreich, wird automatisch das nächste Dialogfenster angezeigt.

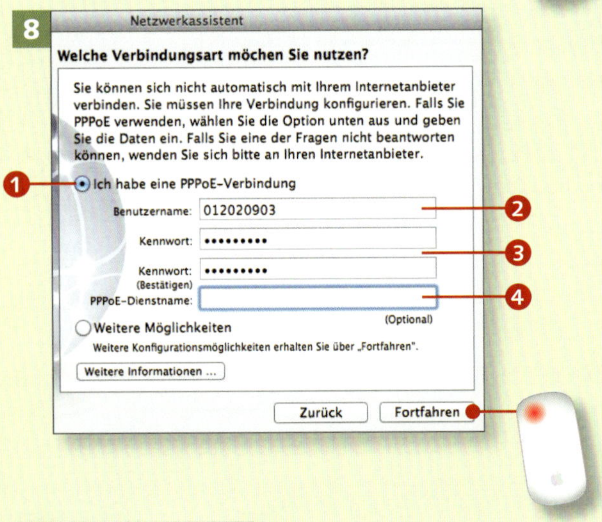

Schritt 8

Hier müssen Sie die Informationen Ihres Internetanbieters eintragen. Lassen Sie die Option **Ich habe eine PPPoE-Verbindung** (1) aktiviert, wenn es sich bei Ihrem Anschluss um einen DSL-Anschluss handelt. Geben Sie dann den Benutzernamen (2) und das Kennwort (3) ein. In das Feld **PPPoE-Dienstname** (4) müssen Sie nichts eintragen. Bestätigen Sie mit **Fortfahren**, und beenden Sie den Assistenten, indem Sie in den folgenden Fenstern auf **Fortfahren** bzw. **Fertig** klicken.

Schritt 9

Im Fenster **Systemeinstellungen Netzwerk** können Sie nun überprüfen, ob die Verbindung erfolgreich angelegt wurde. Sie sollte mit dem Status **Nicht verbunden** in der Seitenleiste stehen.

Was ist PPPoE?

PPPoE ist ein spezielles Netzwerkprotokoll für die Verbindung über einen DSL-Anschluss. *PPP* steht dabei für »Punkt-zu-Punkt-Verbindung« und *oE* für »over Ethernet«, zu Deutsch »über Ethernet«.

Schritt 10

Klicken Sie jetzt auf die Schaltfläche **Verbinden**, um die Internetverbindung herzustellen. Sie erhalten dann eine Statusmeldung sowohl in der Seitenleiste 5 als auch im Kopf des Fensters 6. Zusätzlich werden Ihnen noch Informationen zur Verbindungsdauer 7 und die Netzwerkaktivität 8 angezeigt. Die Verbindung trennen Sie mit einem Klick auf die Schaltfläche **Trennen** 9.

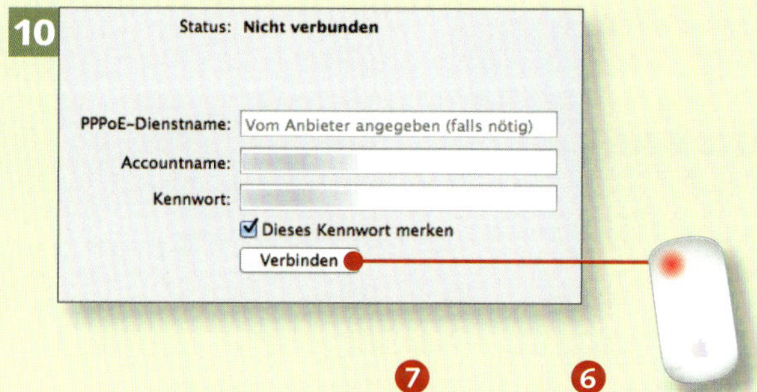

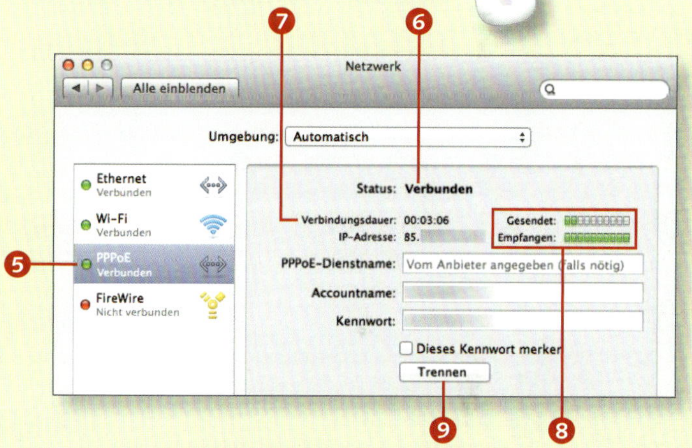

Schritt 11

Um sich in Zukunft den Verbindungsstatus in der Menüleiste anzeigen zu lassen, aktivieren Sie das Kontrollkästchen **PPPoE-Status in der Menüleiste anzeigen** 10. Dann klicken Sie auf **Anwenden**.

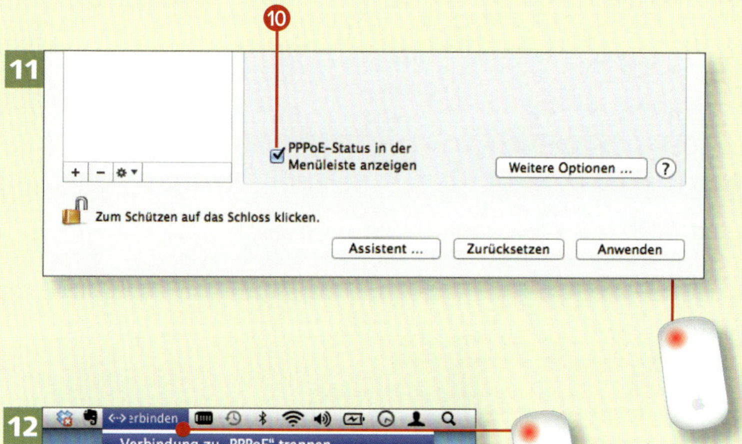

Schritt 12

Nun können Sie Ihre Internetverbindung über die Menüleiste herstellen oder beenden, indem Sie auf das PPPoE-Symbol und dann auf **Mit »PPPoE« verbinden** bzw. **Verbindung zu »PPPoE« trennen** klicken.

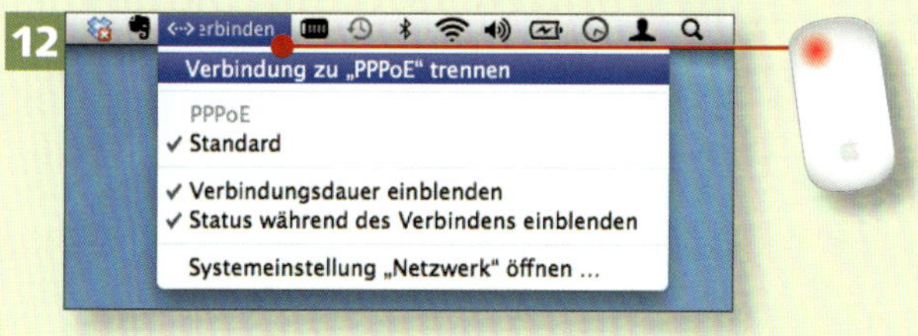

Mit Wireless LAN verbinden

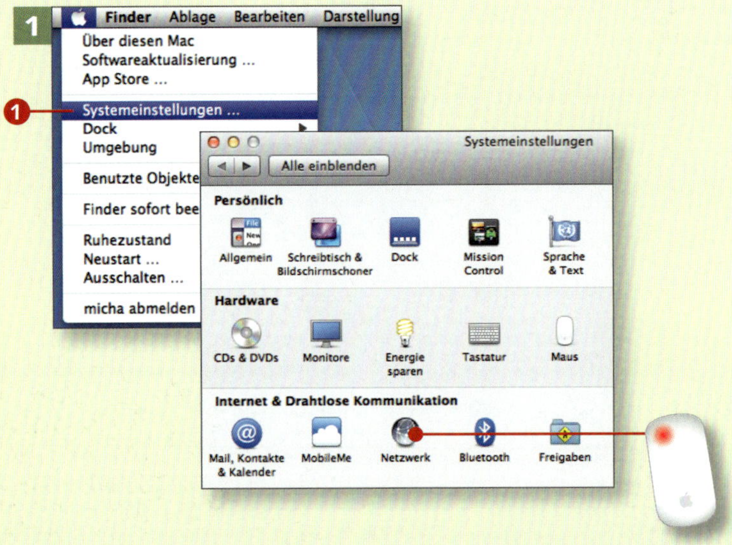

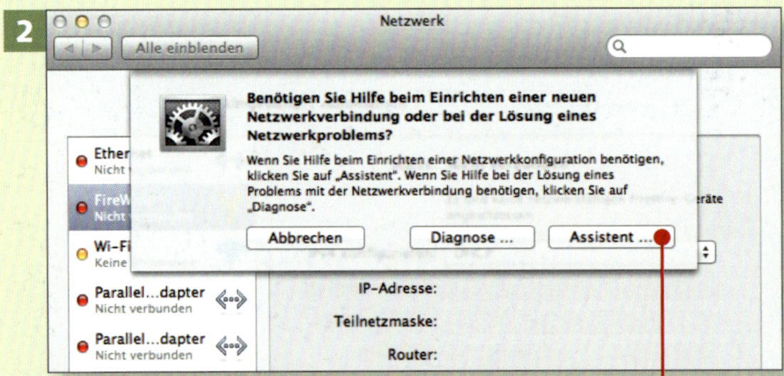

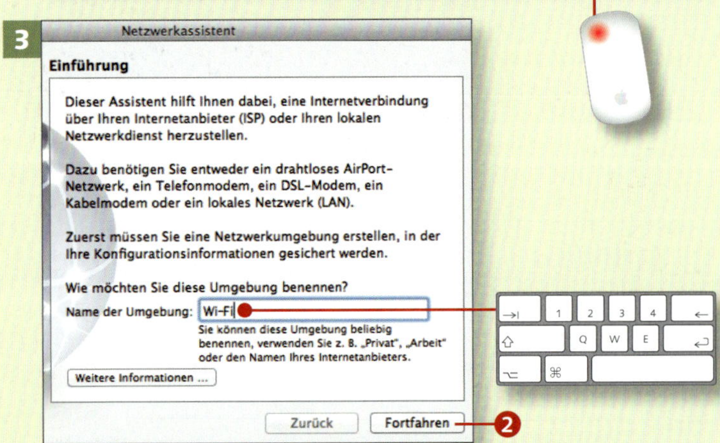

Die Unterstützung für WLAN-Netzwerke ist direkt in OS X Lion integriert. Wie Sie sich ein Wireless-LAN-Netzwerk einloggen, erfahren Sie in diesem Abschnitt.

Schritt 1

Um eine Verbindung zu einem Wi-Fi- oder Wireless-LAN-Netzwerk herzustellen, rufen Sie über das Apfel-Menü **Systemeinstellungen** ❶ ▸ **Netzwerk** auf.

Schritt 2

Im Dialogfenster **Netzwerk** können Sie sich von einem Assistenten bei der Anlage einer neuen WLAN-Verbindung unterstützen lassen. Klicken Sie dazu auf die Schaltfläche **Assistent**.

Schritt 3

Geben Sie im Feld **Name der Umgebung** jetzt eine Bezeichnung für das neu anzulegende Netzwerk an, z. B. »Wi-Fi«. Klicken Sie anschließend auf die Schaltfläche **Fortfahren** ❷.

Schritt 4

Für eine WLAN-Verbindung wählen Sie die Option **Ich verwende AirPort für eine drahtlose Netzwerkverbindung** ❸ und klicken dann auf **Fortfahren**.

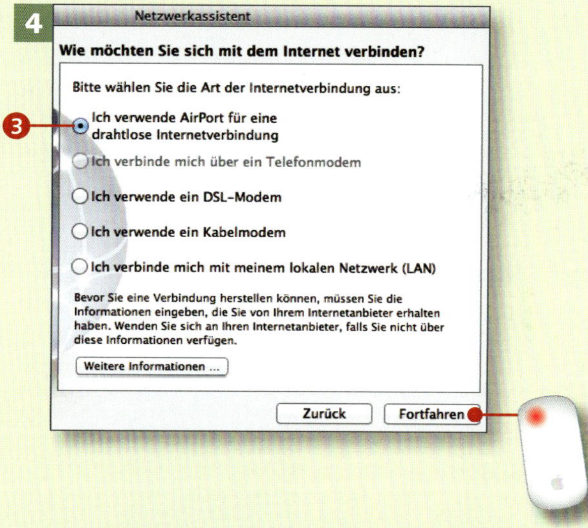

Schritt 5

Wählen Sie aus der Auswahlliste mit einem Mausklick das Netzwerk ❹ aus, zu dem Sie eine Verbindung herstellen möchten. Geben Sie dann das Passwort für dieses Netzwerk in das Feld **Kennwort** ❺ ein, und bestätigen Sie mit **Fortfahren**.

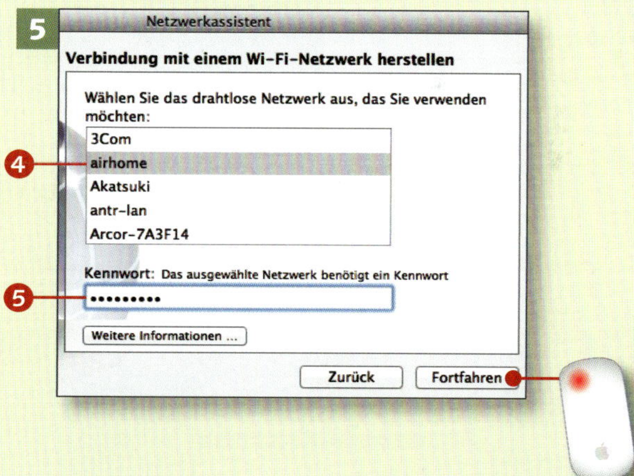

Schritt 6

Den nächsten Dialog bestätigen Sie erneut mit **Fortfahren**, und zum Abschluss des ganzen Vorgangs klicken Sie im letzten Fenster des Assistenten auf **Fertig**.

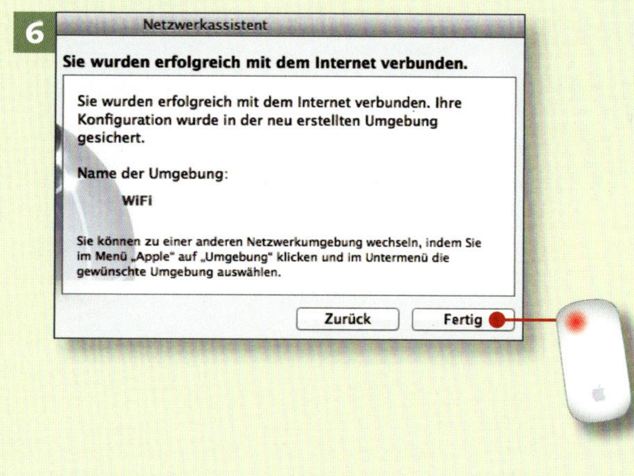

Verbindungsreihenfolge

Sie können über **Systemeinstellungen ▸ Netzwerk** festlegen, in welcher Reihenfolge der Rechner die Verbindung aufbaut. Die Voraussetzung ist, dass Sie verschiedene Verbindungen konfiguriert haben. Klicken Sie auf das Zahnradsymbol, und wählen Sie dann **Reihenfolge der Dienste festlegen**. Sie bringen die Dienste mit der Maus in die gewünschte Reihenfolge. Bestätigen Sie mit **OK**.

Mit Wireless LAN verbinden (Forts.)

7

8

9

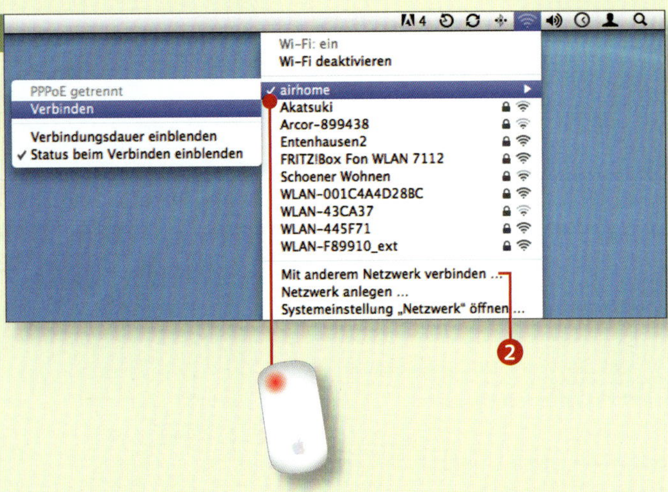

Schritt 7

In der Menüleiste finden Sie nun das Wi-Fi-Statussymbol 1. Es zeigt Ihnen die Signalstärke des aktuell verbundenen WLANs an. Werden insgesamt vier Balken angezeigt, verfügen Sie über eine hervorragende Verbindung. Nur ein Balken steht für eine schwache Verbindung.

Schritt 8

Sie können zwischen verschiedenen WLAN-Netzwerken wechseln. Wenn Sie auf das WLAN-Symbol klicken, öffnet sich eine Liste mit erreichbaren WLAN-Netzen. Hier erhalten Sie auch gleich Informationen über die Signalstärke und darüber, ob das Netzwerk passwortgeschützt ist (zu erkennen am Schlosssymbol).

Schritt 9

Um sich mit einem Netzwerk zu verbinden, klicken Sie in der Liste darauf. Ein weiteres Menü öffnet sich: Hier wählen Sie den Eintrag **Verbinden** aus.

Geschütztes WLAN

Passwortgeschützte WLAN-Netzwerke haben im Wi-Fi-Ausklappmenü ein kleines Schlosssymbol. Um auf ein solches Netzwerk zuzugreifen, benötigen Sie das passende Kennwort.

Schritt 10

Wird das gewünschte Netzwerk nicht in der Auswahlliste angezeigt, können Sie versuchen, es über die Option **Mit anderem Netzwerk verbinden** ❷ zu erreichen. Im folgenden Dialog geben Sie im Feld **Netzwerkname** ❸ das gesuchte Netzwerk ein. Verfügt es über eine Kennwortsicherung, wählen Sie im Feld **Sicherheit** ❹ die Sicherungsart und geben das Kennwort ❺ ein. Bestätigen Sie anschließend mit einem Klick auf **Verbinden**.

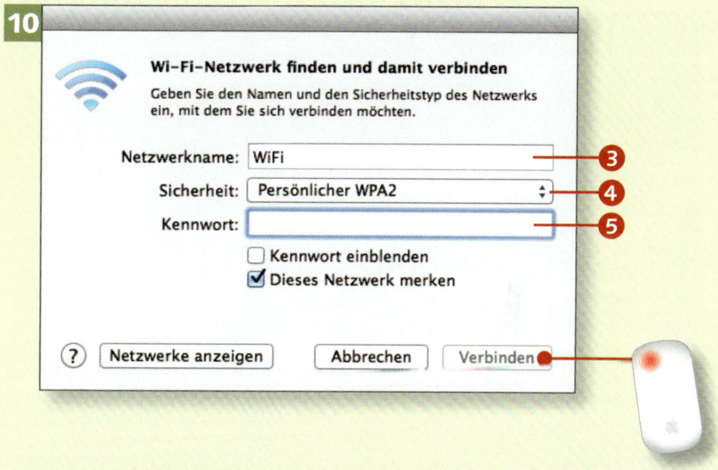

Schritt 11

Um die Verbindung zu einer WLAN-Station zu beenden, klicken Sie auf das WLAN-Symbol in der Menüleiste und wählen das WLAN-Netz aus. Ein weiteres Menü öffnet sich, in dem Sie den Punkt **Trennen** aufrufen.

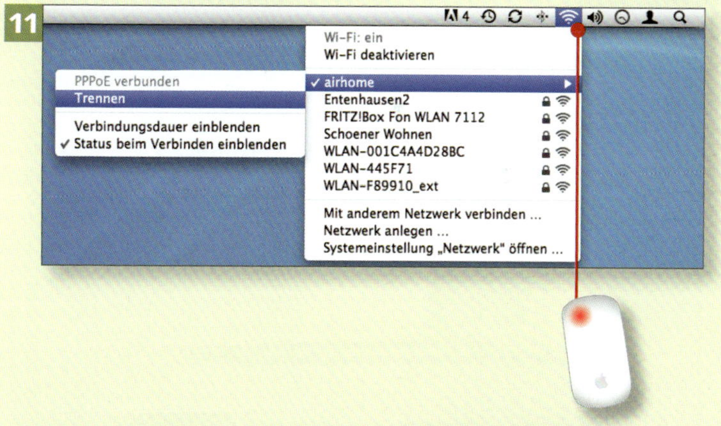

Schritt 12

Wenn Sie aktuell kein WLAN brauchen, können Sie die Funktion ganz deaktivieren. Bei einem tragbaren Rechner lässt sich so Strom sparen. Klicken Sie auf das WLAN-Symbol, und wählen Sie dann die Option **Wi-Fi deaktivieren**. Das Wi-Fi-Symbol wird dann grau dargestellt.

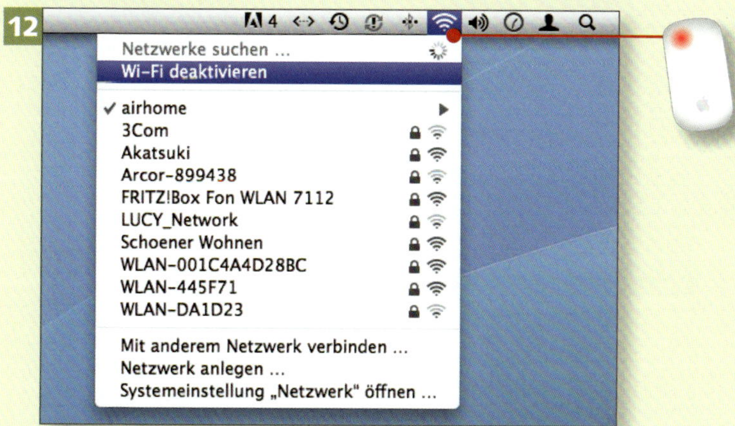

Webseiten mit Safari anrufen

Mit dem mitgelieferten Browser Safari können Sie vortrefflich im Internet surfen. Wir zeigen Ihnen, wie Sie Webseiten aufrufen und betrachten.

Schritt 1

Sie finden den Browser direkt im Dock. Starten Sie das Programm Safari mit einem Klick auf das Programmsymbol.

Schritt 2

Das Browserfenster öffnet sich. Es besteht aus einer *Symbolleiste* ❶, der *Lesezeichenleiste* ❷ und dem *Anzeigebereich* ❸. In der Symbolleiste finden Sie die wichtigsten Funktionen, und hier geben Sie auch die Internetadresse ein. In der Lesezeichenleiste können Sie häufig besuchte Seiten speichern, und im Anzeigebereich wird der Seiteninhalt dargestellt.

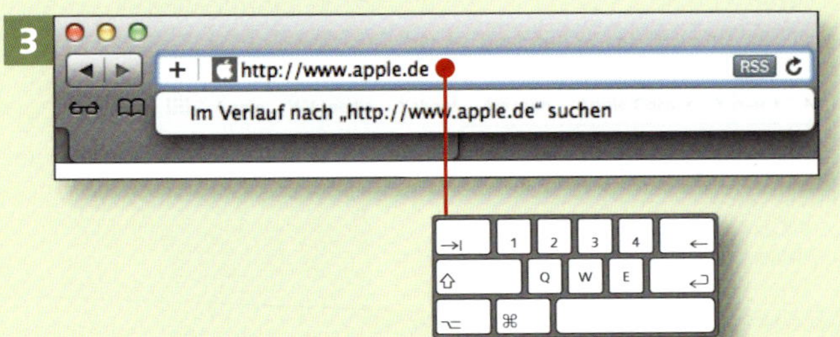

Schritt 3

Um eine Internetseite aufzurufen, geben Sie ihre Webadresse in der Adressleiste ein. Zum Aufrufen der Apple-Website geben Sie z. B. folgende Adresse ein: *http://www.apple.de*. Nachdem Sie die [↵]-Taste gedrückt haben, wird die Seite aufgerufen.

Schritt 4

Der Seiteninhalt wird jetzt im Anzeigebereich dargestellt. Ist er länger als das Browserfenster, erscheint am rechten Fensterrand ein *Scrollbalken*. Klicken Sie mit der Maus darauf, und ziehen Sie ihn mit gedrückter Maustaste nach unten, um den restlichen Seiteninhalt zu sehen.

Schritt 5

Sie können auch mehrere Websites parallel aufrufen. Hierzu müssen Sie ein weiteres Browserfenster öffnen. Wählen Sie den Menübefehl **Ablage ▸ Neues Fenster**, oder drücken Sie [cmd] + [N].

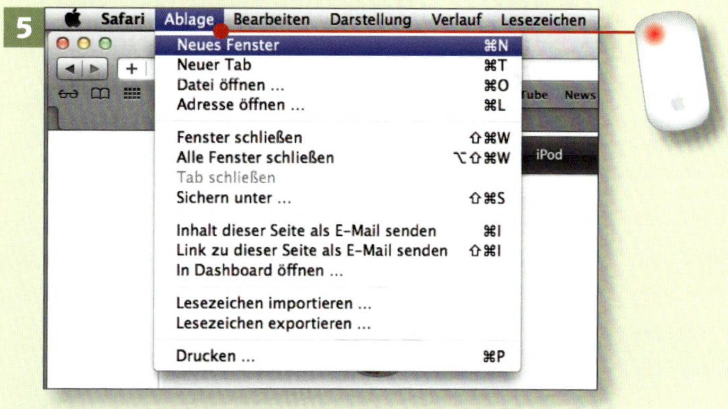

Schritt 6

Anstatt für jede neue Seite ein neues Browserfenster zu öffnen, können Sie auch *Tabs* benutzen. So werden mehrere Seiten »gestapelt« und können nacheinander aufgerufen werden. Einen neuen Tab legen Sie über die Menüfunktion **Ablage ▸ Neuer Tab** oder mit der Tastenkombination [cmd] + [T] an.

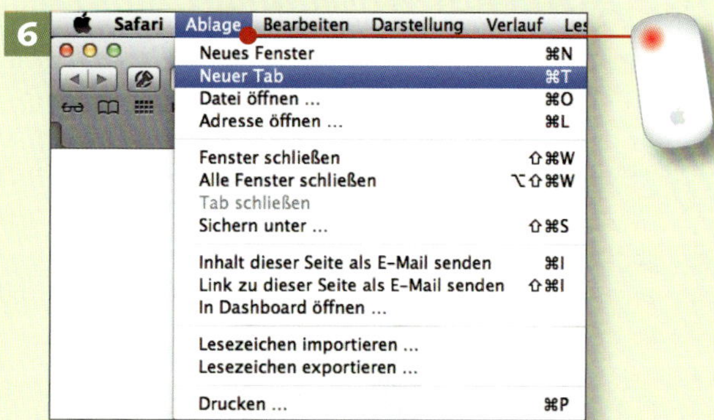

Die Startseite festlegen

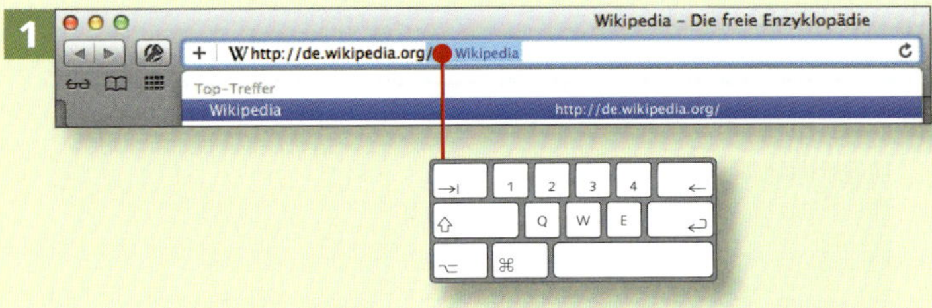

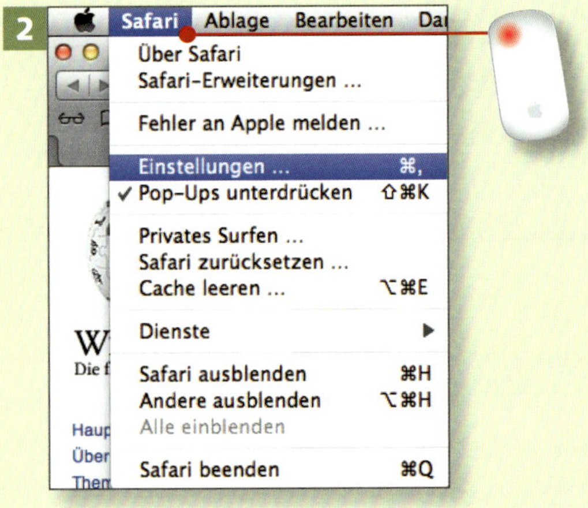

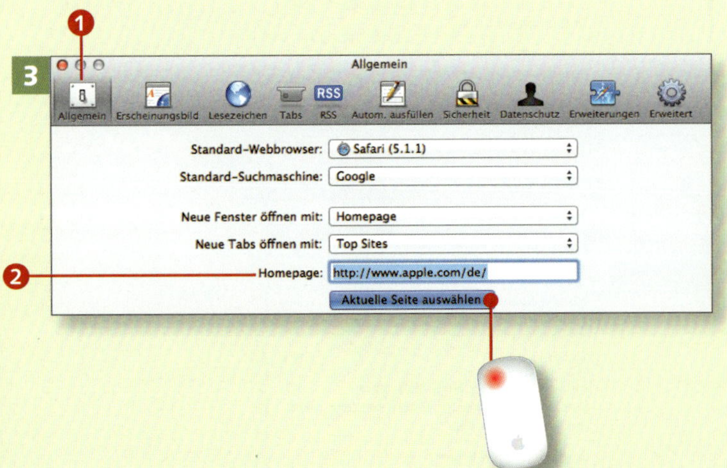

Um bei jedem Start von Safari sofort auf Ihrer Lieblingswebsite zu landen, können Sie eine feste Startseite bestimmen. Wie Sie dazu vorgehen, erfahren Sie in diesem Abschnitt.

Schritt 1

Um eine Startseite festzulegen, rufen Sie die gewünschte Seite auf. Dazu geben Sie die Internetadresse oben in der Adressleiste ein, z. B. *http://de.wikipedia.org*.

Schritt 2

Wechseln Sie jetzt über den Menüpunkt **Safari ▸ Einstellungen** in die Programmeinstellungen des Apple-Browsers.

Schritt 3

Öffnen Sie dort die Rubrik **Allgemein** ❶. Im Feld **Homepage** ❷ steht die Adresse der standardmäßigen Startseite. Wenn Sie auf die Schaltfläche **Aktuelle Seite auswählen** klicken, können Sie die aktuell geöffnete Seite als neue Startseite angeben.

Schritt 4

Die Adresse dieser Seite wird dann in das Feld **Homepage** übernommen.

4

Schritt 5

Natürlich können Sie eine Adresse auch direkt in das Feld **Homepage** eintragen, ohne dass die entsprechende Seite geöffnet sein muss, und zwar in folgender Form: *http://www.wikipedia.org*.

5

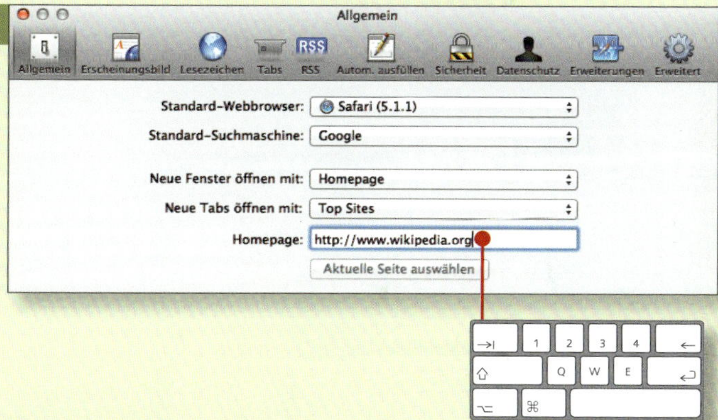

Schritt 6

Beenden Sie den Dialog mit einem Klick auf die rote Schaltfläche. Wenn Sie jetzt über **Ablage ▸ Neues Fenster** eine neue Seite aufrufen, wird von nun an automatisch die eingestellte Startseite geöffnet.

6

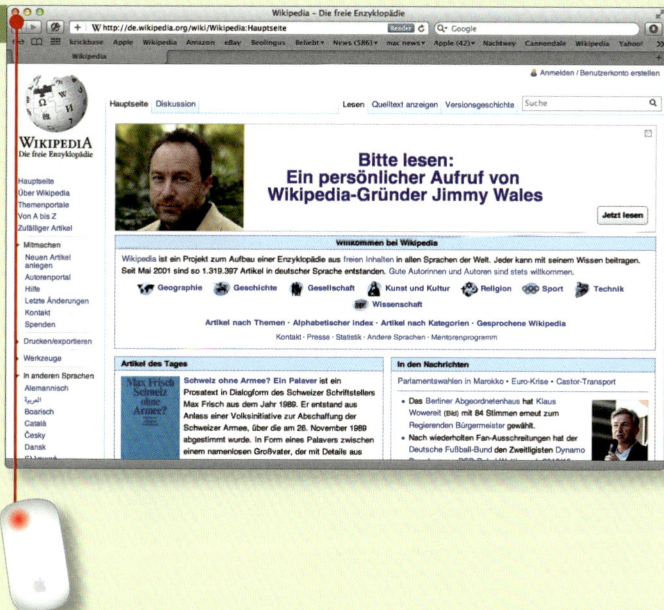

i

Andere Browser installieren

Neben Safari können Sie auch andere Browser installieren. Das ist sinnvoll, weil manche Websites oft nicht mit jedem Browser kompatibel sind. Die gängigsten sind Firefox (*http://www.mozilla.org/de/firefox/*), Google Chrome (*http://www.google.com/chrome*) und Opera (*http://www.opera.com/*). Laden Sie den Browser herunter, und installieren Sie ihn, indem Sie das Programmsymbol in den Ordner **Programme** ziehen.

Im Internet suchen mit Google

1

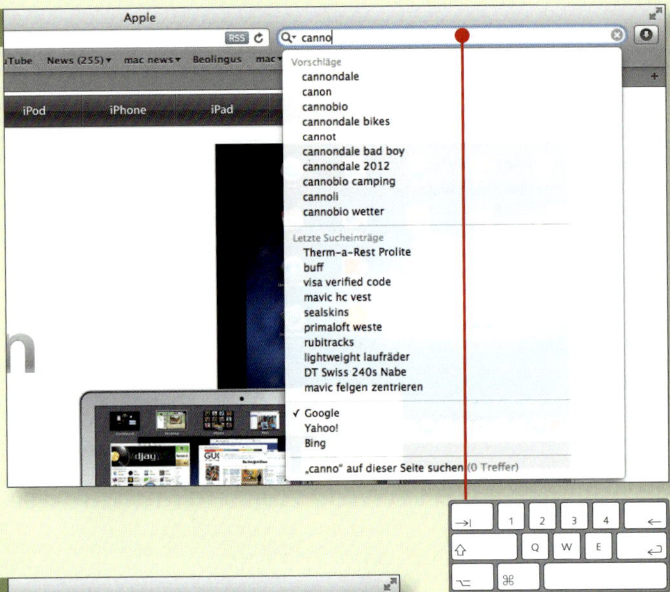

2

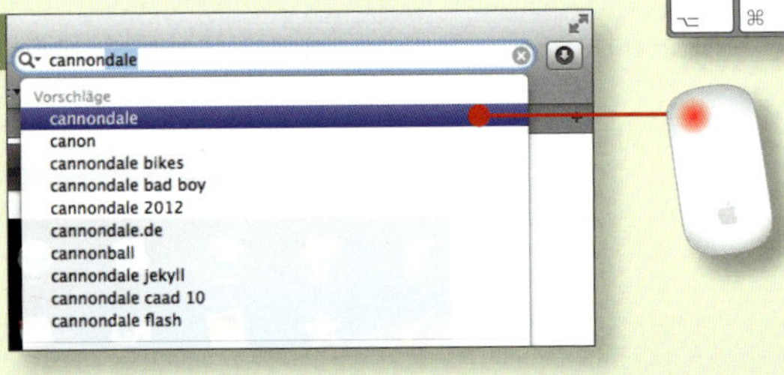

3

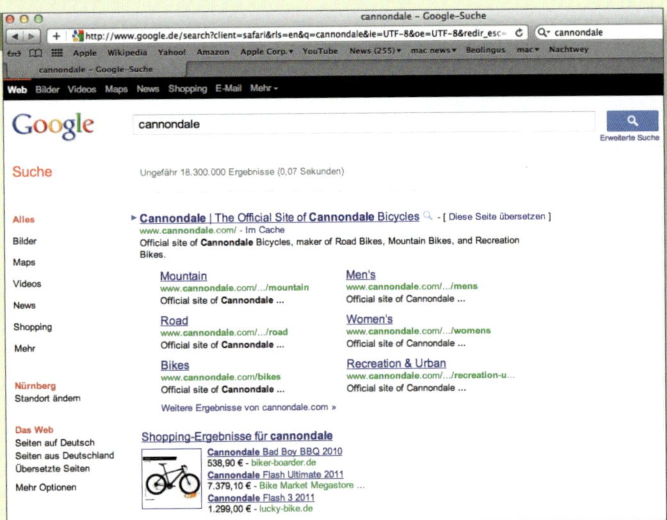

Praktische Unterstützung bei der Suche im Internet bieten Suchmaschinen. Der größte Suchmaschinenbetreiber ist Google. Wie Sie gezielt mit Google im Internet suchen, erfahren Sie hier.

Schritt 1

Safari hat ein integriertes Suchfeld, über das Sie direkt zur Suchmaschine Google gelangen. Klicken Sie in das Suchfeld, und geben Sie einen Suchbegriff ein. Sofort zeigt Safari eine Liste mit Vorschlägen an.

Schritt 2

Wenn Sie etwas tippfaul sind, markieren Sie einfach mit der Maus einen Vorschlag aus dieser Liste. Bestätigen Sie Ihre Auswahl mit der [↵]-Taste, um sich die Google-Ergebnisse zu diesem Suchbegriff anzeigen zu lassen.

Schritt 3

Safari »übergibt« den Suchbegriff direkt an Google. Im Anzeigebereich wird jetzt auch die Google-Seite geöffnet, und es werden alle Suchergebnisse zu Ihrem Begriff aufgeführt, die bei Google gefunden wurden.

Schritt 4

Die Ergebnisse sind nach ihrer Relevanz sortiert: Zuerst kommen die Ergebnisse mit dem größten Bezug zum Suchbegriff, dann die mit geringerem Bezug. Mithilfe des Scrollbalkens auf der rechten Seite können Sie sich alle Ergebnisse auf der ersten Seite ansehen.

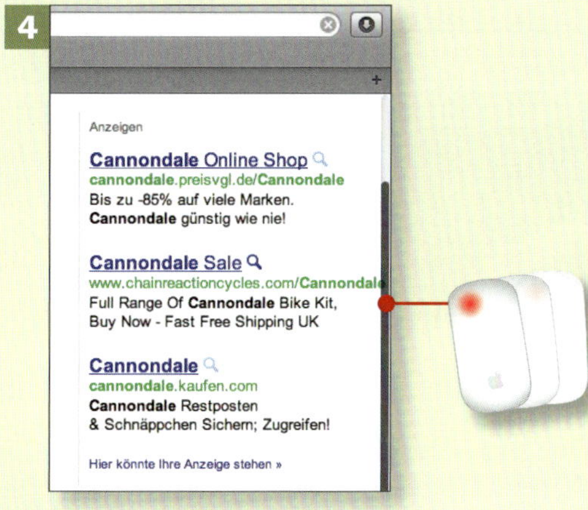

Schritt 5

Je nach Suchbegriff findet Google sehr viele Treffer und teilt sie auf mehrere Seiten auf. Indem Sie am Fuß der Seite auf den Link **Weiter** klicken, navigieren Sie zur nächsten Ergebnisseite.

Schritt 6

Zu jedem Ergebnis zeigt Google auch eine kurze Beschreibung, sodass Sie sich schon vorab ein Bild über die Qualität des jeweiligen Ergebnisses machen können. Klicken Sie auf die blaue Überschrift eines Ergebnisses, um zu der entsprechenden Website zu gelangen.

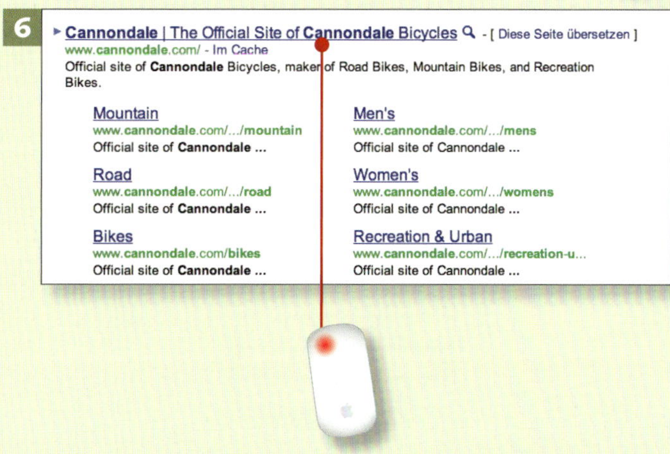

Scrollen per Geste

Wenn Sie ein Trackpad haben, kommen Sie auch ganz ohne Scrollbalken aus. Bewegen Sie einfach zwei Finger vertikal über das Trackpad, um sich leicht auf der Seite hoch- und hinunterzubewegen.

Lesezeichen und Favoriten anlegen

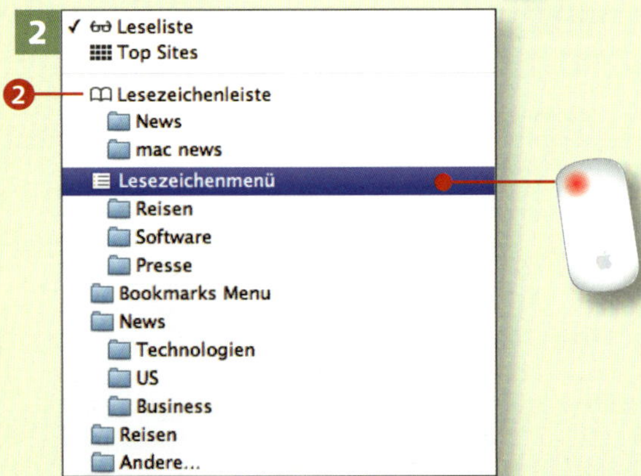

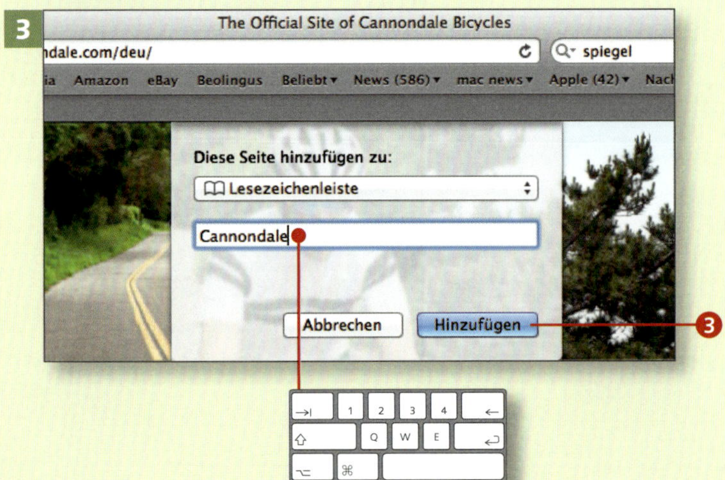

Sie können interessante Webseiten mit einem Lesezeichen versehen. Sehr häufig aufgerufene Seiten übernimmt Safari automatisch als Favoriten.

Schritt 1

Um eine Website für zukünftige Zugriffe als Lesezeichen zu speichern, rufen Sie den Menüpunkt **Lesezeichen ▸ Lesezeichen hinzufügen** auf oder nutzen einfach direkt die Plus-Schaltfläche ❶ vor der Adressleiste.

Schritt 2

Ein kleines Dialogfenster wird geöffnet. Legen Sie im Aufklappmenü **Diese Seite hinzufügen zu** den Speicherort des Lesezeichens fest: in der **Lesezeichenleiste** ❷ oder im **Lesezeichenmenü**. In den jeweiligen Hauptkategorien finden Sie weitere Unterordner.

Schritt 3

Legen Sie jetzt einen Namen für das Lesezeichen fest. Safari schlägt automatisch den Seitentitel als Lesezeichennamen vor. Klicken Sie in das Feld, um den kompletten Text zu markieren, und überschreiben Sie ihn mit einem passenden Namen. Dann klicken Sie auf **Hinzufügen** ❸.

Schritt 4

Eine Website über ein Lesezeichen aufzurufen ist recht einfach. Klicken Sie einfach in der Lesezeichenleiste auf den Titel der Seite. Die hinterlegte Website öffnet sich automatisch im Anzeigebereich.

Schritt 5

Befindet sich das Lesezeichen im Lesezeichenmenü, öffnen Sie den Menüpunkt **Lesezeichen**. In der Liste klicken Sie dann auf das gesuchte Lesezeichen ❹. Liegt es in einem Unterordner ❺, zeigen Sie mit der Maus auf diesen Ordner. Ein Aufklappmenü mit den im Ordner enthaltenen Lesezeichen öffnet sich. Mit einem Mausklick wählen Sie die Seite aus.

Schritt 6

Möchten Sie Änderungen an den Lesezeichen vornehmen oder diese anders organisieren, rufen Sie den Menüpunkt **Lesezeichen ▸ Alle Lesezeichen einblenden** auf.

4

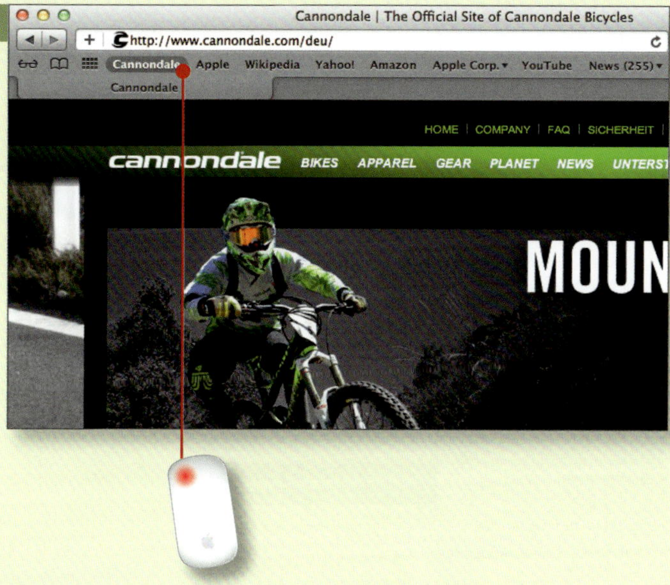

5

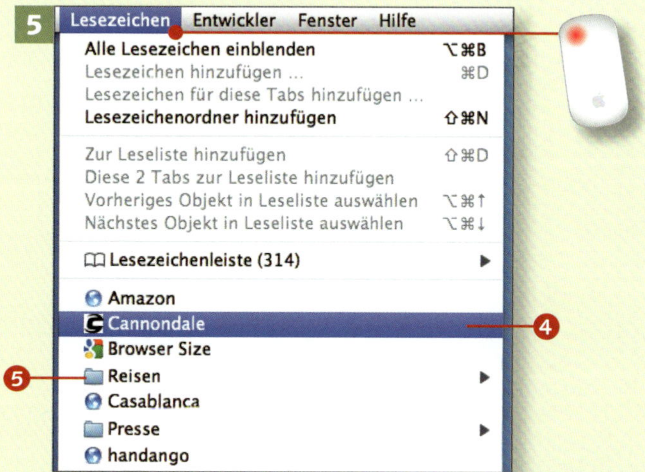

6

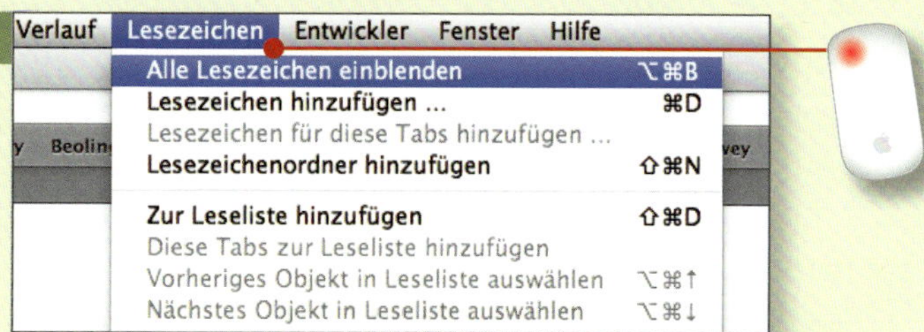

Lesezeichen und Favoriten anlegen (Forts.)

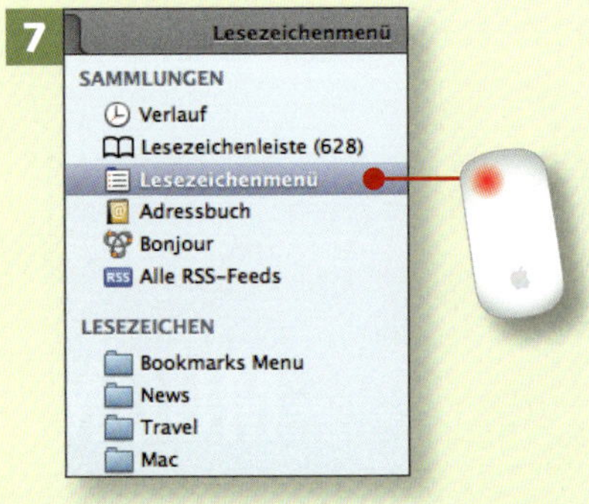

Schritt 7

In der Lesezeichenübersicht können Sie dann z. B. einzelne Lesezeichen in Ordnern zusammenfassen. Wählen Sie dazu in der Seitenleiste den Punkt **Lesezeichenmenü**.

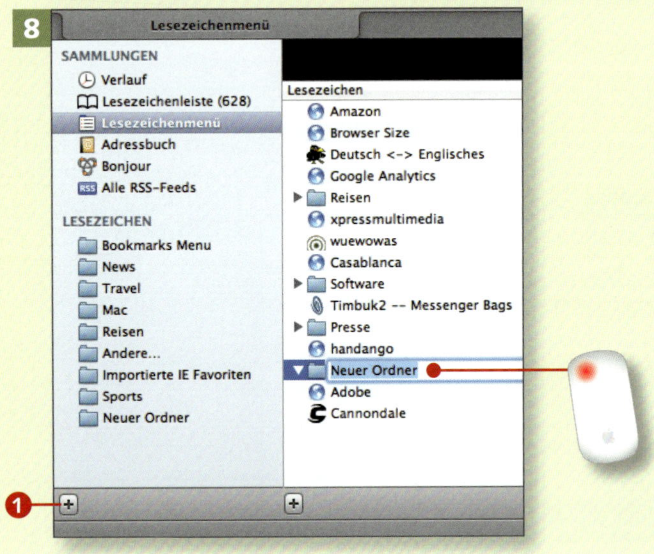

Schritt 8

Klicken Sie dann auf das Plus **1**. Es wird jetzt ein neuer Ordner im Lesezeichenmenü angelegt. Klicken Sie mit der Maus darauf, und benennen Sie ihn nach Wunsch.

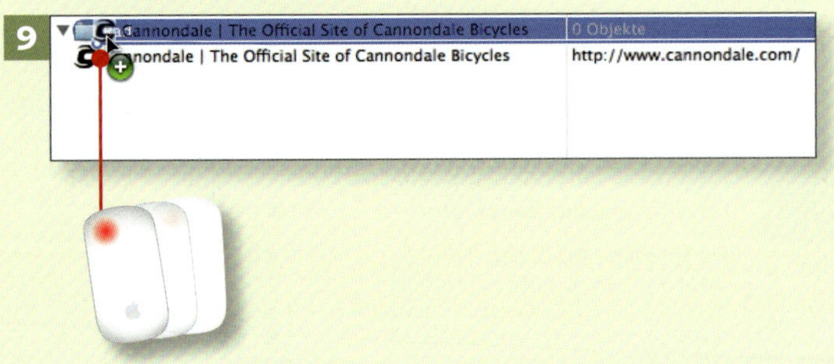

Schritt 9

Wählen Sie die Lesezeichen aus, die Sie verschieben möchten. Eine Mehrfachauswahl nehmen Sie mit einem Klick und `cmd` vor. Ziehen Sie die Auswahl dann mit gedrückter Maustaste auf den neu angelegten Ordner, um sie dorthin zu verschieben.

Leiste oder Menü?

Sie können Lesezeichen in der Lesezeichenleiste oder im Lesezeichenmenü ablegen. Speichern Sie in der Leiste die Seiten, die Sie häufig besuchen, denn so sehen Sie Ihre Lesezeichen im Browserfenster direkt unterhalb der Adressleiste. Für das Lesezeichenmenü ist der Weg über die Menüleiste notwendig, was etwas umständlicher ist. Allerdings haben Sie dort erheblich mehr Platz.

Schritt 10

Um mehr Raum für die Darstellung von Website-Inhalten zu schaffen, rufen Sie den Menüpunkt **Darstellung ▸ Lesezeichenleiste ausblenden** auf. Mit dem Befehl **Darstellung ▸ Lesezeichenleiste einblenden** ❷ holen Sie sie zurück.

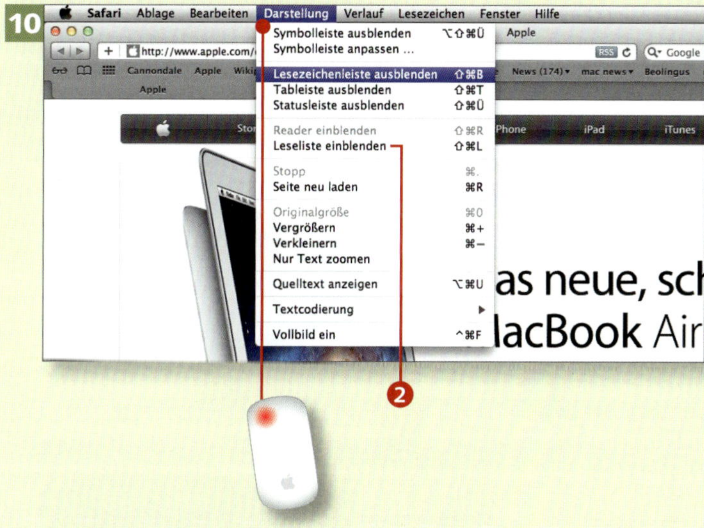

Schritt 11

Favoriten oder *Top Sites* sind die Websites, die Sie am häufigsten besucht haben. Sie können sie sich anzeigen lassen, indem Sie auf das Favoritensymbol in der Lesezeichenleiste klicken.

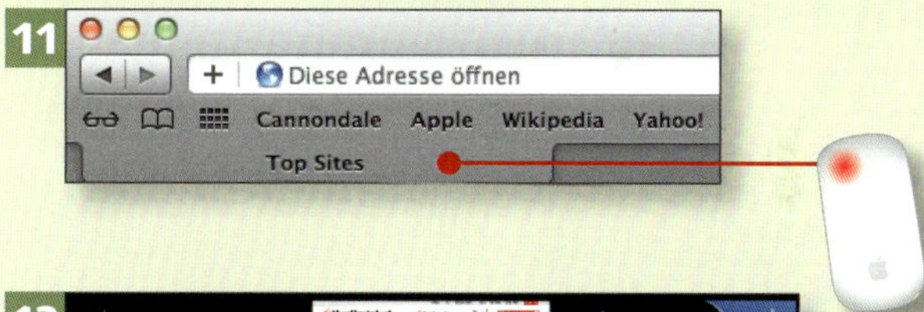

Schritt 12

Sie erhalten dann eine Übersicht über Ihre Favoriten. Ganz unten links sehen Sie die Schaltfläche **Bearbeiten**. Klicken Sie darauf, um die Favoriten zu verwalten. Ein Klick auf den Pin ❸ bewirkt, dass die Seite permanent zu den Favoriten gehört. Mit dem Kreuz ❹ löschen Sie einen Favoriten. Bestätigen Sie Ihre Änderungen mit einem Klick auf **Fertig** ❺.

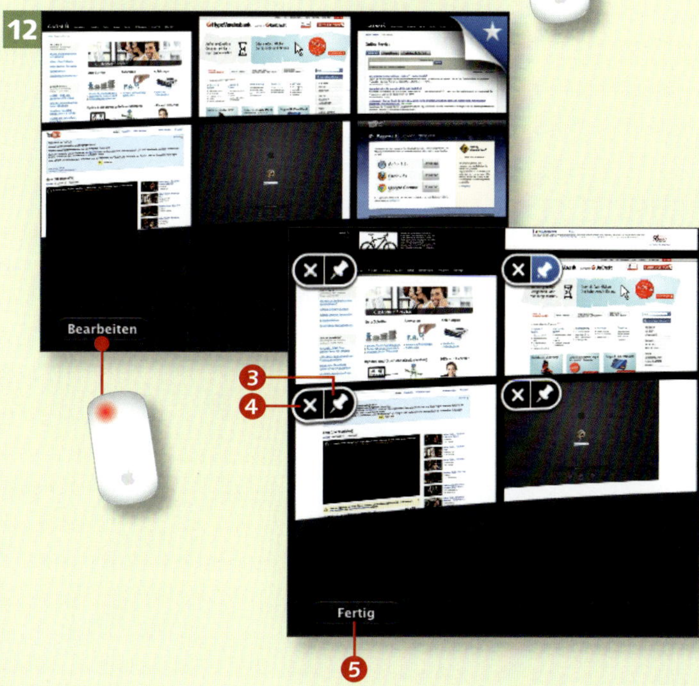

Websites merken: Leseliste nutzen

Wenn Sie beim Surfen auf eine interessante Website stoßen, die Sie später weiter durchstöbern wollen, können Sie sie einer Leseliste hinzufügen.

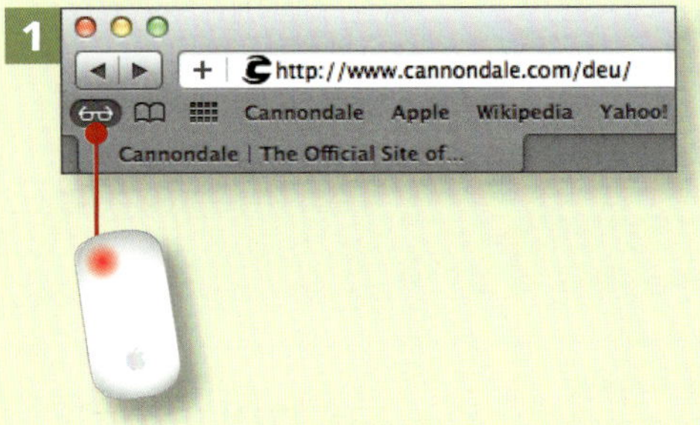

Schritt 1

Um der Leseliste eine Seite hinzuzufügen, klicken Sie in der Lesezeichenleiste auf das kleine Brillensymbol.

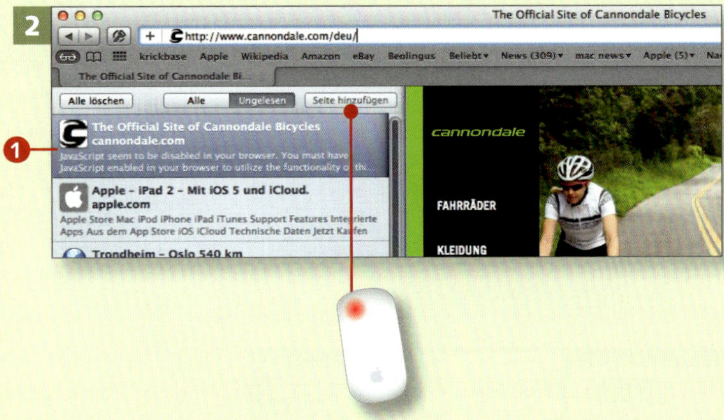

Schritt 2

Daraufhin öffnet sich die Leseliste. Klicken Sie hier auf die Schaltfläche **Seite hinzufügen**. Die Seite wird hinzugefügt und chronologisch einsortiert. Indem Sie auf den Eintrag in der Leseliste ❶ klicken, rufen Sie die Seite wieder auf.

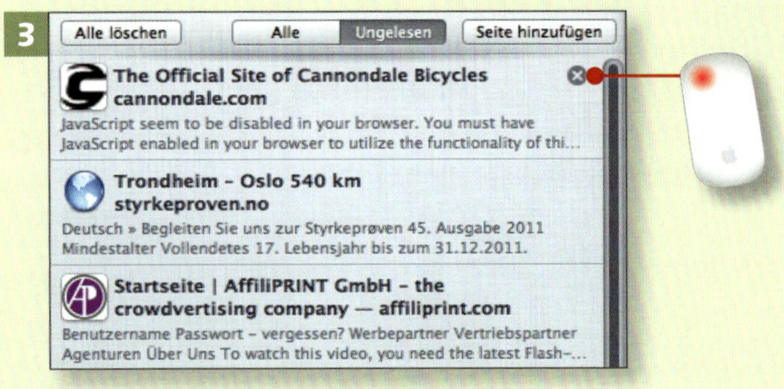

Schritt 3

Um den Eintrag wieder aus der Liste zu löschen, wählen Sie ihn mit einem Mausklick aus und klicken dann auf das Kreuz rechts neben dem Eintrag. Die Seite wird sofort wieder aus der Leseliste entfernt.

Sie können mit Safari nicht nur Websites besuchen, sondern auch dort angebotene Dateien herunterladen.

1

Schritt 1

Mit dem Download-Manager ist das Herunterladen einer Datei sehr leicht. Klicken Sie einfach auf den Download-Link auf der Website. Safari beginnt automatisch mit dem Download der Datei.

2

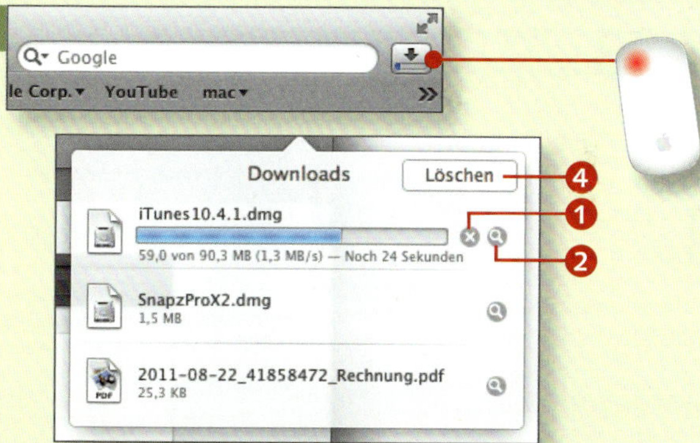

Schritt 2

Klicken Sie auf die Download-Schaltfläche. Im nächsten Fenster können Sie den Fortschritt des Downloads beobachten. Unerwünscht ausgelöste Downloads brechen Sie ab, indem Sie auf das Kreuz ❶ klicken.

3

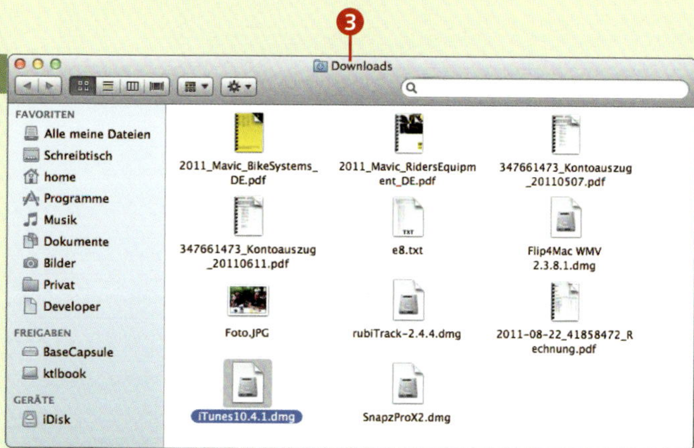

Schritt 3

Mit einem Klick auf die Lupe ❷ gelangen Sie direkt zum Ordner **Downloads** ❸, wo die heruntergeladenen Dateien standardmäßig automatisch gespeichert werden.

Aufräumen

Im Download-Fenster werden alle Downloads aufgelistet. Sie können diese Übersicht komplett löschen, indem Sie auf die Schaltfläche **Löschen** ❹ am Kopf des Fensters klicken.

Ein paar Tipps: nützliche Internetseiten

In diesem Abschnitt zeigen wir Ihnen einige Websites, die für Mac- und Internetneulinge interessant sein können.

1

Schritt 1

Die Website von *Apple* bietet eine Menge Informationen und Hilfestellungen, wenn es darum geht, Probleme am Mac zu lösen. Den deutschen Ableger der Apple-Website finden Sie unter *http://www.apple.com/de*.

2

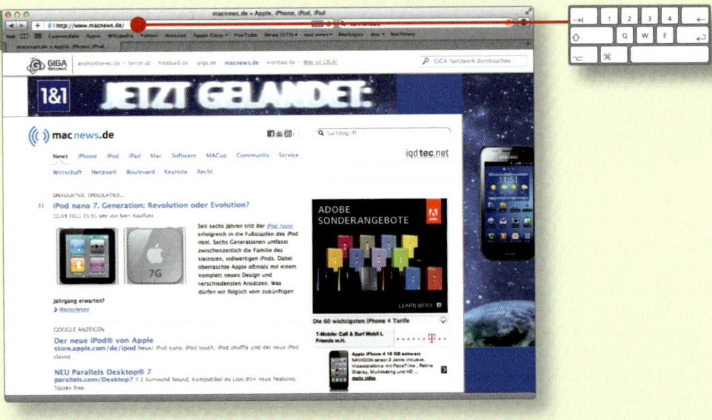

Schritt 2

Neuigkeiten rund um Apple und verwandte Themen finden Sie auf der deutschen Mac-Nachrichtenseite *Macnews*. Erreichbar ist das Angebot unter der Adresse *http://www.macnews.de*.

3

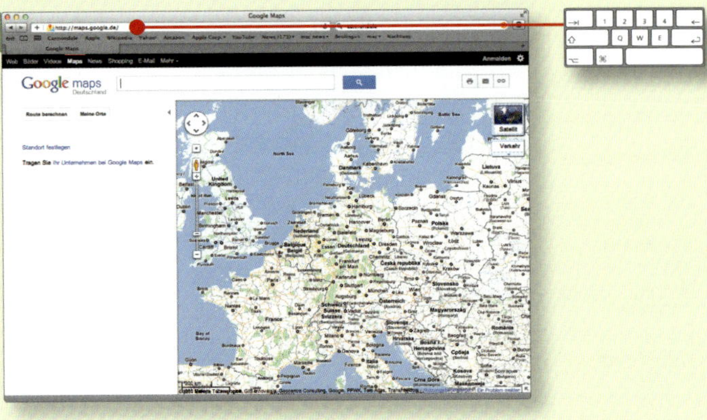

Schritt 3

Planen Sie eine Reise, oder sind Sie auf der Suche nach der kürzesten Strecke zwischen zwei Orten? Dann ist der Kartenservice *Google Maps* genau das Richtige für Sie. Sie erreichen das Angebot unter *http://maps.google.de*.

Schritt 4

Ein komplettes Online-Nachschlagewerk steht Ihnen mit *Wikipedia* zur Verfügung. Es handelt sich hier um ein Wissensarchiv, das von Internetnutzern selbst erstellt wurde. Sie finden es unter der Adresse *http://de.wikipedia.org*.

4

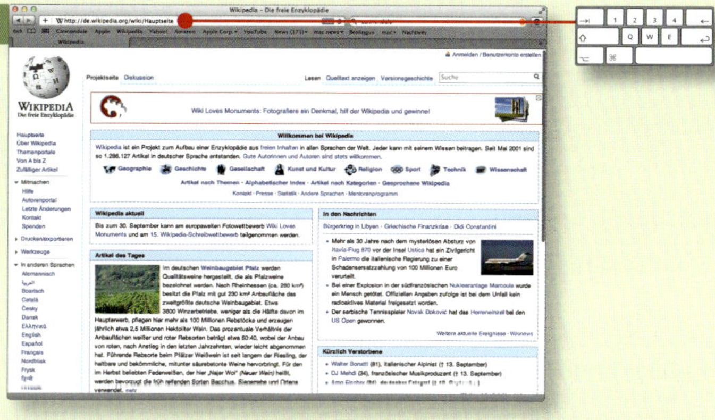

Schritt 5

Eine der größten deutschen Nachrichtenseiten ist das Online-Angebot des Magazins Der Spiegel, *Spiegel online*. Sie erhalten hier immer aktuelle Informationen zum Weltgeschehen. Sie rufen die Seite über die Adresse *http://www.spiegel.de* auf.

5

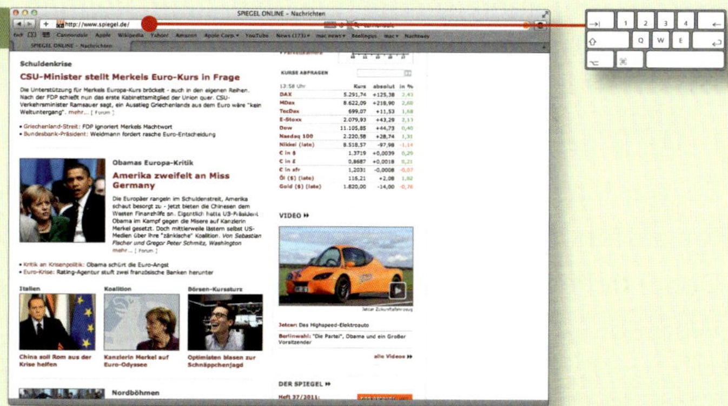

Schritt 6

Einer der größten Online-Versandhandel ist *Amazon*. Neben Büchern, Musik und Videos finden sich im Angebot dieses Online-Händlers auch Elektronikartikel, Kleidung und vieles mehr. Amazon ist unter der Adresse *http://www.amazon.de* zu finden.

6

Kapitel 7
E-Mail, Videotelefonie und Chat

Die Kommunikation über das Internet ist heute essenziell. Und Ihr Mac ist bestens gerüstet für den Empfang von E-Mails, für Audio- oder Video-Chats und sogar für Videotelefonie.

E-Mails schreiben und senden

Die E-Mail – elektronische Post – ist das wohl am meisten verbreitete Kommunikationsmittel im Internet. Mit Mail bringt der Mac ein umfangreiches Programm mit, mit dem Sie E-Mails schreiben, senden und verwalten können. Wie Sie eine E-Mail erstellen ❶ und sie auf den Weg zum Empfänger bringen, erfahren Sie in diesem Kapitel.

E-Mails organisieren

Bei der täglichen Kommunikation via E-Mail hat man es mit einer Menge neuer Nachrichten zu tun. Mail bietet daher verschiedene Möglichkeiten, Ihre E-Mails zu organisieren. Dabei helfen Ihnen wohlbekannte Mittel, z.B. Ordne, intelligente Postfächer ❷ oder auch Werbeblocker.

Mit FaceTime telefonieren

Beim Telefonieren nicht nur die Stimme des Gegenübers zu hören, sondern den anderen auch zu sehen, das funktioniert mit Videotelefonie ❸. Wie Sie ein solches Telefonat mit FaceTime führen können, auch das zeigen wir Ihnen in diesem Kapitel.

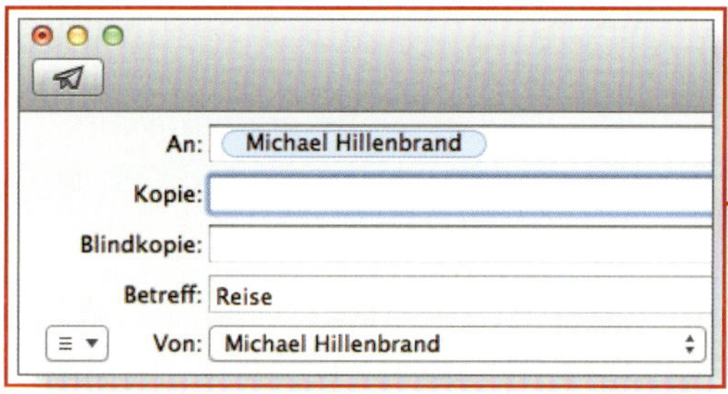

1 Mail heißt das Programm am Mac, mit dem Sie E-Mails schreiben und versenden können.

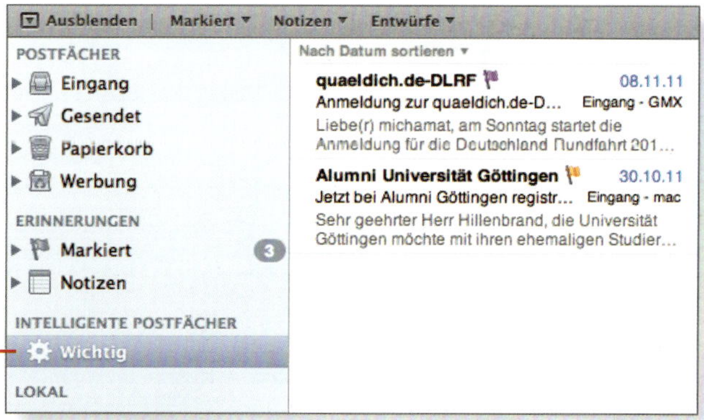

2 In Mail lassen sich E-Mails mithilfe intelligenter Postfächer automatisch organisieren.

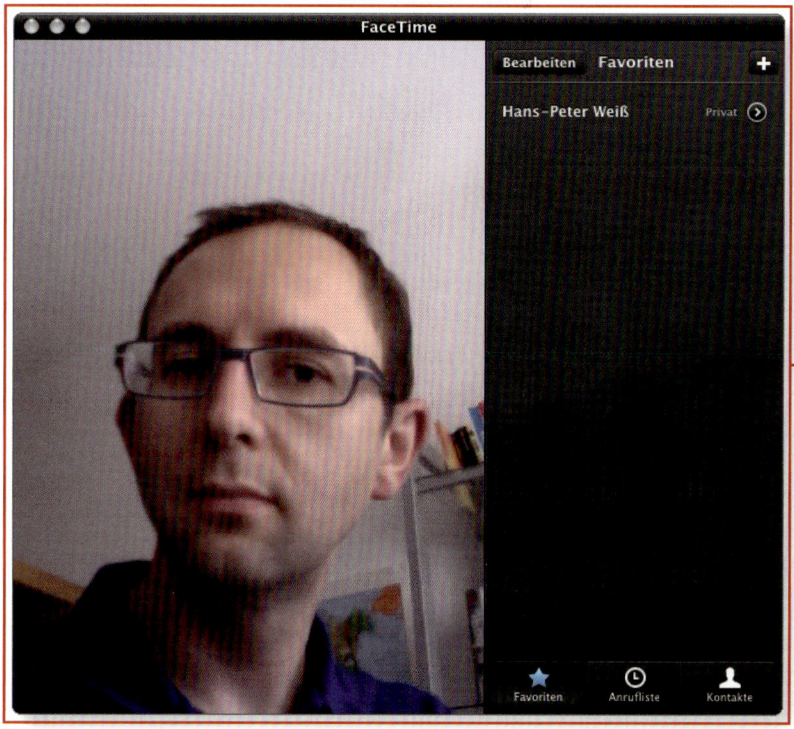

3 Mit FaceTime können Sie dank Videotelefonie von Angesicht zu Angesicht sprechen.

E-Mail-Konten einrichten

Um E-Mails versenden zu können, benötigen Sie zuerst ein E-Mail-Konto. Wie Sie im Programm Mail ein Konto einrichten, erfahren Sie in diesem Abschnitt.

1

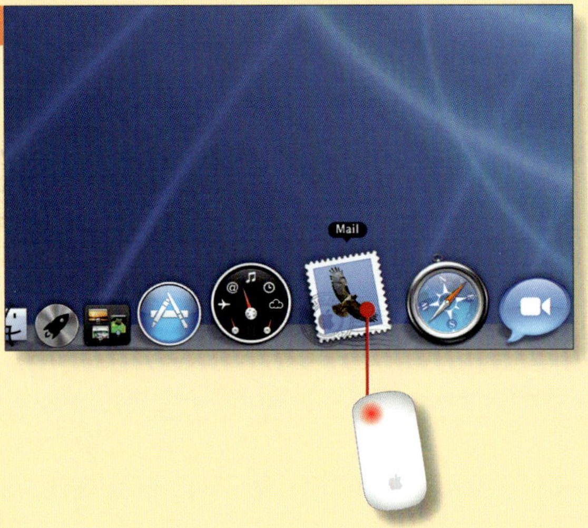

Schritt 1

Um Ihr E-Mail-Konto einzurichten, müssen Sie zuvor das Programm Mail starten. Dazu klicken Sie auf das Programmsymbol im Dock.

2

Schritt 2

Mail startet automatisch mit einem Assistenten, wenn Sie das Programm zum ersten Mal starten. Er leitet Sie Schritt für Schritt durch die Kontoerstellung.

3

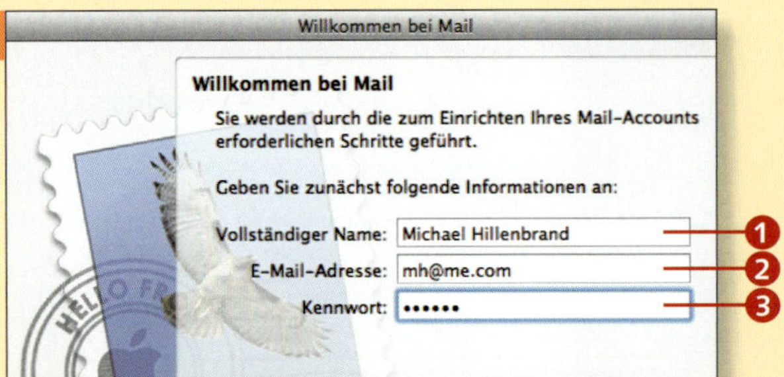

Schritt 3

Geben Sie im Feld **Vollständiger Name** ❶ zuerst einen Namen für das Konto an, und füllen Sie auch die Felder **E-Mail-Adresse** ❷ und **Kennwort** ❸ aus. Zur Bestätigung klicken Sie auf **Erstellen**.

Schritt 4

Mail macht sich im Netz auf die Suche nach dem entsprechenden E-Mail-Server. Wurde das Programm fündig, wird automatisch der nächste Dialog **Accountzusammenfassung** eingeblendet. Mit einem Klick auf **Erstellen** legen Sie das Konto in Mail an.

Schritt 5

Vorher erhalten Sie eine Übersicht der Kontodaten ❹: E-Mail-Protokoll, vollständiger Name, E-Mail-Adresse und E-Mail-Server. Ist alles in Ordnung, bestätigen Sie erneut mit **Erstellen**.

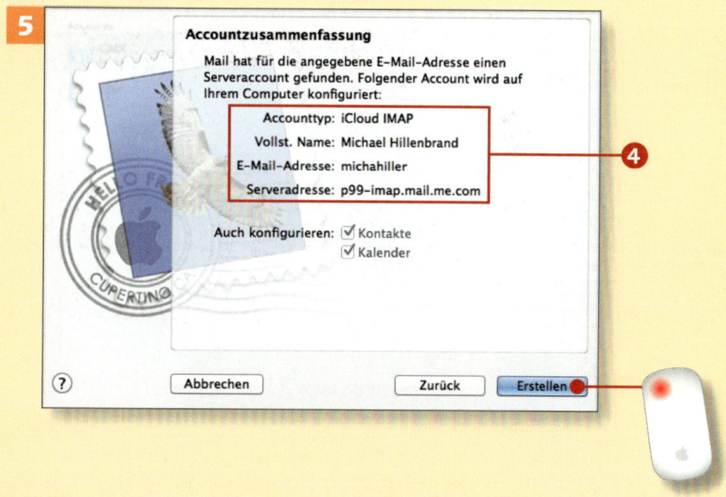

Schritt 6

Das Programmfenster von Mail öffnet sich. Zunächst sehen Sie noch keine E-Mails, diese werden aber kurz nach dem Programmstart geladen. Das Fenster gliedert sich in die *Symbolleiste* ❺ mit den wichtigsten Funktionen, die *Seitenleiste* ❻, in der die Liste aller E-Mails zu finden ist, und den *Darstellungsbereich* ❼.

E-Mail-Konten einrichten (Forts.)

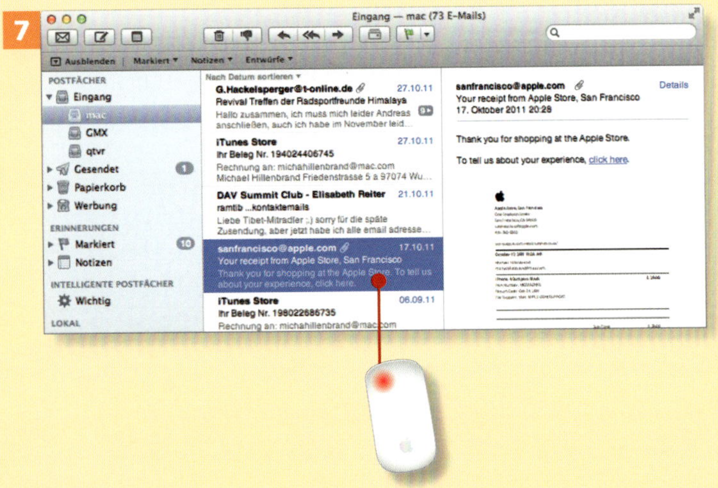

Schritt 7

Sobald alle E-Mails geladen sind, können Sie sie lesen. Wählen Sie dazu aus der Übersicht aller E-Mails in der Seitenleiste eine Nachricht mit der Maus aus. Der Inhalt der Nachricht wird dann im Darstellungsbereich angezeigt.

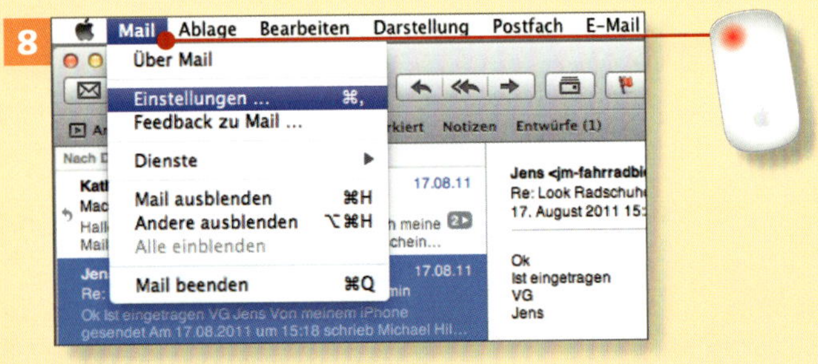

Schritt 8

Weitere E-Mail-Accounts können Sie jetzt über die Voreinstellungen anlegen. Sie rufen sie über den Menübefehl **Mail ▸ Einstellungen** oder alternativ mit der Tastenkombination cmd + , auf.

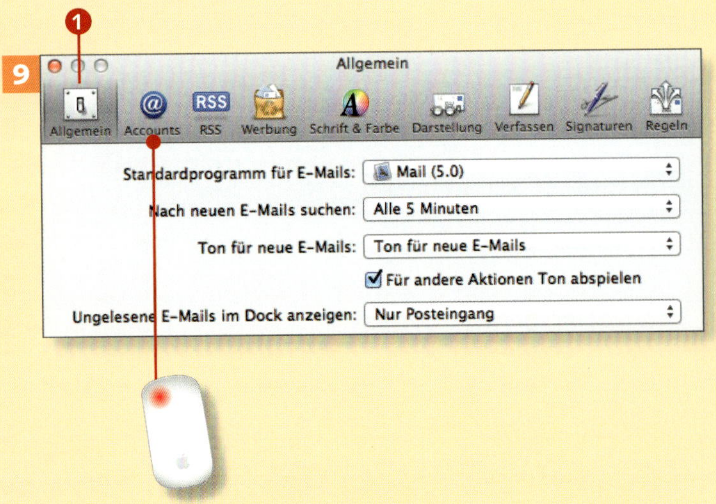

Schritt 9

Das Einstellungsfenster für Mail öffnet sich mit der Kategorie **Allgemein** 1. Klicken Sie auf die Schaltfläche **Accounts**, um den Bereich zu öffnen, der die Möglichkeit zur Eingabe von Kontoinformationen bietet.

E-Mail-Adresse beziehen

Für das Einrichten eines E-Mail-Accounts in Mail benötigen Sie einen E-Mail-Zugang und eine E-Mail-Adresse. Dafür gibt es viele kostenfreie Angebote, z. B. von Apple, Google oder GMX, bei denen Sie einen Zugang und eine Adresse einrichten können.

Schritt 10

Das Fenster zeigt die Account-Liste ❷ und die Registerkarten **Accountinformationen** ❸, **Postfach-Verhalten** ❹ und **Erweitert** ❺. In der Account-Liste finden Sie alle Accounts, die Sie mit Mail verwalten. Die Registerkarte **Accountinformationen** beinhaltet alle Grundeinstellungen für den ausgewählten Account.

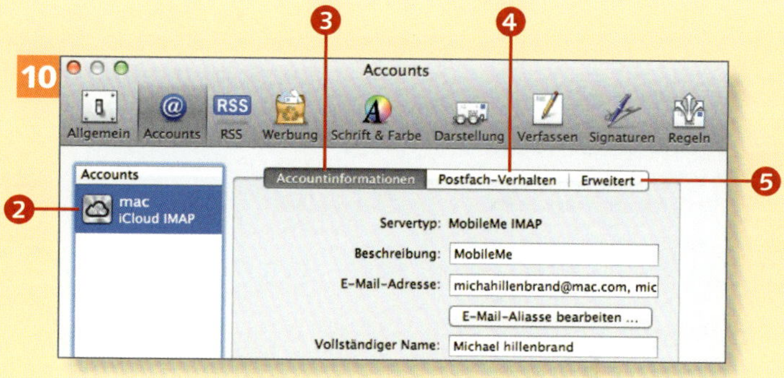

Schritt 11

Am Fuß der Account-Liste finden Sie eine Plus-Schaltfläche. Sie ist der Schlüssel für die Neuanlage eines Accounts. Klicken Sie darauf, wenn Sie ein weiteres E-Mail-Konto einrichten wollen.

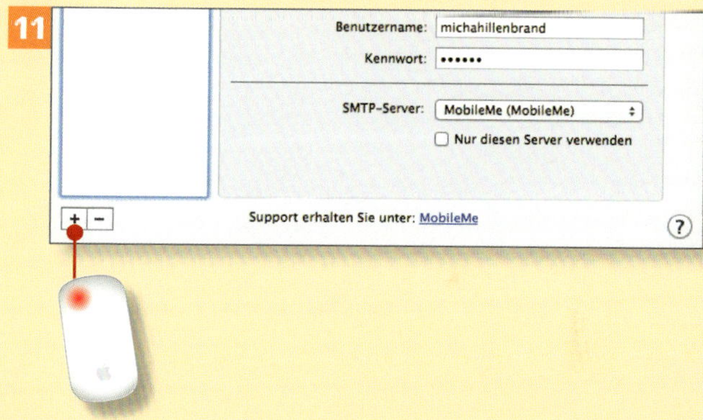

Schritt 12

Wie bei der ersten Konfiguration in Schritt 3 müssen Sie im folgenden Dialog die Felder **Vollständiger Name**, **E-Mail-Adresse** und **Kennwort** mit den Angaben für das neue E-Mail-Konto füllen. Klicken Sie dann auf **Fortfahren**.

E-Mail-Konten einrichten (Forts.)

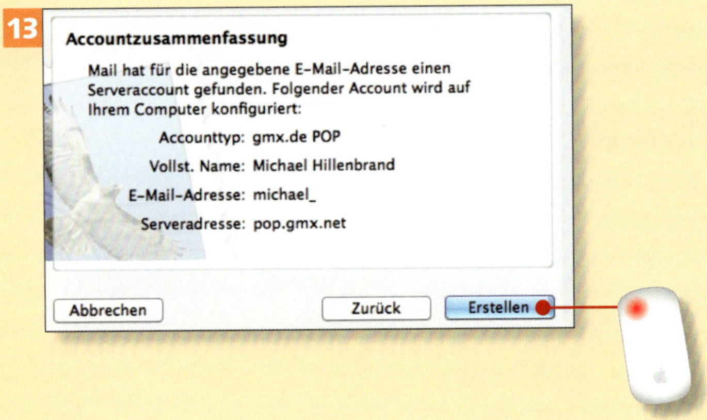

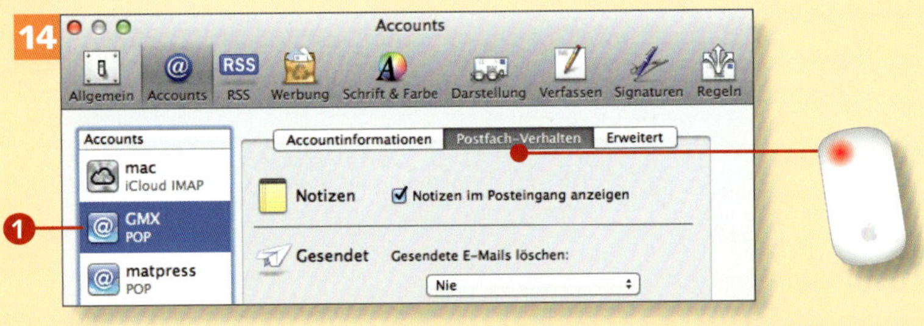

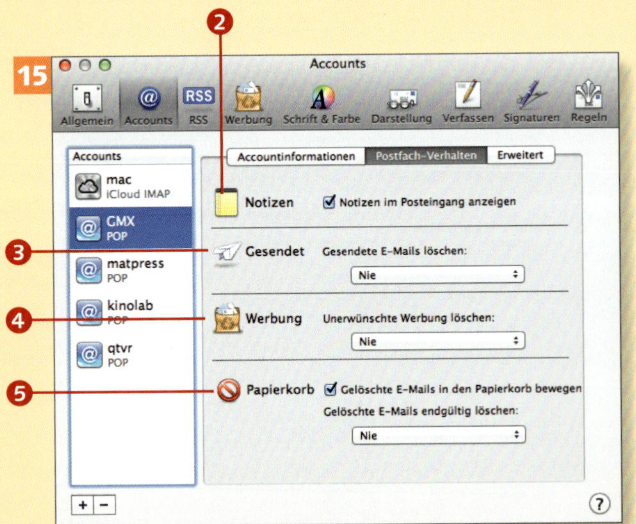

Schritt 13

Mail sucht dann automatisch nach den passenden E-Mail-Servern. Einen positiven Fund bestätigt das Programm, indem die Schaltfläche **Erstellen** angezeigt wird. Mit einem Klick darauf legen Sie das Konto an.

Schritt 14

Die Eigenschaften des E-Mail-Postfachs können Sie über die Registerkarte **Postfach-Verhalten** bestimmen. Wählen Sie ein Konto in der Account-Liste aus ❶, und klicken Sie auf **Postfach-Verhalten**.

Schritt 15

Hier können Sie bestimmen, wie mit Notizen ❷, gesendeten E-Mails ❸ oder Werbung (Spammails) ❹ umgegangen wird oder wann der Papierkorb ❺ geleert werden soll.

Unerwünschte Werbung

Sie können Mails direkt im Posteingang als unerwünschte Werbung kennzeichnen. Wählen Sie die Nachricht aus, und klicken Sie auf den nach unten gerichteten Daumen in der Symbolleiste. Mail merkt sich das Muster (z. B. den Absender) und klassifiziert ähnliche E-Mails zukünftig automatisch als Werbung.

Schritt 16

In jedem Postfach können Sie auch Notizen speichern. So können Sie sie auch sehen, wenn Sie den E-Mail-Account an unterschiedlichen Geräten aufrufen. Aktiveren Sie einfach das Kontrollkästchen **Notizen im Posteingang anzeigen**.

16

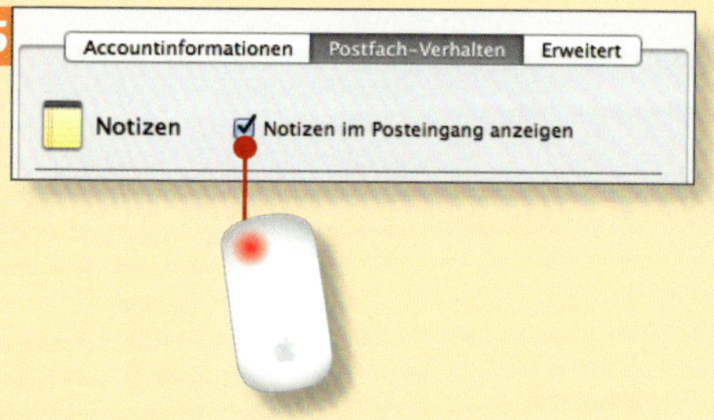

Schritt 17

Wenn Sie gesendete E-Mails nach einer bestimmten Zeitspanne löschen wollen, klicken Sie auf den Pfeil am Feld **Gesendete E-Mails löschen**, und wählen Sie eine Einstellung aus der Liste aus, z. B. **Nach einer Woche**.

17

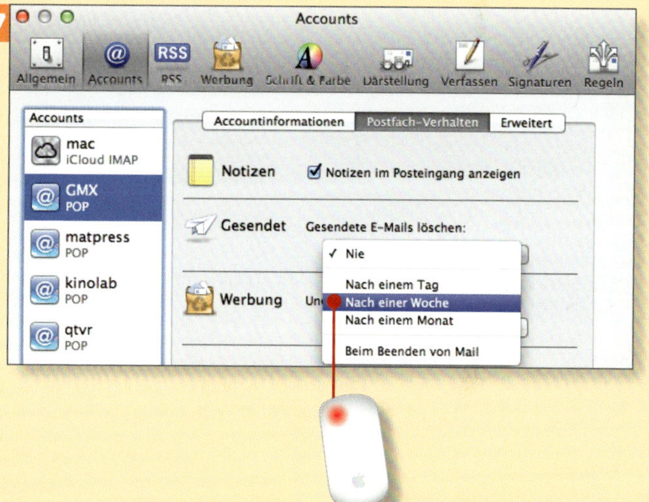

Schritt 18

Im Feld **Werbung** legen Sie fest, wann als Werbung gekennzeichnete E-Mails (Spam) gelöscht werden. Klicken Sie auf den Pfeil am Feld, und wählen Sie eine Möglichkeit aus der Liste, z. B. **Nach einem Tag**.

18

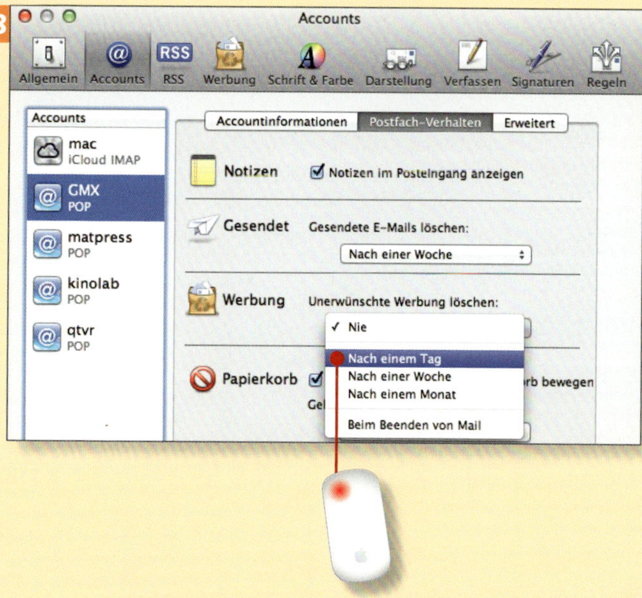

E-Mail-Konten einrichten (Forts.)

19

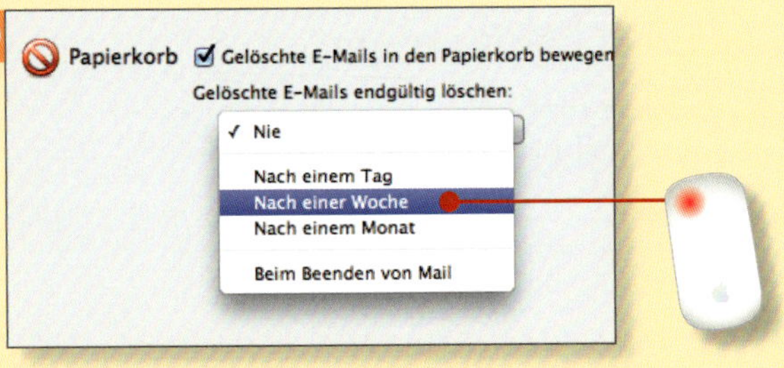

20

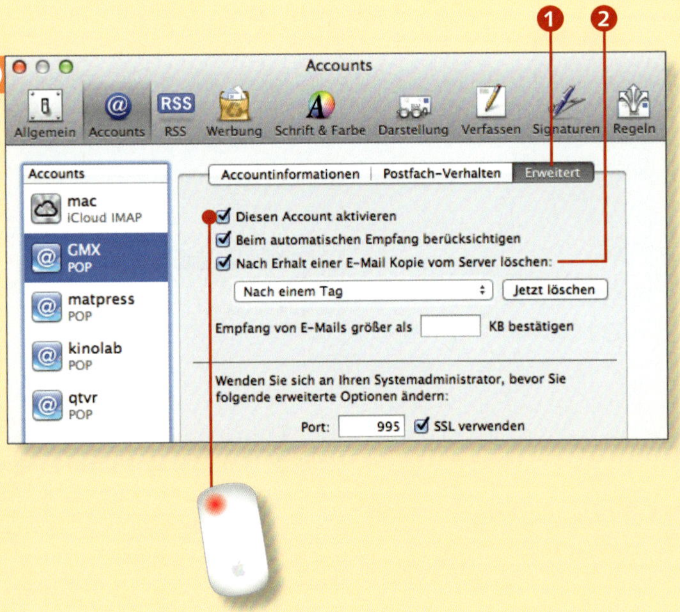

21

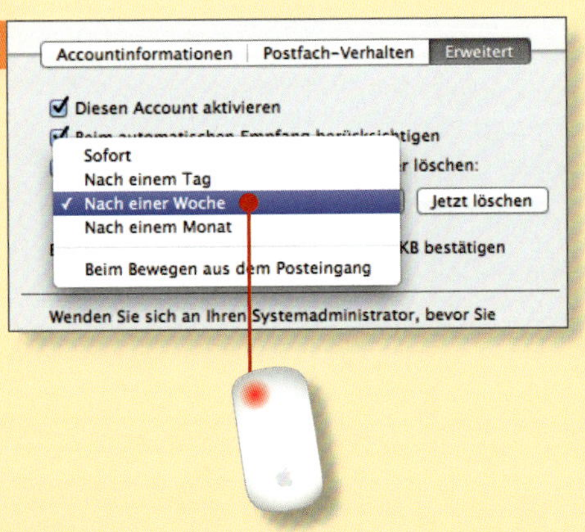

Schritt 19

Im Aufklappmenü **Papierkorb** geben Sie schließlich an, in welchem Zeitraum die E-Mails endgültig gelöscht werden, die Sie in den Papierkorb verschoben haben. Wählen Sie hier z. B. die Option **Nach einer Woche**.

Schritt 20

Experteneinstellungen nehmen Sie auf der Registerkarte **Erweitert** ❶ vor. Hier können Sie z. B. festlegen, dass das Konto immer aktiv ist und sofort beim Start des Programms Mail nach neuen E-Mails gesucht wird. Aktivieren Sie hierzu den Punkt **Diesen Account aktivieren**.

Schritt 21

Es gibt spezielle Account-Typen (z. B. POP3), die Ihre E-Mails automatisch vom Server »abholen«. Wenn Sie möchten, dass die E-Mails danach vom Server gelöscht werden, klicken Sie das Kästchen **Nach Erhalt einer E-Mail Kopie vom Server löschen** ❷ an. Wählen Sie dann aus dem Aufklappmenü das Intervall, z. B. **Nach einer Woche**.

Schritt 22

Falls Sie nur über eine langsame Internetverbindung verfügen, können Sie angeben, dass das Laden von E-Mails nur bis zu einer gewissen Größe automatisch erfolgen soll. Für eine E-Mail-Größe von 1.000 KB tragen Sie in das Feld **Empfang von E-Mails größer als [X] KB bestätigen** z. B. den Wert »1000« ein.

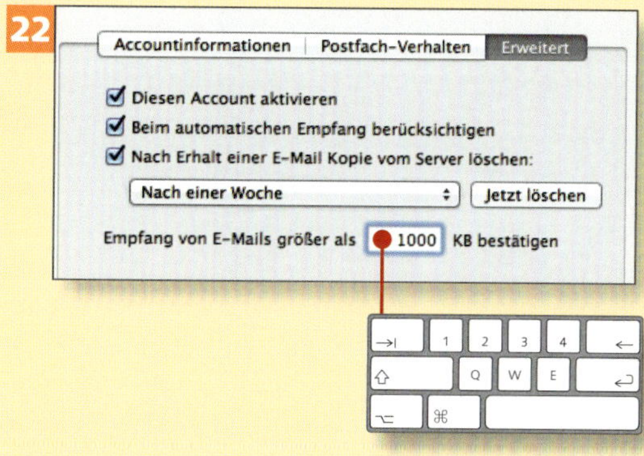

Schritt 23

Genauso einfach lässt sich ein vorhandenes Konto auch wieder löschen. Wählen Sie es dazu in der Account-Liste **3** mit einem Mausklick aus. Klicken Sie dann auf das Minus.

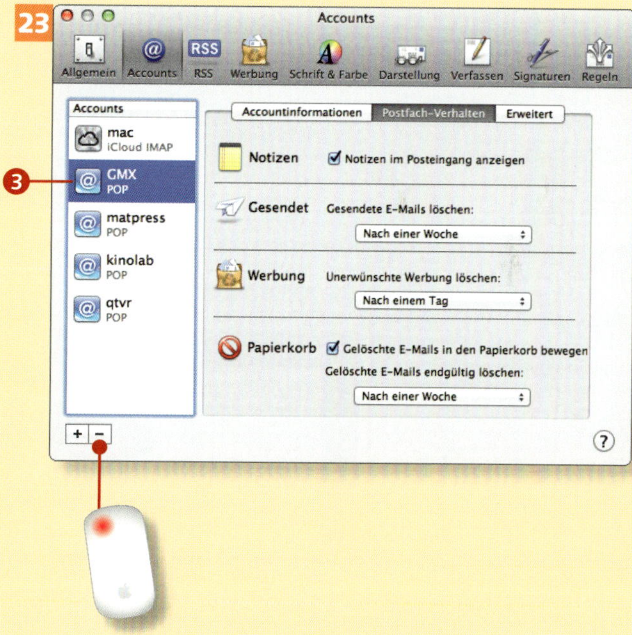

Schritt 24

Bestätigen Sie den nächsten Hinweis und damit das Löschen mit einem Klick auf die Schaltfläche **Entfernen**. Bei dieser Aktion werden das Konto und sein kompletter Inhalt gelöscht.

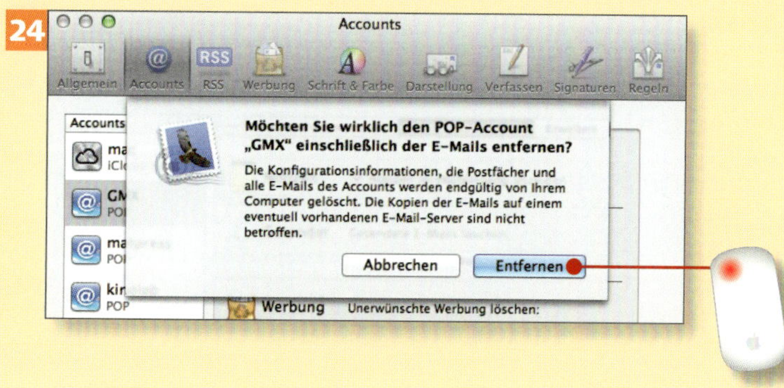

i

POP3 vs. IMAP

POP3 und IMAP sind die gängigsten Übertragungsprotokolle für E-Mails. Mit POP3 werden alle E-Mails vom Server auf das Mail-Programm übertragen und dort gespeichert. Mit IMAP bleiben die E-Mails auf dem Server: Im E-Mail-Programm wird dann lediglich auf das Original »verwiesen«.

E-Mails schreiben, senden und empfangen

1 

Wie Sie mit Mail selbst E-Mail-Nachrichten erstellen, diese versenden und auch Nachrichten von anderen empfangen, lernen Sie in diesem Abschnitt.

Schritt 1

Starten Sie das Programm Mail mit einem Mausklick auf das Programmsymbol im Dock.

2 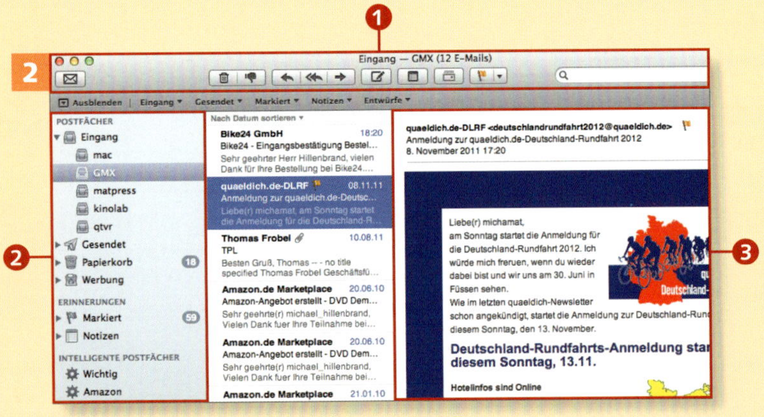

Schritt 2

Das Fenster gliedert sich in die *Symbolleiste* ❶ mit den wichtigsten Funktionen, die *Seitenleiste* ❷ mit den verschiedenen Konten, den eingegangenen, gesendeten und gelöschten E-Mails und den *Darstellungsbereich* ❸, in dem der Inhalt der E-Mail angezeigt wird.

3 

Schritt 3

Um eine neue E-Mail zu erstellen, klicken Sie auf die Schaltfläche **Neu** in der Symbolleiste. Alternativ können Sie die Menüfunktion **Ablage ▸ Neue E-Mail** bzw. die Tastenkombination `cmd` + `N` verwenden.

Schritt 4

Ein Fenster öffnet sich. Geben Sie im Feld **An** in folgender Form einen Adressaten ein: *benutzername@ domainname.de*. Das Programm ergänzt die Adresse, wenn der Kontakt in Ihrem Adressbuch steht oder Ihnen schon einmal eine E-Mail gesendet hat. Sie können aber auch eine völlig neue Adresse angeben.

4

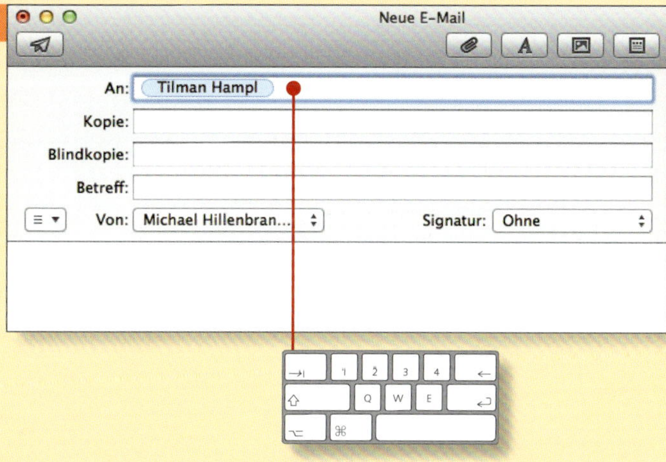

Schritt 5

Im Feld **Kopie** können Sie weitere Adressaten hinzufügen. Diese erhalten dann eine Kopie Ihrer E-Mail.

5

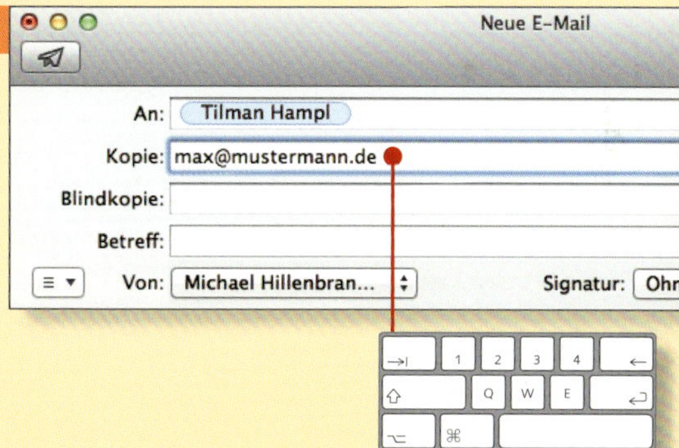

Schritt 6

In das Eingabefeld **Betreff** können Sie den Grund bzw. das Thema Ihrer E-Mail schreiben. Klicken Sie mit der Maus in das Feld, und tippen Sie einen aussagekräftigen Text ein.

6

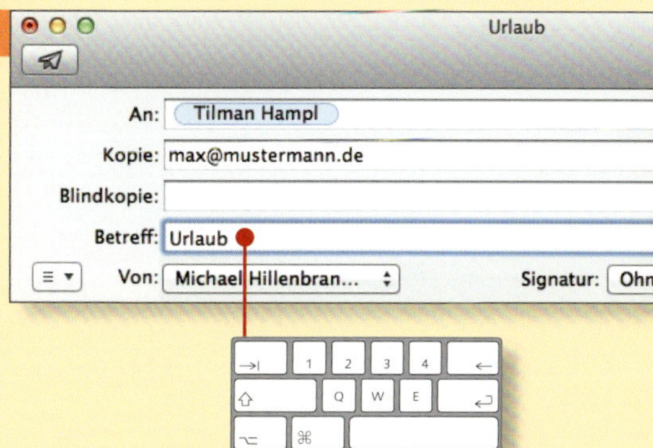

Was ist eine Blindkopie?
Möchten Sie eine Kopie einer E-Mail an eine weitere Person schicken, ohne dass der eigentliche Empfänger es bemerkt, nutzen Sie die Option **Blindkopie**. Tragen Sie einfach die E-Mail-Adresse des zweiten Empfängers in das Feld **Blindkopie** ein.

E-Mails schreiben, senden und empfangen (Forts.)

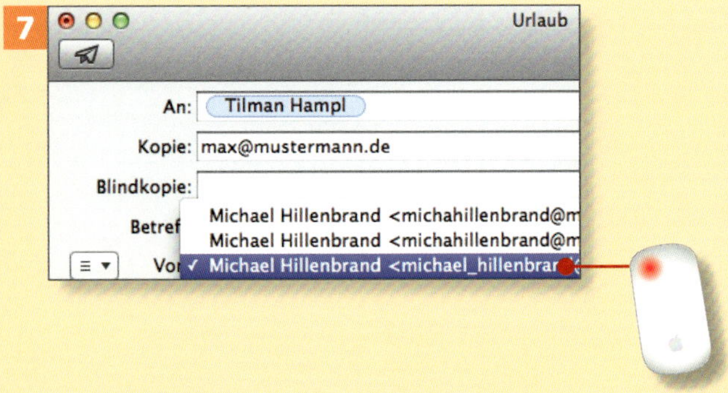

Schritt 7

Falls Sie mehrere E-Mail-Accounts angelegt haben, können Sie nun bestimmen, welche Adresse für den Versand genutzt werden soll. Klicken Sie auf den Pfeil am Feld **Von**, und wählen Sie den Account aus.

Schritt 8

Im Textbereich schreiben Sie nun Ihre Nachricht. Klicken Sie dazu mit der Maus in den leeren Bereich, und beginnen Sie wie gewohnt mit dem Schreiben des Textes.

Schritt 9

Haben Sie Ihre E-Mail fertiggestellt, können Sie sie mit einem Klick auf die Schaltfläche **Senden** auf den Weg zum Empfänger bringen.

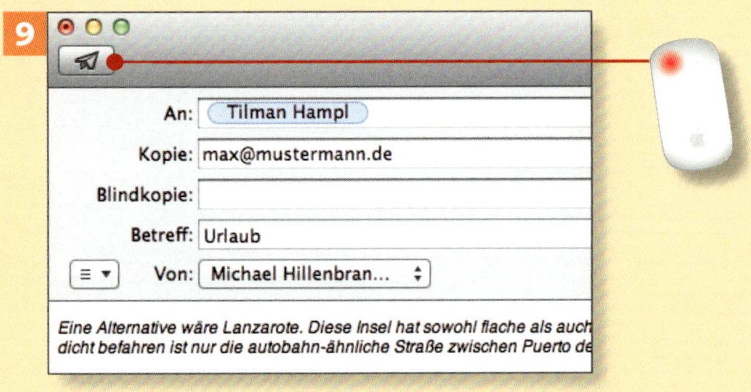

Einen Entwurf speichern
Sie können eine E-Mail auch später versenden. Klicken Sie nach dem Erstellen der Nachricht auf die rote Schaltfläche oben links, und bestätigen Sie das folgende Dialogfenster mit einem Klick auf **Sichern**. Mail legt die Nachricht im Ordner **Entwürfe** ab. Um sie weiterzubearbeiten, klicken Sie sie einfach an.

Schritt 10

Neue E-Mails werden in bestimmten Intervallen vom E-Mail-Server abgeholt (siehe dazu Schritt 21 im Abschnitt »E-Mail-Konten einrichten« auf Seite 166). Sie landen im Ordner **Eingang** ❶. Sie können den Empfang mit einem Klick auf **Empfangen** oder über das Menü **Postfach ▸ Alle neuen E-Mails empfangen** auch manuell anstoßen.

10

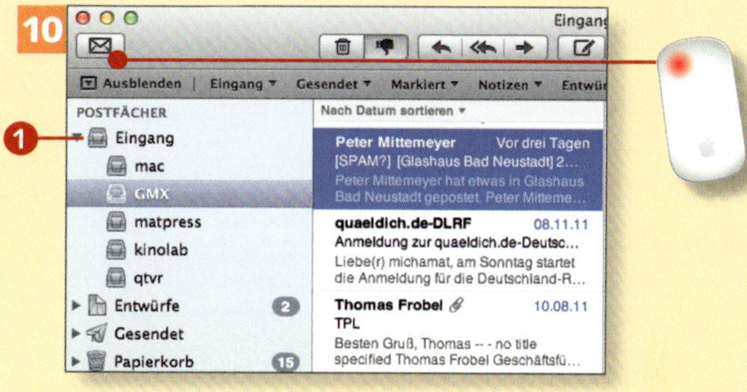

Schritt 11

Neue und ungelesene E-Mails werden mit einem blauen Marker ❷ gekennzeichnet. Mit einem Klick können Sie die Nachricht zum Lesen öffnen. Sie wird daraufhin im Darstellungsbereich angezeigt.

11

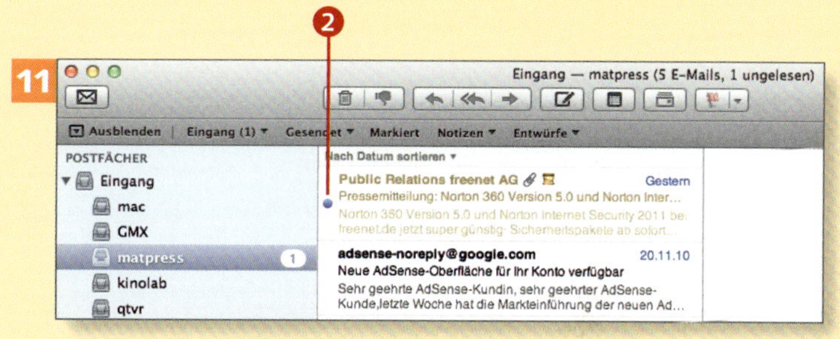

Schritt 12

Eingegangene E-Mails lassen sich nicht nur lesen, Sie können auch direkt darauf antworten. Klicken Sie dazu auf die Schaltfläche **Antworten**. Automatisch wird eine neue E-Mail an den Absender erstellt.

12

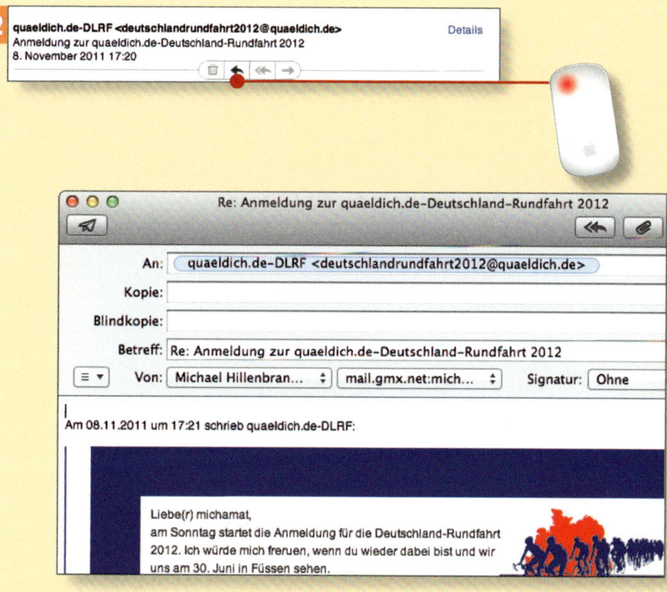

E-Mails formatieren

Blenden Sie die Formatierungsleiste ein, indem Sie auf die Schaltfläche mit dem **A** klicken. Dann können Sie Schriftart, -größe, -schnitt und -farbe oder auch die Ausrichtung des Textes verändern.

Eine E-Mail-Signatur anlegen

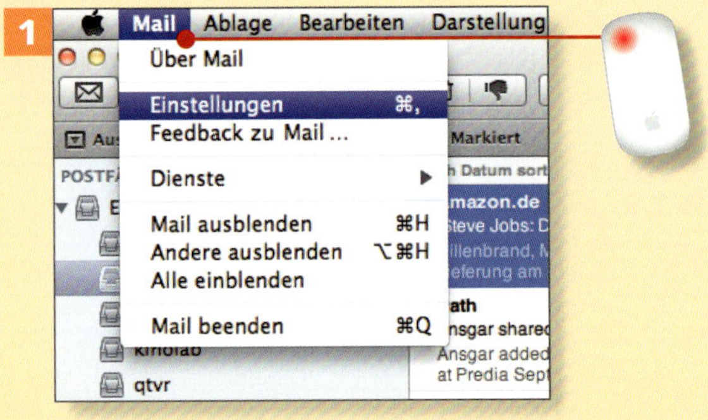

Sie können jede E-Mail, die Sie senden, mit zusätzlichen Informationen zum Absender versehen – der Signatur. Wie Sie sie anlegen, erfahren Sie nun.

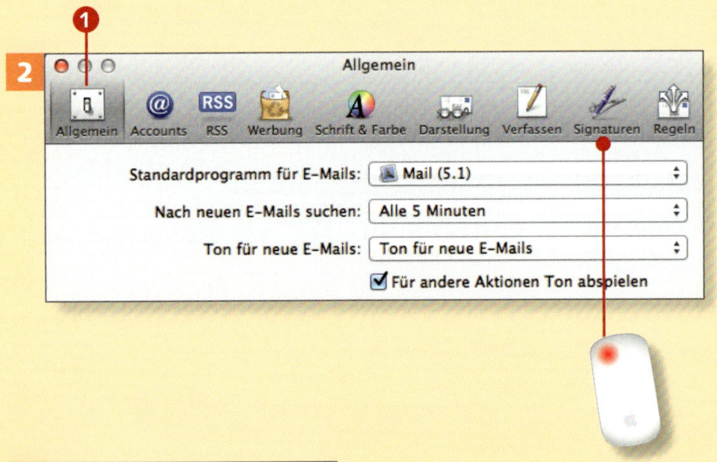

Schritt 1

Um eine Signatur anlegen zu können, müssen Sie zuerst die Programmeinstellungen von Mail aufrufen. Nutzen Sie dazu den Menüpunkt **Mail ▸ Einstellungen**.

Schritt 2

Der Einstellungsdialog von Mail öffnet sich mit dem Bereich **Allgemein** ❶. Wechseln Sie in die Kategorie **Signaturen**, indem Sie auf die gleichnamige Schaltfläche klicken.

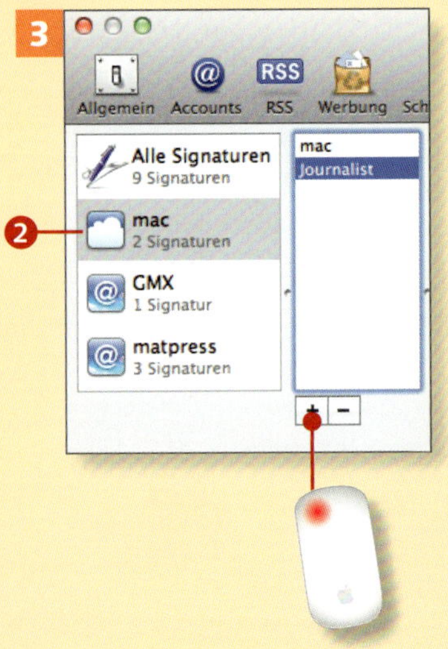

Schritt 3

Auf der linken Seite finden Sie die Übersicht über Ihre E-Mail-Konten. Wählen Sie das Konto ❷ aus, für das Sie eine Signatur anlegen möchten. Klicken Sie dann auf das Plus, um mit dem Anlagevorgang zu starten.

Schritt 4

In der mittleren Spalte wird jetzt eine neue Signatur angelegt. Standardmäßig trägt sie den Titel **Signatur**. Überschreiben Sie ihn mit einem aussagekräftigen Namen, z. B. »Privat«.

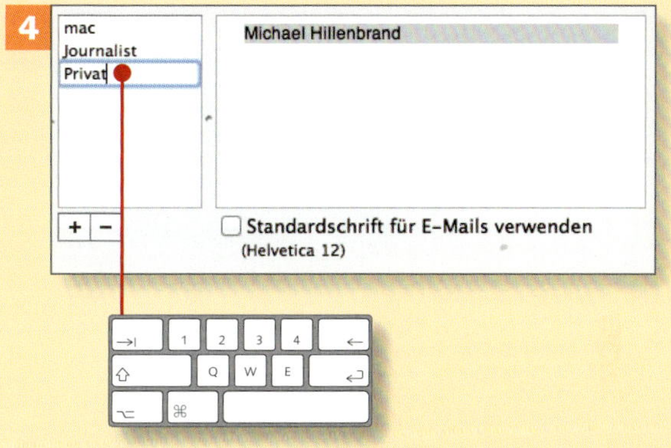

Schritt 5

Auf der rechten Seite sehen Sie das Textfeld. Hier können Sie Ihren persönlichen Signaturtext erstellen. Üblicherweise gibt man dort seinen Namen, seine Postanschrift und weitere Kommunikationsdaten ein.

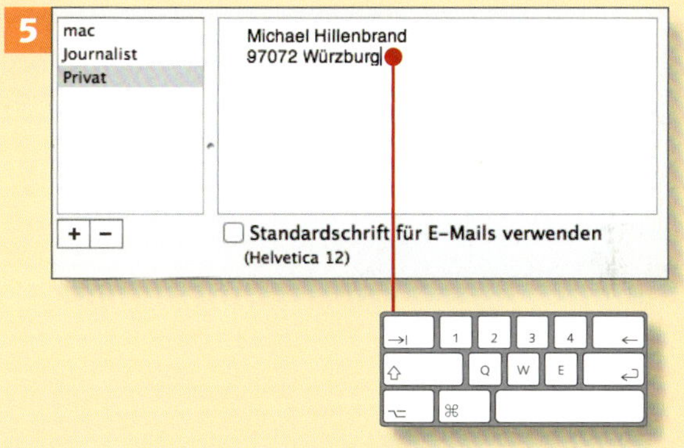

Schritt 6

Wenn Sie automatisch bei jeder neuen E-Mail eine Signatur einfügen wollen, klicken Sie die entsprechende Signatur im Aufklappmenü des Feldes **Signatur auswählen** an.

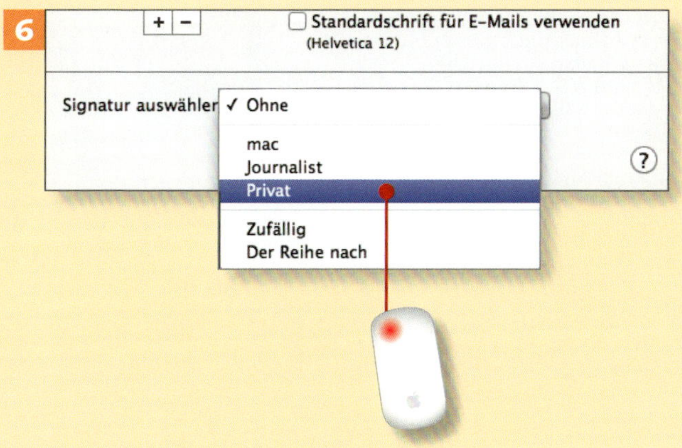

Signaturen verwenden

Signaturen enthalten Informationen, die Sie Ihren E-Mails standardisiert anfügen möchten, z. B. Ihre Adresse oder eine Grußformel. Wenn Sie Signaturen angelegt haben, können Sie sie über das Aufklappmenü **Signaturen** hinzufügen.

E-Mails mit Anhängen versenden

1
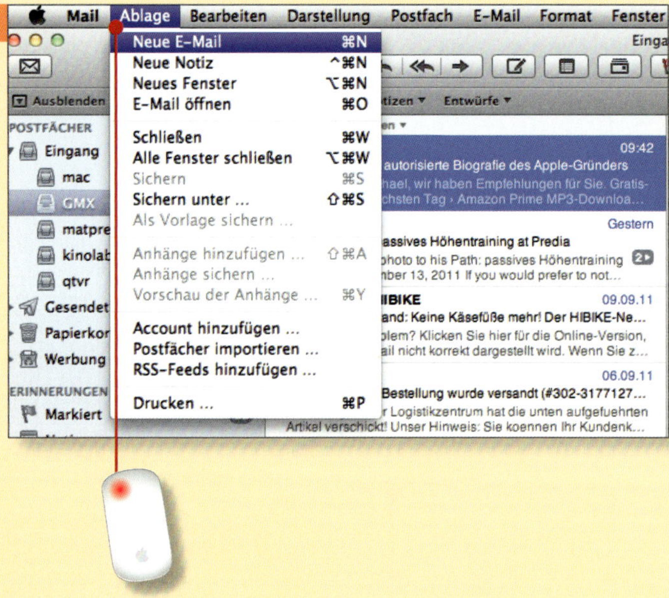

2
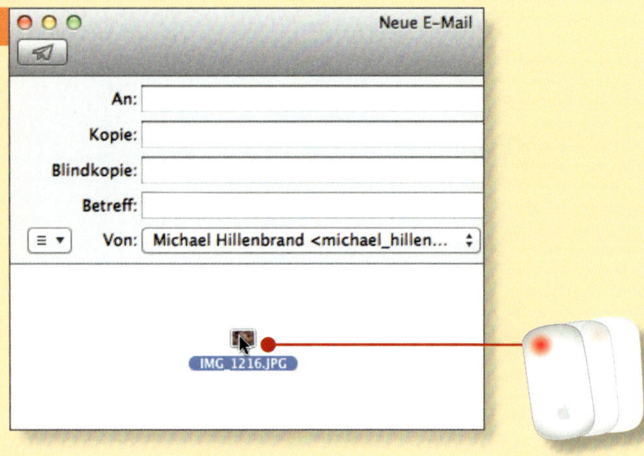

3
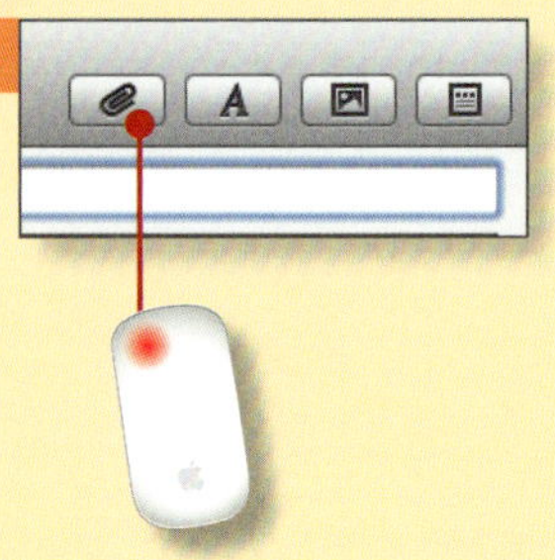

E-Mails können nicht nur Nachrichten in Textform enthalten, es ist auch möglich, Dateien an die Nachricht anzuhängen. In Mail ist der Umgang mit E-Mail-Anhängen sehr einfach.

Schritt 1

Um eine Nachricht mit Anhang zu versenden, erstellen Sie zuerst eine neue E-Mail über den Menübefehl **Ablage ▸ Neue E-Mail**.

Schritt 2

Ziehen Sie jetzt einfach das Dokument, das Sie mit der E-Mail versenden wollen, mit gedrückter Maustaste auf das Mailfenster. Sobald Sie das Dokument über dem Fenster loslassen, erstellt Mail automatisch einen Anhang.

Schritt 3

Sie können über die Schaltfläche **Anhang** auch direkt zum Speicherort des anzuhängenden Dokuments navigieren. Alternativ verwenden Sie den Menübefehl **Ablage ▸ Anhänge hinzufügen**.

Schritt 4

Im **Öffnen**-Dialog wählen Sie die Datei, z. B. ein Foto ❶, aus und übernehmen sie mit einem Klick auf **Datei wählen**.

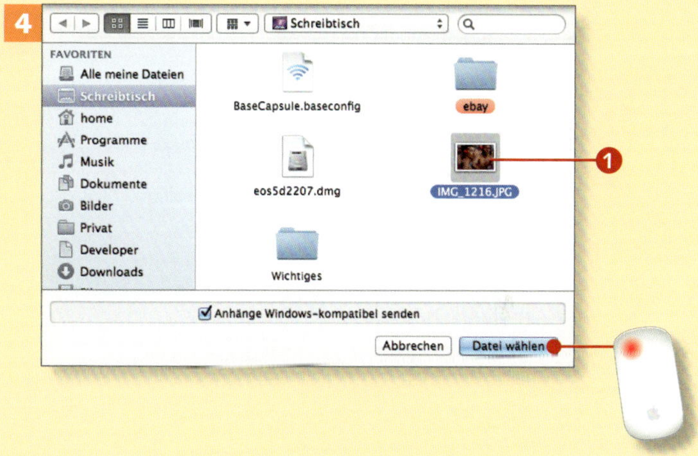

Schritt 5

Der Anhang wird dann direkt in die E-Mail platziert. Wenn Sie z. B. Bilder oder PDF-Dokumente anfügen, wird im E-Mail-Fenster direkt eine Vorschau angezeigt.

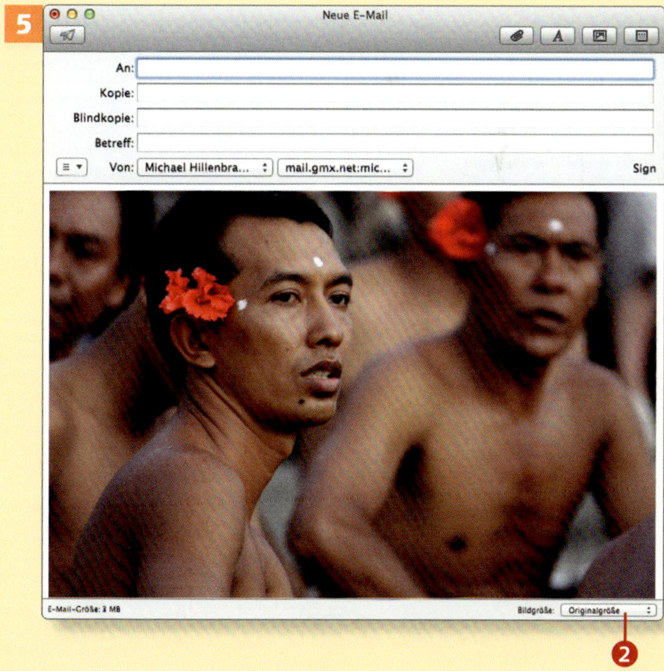

Schritt 6

Wenn Sie Bilder verschicken, können Sie deren Größe bestimmen. Wählen Sie dazu das Aufklappmenü **Bildgröße** am rechten unteren Rand des E-Mail-Fensters ❷. Dort stehen die Optionen **Klein**, **Mittel**, **Groß** und **Originalgröße** zur Verfügung.

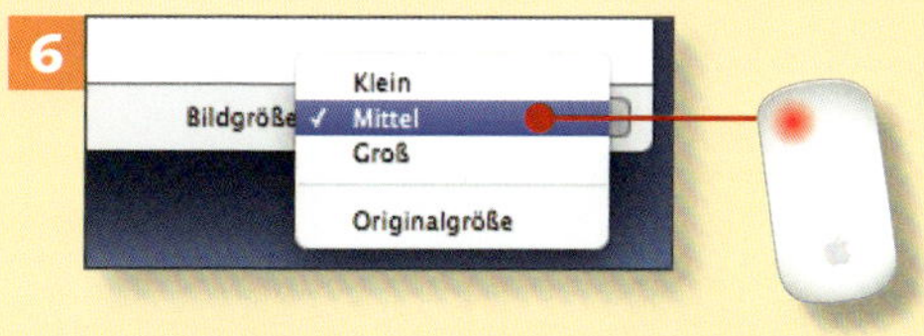

Anhänge für Windows
Nutzt der Empfänger Ihrer E-Mail einen Windows-Rechner, achten Sie darauf, dass das Kontrollkästchen **Anhänge Windows-kompatibel senden** aktiviert ist, das in Schritt 4 zu sehen ist.

E-Mails verwalten

1
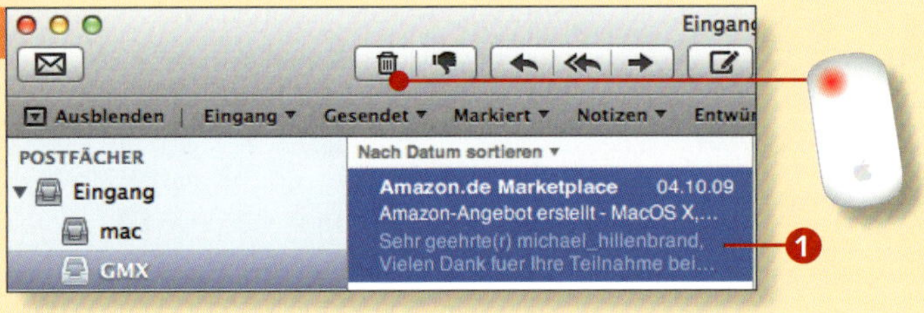

2

3
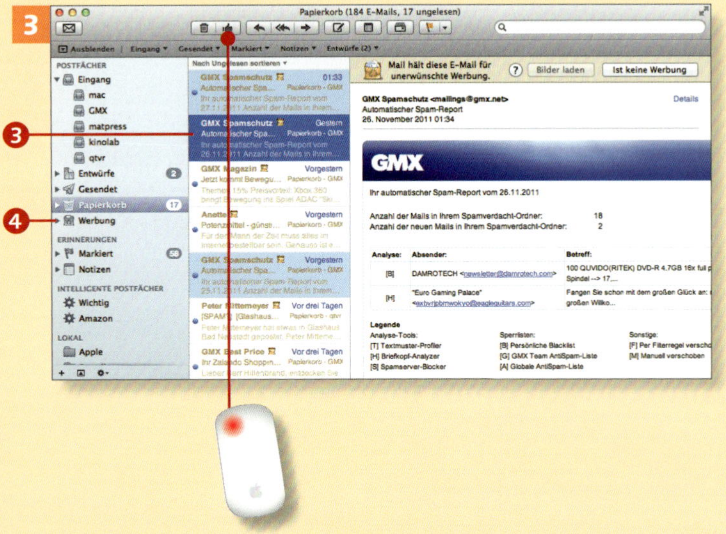

Das Programm Mail bietet verschiedene Möglichkeiten, um die tägliche E-Mail-Flut im Griff zu behalten.

Schritt 1

Nicht mehr benötigte Nachrichten können Sie aus dem Postfach löschen. Markieren Sie die Nachricht ❶, und klicken Sie auf das Papierkorbsymbol.

Schritt 2

Die Nachrichten werden nicht direkt gelöscht, sondern wandern in den Ordner **Papierkorb** ❷ in der Seitenleiste. Er wird nach einem bestimmten Zeitplan entleert, und die Nachrichten werden dann endgültig gelöscht (siehe Schritt 19 im Abschnitt »E-Mail-Konten einrichten« auf Seite 166).

Schritt 3

Sie können E-Mails, die Sie ungewollt erhalten, als Werbung kennzeichnen, indem Sie sie mit einem Klick markieren ❸ und dann auf die Schaltfläche mit dem Daumen nach unten klicken. Zukünftige E-Mails mit dem gleichen Muster verschiebt Mail dann automatisch in den Ordner **Werbung** ❹.

Schritt 4

Wenn Sie auf der Suche nach einer E-Mail von einem bestimmten Empfänger oder mit einem bestimmten Betreff sind, können Sie die Suchfunktion verwenden. Klicken Sie dazu mit der Maus in das Suchfeld in der rechten oberen Ecke, und geben Sie dort Ihren Suchbegriff ein. Mail macht entsprechende Vorschläge.

Schritt 5

Wenn Sie die [↵]-Taste drücken, wird die Suche gestartet, und Mail zeigt alle E-Mails, die zu Ihrer Suchanfrage passen, im Darstellungsbereich als Liste an.

Schritt 6

Sie können auch eigene Archivordner anlegen, um darin E-Mails abzulegen. Klicken Sie dazu auf das Plus am linken unteren Fensterrand. Aus dem Aufklappmenü wählen Sie die Option **Neues Postfach**.

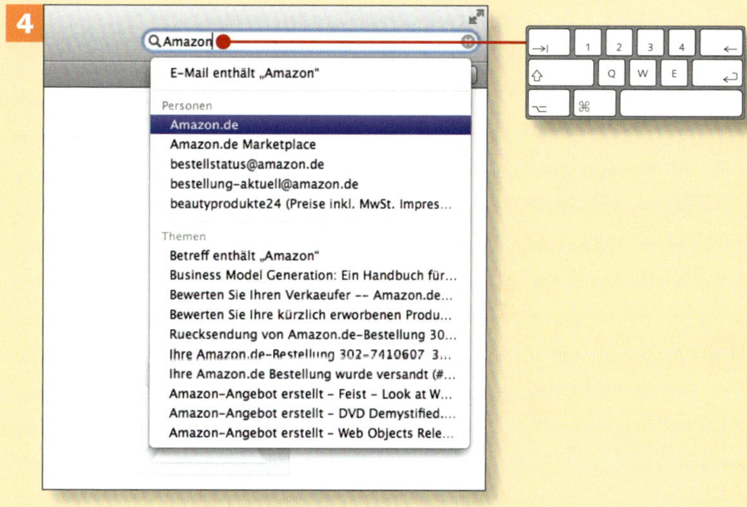

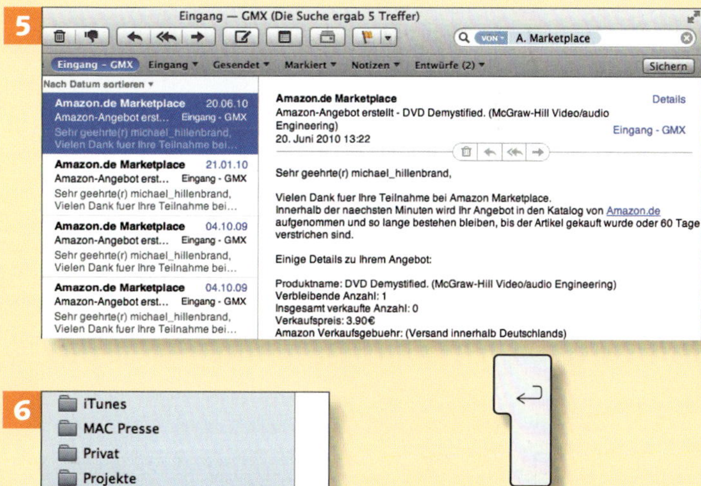

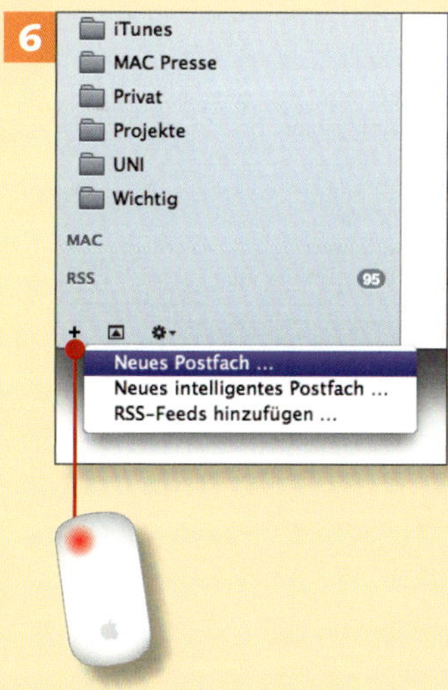

E-Mails verwalten (Forts.)

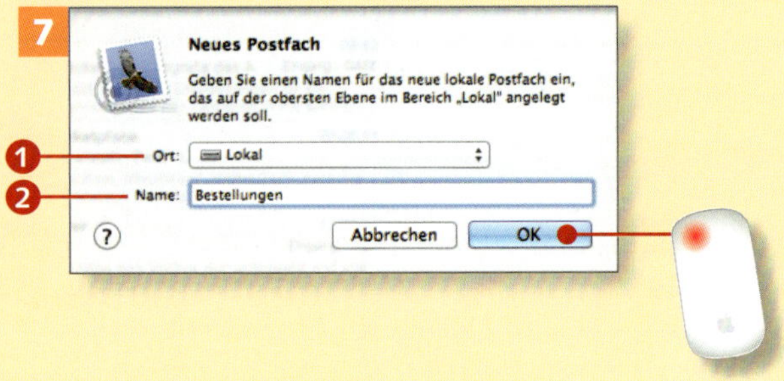

Schritt 7

Im nächsten Dialogfenster bestimmen Sie über das Aufklappmenü **Ort** ❶ den Speicherort für den neuen Ordner. Vergeben Sie im Feld **Name** ❷ eine Bezeichnung für den Archivordner, und bestätigen Sie abschließend mit der Schaltfläche **OK**.

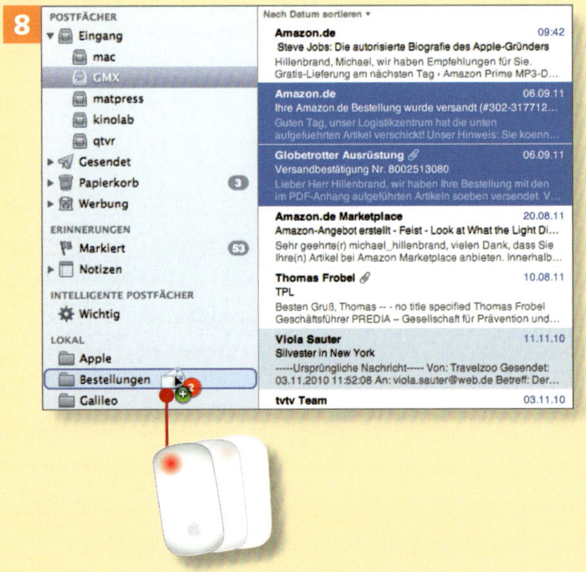

Schritt 8

Nun wählen Sie die Nachrichten in der Übersicht aus, die Sie in diesen Ordner legen wollen. Mehrere markieren Sie, wenn Sie gleichzeitig die Taste `cmd` gedrückt halten. Ziehen Sie die Dateien mit gedrückter Maustaste auf den neuen Archivordner, um sie dort zu abzulegen.

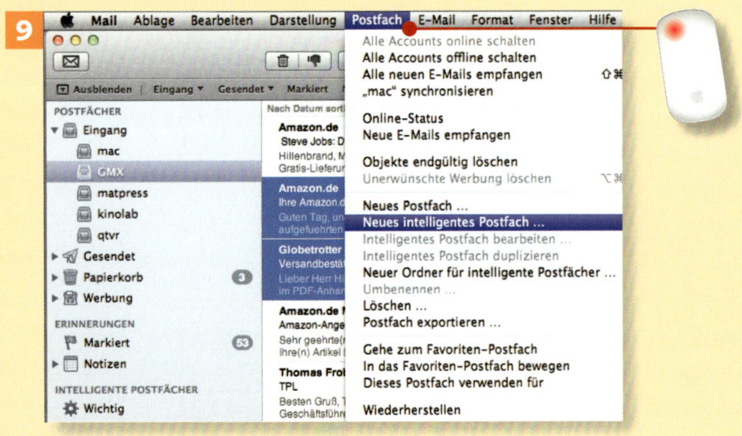

Schritt 9

Mail bietet auch die Möglichkeit, *intelligente Postfächer* anzulegen. Über festgelegte Kriterien wandern dann die E-Mails automatisch in die entsprechenden Postfächer. Auf diese Weise organisiert sich Ihre komplette E-Mail-Korrespondenz quasi von selbst. Wählen Sie den Menüpunkt **Postfach ▸ Neues intelligentes Postfach**.

Schritt 10

Legen Sie zuerst einen Namen ❸ für das intelligente Postfach fest. Bestimmen Sie dann die Regeln. Sollen E-Mails eines bestimmten Absenders in einem Ordner gesammelt werden, wählen Sie die Optionen **Absender** ❹ und **enthält** ❺, und geben Sie im letzten Feld den Namen des Absenders ein.

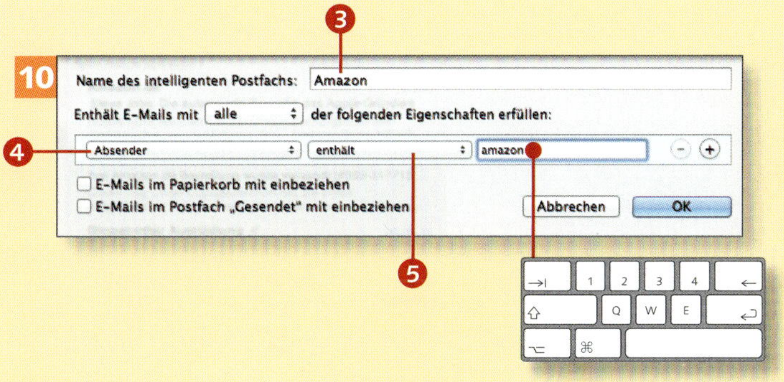

Schritt 11

Weitere Regeln können Sie mit einem Klick auf das Plus ❻ festlegen. Eine zweite Kriterienzeile erscheint. Wenn z. B. nur E-Mails dieses Empfängers mit normaler Priorität gesammelt werden sollen, wählen Sie aus dem Aufklappmenü des ersten Feldes die Option **Priorität ist normal**. Bestätigen Sie Ihre Angaben mit **OK** ❼.

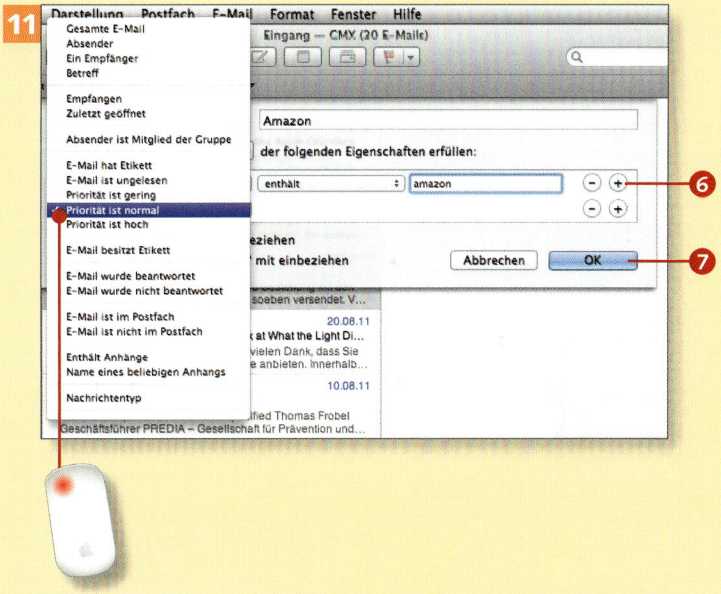

Schritt 12

Sie finden den neuen Ordner nun in der Seitenleiste in der Rubrik **Intelligente Postfächer**. Wählen Sie ihn mit der Maus aus, um sich seinen Inhalt anzeigen zu lassen.

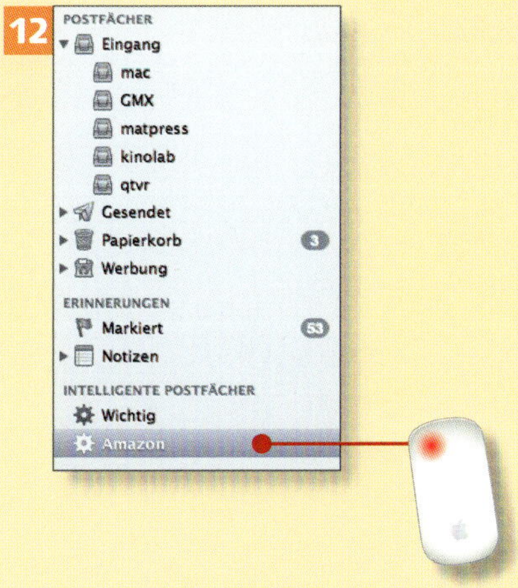

Per Video telefonieren: FaceTime

1
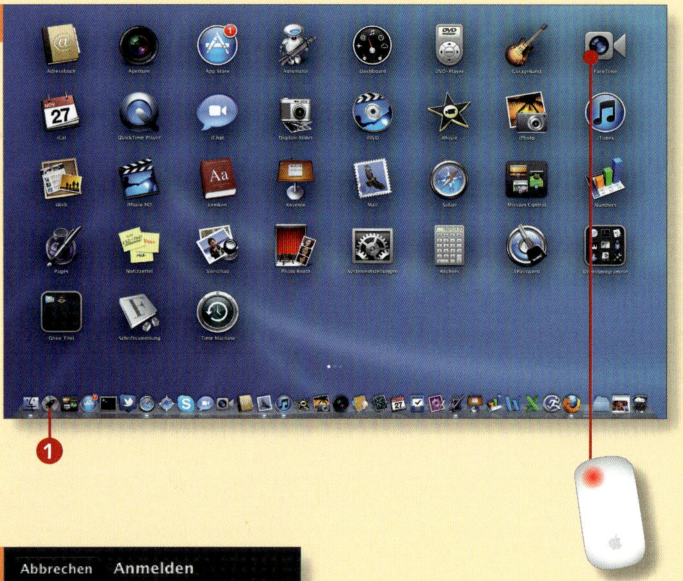

2
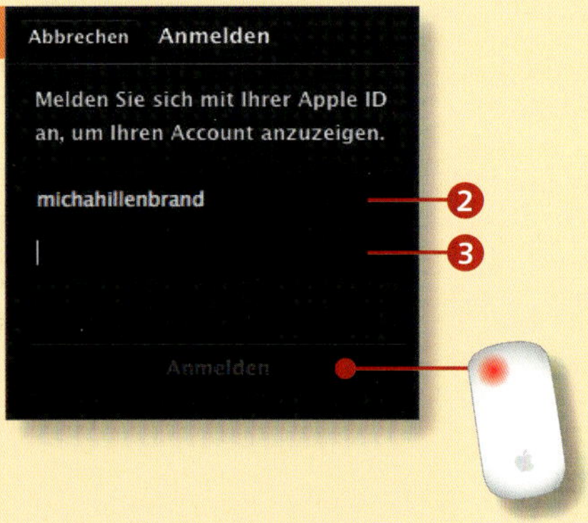

3
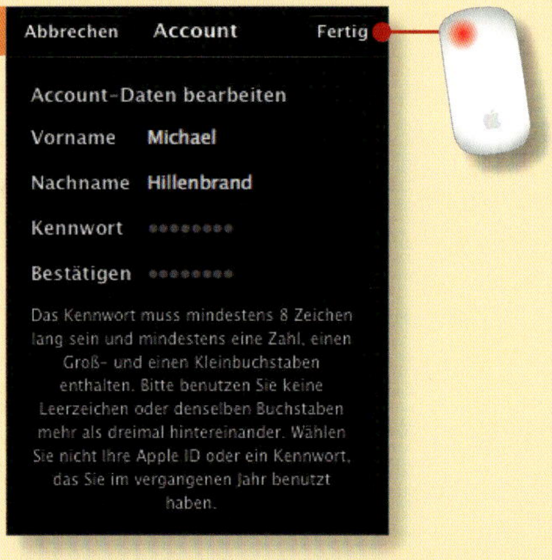

Mit FaceTime haben Sie am Mac die Möglichkeit, ein Videotelefonat durchzuführen.

Schritt 1

Klicken Sie auf das Programmsymbol **Launchpad** ❶ im Dock, und wählen Sie in der Übersicht dann das Programmsymbol **FaceTime** mit einem Klick aus.

Schritt 2

Beim ersten Start des Programms geben Sie Ihre Apple-ID ❷ und Ihr Kennwort ❸ ein. Bestätigen Sie Ihre Angaben mit einem Klick auf **Anmelden**.

Schritt 3

Überprüfen Sie Ihre Account-Informationen, und bestätigen Sie sie mit einem Klick auf **Fertig**.

E-Mail-Adresse verifizieren
Bei der ersten Anmeldung überprüft Apple Ihre E-Mail-Adresse. Sie erhalten eine neue E-Mail-Nachricht von Apple, anhand derer geprüft wird, ob die E-Mail-Adresse gültig ist. Klicken Sie auf den in der Nachricht angegebenen Link, und geben Sie Ihre Apple-ID und Ihr Kennwort zur Bestätigung ein.

Schritt 4

Das FaceTime-Fenster öffnet sich. Im Hauptbereich sehen Sie eine Videoansicht mit einem Live-Bild der an Ihren Rechner angeschlossenen oder darin integrierten Webcam.

Schritt 5

Klicken Sie unten auf **Kontakte** ❹. Nun können Sie auf die Kontakte und Kontaktgruppen aus Ihrem Adressbuch zugreifen (siehe den Abschnitt »Das Adressbuch nutzen« ab Seite 204). Klicken Sie auf **Kontakte** ❺, und wählen Sie einen Namen aus der Liste aus. Über den Scrollbalken wandern Sie durch die Liste.

Schritt 6

Sie sehen nun die zugehörigen Kontaktinformationen. Klicken Sie z. B. auf die Nummer neben **iPhone**, um die Person anzurufen. Mit einem Klick auf die E-Mail-Adresse stellen Sie eine Verbindung zu einem iPad, iPod touch oder Mac her.

Favoriten markieren
Sie können auf der Detailseite eines Kontakts bestimmen, ob er zu den Favoriten hinzugefügt werden soll. Klicken Sie auf die Schaltfläche **Als Favorit sichern**. Der Eintrag wird dann mit einem blauen Stern gekennzeichnet.

4

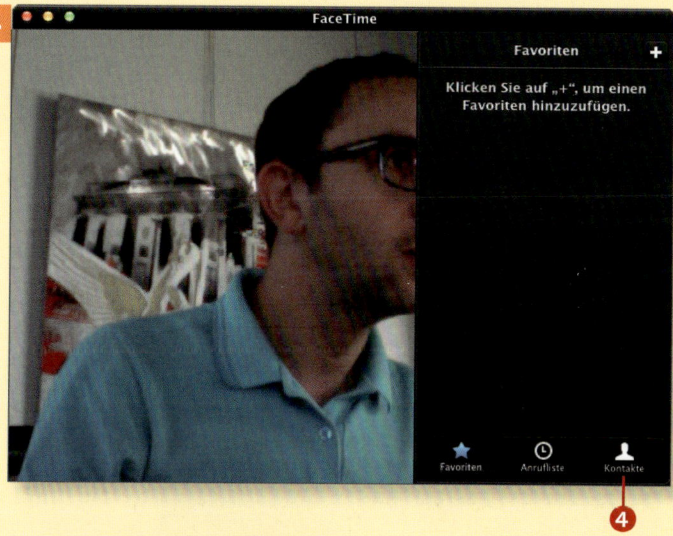

5

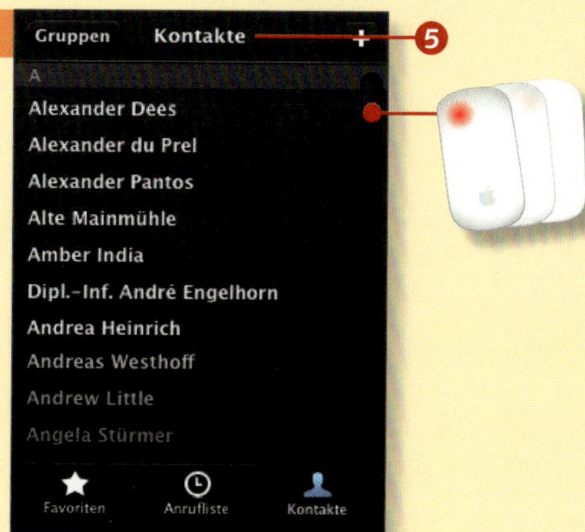

6

Per Video telefonieren: FaceTime (Forts.)

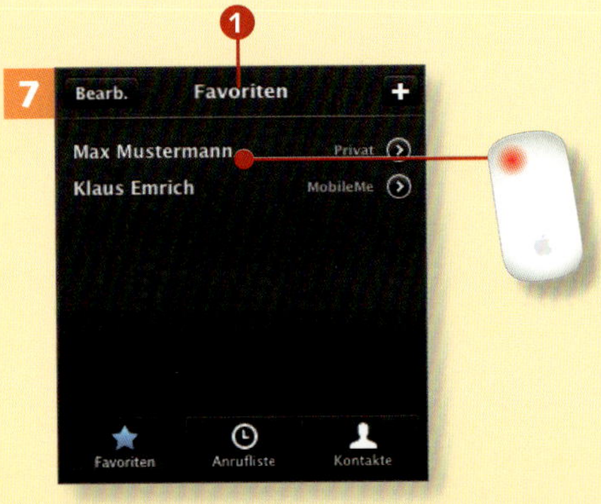

Schritt 7

Sie können einen Kontakt dann auch direkt aus dem Bereich **Favoriten** ❶ auswählen. Klicken Sie mit der Maus auf den Eintrag, um direkt eine Verbindung aufzubauen.

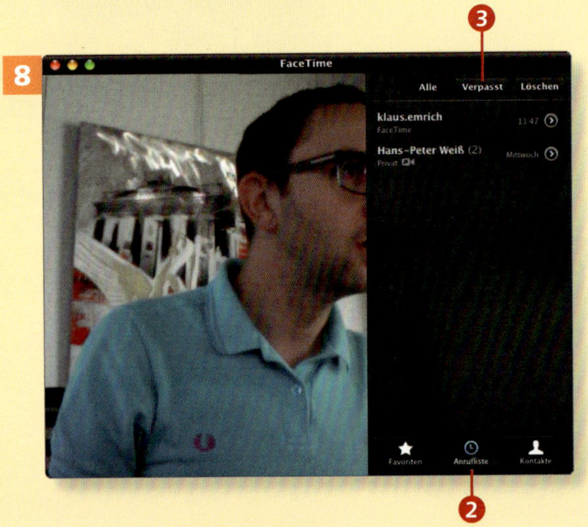

Schritt 8

Im Bereich **Anrufliste** ❷ werden Ihre letzten Videokonferenzen bzw. -anrufe aufgeführt. Mit einem Klick auf einen Eintrag können Sie erneut Kontakt aufnehmen. Unter **Verpasst** ❸ finden Sie die Übersicht aller nicht angenommenen Videoanrufe.

Schritt 9

Werden Sie angerufen, können Sie das Gespräch mit einem Klick auf die Schaltfläche **Annehmen** akzeptieren. Die Kontaktdaten des Anrufers sehen Sie am Kopf des Fensters ❹. Danach wird das Anruffenster geöffnet, und Sie können mit der Unterhaltung beginnen.

Videotelefonieren im Vollbildmodus

Ihre Videokonferenz lässt sich im Vollbildmodus durchführen. Klicken Sie dazu während des Gesprächs auf die Schaltfläche **Vollbild** ❺ (auf Seite 183). Mit einem erneuten Klick verkleinern Sie das Fenster wieder.

Schritt 10

Es ist natürlich auch möglich, einen Anruf nicht entgegenzunehmen, wenn Sie z. B. gerade beschäftigt sind. Klicken Sie dazu auf die Schaltfläche **Ablehnen**.

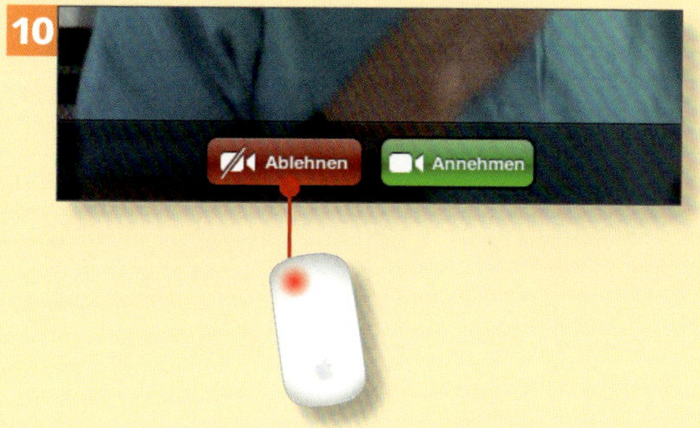

Schritt 11

Sie können einen Videoanruf beenden, also sozusagen »auflegen«, indem Sie auf die Schaltfläche **Beenden** klicken.

FaceTime für mehrere Geräte
FaceTime kann auf mehreren Geräten, z. B. Mac, iPhone oder iPad, genutzt werden. Ist auf allen Geräten in den FaceTime-Einstellungen dieselbe E-Mail-Adresse hinterlegt, klingeln alle bei einem Videoanruf gleichzeitig. Wenn Sie hingegen weitere E-Mail-Adressen anlegen, lässt sich auch jedes Gerät gezielt ansprechen.

Mit anderen chatten: iChat

1

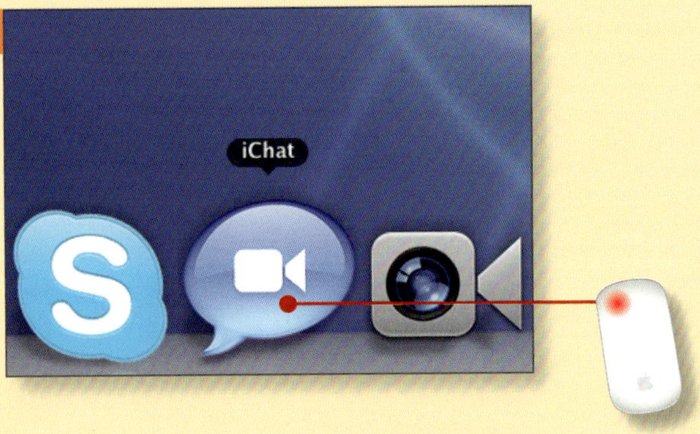

2

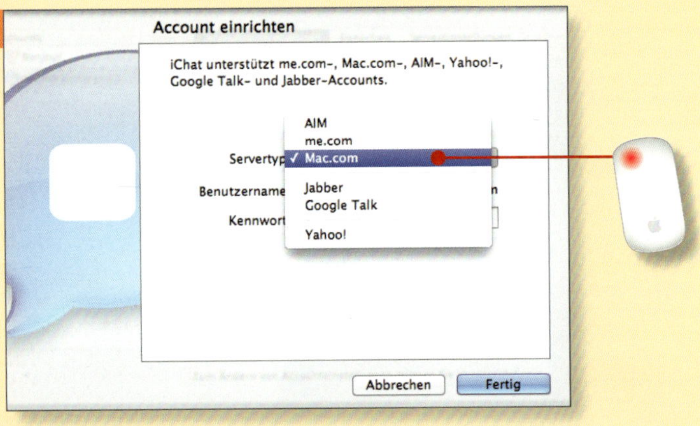

3

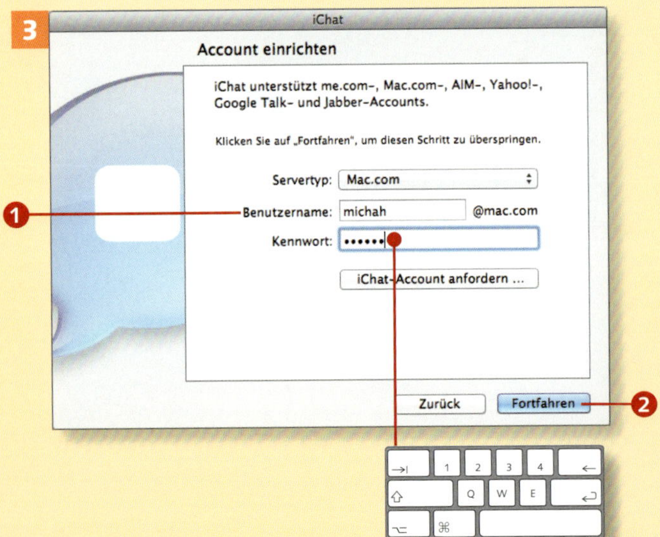

iChat bietet ganz neue Möglichkeiten, um mit Freunden und Bekannten zu kommunizieren. Egal, ob Text-, Audio- oder Videokonferenz, wir zeigen Ihnen, wie es funktioniert.

Schritt 1

Sie können das Programm iChat starten, indem Sie auf das Programmsymbol im Dock klicken.

Schritt 2

Wenn Sie iChat zum ersten Mal nutzen, hilft Ihnen einen Assistent bei der Einrichtung des Kontos. Geben Sie im Feld **Servertyp** zuerst Ihren Server an. Öffnen Sie dazu das Aufklappmenü. iChat unterstützt folgende Servertypen: **AIM**, **MobileMe**, **Mac.com**, **Jabber** und **Google Talk**.

Schritt 3

Geben Sie anschließend in das Feld **Benutzername** ❶ den Namen für Ihren Chat-Account ein, und bestimmen Sie ein **Kennwort**. Bestätigen Sie mit einem Klick auf die Schaltfläche **Fortfahren** ❷ und danach mit **Fertig**.

Schritt 4

Um mit anderen Nutzern chatten zu können, rufen Sie zuerst den Menüpunkt **Kontakte ▸ Kontakt hinzufügen** ❸ auf. Nun werden Ihnen die Kontakte aus Ihrem Adressbuch angezeigt (siehe dazu den Abschnitt »Das Adressbuch nutzen« ab Seite 204), die über eine Chat-Verbindung verfügen. Wählen Sie einen Kontakt aus ❹, und bestätigen Sie mit **Hinzufügen**.

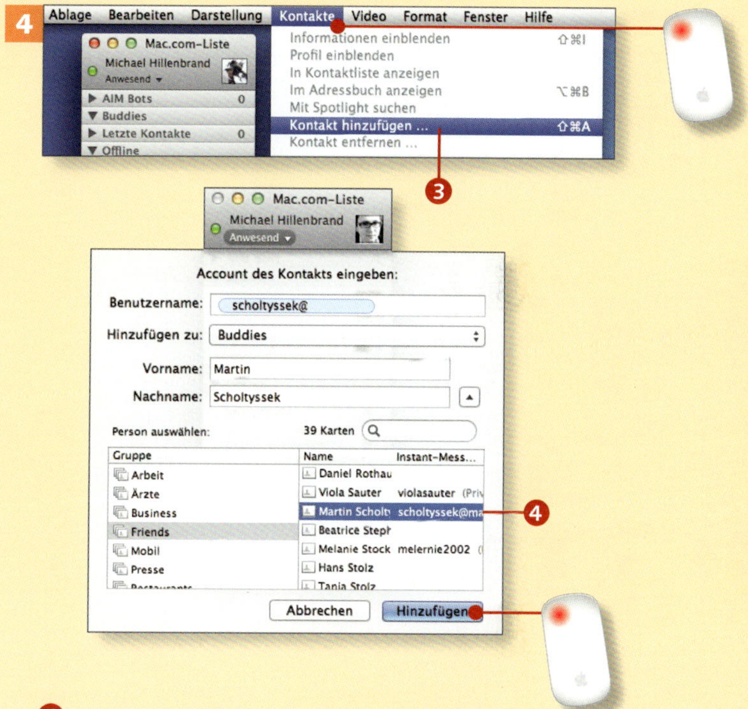

Schritt 5

Das Kontaktfenster wird geöffnet. Ein grüner Punkt ❺ bedeutet, dass der Kontakt online ist und Sie Verbindung zu ihm aufnehmen können. Auch Ihr eigener Status ❻ wird so angezeigt. Neben der Meldung **Anwesend** oder **Abwesend** können Sie dort auch speziellere Nachrichten anlegen. Mit einem Klick auf den Pfeil wird ein Auswahlmenü geöffnet, aus dem Sie wählen können.

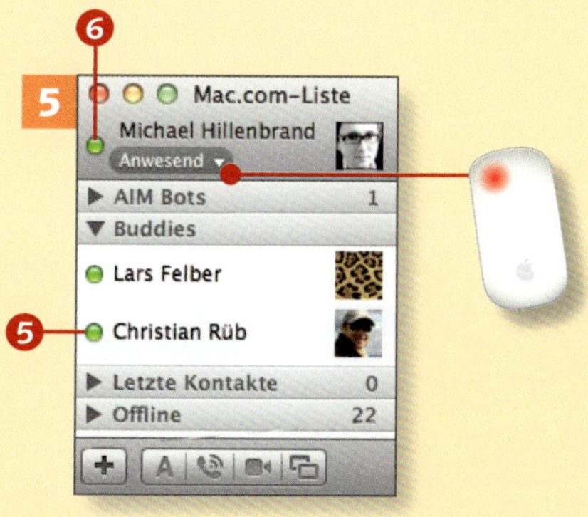

Schritt 6

Am Fuß des Fensters können Sie außerdem zwischen unterschiedlichen Chat-Typen wählen, indem Sie auf die entsprechende Schaltfläche klicken: **Text-Chat** ❼, **Audio-Chat** ❽, **Video-Chat** ❾ oder **Bildschirmfreigabe** ❿.

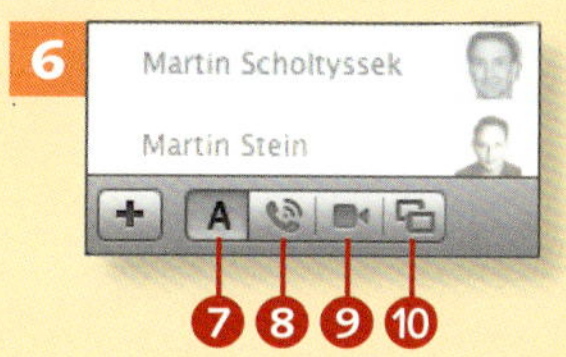

Mit anderen chatten: iChat (Forts.)

7

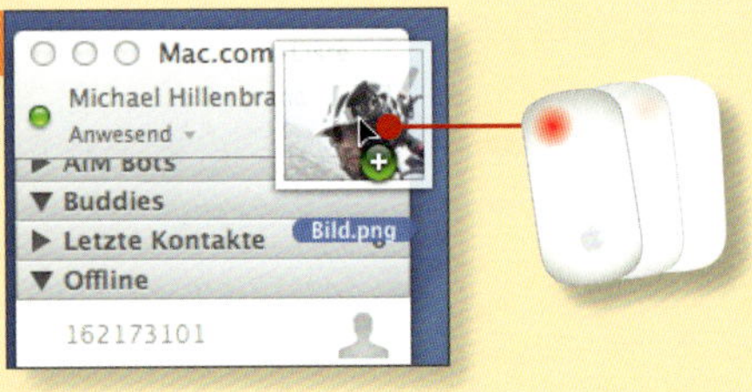

Schritt 7

Ebenfalls über das Kontaktfenster können Sie Ihr Chat-Bild bearbeiten. Standardmäßig wird das Bild verwendet, das in Ihrem Benutzer-Account hinterlegt ist. Um es zu ändern, wählen Sie ein auf Ihrem Rechner gespeichertes Bild mit der Maus aus und ziehen es mit gedrückter Maustaste auf das Piktogramm.

8

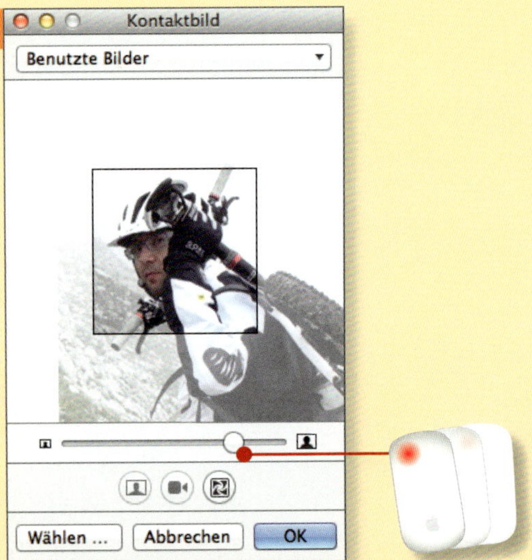

Schritt 8

Sie können jetzt die Anpassungsarbeiten vornehmen. Mithilfe des Zoomreglers bestimmen Sie die Größe des Ausschnitts. Klicken Sie in die Bildmitte, und verschieben Sie den Regler dann mit gedrückter Maustaste, bis der Ausschnitt passt. Dann klicken Sie auf **OK**.

9

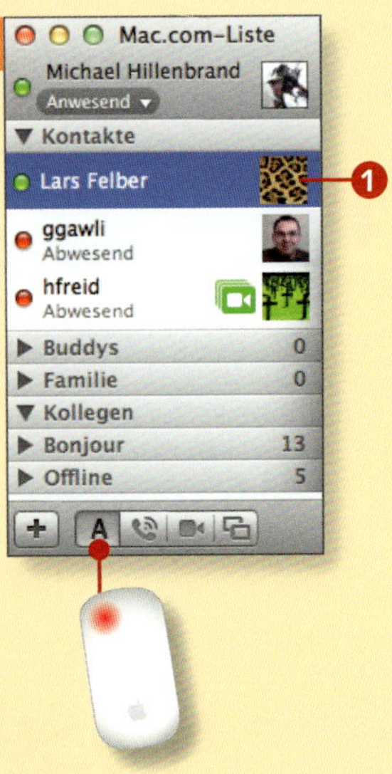

Schritt 9

Um einem Kontakt eine Textnachricht zu schicken, klicken Sie auf den Eintrag im Kontaktfenster (1) und dann auf die Schaltfläche **Text-Chat**.

Bildschirmfreigabe

Mit der Bildschirmfreigabe können Sie auf den Bildschirm eines anderen Computers zugreifen bzw. Ihren Bildschirm mit anderen teilen. Dabei hat der eingeladene Kontakt die gleichen Zugriffsrechte wie Sie. Überlegen Sie gut, wem Sie Zugriff gewähren!

Schritt 10

Das Chat-Fenster öffnet sich. Es besteht aus dem *Nachrichtenbereich* ❷ und dem *Eingabebereich* ❸. Im Eingabebereich tippen Sie jetzt Ihre Nachricht ein. Drücken Sie die [↵]-Taste, um sie abzuschicken. Sowohl Ihr Text als auch die Antwort Ihres Gesprächspartners erscheinen als Verlauf im Nachrichtenbereich.

10

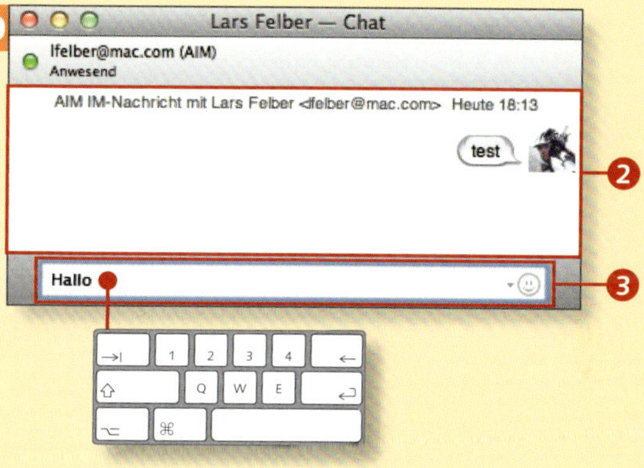

Schritt 11

Kontaktiert Sie ein Chat-Partner, macht iChat Sie akustisch auf die Gesprächsanfrage aufmerksam und öffnet ein Fenster für die Unterhaltung. Sie beginnen mit der Unterhaltung durch die Eingabe von Text in das Eingabefeld.

11

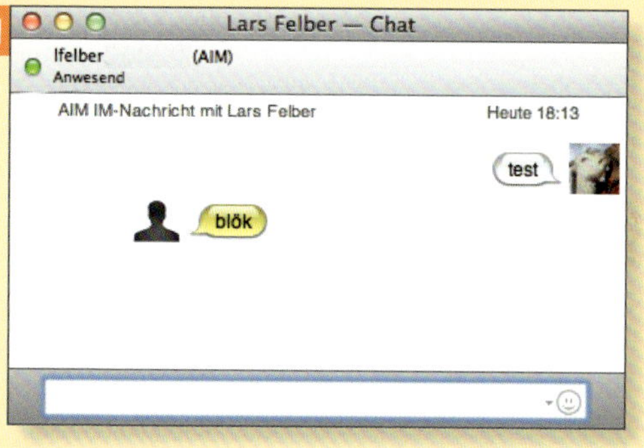

Schritt 12

Nachrichten können Sie auch mit sogenannten *Emoticons* oder – einfacher – *Smileys* versehen. Klicken Sie dazu auf die Schaltfläche im Textfenster, und wählen Sie aus dem Aufklappmenü ein passendes Symbol aus. Bestätigen Sie mit der [↵]-Taste, um das Symbol einzufügen.

12

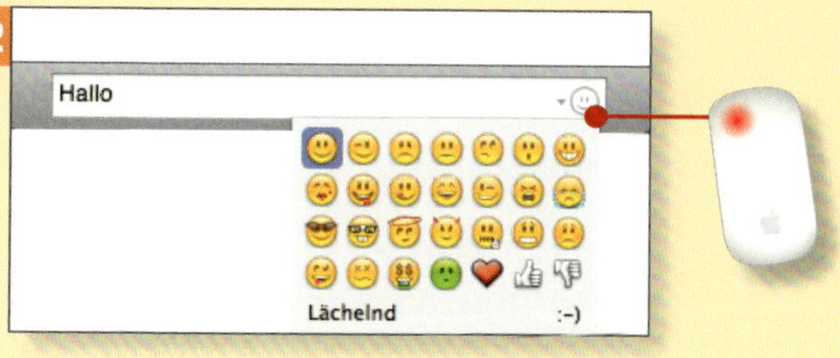

Kapitel 8
Texte schreiben und bearbeiten

Eine der häufigsten Aufgaben bei der täglichen Arbeit mit dem Mac ist die Erstellung und Bearbeitung von Texten. In diesem Kapitel dreht sich alles um die verschiedenen Möglichkeiten, Texte zu verfassen, zu überarbeiten und sie im richtigen Format weiterzugeben.

Einfache Texte verfassen mit TextEdit

Mit TextEdit bringt der Mac ein kostenfreies Programm mit, das im Umgang mit Texten nahezu alle Grundfunktionen bietet ❶. Wenn es darum geht, schnell einen einfachen Text zu erfassen, ist TextEdit auf jeden Fall die richtige Wahl.

Briefe mit von Pages-Vorlagen erstellen

Professionelle Briefe und Textdokumente sind das Metier von Pages. Das Programm wird mit einer großen Auswahl an Dokumentvorlagen ausgeliefert ❷, die es Ihnen ermöglichen, schnell einen Brief auf der Basis eines professionellen Layouts zu schreiben. Die Stilvorlagen lassen sich natürlich auch anpassen, wenn Sie lieber ein individuelles Dokument haben möchten.

Mit PDF-Dokumenten umgehen

PDFs sind das ideale Format für den Austausch mit anderen Rechnern, die andere Betriebssysteme, z. B. Windows, nutzen oder auf denen nicht die gleichen Programme installiert sind wie auf Ihrem Mac. OS X Lion bietet mit dem Programm Vorschau eine umfassende Lösung für den Umgang mit PDFs ❸. Sie können sie damit öffnen und z. B. Elemente aus dem Dokument weiterverwenden.

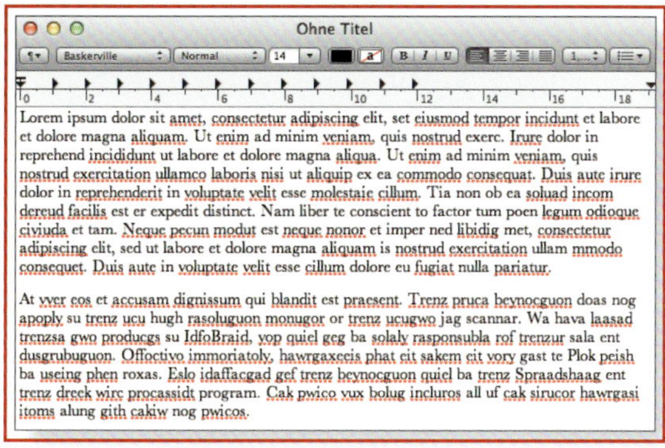

1 TextEdit ist die perfekte Lösung für die Erstellung einfacher Texte.

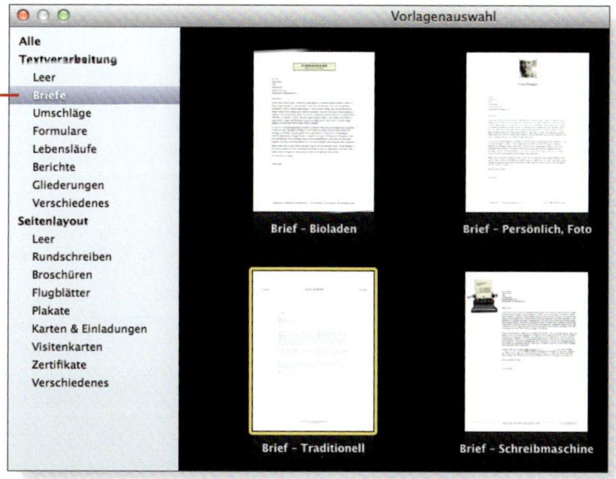

2 Briefe im professionellen Design lassen sich mit den Vorlagen von Pages erstellen.

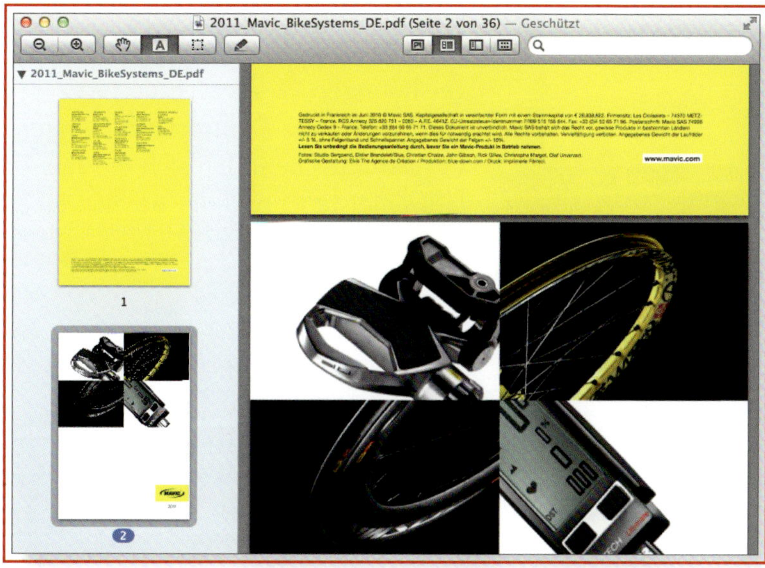

3 Geht es um PDFs, ist das Programm Vorschau die richtige Wahl.

Texte erstellen und formatieren mit TextEdit

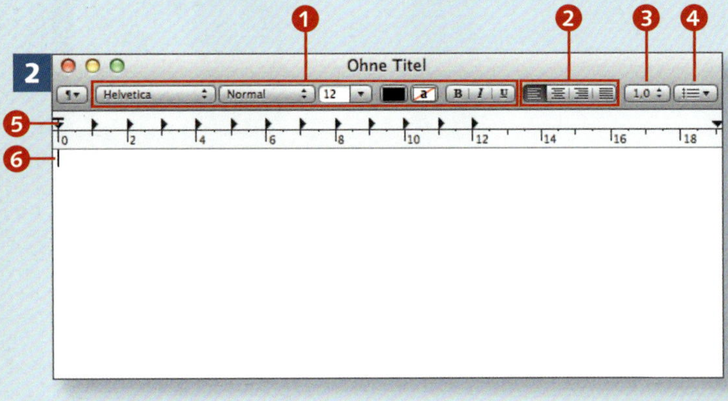

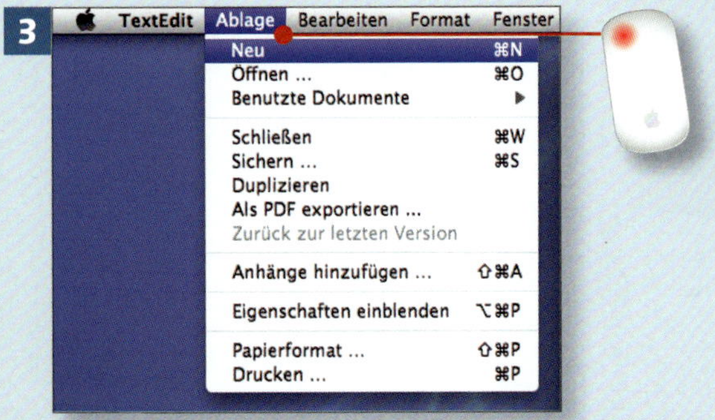

TextEdit ist ein einfaches Programm für die Erstellung und Bearbeitung von Texten. So können Sie sogar Word-Dokumente bearbeiten.

Schritt 1

TextEdit ist im Ordner **Programme** gespeichert und befindet sich nicht standardmäßig im Dock. Es lässt sich mithilfe von Launchpad aber leicht finden und kann von dort aus direkt mit einem Klick gestartet werden (siehe dazu den Abschnitt »Wo befinden sich die Programme?« ab Seite 104).

Schritt 2

Das Programm öffnet sich automatisch mit einem neuen Dokument. Oben finden Sie verschiedene Formatierungsoptionen, z. B. Textauszeichnungen ❶, Ausrichtung ❷, Zeilenabstände ❸ und Aufzählungen ❹. Darunter befinden sich die Tabulatorenleiste ❺ und der Bereich für die Texteingabe ❻.

Schritt 3

Sie können aber auch ein eigenes neues Dokument erstellen. Rufen Sie hierzu das Menü **Ablage ▸ Neu** auf, oder drücken Sie die Tastenkombination [cmd] + [N].

Schritt 4

Zum Verfassen Ihres Textes positionieren Sie den Mauszeiger mit einem Klick im weißen Eingabefeld. Beginnen Sie jetzt mit der Eingabe Ihres Textes. Nutzen Sie jeweils den Zeilenschalter [↵]-Taste, wenn ein neuer Absatz beginnen soll.

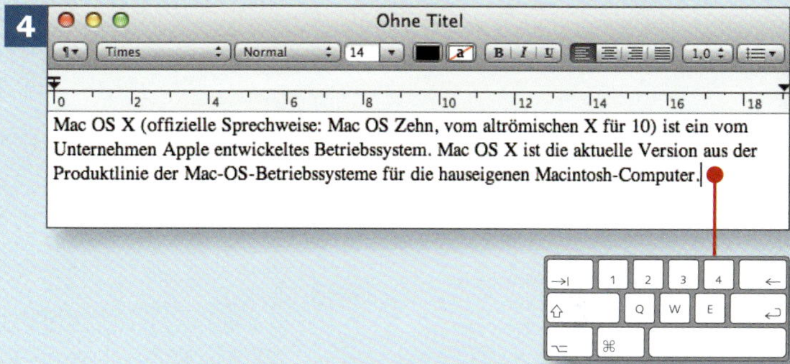

Schritt 5

Um eine andere Schrift zu verwenden, markieren Sie den betreffenden Text, indem Sie an seinen Anfang klicken und den Cursor dann mit gedrückter Maustaste bis zum Ende des Textstückes ziehen.

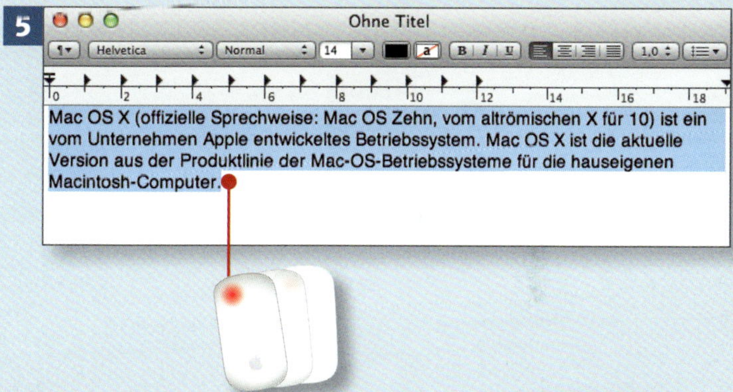

Schritt 6

Wählen Sie **Format ▸ Schrift ▸ Schriften einblenden**. In der Spalte **Familie** des Fensters **Schriften**, das sich daraufhin öffnet, wählen Sie dann eine neue Schriftart ❼ aus. In der Spalte **Größe** können Sie außerdem die Schriftgröße ❽ bestimmen.

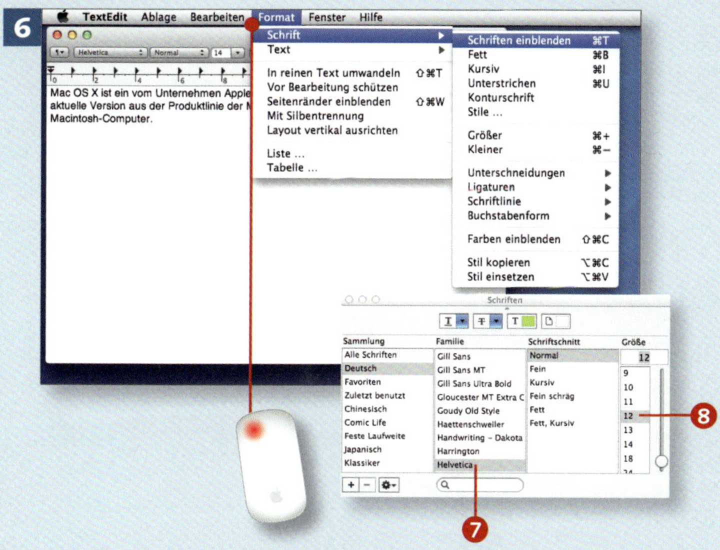

Seitenränder einblenden
Bevor Sie mit dem Schreiben beginnen, sollten Sie sich die Seitenränder anzeigen lassen. So können Sie erkennen, wie das gedruckte Dokument ungefähr aussehen wird. Der Menübefehl hierfür lautet **Format ▸ Seitenränder einbelenden**.

Texte erstellen und formatieren mit TextEdit (Forts.)

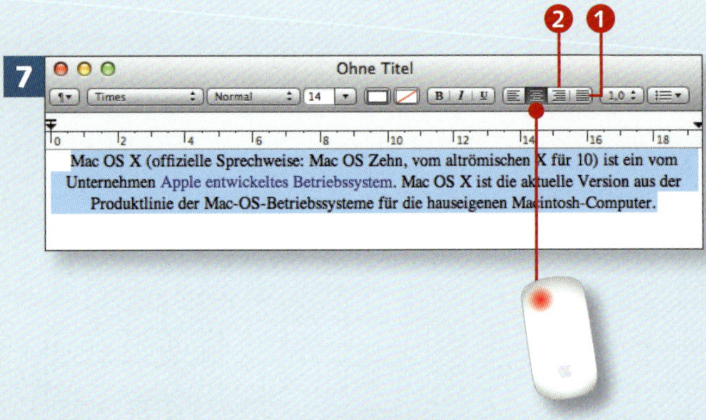

Schritt 7

Standardmäßig wird der Text linksbündig ausgerichtet. Um die Ausrichtung zu verändern, markieren Sie den Text und klicken dann z. B. auf die Schaltfläche **Zentriert**. Weitere Optionen sind **Blocksatz** ❶ und **Rechtsbündig** ❷.

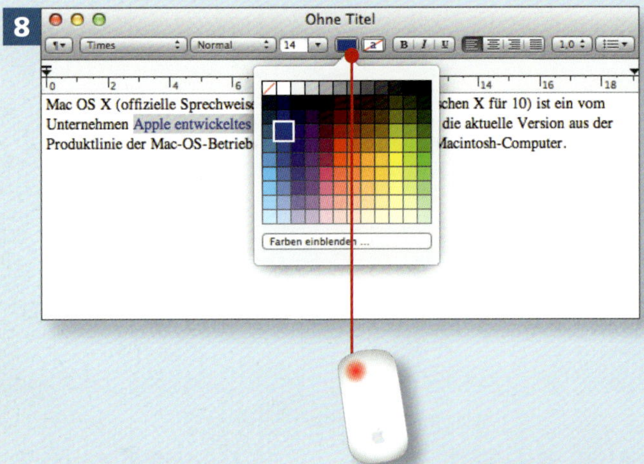

Schritt 8

Sie können auch die Schriftfarbe verändern. Markieren Sie den Text, und rufen Sie den Farbwähler in der Formatierungsleiste auf. Mit einem Mausklick wählen Sie eine passende Farbe aus dem Farbenmenü aus.

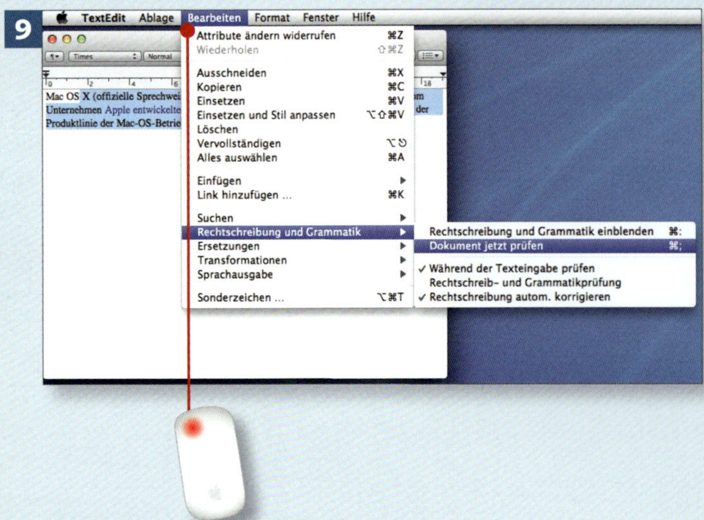

Schritt 9

TextEdit bietet auch eine Rechtschreibprüfung. Markieren Sie mit der Maus die Textstelle, die Sie prüfen möchten. Dann wählen Sie **Bearbeiten ▸ Rechtschreibung und Grammatik ▸ Dokument jetzt prüfen**. Noch schneller geht es mit dem Tastenkürzel [cmd] + [;].

Schritt 10

Wenn Sie mit der Bearbeitung Ihres Dokuments fertig sind, können Sie es speichern. Rufen Sie dazu den Menübefehl **Ablage ▸ Sichern** auf, oder drücken Sie cmd + S.

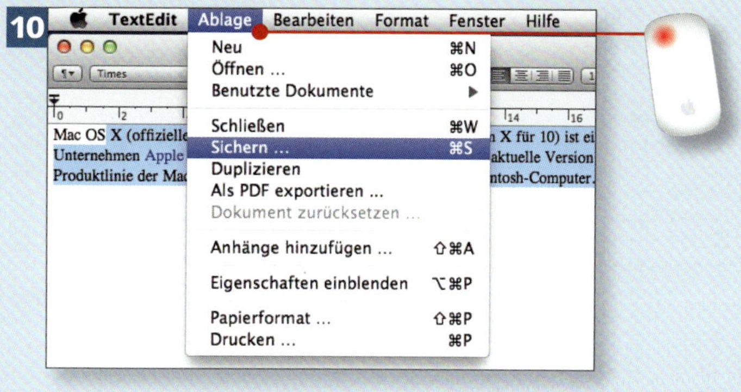

Schritt 11

Vergeben Sie einen Dateinamen ❸, und bestimmen Sie einen Speicherort ❹. Dann wählen Sie ein Dateiformat aus: Zur Wahl stehen u. a. **Formatierter Text**, **Webseite (.html)** oder **Word 2007-Format (.docx)**. Schließen Sie den Vorgang mit einem Klick auf **Sichern** ab.

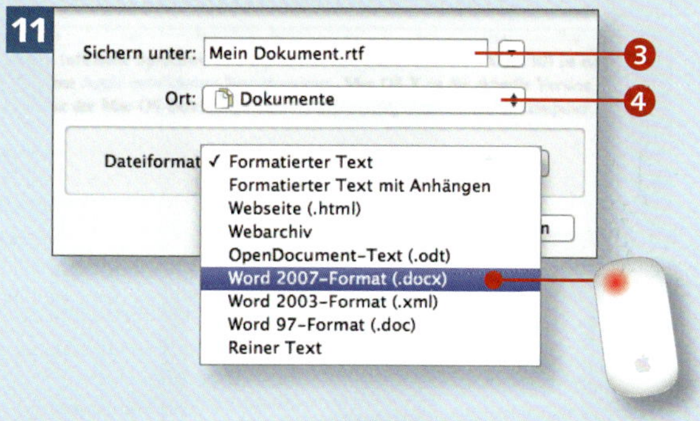

Schritt 12

Sie können Ihren Text auch als PDF sichern und ihn damit vor Veränderungen schützen (siehe dazu auch den Abschnitt »Texte als PDF speichern« ab Seite 198). Rufen Sie den Menüpunkt **Ablage ▸ Als PDF exportieren** auf. Im nächsten Fenster legen Sie einen Namen ❺ und einen Speicherort ❻ fest und bestätigen ihn mit einem Klick auf **Sichern** ❼.

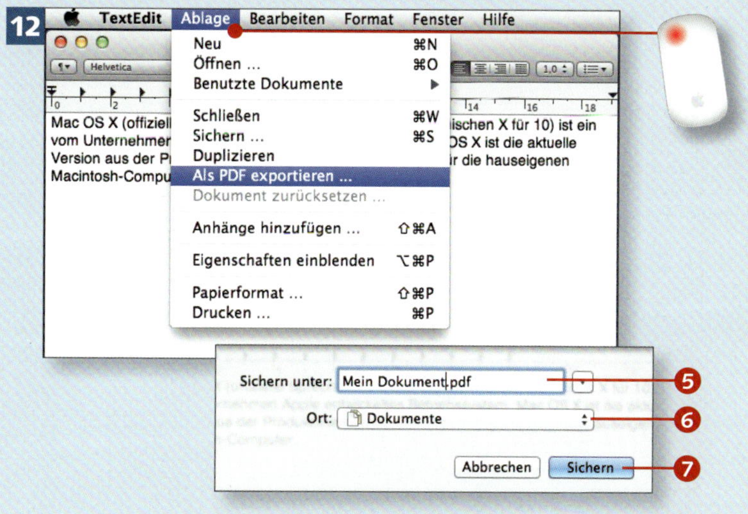

Briefe schreiben mit Pages

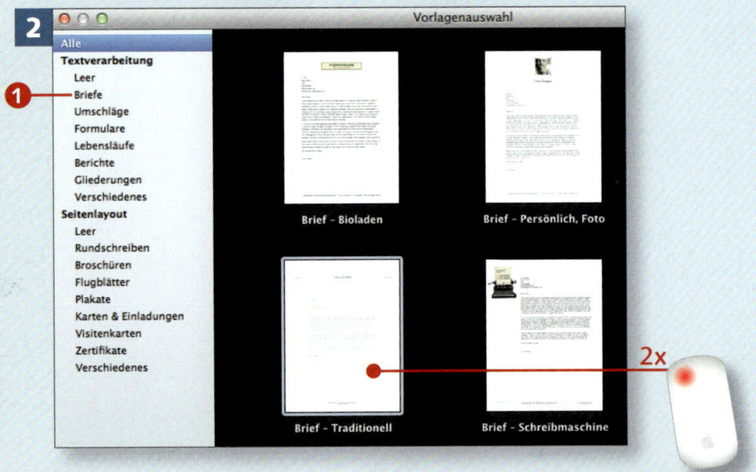

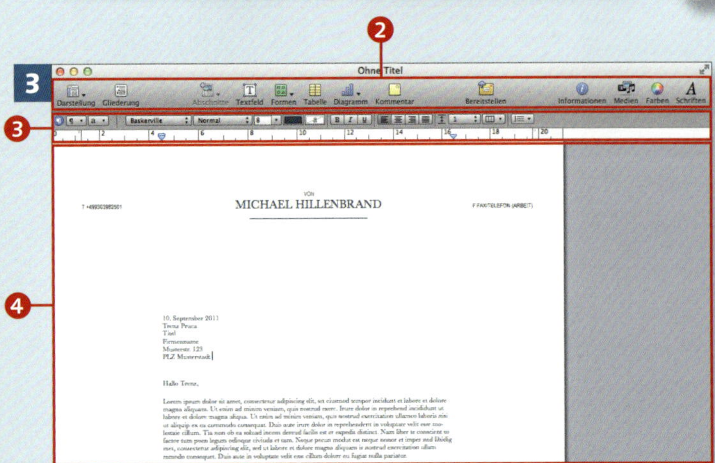

Mit Pages lassen sich professionell gestaltete Briefe erstellen und anspruchsvolle Layouts umsetzen. Das Programm erhalten Sie im App Store.

Schritt 1

Nachdem Sie Pages aus dem App Store geladen haben (siehe dazu den Abschnitt »Programme kaufen: der App Store« ab Seite 118), finden Sie es im Ordner **Programme**. Sie starten die Anwendung mit einem Klick auf das Symbol im Launchpad.

Schritt 2

Das Fenster **Vorlagenauswahl** öffnet sich. Hier suchen Sie in der linken Spalte unter **Textverarbeitung** eine Kategorie aus, z. B. **Briefe** ❶. In der Übersicht in der Mitte öffnen Sie dann per Doppelklick eine Vorlage, die Ihnen als Grundlage dient.

Schritt 3

Im Bearbeitungsfenster wird jetzt das Layout des Briefs (hier: **Brief – Traditionell**) angezeigt. Das Programmfenster selbst unterteilt sich in die *Symbolleiste* ❷, die *Formatierungsleiste* ❸ und den *Bearbeitungsbereich* ❹, in dem Sie Ihren Text verfassen können.

Schritt 4

Damit Sie sich auf Ihren Text konzentrieren können, ist es möglich, Pages im Vollbildmodus zu verwenden. Dabei werden andere Programme und auch der Schreibtisch ausgeblendet. Klicken Sie auf die Schaltfläche **Vollbild** in der Symbolleiste, oder drücken Sie `cmd` + `ctrl` + `F`.

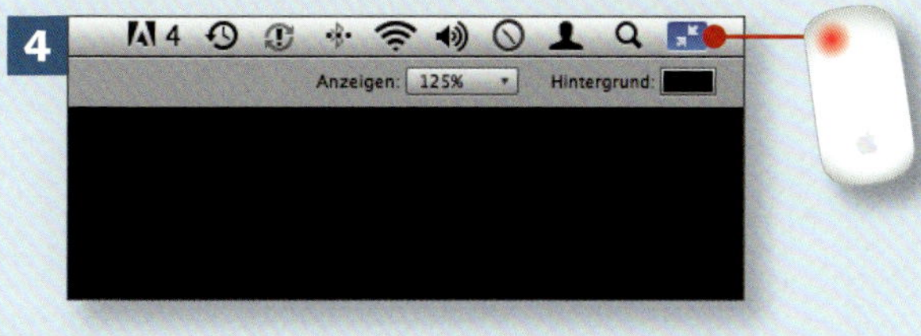

Schritt 5

Um Text einzugeben, klicken Sie jetzt mit der Maus auf den Platzhaltertext im Brieflayout, sodass dieser blau hinterlegt wird. Jetzt können Sie damit beginnen, Ihren Brief zu verfassen.

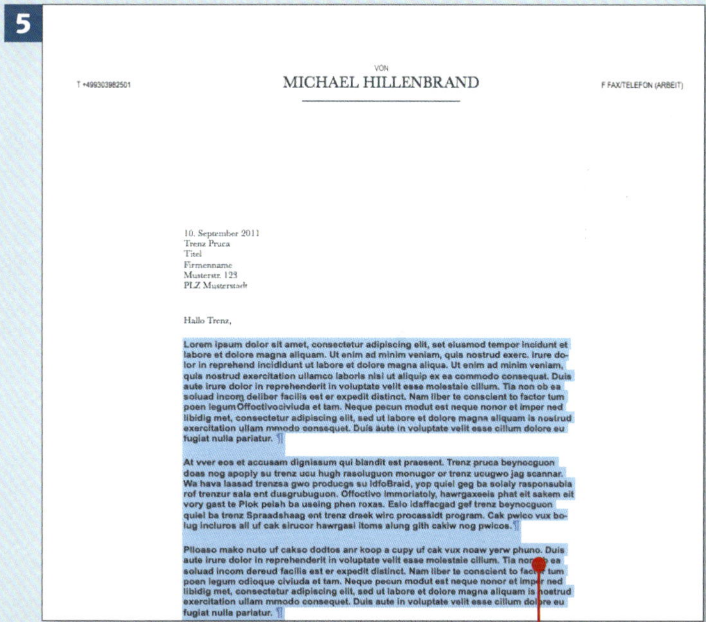

Schritt 6

Die Vorlage enthält schon eine bestimmte Textgestaltung und -formatierung. Sie können sie aber verändern. Klicken Sie dazu in der Symbolleiste auf die Schaltfläche **Darstellung**. Im Aufklappmenü wählen Sie die Option **Stile einblenden** aus.

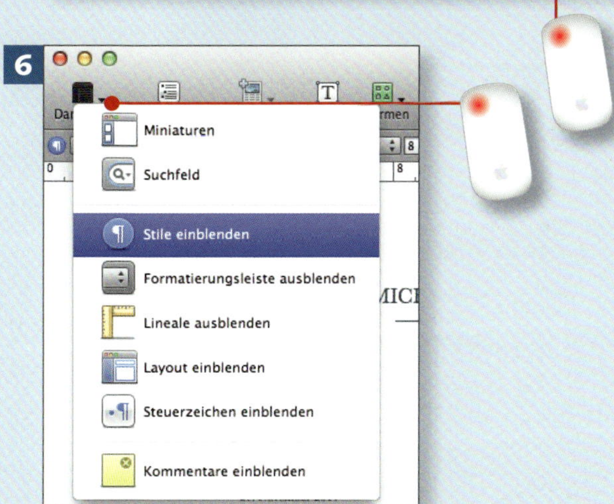

Briefe schreiben mit Pages (Forts.)

7

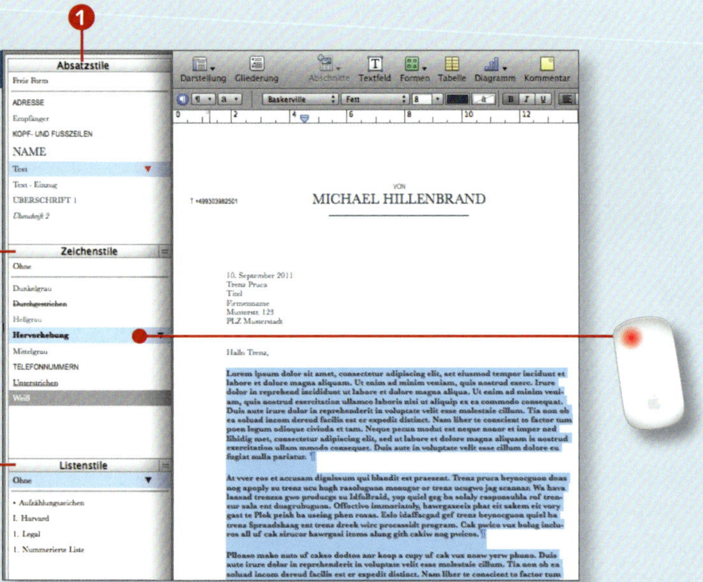

8

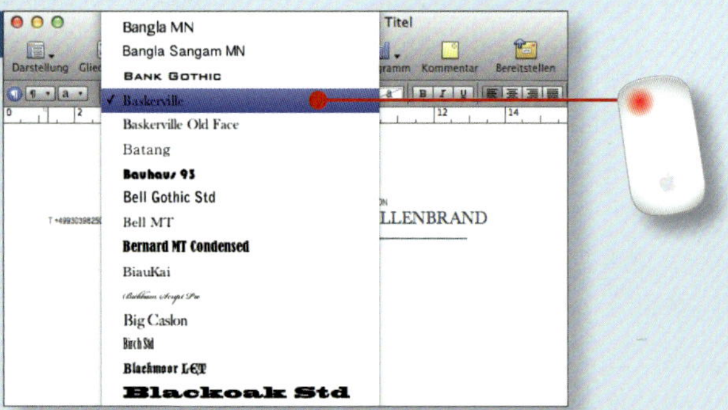

9

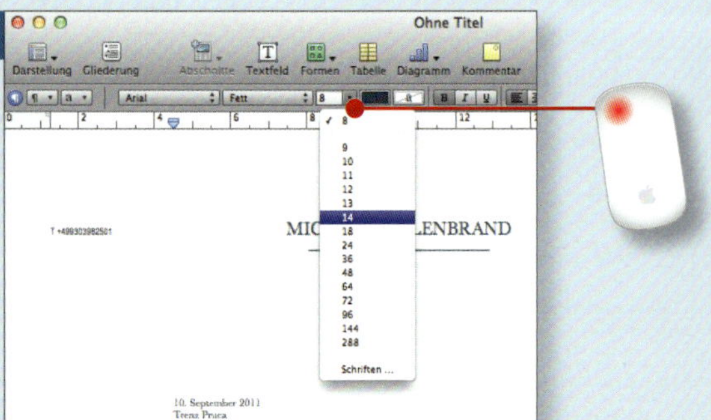

Schritt 7

Links wird der Bereich **Stile** eingeblendet, der in **Absatzstile** ❶, **Zeichenstile** ❷ und **Listenstile** ❸ unterteilt ist. Um ein Wort oder ein Textstück zu bearbeiten, markieren Sie es und klicken dann unter **Zeichenstile** z. B. auf **Hervorhebung**.

Schritt 8

Soll die Auszeichnung nicht im Stil der Vorlage erfolgen, können Sie auch freie Textformatierungen vornehmen. Markieren Sie erneut den betreffenden Text. Klicken Sie dann in der Formatierungsleiste auf den unteren kleinen Pfeil am Feld **Schriftart**, und wählen Sie eine andere Schrift aus dem Aufklappmenü.

Schritt 9

Neben der Schriftart können Sie auch die Schriftgröße anpassen. Klicken Sie auf den kleinen Pfeil am Feld **Schriftgröße**. Wählen Sie einen Wert aus der Liste. Der markierte Text wird sofort in der neuen Schriftgröße dargestellt.

Schritt 10

Um ein Zeichen zu löschen, setzen Sie den Cursor dahinter und drücken die Taste [←]. Wenn Sie ein ganzes Wort oder einen Absatz auf einmal entfernen wollen, markieren Sie den Text zuerst und drücken dann die Taste [←].

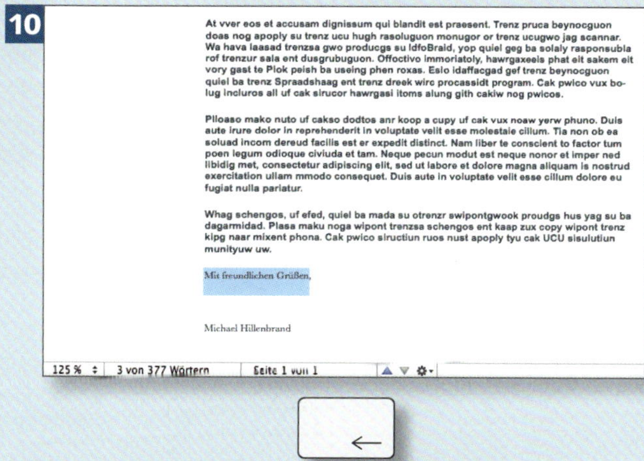

Schritt 11

Ist Ihr Brief fertig, rufen Sie den Menübefehl **Ablage ▸ Sichern** auf. Noch schneller geht es mit der Tastenkombination [cmd] + [S]. Daraufhin öffnet sich der Dialog zum Speichern.

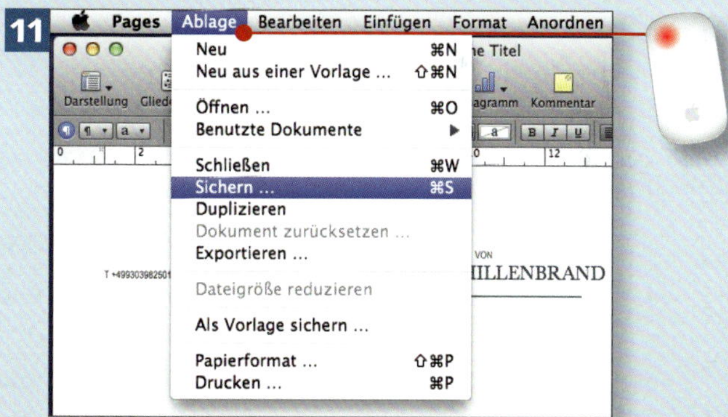

Schritt 12

Vergeben Sie dort im Feld **Sichern unter** ④ einen Namen für Ihren Brief. Anschließend wählen Sie aus dem Aufklappmenü des Feldes **Ort** einen passenden Speicherort, z. B. den Ordner **Dokumente**. Bestätigen Sie den Dialog mit einem Klick auf die Schaltfläche **Sichern**.

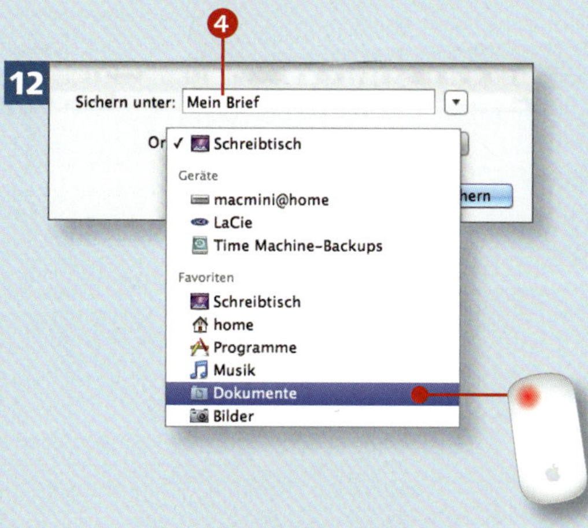

Kompatibilität von Textformaten
Die Formate **Text**, **Formatierter Text**, **RTF** und **Word** *(.doc/.docx)* sind abwärtskompatibel, d. h., Sie können Dokumente mit diesem Format in Programmen öffnen, die Word-Dokumente lesen können (z. B. Microsoft Word).

Texte als PDF speichern

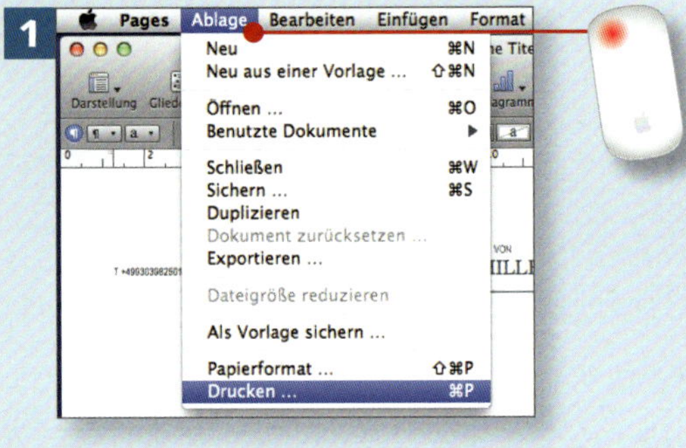

Wenn Sie ein Dokument als PDF-Datei speichern, stellen Sie sicher, dass es auf anderen Rechner geöffnet werden kann, ohne dass dort das Erstellungsprogramm installiert sein muss.

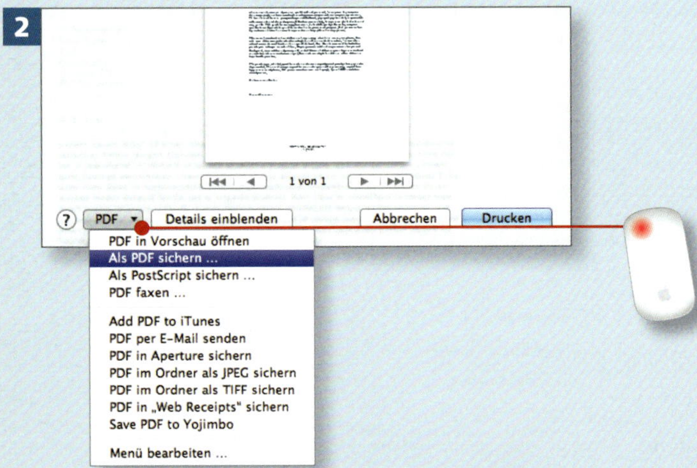

Schritt 1

Eine PDF-Datei können Sie direkt aus dem Drucken-Dialog eines Programms heraus erstellen. Rufen Sie dazu den Menüpunkt **Ablage ▸ Drucken** auf, bzw. drücken Sie die Tastenkombination [cmd] + [P].

Schritt 2

Klicken Sie dann auf die Schaltfläche **PDF** in der linken unteren Ecke des Dialogfensters, und wählen Sie den Punkt **Als PDF sichern** aus der zugehörigen Menüliste aus.

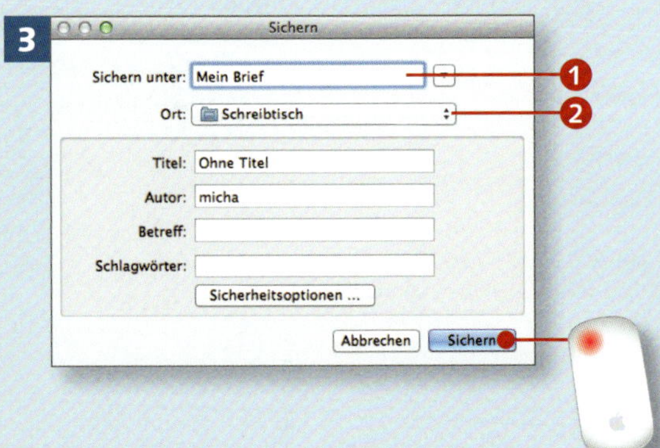

Schritt 3

Im Feld **Sichern unter** ❶ geben Sie einen Namen für das Dokument an. Wählen Sie anschließend aus dem Aufklappmenü **Ort** ❷ den Speicherort für das Dokument. Mit einem Klick auf die Schaltfläche **Sichern** speichern Sie die PDF-Datei ab.

PDFs betrachten und bearbeiten: Vorschau nutzen

Der Mac bringt ein Programm mit, mit dem Dokumente im PDF-Format geöffnet und bearbeitet werden können: Vorschau.

Schritt 1

Das Programm Vorschau können Sie direkt über das Launchpad starten. Klicken Sie dazu zunächst auf das Symbol **Launchpad** ❸ im Dock, und klicken Sie dann in der Auswahl auf das Programmsymbol **Vorschau**.

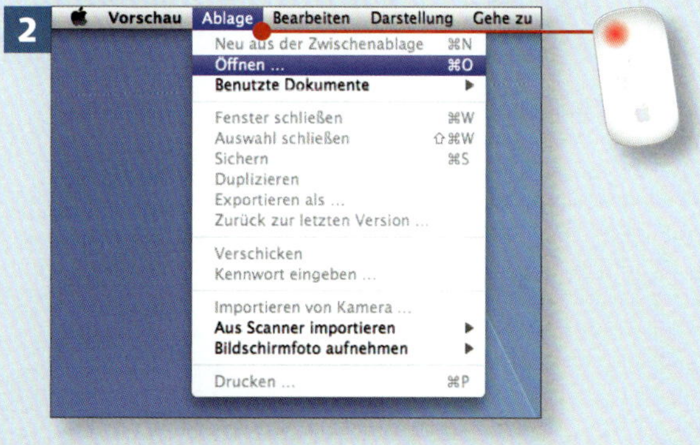

Schritt 2

Um ein PDF-Dokument zu öffnen, wählen Sie den Menüpunkt **Ablage ▸ Öffnen** oder drücken alternativ die Tastenkombination [cmd] + [O].

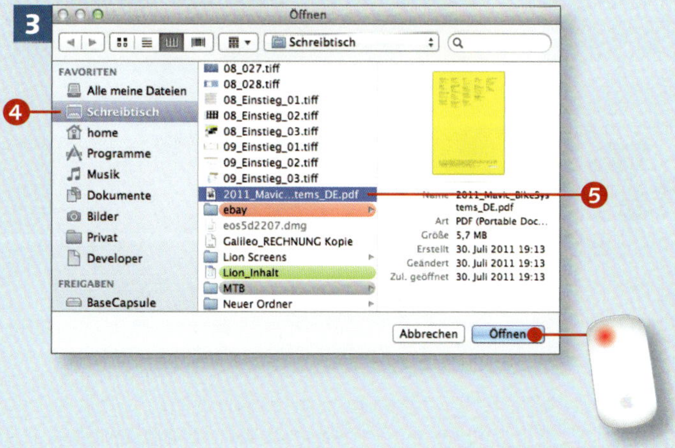

Schritt 3

Navigieren Sie zum Speicherort des zu öffnenden PDF-Dokuments. Befindet es sich z. B. auf dem Schreibtisch, wählen Sie in der linken Spalte den Punkt **Schreibtisch** ❹. Markieren Sie anschließend das Dokument in der Übersicht ❺, und bestätigen Sie die Wahl mit einem Klick auf die Schaltfläche **Öffnen**.

PDFs betrachten und bearbeiten: Vorschau nutzen (Forts.)

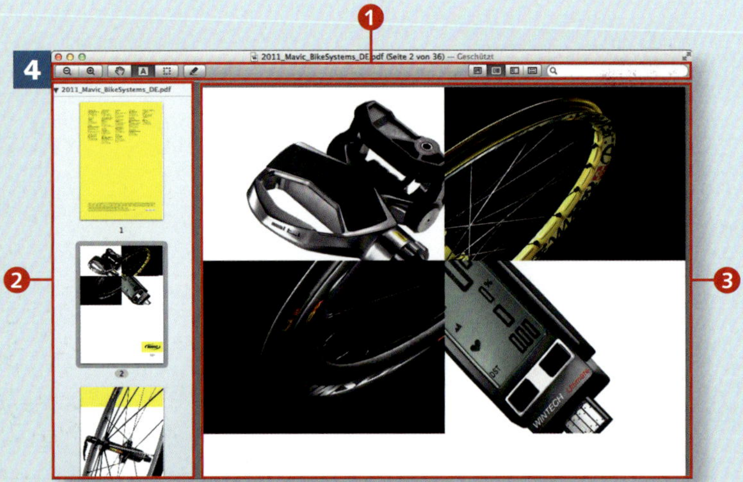

Schritt 4

Das Vorschaufenster ist in drei Bereiche unterteilt: die *Symbolleiste* ❶ mit allen notwendigen Werkzeugen, die *Seitenleiste* ❷ mit einer Übersicht über die im Dokument enthaltenen Seiten und der *Anzeigebereich* ❸, in dem der Inhalt der PDF dargestellt wird.

Schritt 5

Wenn das Dokument mehrere Seiten hat, rufen Sie den Menüpunkt **Gehe zu ▸ Aufwärts** auf, um zur nächsten Seite im Dokument zu gelangen. Mit **Gehe zu ▸ Abwärts** ❹ können Sie eine Seite zurückspringen.

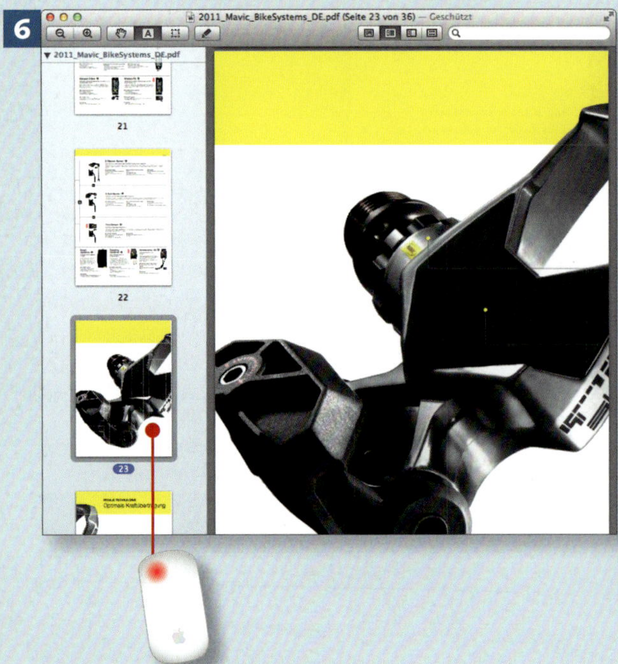

Schritt 6

Um direkt zu einer bestimmten Seite zu springen, klicken Sie in der Seitenleiste auf ihre Miniatur. Ziehen Sie den Scrollbalken mit gedrückter Maustaste nach unten, um durch die Seiten zu navigieren.

Die Seitenleiste einblenden
Sie blenden die Seitenleiste mit der kleinen Darstellung der Seiten ein, indem Sie den Menüpunkt **Darstellung ▸ Miniaturen** wählen. Möchten Sie die Miniaturansicht wieder verlassen, dann wechseln Sie über den Menüpunkt **Darstellung** zur Option **Nur Inhalt**.

Schritt 7

Mithilfe der Zoomfunktion können Sie die Details eines Dokuments in Augenschein nehmen. Klicken Sie in der Symbolleiste auf die Lupe mit dem Plus, um die Anzeige des Dokuments zu vergrößern. Mit einem Klick auf die Lupe mit dem Minus wird die Ansicht hingegen verkleinert.

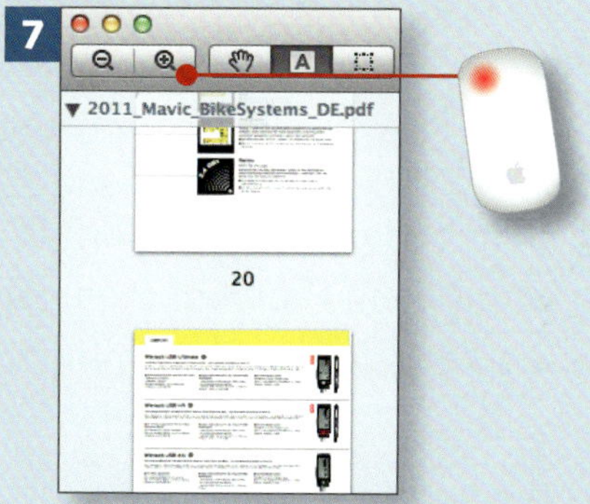

Schritt 8

Sie können Teile der PDF kopieren, wenn Sie z. B. einen Abschnitt daraus in einem anderen Dokument verwenden möchten. Klicken Sie dazu auf die Schaltfläche **Auswählen** ❺, oder nutzen Sie den Menübefehl **Werkzeuge ▸ Werkzeug zum Auswählen**. Ziehen Sie dann mit gedrückter Maustaste ein Rechteck um den gewünschten Bereich auf.

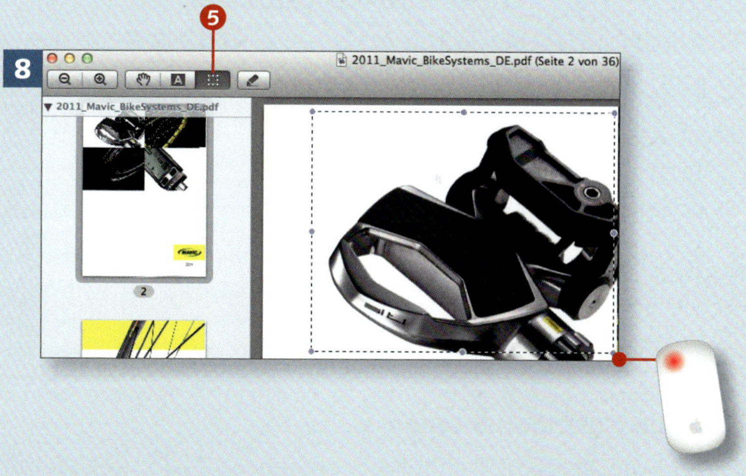

Schritt 9

Um die Auswahl in die Zwischenablage zu übernehmen, wählen Sie dann die Menüfunktion **Bearbeiten ▸ Kopieren**. Sie fügen diesen Inhalt in einem anderen Programm über den Menübefehl **Bearbeiten ▸ Einsetzen** ❻ wieder ein.

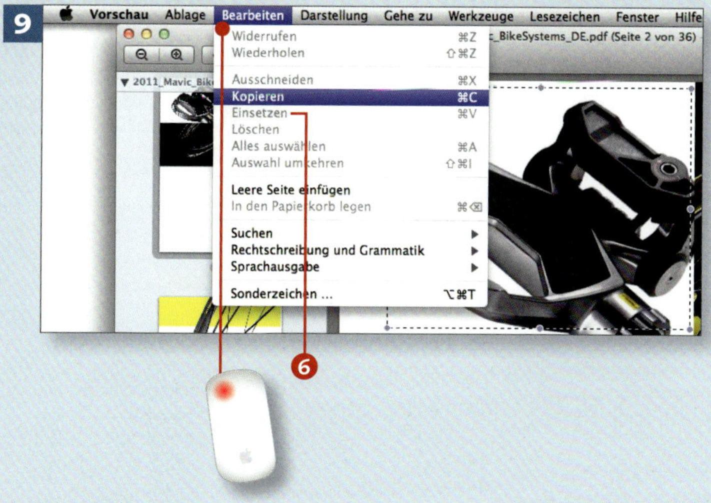

Kapitel 9
Adressen, Kontakte und Termine verwalten

Alle Kontakte im Überblick haben und keinen Termin mehr verpassen – dank der Programme Adressbuch und iCal ist das kein Problem mehr. Sie erfahren in diesem Kapitel, wie Sie Ihre Kontakte und Adressen verwalten und Termine und Kalender organisieren.

Adressen verwalten

Die zentrale Lösung für die Organisation von Kontakten und Adressen ist das Programm Adressbuch. Hier können Sie neue Kontakte erfassen ❶ und jedes Kontaktdetail, z. B. Rufnummern, E-Mail-Adressen oder die Postanschrift, speichern.

Termine erstellen

Für die Terminverwaltung ist das Programm iCal zuständig. In der Kalenderübersicht lassen sich leicht neue Termine anlegen. Klicken Sie einfach mit der Maus in die Tagesspalte, und geben Sie die Details Ihres Termins ein ❷. Mit einem Klick auf **Speichern** wird der Termin in der Kalenderübersicht angezeigt.

Neue Kalender anlegen

iCal bietet die Möglichkeit, getrennte Kalender zu verwalten, z. B. für Ihre privaten und geschäftlichen Termine. Einen neuen Kalender legen Sie über das Menü **Ablage ▸ Neuer Kalender** an. Er wird dann im Aufklappmenü **Kalender** ❸ angezeigt.

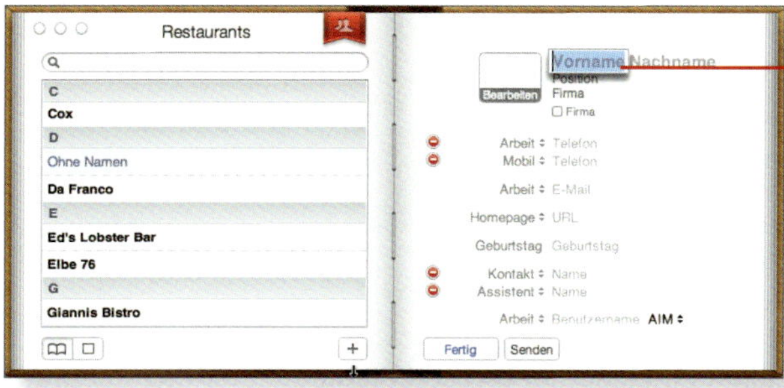

❶ Für jede Kontaktinformation stellt das Adressbuch ein eigenes Feld zur Verfügung.

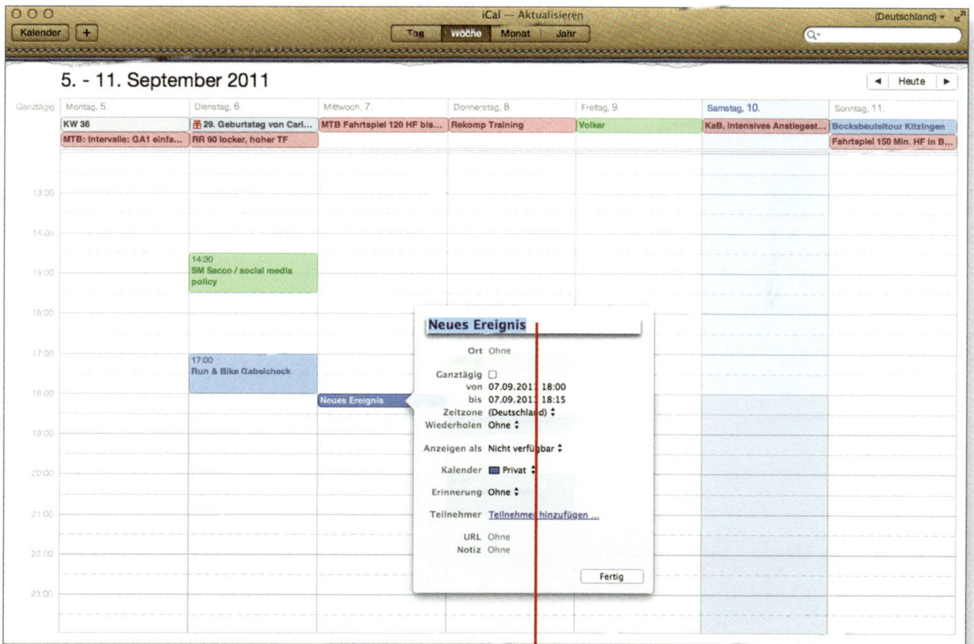

❷ Auch in der Kalenderübersicht können Sie einen Termin erstellen.

Die verschiedenen Kalender sind über die Schaltfläche **Kalender** aufrufbar. ❸

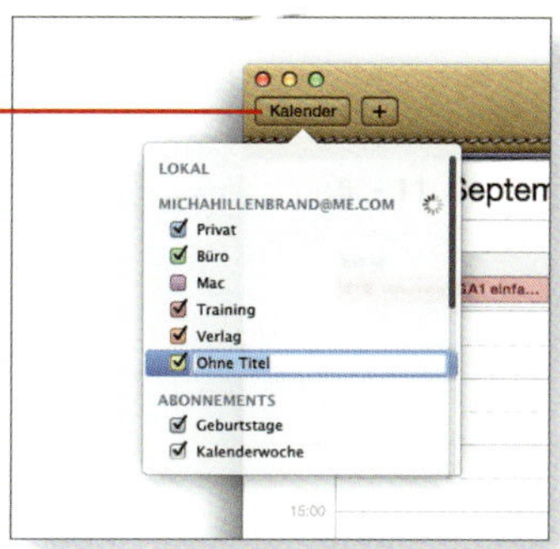

Das Adressbuch nutzen

1

Ihre Kontakte und Adressen lassen sich im Adressbuch zentral verwalten. In diesem Abschnitt erfahren Sie, wie Sie das Adressbuch effektiv nutzen.

Schritt 1

Auf das Adressbuch greifen Sie direkt über das Dock zu. Sie können das Programm mit einem Klick auf das Symbol **Adressbuch** starten.

2

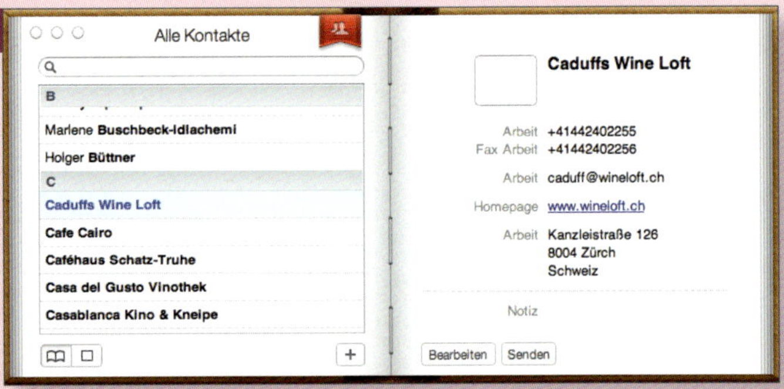

Schritt 2

Das Programmfenster ist standardmäßig zweigeteilt: in eine alphabetische Auflistung aller Kontakte und eine Übersichtsseite. Auf Letzterer werden die Detailinformationen zu einem Kontakt angezeigt, wenn er in der Liste ausgewählt wurde.

3

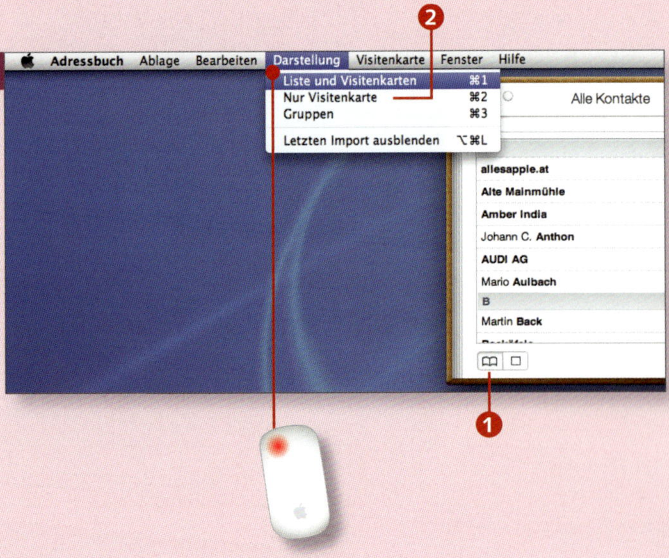

Schritt 3

Die Ansicht des Programmfensters lässt sich verändern. Standardmäßig ist die Darstellung **Liste und Visitenkarten** ❶ aktiviert. Sie können sie auch direkt über das Menü **Darstellung ▸ Liste und Visitenkarten** oder die Tastenkombination [cmd] + [1] aufrufen.

Schritt 4

Wenn Sie jeweils nur eine Visitenkarte sehen möchten, wählen Sie diese Einzelansicht über das Menü **Darstellung ▸ Nur Visitenkarte** ❷, indem Sie [cmd] + [2] drücken oder einfach mit einem Klick auf die Schaltfläche **Nur Visitenkarte**.

Schritt 5

Sie können Ihre Kontakte in Gruppen organisieren. Fassen Sie z. B. alle beruflichen Kontakte zusammen ❸ (siehe dazu den Abschnitt »Kontakte richtig verwalten« ab Seite 208). Diese Übersicht lässt sich über das Menü **Darstellung ▸ Gruppen** oder mit dem Tastenkürzel [cmd] + [3] einblenden.

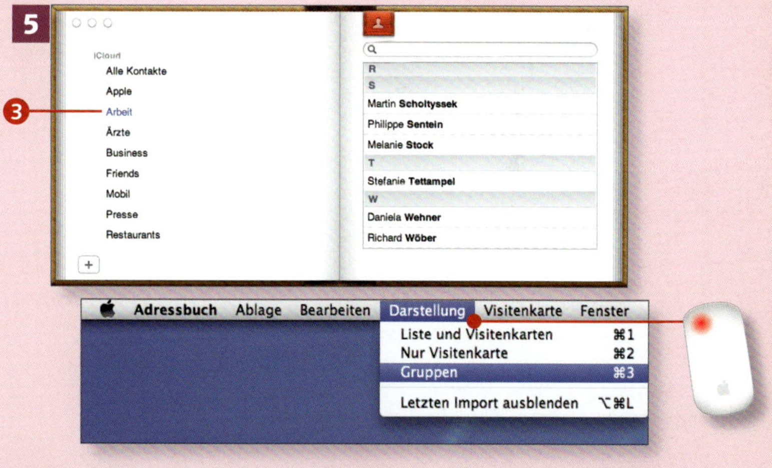

Schritt 6

Wenn Sie einen Namen in das Suchfeld eingeben, durchsuchen Sie Ihr Adressbuch. Die Treffer werden auch innerhalb des Suchfensters angezeigt. Klicken Sie eine Adresse an, um die Details zu sehen.

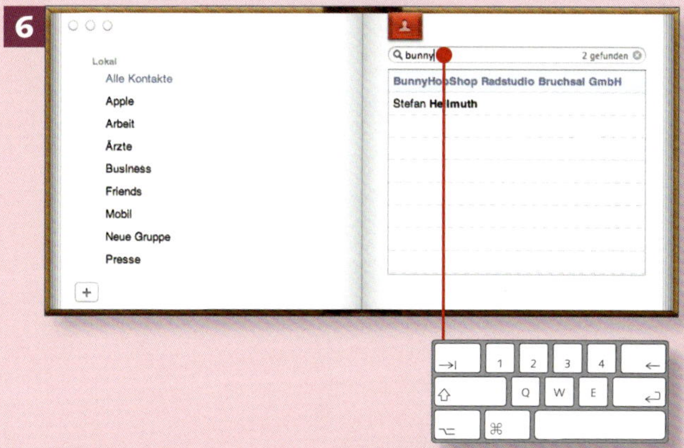

Visitenkarte einzeln öffnen

Sie können die Visitenkarte auch einzeln betrachten. Rufen Sie den Menübefehl **Visitenkarte ▸ Im eigenen Fenster öffnen** auf, oder drücken Sie [cmd] + [I].

Das Adressbuch nutzen (Forts.)

7

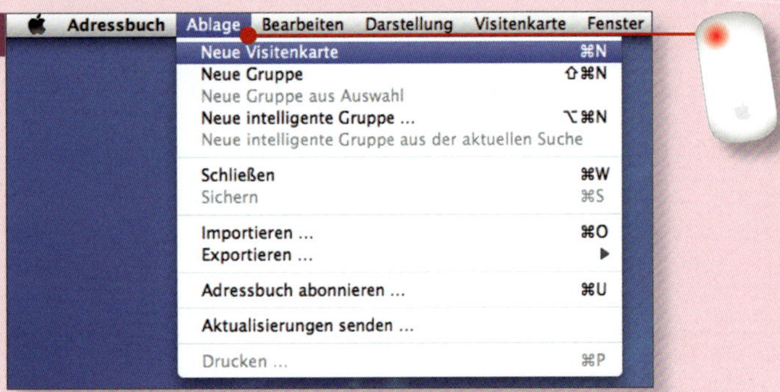

Schritt 7

Sie legen einen neuen Kontakt z. B. an, indem Sie eine Visitenkarte erstellen. Die dazu notwendigen Funktionen finden Sie im Menü **Ablage ▸ Neue Visitenkarte**. Alternativ können Sie auch auf das Plus am Fuß des Fensters klicken oder [cmd] + [N] drücken.

8

Schritt 8

Die für die Visitenkarte vorgesehenen Felder werden angezeigt. Füllen Sie die Felder mit Informationen. Mit der [→|]-Taste können Sie direkt in das nächste Feld springen und so die Punkte Schritt für Schritt eintragen.

9

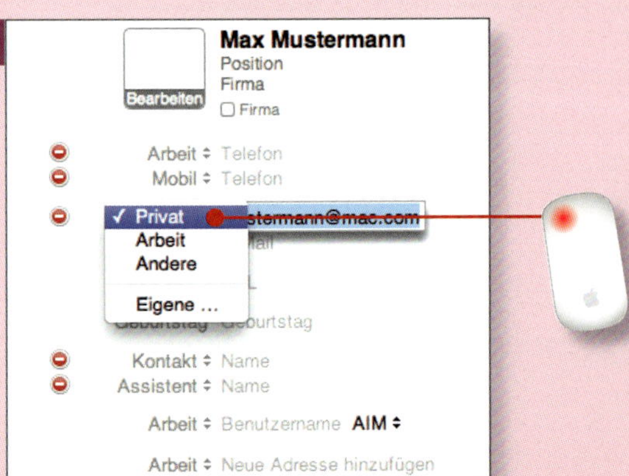

Schritt 9

Über die Aufklappmenüs bestimmen Sie, was in die Felder eingetragen wird. Wählen Sie z. B. zwischen **Arbeit** oder **Privat**.

Weitere Felder einblenden

Zusätzliche Adressfelder, z. B. den Spitznamen oder den Titel, blenden Sie über das Menü **Visitenkarte ▸ Feld hinzufügen** ein.

Schritt 10

Falls die Visitenkarte zu viele Felder enthält, entfernen Sie sie mit einem Klick auf die Minus-Schaltfläche. Auch nicht ausgefüllte Felder werden nicht mehr angezeigt, nachdem Sie die Karte mit **Fertig** gespeichert haben.

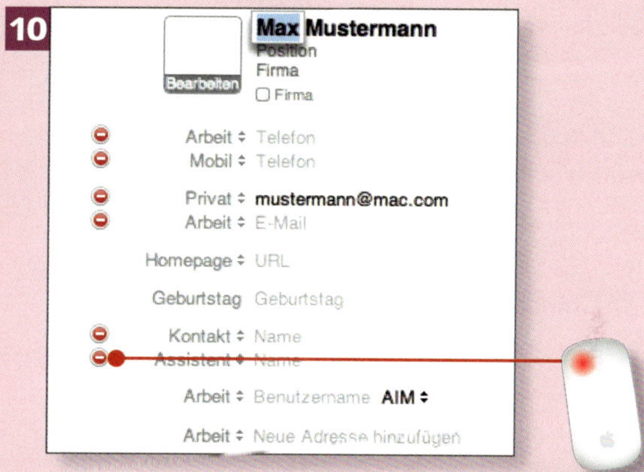

Schritt 11

Hinterlegen Sie ein Foto Ihres Kontakts. Dazu ziehen Sie einfach ein auf Ihrem Rechner gespeichertes Bild im Format JPEG, TIFF oder PNG mit gedrückter Maustaste in das Platzhalterfeld.

Schritt 12

Am Fuß der Visitenkarte finden Sie das Feld **Notiz**. Dort können Sie in Freitextform wichtige Informationen zu Ihrem Kontakt erfassen.

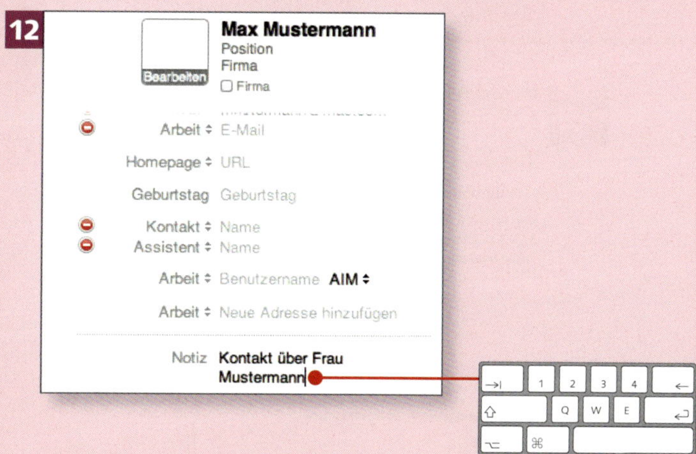

Bildausschnitt anpassen

Den Bildausschnitt können Sie anpassen, wenn Sie einen Doppelklick auf das Bild ausführen. Im daraufhin angezeigten Dialogfenster können Sie den Zoomregler benutzen, um den Ausschnitt zu verändern.

Kontakte richtig verwalten

1

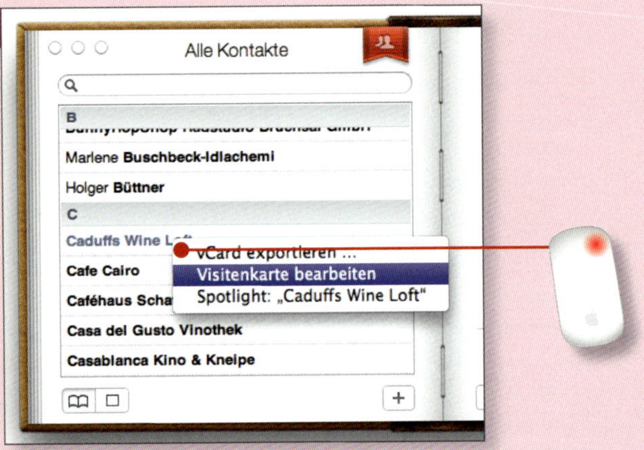

2

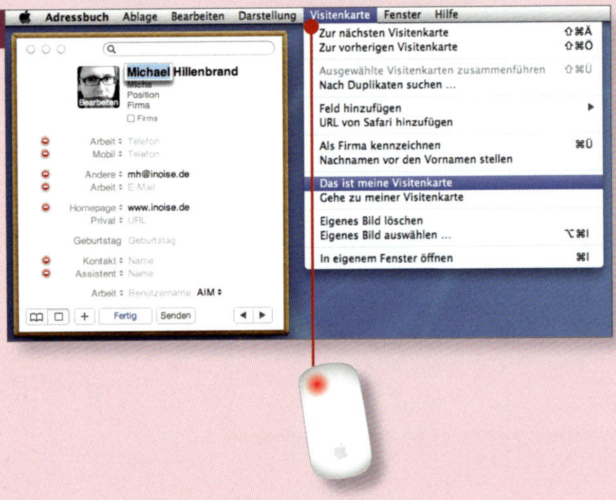

3

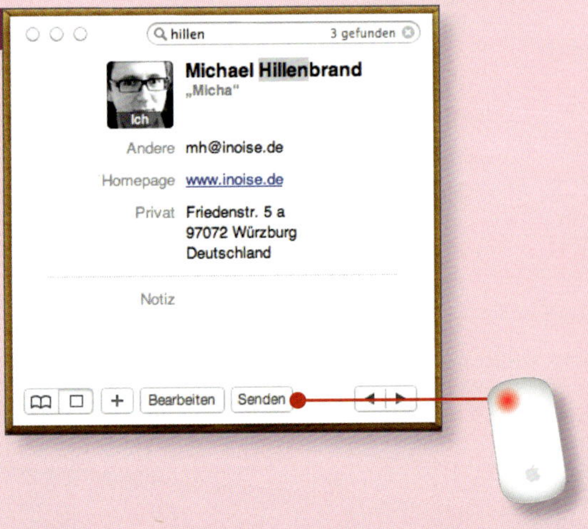

Das Adressbuch kann schnell unübersichtlich werden. Wie Sie darin Ordnung halten, erfahren Sie nun.

Schritt 1

Klicken Sie mit der rechten Maustaste auf einen Eintrag, und wählen Sie aus dem Kontextmenü die Option **Visitenkarte bearbeiten**. Nun können Sie Ihre Änderungen vornehmen oder Informationen ergänzen.

Schritt 2

Wenn Sie Ihre eigenen Kontaktinformationen im Adressbuch speichern, können Sie sie bei Bedarf einfach an andere weiterleiten. Legen Sie eine neue Visitenkarte an (siehe Schritt 7 im Abschnitt »Das Adressbuch nutzen« auf Seite 206), markieren Sie sie mit der Maus, und rufen Sie dann die Menüfunktion **Visitenkarte ▸ Das ist meine Visitenkarte** auf.

Schritt 3

Um die Visitenkarte eines Kontakts direkt per E-Mail weiterzuleiten, wählen Sie diesen Kontakt aus und klicken anschließend auf die Schaltfläche **Senden**. Automatisch wird das Programm Mail geöffnet und die Visitenkarte als Anhang hinzugefügt.

Schritt 4

Wenn Sie eine elektronische Visitenkarte (vCard) per E-Mail zugesandt bekommen, können Sie die Daten direkt in Ihr Adressbuch übernehmen. Rufen Sie dazu den Menübefehl **Ablage ▸ Importieren** ❶ auf. Wählen Sie dann den Speicherort ❷, und bestätigen Sie den Import mit einem Klick auf **Öffnen**.

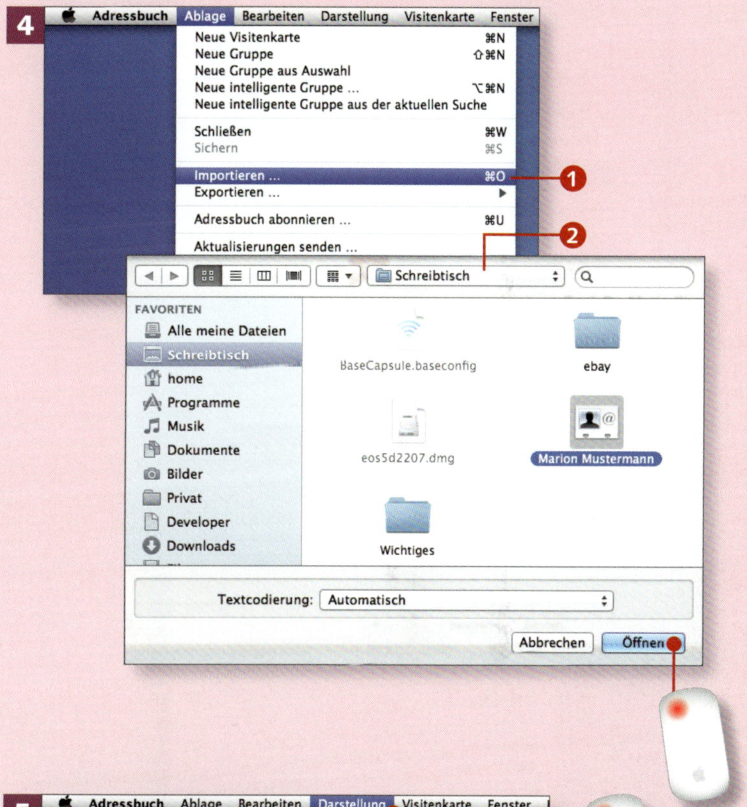

Schritt 5

Sie können mehrere Visitenkarten zu einer Gruppe zusammenfassen. So ordnen Sie Ihre Kontakte z. B. nach Lebensbereichen oder Kontaktarten. Dabei kann eine Visitenkarte zu verschiedenen Gruppen gehören. Blenden Sie zuerst über das Menü **Darstellung ▸ Gruppen** die passende Ansicht ein.

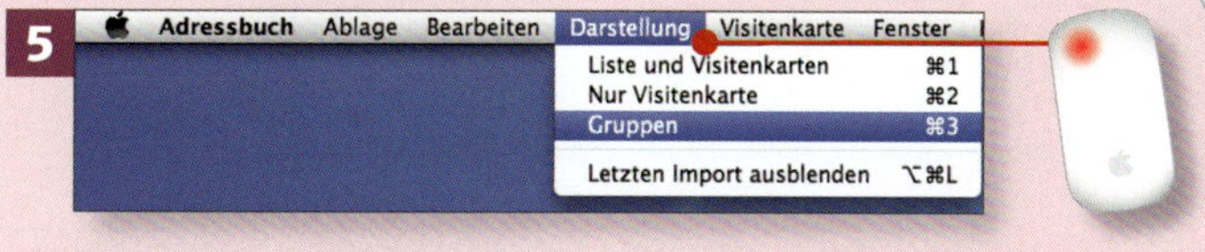

Schritt 6

Um eine neue Gruppe im Adressbuch anzulegen, wählen Sie den Menüpunkt **Ablage ▸ Neue Gruppe** ❸. Überschreiben Sie dann den Standardtitel **Neue Gruppe** mit Ihrem Wunschnamen.

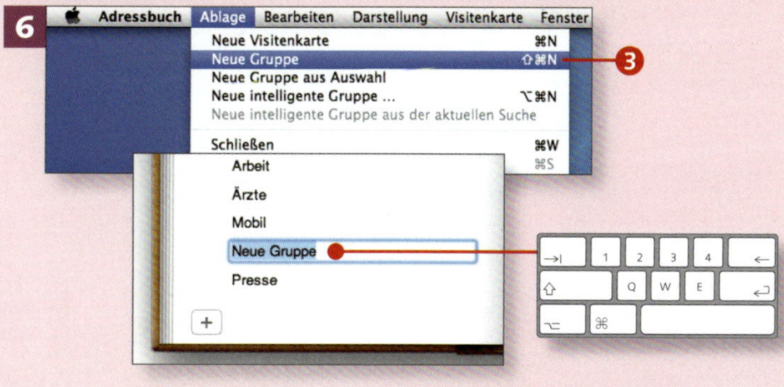

Kontakte richtig verwalten (Forts.)

7
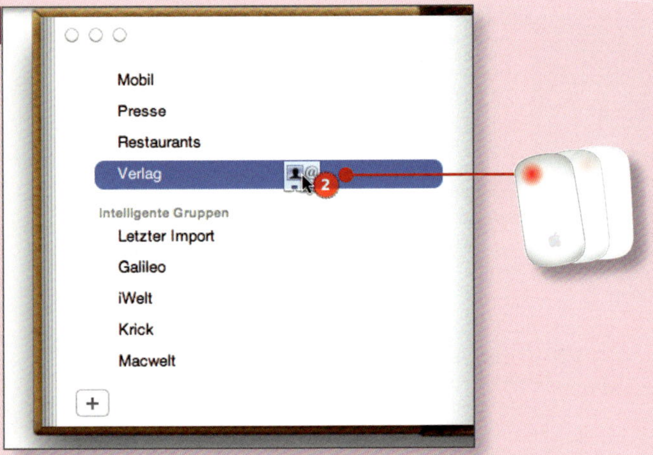

Schritt 7

Wählen Sie jetzt die Kontakte aus der Liste aus, die Sie der neuen Gruppe hinzufügen möchten. Eine Mehrfachauswahl erreichen Sie, indem Sie beim Klicken die Taste [cmd] gedrückt halten. Ziehen Sie den Kontakt oder die Auswahl dann mit gedrückter Maustaste auf die neue Gruppe.

8
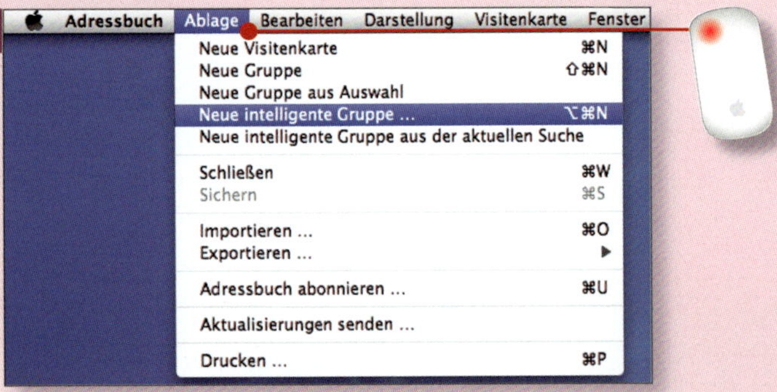

Schritt 8

Es ist auch möglich, Gruppen auf der Basis von Regeln automatisch zu erstellen. Eine solche *intelligente Gruppe* können Sie über das Menü **Ablage ▸ Neue intelligente Gruppe** erstellen.

9
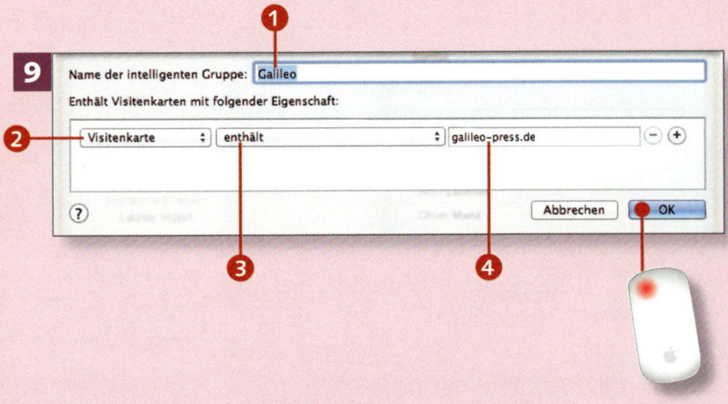

Schritt 9

Vergeben Sie jetzt im Regelfenster einen Namen ❶ für die Gruppe, und bestimmen Sie ihre Eigenschaften mithilfe der Aufklappmenüs. Zum Beispiel können Sie bestimmen, dass alle Kontakte mit einer bestimmten E-Mail-Adresse in einer Gruppe zusammengefasst werden. Geben Sie dafür die Regel **Visitenkarte** ❷ **enthält** ❸ **[Domainnamen]** ❹ an. Bestätigen Sie Ihre Regel mit einem Klick auf **OK**.

Schritt 10

Sie können einen Kontakt aus einer Gruppe auch wieder löschen. Er wird dann aus der Gruppe entfernt, aber nicht komplett gelöscht. Wählen Sie einen Eintrag aus, und rufen Sie dann die Menüfunktion **Bearbeiten ▸ Aus der Gruppe entfernen** auf. Der Eintrag verschwindet sofort.

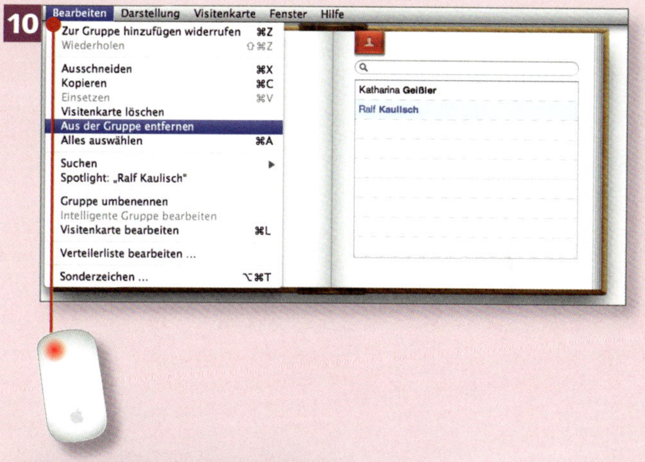

Schritt 11

Manchmal sind Kontakte doppelt im Adressbuch angelegt. Mit dem Menübefehl **Visitenkarten ▸ Nach Duplikaten suchen** ❺ finden Sie sie schnell. Wurden Duplikate gefunden, weist Sie ein Hinweisdialog darauf hin. Klicken Sie auf **Zusammenführen**, wenn die doppelten Einträge zusammengefasst werden sollen.

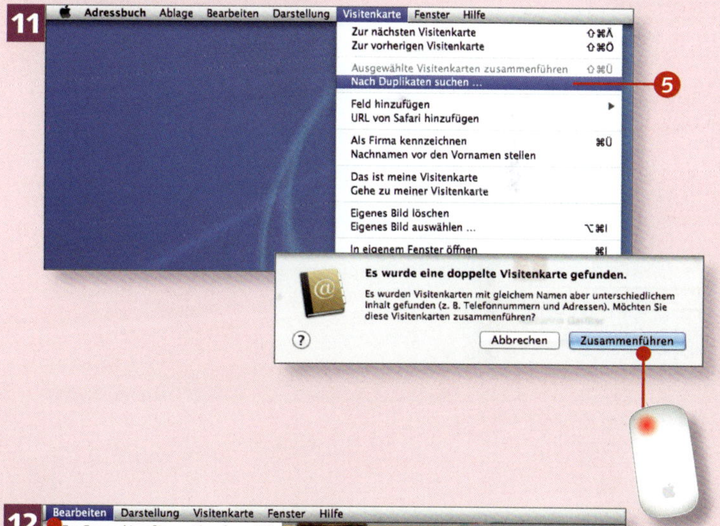

Schritt 12

Wenn Sie einen Kontakt nicht mehr benötigen, klicken Sie den Eintrag in der Liste an und wählen **Bearbeiten ▸ Visitenkarte löschen**. Sie können auch die Taste [←] drücken und im Aufklappmenü dann auf **Löschen** klicken.

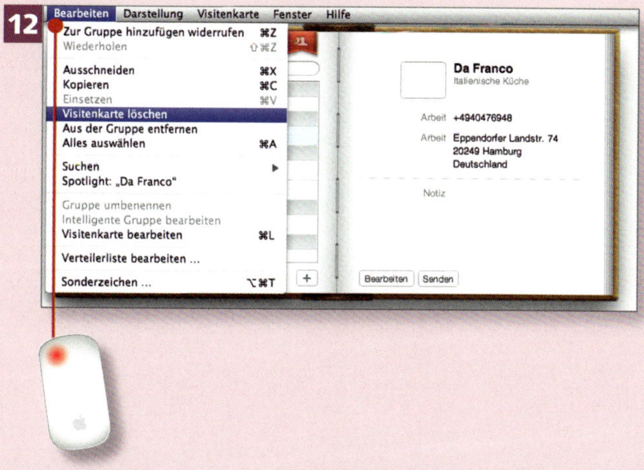

Termine in iCal organisieren

Keinen Termin mehr verpassen und keine Aufgabe mehr vergessen: Mit dem richtigen Einsatz von iCal haben Sie Ihr (Arbeits-)Leben voll im Griff.

Schritt 1

Für die Termin- und Aufgabenverwaltung ist beim Mac das Programm **iCal** zuständig. Sie können diese Anwendung mit einem Klick auf das Programmsymbol im Dock starten.

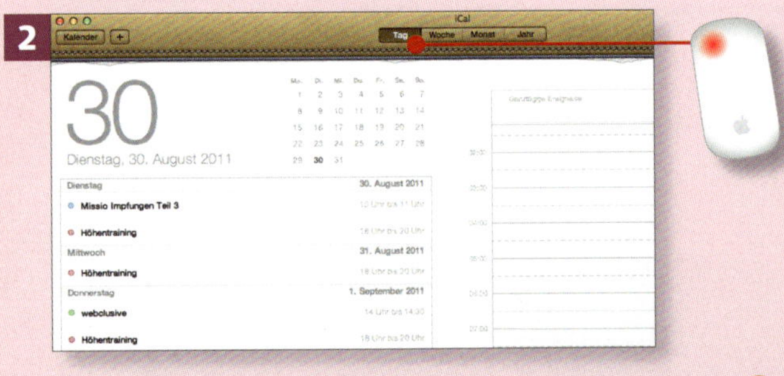

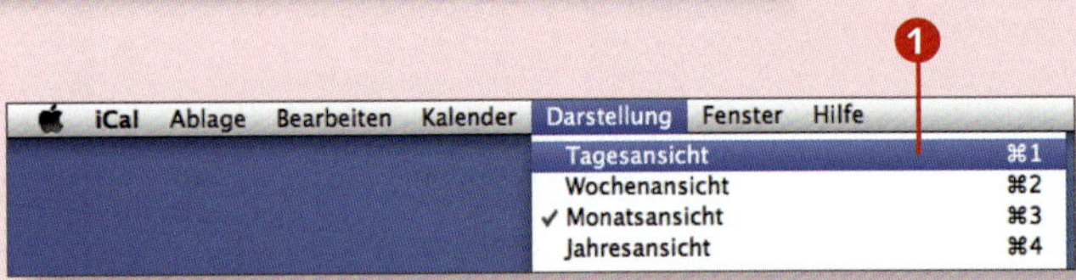

Schritt 2

Die Kalenderübersicht kann unterschiedlich aussehen. Sie wählen die Ansicht über die Schaltflächen in der Mitte des Programmfensters aus: Klicken Sie z. B. auf **Tag**. Sie können diese Ansicht aber auch über das Menü **Darstellung ▸ Tagesansicht** ❶ aufrufen.

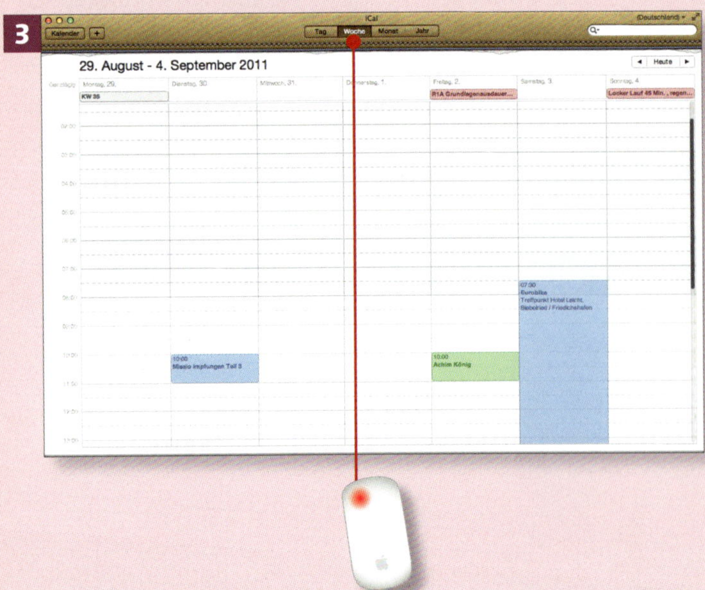

Schritt 3

Die Wochenansicht rufen Sie auf, indem Sie auf die Schaltfläche **Woche** klicken. Alternativ können Sie auch den Menübefehl **Darstellung ▸ Wochenansicht** nutzen.

Schritt 4

Mit der Monatsansicht haben Sie den kompletten Monat im Blick. Sie lässt sich über die Schaltfläche **Monat** aufrufen. Die gleiche Funktion finden Sie im Menü unter **Darstellung ▸ Monatsansicht**.

4

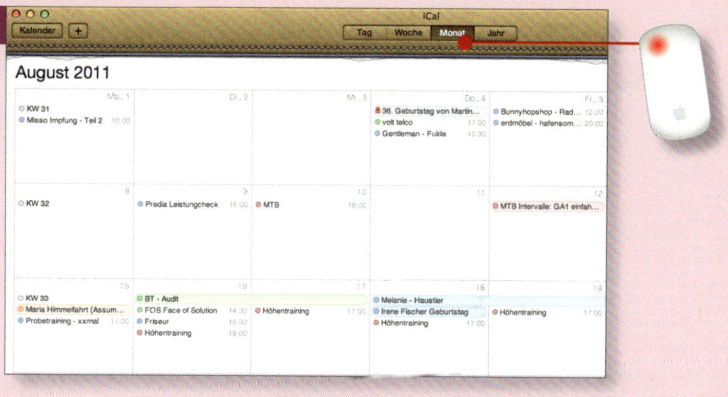

Schritt 5

Die Jahresübersicht zeigt schließlich das gesamte Jahr an. Klicken Sie dafür auf die Schaltfläche **Jahr**, oder wählen Sie **Darstellung ▸ Jahresansicht** im Menü.

5

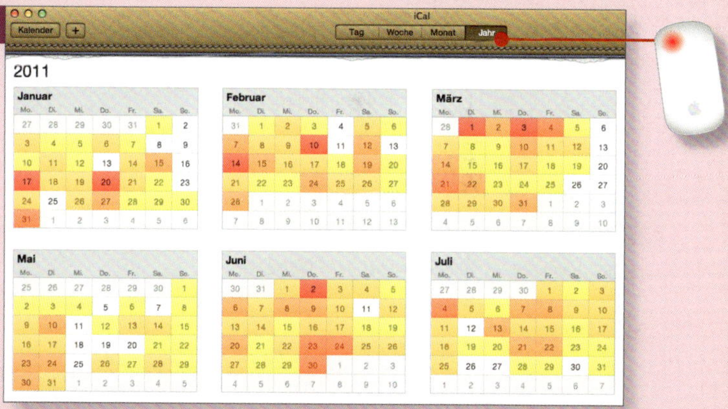

Schritt 6

Von Tag zu Tag oder Monat zu Monat navigieren Sie mithilfe der Pfeile oben rechts im Programmfenster. Klicken Sie auf die Pfeilschaltfläche nach rechts, um vorwärtszublättern. Mit der linken Pfeilschaltfläche blättern Sie rückwärts.

6

Zeitzonen nutzen
iCal unterstützt auch die Terminverwaltung in verschiedenen Zeitzonen. Klicken Sie unter dem Menüpunkt **Einstellungen ▸ Erweitert** auf die Option **Zeitzonen-Unterstützung aktivieren**. Sie sehen dann in der rechten oberen Fensterecke ein Auswahlmenü, das den Wechsel zwischen Zeitzonen ermöglicht.

Termine in iCal organisieren (Forts.)

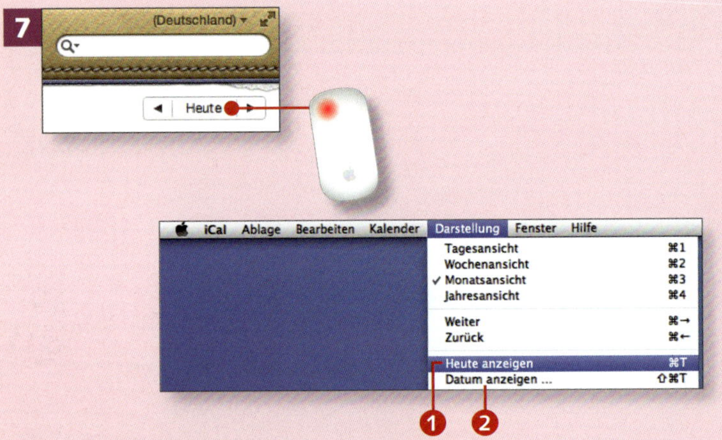

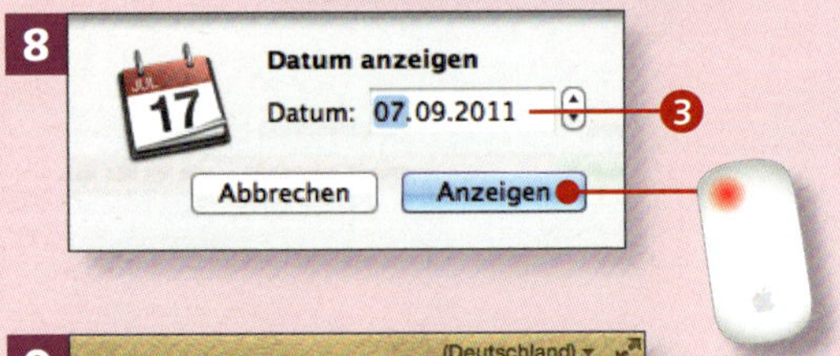

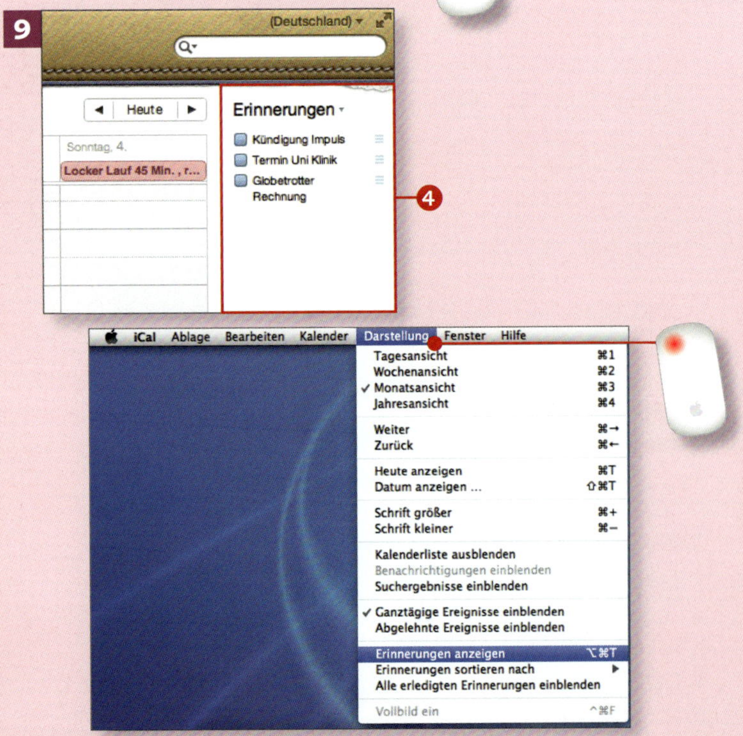

Schritt 7

Mit einem Klick auf die Schaltfläche **Heute** können Sie sich immer wieder direkt den aktuellen Tag anzeigen lassen. Alternativ verwenden Sie den Menübefehl **Darstellung ▸ Heute anzeigen** 1 oder drücken cmd + T.

Schritt 8

Es ist auch möglich, ein Datum direkt aufzurufen. Wählen Sie dazu den Menübefehl **Darstellung ▸ Datum anzeigen** 2. Im Auswahldialog geben Sie dann das gesuchte Datum 3 an. Bestätigen Sie es mit einem Klick auf **Anzeigen**.

Schritt 9

Wenn Sie Aufgaben und Erinnerungen in iCal eintragen, werden diese in der Seitenleiste 4 angezeigt. Sie blenden sie über den Menüpunkt **Darstellung ▸ Erinnerungen anzeigen** ein und aus. Alternativ drücken Sie cmd + alt + T.

Erinnerungen priorisieren

Einmal angelegten Erinnerungen können Sie verschiedene Prioritäten verleihen. Klicken Sie dazu auf das Symbol am Ende des Eintrags. Im Aufklappmenü haben Sie die Wahl zwischen den Prioritätsstufen **Hoch**, **Mittel**, **Niedrig** und **Ohne**.

Schritt 10

Auch Kalenderereignisse und Aufgaben lassen sich durchsuchen. Geben Sie einen Begriff in das Suchfeld ein. Die Ergebnisse werden in der unteren Fensterhälfte angezeigt. Sie können die Suche auch mit der Tastenkombination [cmd] + [F] starten.

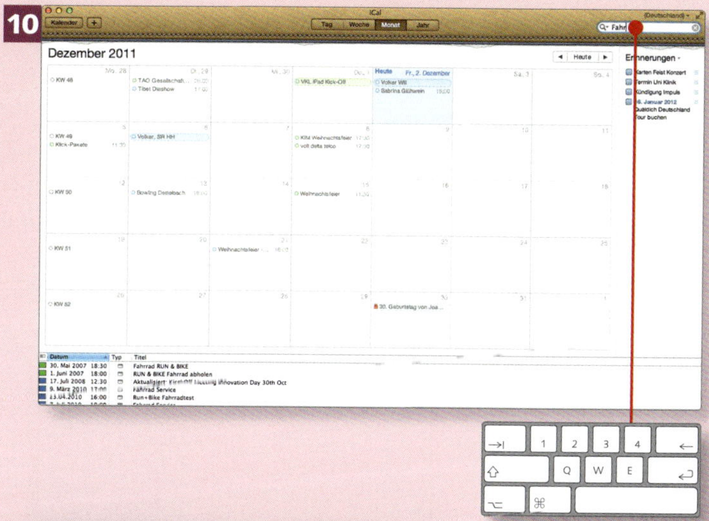

Schritt 11

iCal bringt bereits die Kalender **Privat** und **Büro** mit. So trennen Sie private von beruflichen Terminen. Wenn Sie auf die Schaltfläche **Kalender** klicken, öffnet sich ein Aufklappmenü, in dem alle Kalender aufgelistet sind (auch die selbst angelegten, siehe den Abschnitt »Kalender und Kalendereinträge anlegen« ab Seite 216).

Schritt 12

Möchten Sie nur einen bestimmten Kalender nutzen, entfernen Sie mit einem Klick die Häkchen vor den anderen Kalendern. Dann wird nur noch der ausgewählte Kalender in der Übersicht angezeigt. Die Einträge werden in der Farbe des Kalenders dargestellt, zu dem sie gehören.

Kalender und Kalendereinträge anlegen

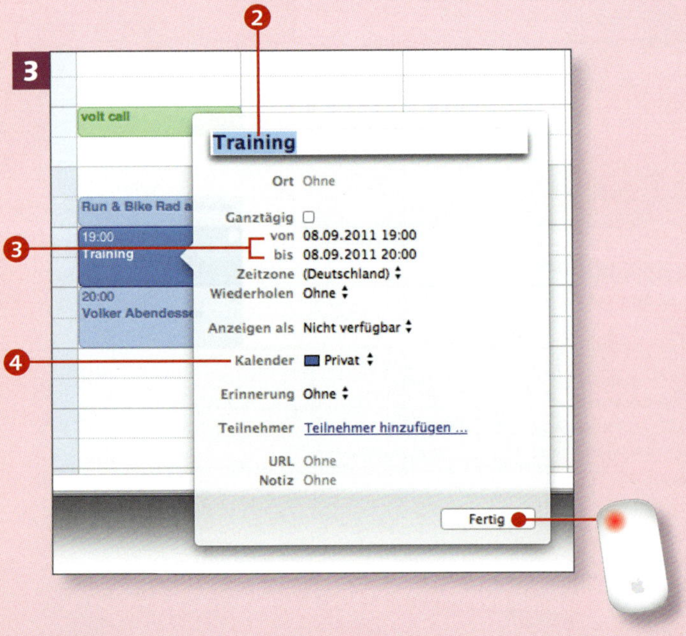

Wie Sie einen Eintrag anlegen oder einen ganzen Kalender erstellen, erfahren Sie hier.

Schritt 1

Sie legen ein neues Kalenderereignis an, indem Sie **Ablage ▸ Neues Ereignis** aus dem Menü wählen. Alternativ klicken Sie auf das Plus ❶.

Schritt 2

Ein Schnelleingabefenster öffnet sich. Dort können Sie die Eckdaten für den Termin eingeben, z. B. »19:00 Donnerstag Training«. Bestätigen Sie Ihre Eingabe mit der [↵]-Taste. Daraufhin erstellt iCal einen Termin: am Donnerstag in der ausgewählten Woche um 19 Uhr mit dem Hinweis »Training«.

Schritt 3

Nun wird das Bearbeitungsfenster für den Termin angezeigt. Präzisieren Sie Ihre Angaben: Vergeben Sie gegebenenfalls einen exakten Titel ❷, und legen Sie in den Feldern **von** und **bis** ❸ Datum und Uhrzeit fest. Im Feld **Kalender** ❹ wählen Sie aus dem Aufklappmenü den Kalender aus, in dem der Eintrag erstellt werden soll, z. B. **Privat**. Bestätigen Sie Ihre Angaben mit einem Klick auf **Fertig**.

Schritt 4

Es ist auch möglich, direkt in der Kalenderübersicht einen Eintrag zu erstellen. Doppelklicken auf das entsprechende Feld in der Übersicht. Ein Termin wird eingefügt. Überschreiben Sie den Standardtitel **Neues Ereignis** ❺ mit dem passenden Text. Wenn Sie mit dem Mauszeiger auf den Rand des Feldes zeigen, wird er zu einem Doppelpfeil ❻, und Sie können das Feld und damit den Termin durch Ziehen mit gedrückter Maustaste verlängern.

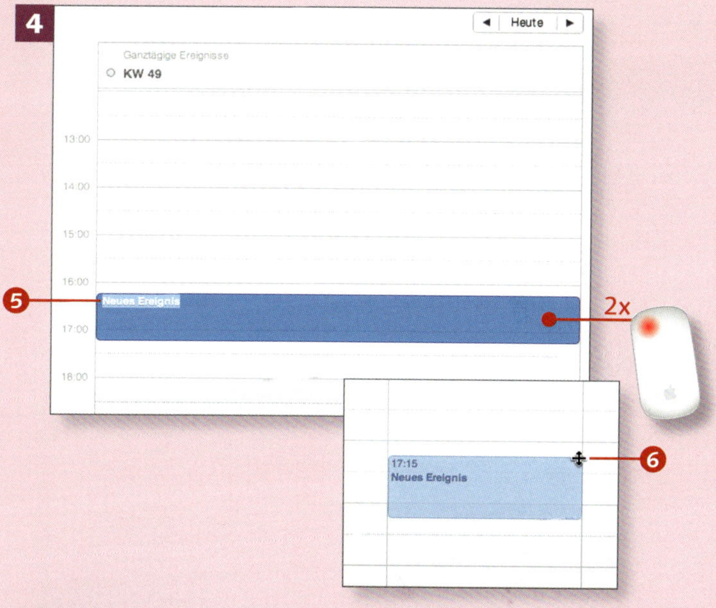

Schritt 5

Um einen neuen Kalender anzulegen, rufen Sie das Menü **Ablage ▸ Neuer Kalender** auf. Überschreiben Sie die Standardbezeichnung **Ohne Titel** ❼ mit Ihrem Wunschtitel.

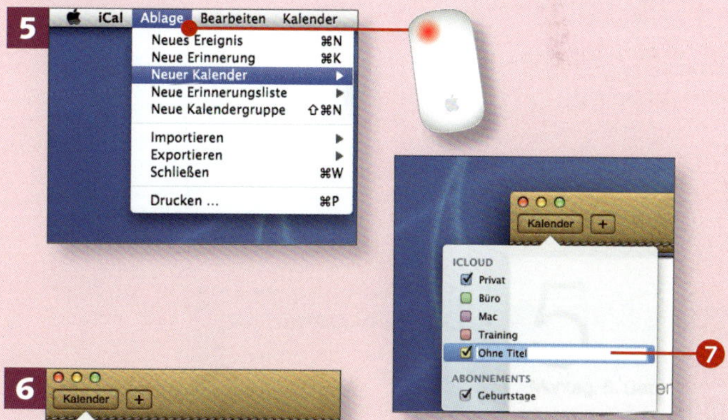

Schritt 6

Um weitere Einstellungen für den Kalender vorzunehmen, klicken Sie ihn mit der rechten Maustaste an. Wählen Sie **Informationen** aus dem Kontextmenü. Im nächsten Fenster können Sie den Namen ❽ ändern, eine Beschreibung ❾ hinzufügen und die Farbe ❿ bestimmen.

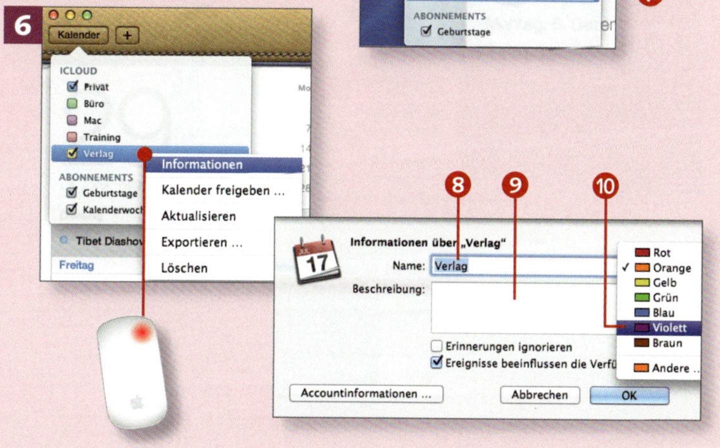

Weitere Kalender hinzufügen

Sie können Kalender nicht nur lokal anlegen, sondern sie auch über das Internet abonnieren und Ihrer Übersicht hinzufügen. Wie Sie dabei vorgehen, erklären wir Ihnen nun.

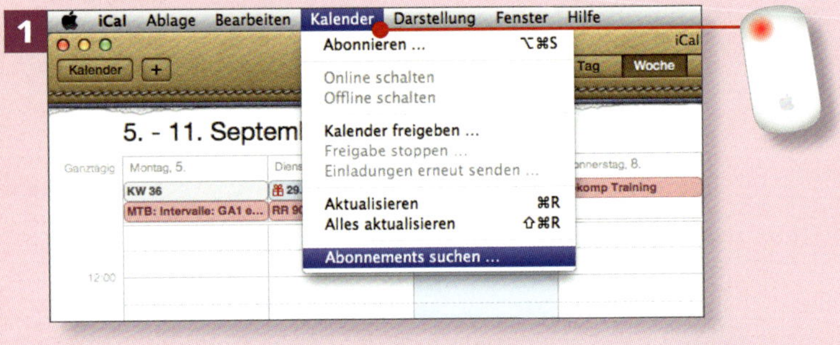

Schritt 1

Eine Auswahl an Kalender-Abos öffnen Sie über den Menüpunkt **Kalender ▸ Abonnements suchen**. Sehr praktische Abos sind z. B. die Übersicht aller Feiertage oder Schulferien in den verschiedenen Bundesländern.

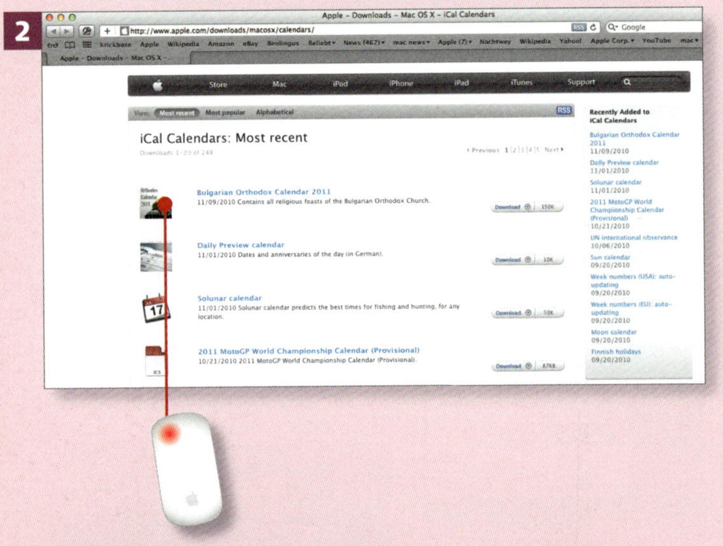

Schritt 2

Safari öffnet sich mit der Apple-Webseite von iCal. Dort finden Sie eine Sammlung von nützlichen Kalendern. Mit einem Klick auf einen Eintrag wird das Abo direkt in iCal übernommen.

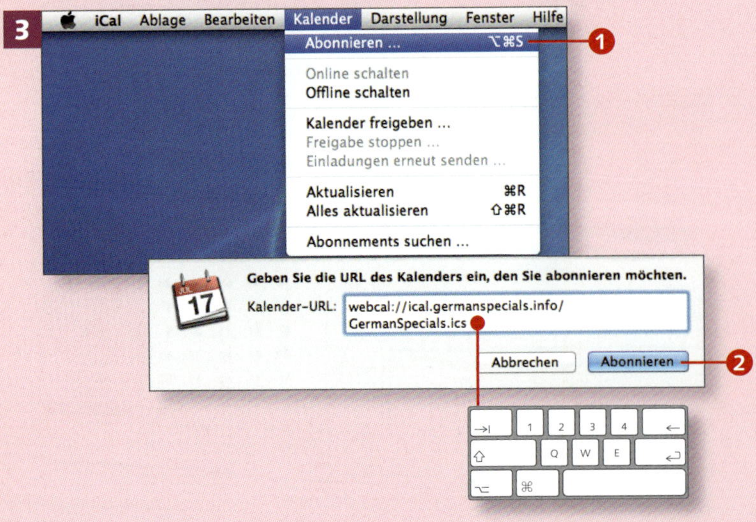

Schritt 3

Sie können Kalender auch direkt abonnieren. Rufen Sie dazu den Menübefehl **Kalender ▸ Abonnieren** ❶ auf. Anschließend geben Sie die URL des Kalenders ein, den Sie abonnieren möchten, z. B. *webcal://ical.germanspecials.info/GermanSpecials.ics*, und bestätigen die Angabe mit **Abonnieren** ❷.

Schritt 4

Schließen Sie die Anlage mit einem Klick auf **OK** ab. Die abonnierten Kalender finden Sie, nachdem Sie in der Kalenderübersicht auf die Schaltfläche **Kalender** geklickt haben, in der Kategorie **Abonnements**. Sie können sie nicht verändern, aber über das Setzen eines Häkchens ❸ ein- und ausblenden.

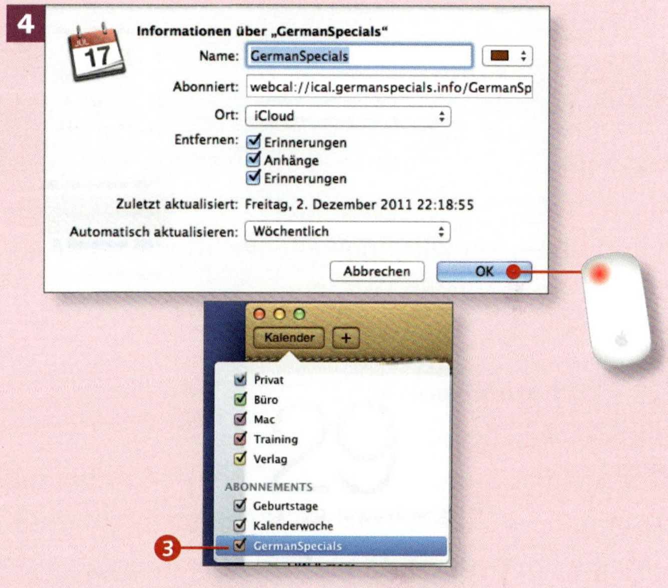

Schritt 5

iCal lädt abonnierte Kalender auf Ihren Rechner. Damit Sie immer die aktuellen Daten haben, rufen Sie den Menübefehl **Kalender ▸ Aktualisieren** auf.

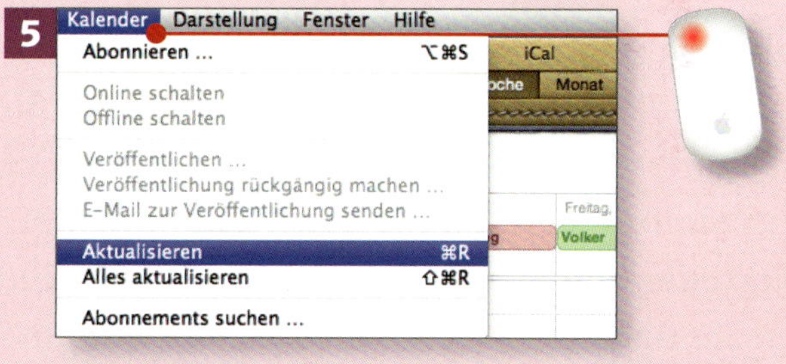

Schritt 6

Sie beenden ein Abo, indem Sie den entsprechenden Kalender löschen. Klicken Sie auf **Kalender** ❹, wählen Sie den Kalender mit einem Klick mit der rechten Maustaste aus, und wählen Sie dann **Löschen** aus dem Kontextmenü.

Kalender in iCloud

Sie können abonnierte Kalender über verschiedene Geräte wie iPhone und Mac nutzen. Achten Sie darauf, dass Sie bei der Anlage des Kalenders als Speicherort die Option **iCloud** wählen (siehe Schritt 4).

Kapitel 10
Fotos sortieren und bearbeiten – iPhoto

Fotos importieren, organisieren, bearbeiten und ausgeben: Mit iPhoto gibt es auf dem Mac ein Allround-Werkzeug für alle Belange rund um das Thema Digitalfotografie. In diesem Kapitel zeigen wir Ihnen alle wichtigen Schritte vom Import bis hin zur Ausgabe der Bilder in verschiedenen Formaten.

Fotos in iPhoto importieren

Wenn Sie Ihre Digitalkamera an den USB-Anschluss Ihres Rechners angeschlossen haben, starten Sie iPhoto mit einem Klick auf das Symbol im Dock. Das Programm wechselt direkt in den Importmodus. Sämtliche Aufnahmen auf der Kamera lassen sich über die Schaltfläche **Alle importieren** ❶ in die iPhoto-Mediathek übernehmen.

Ein Fotoalbum erstellen

Ordnung innerhalb der iPhoto-Mediathek schaffen Sie mit einer guten Organisation Ihrer Fotos. Am bequemsten lassen sich dafür Fotoalben verwenden. Damit können Sie Bilder aus unterschiedlichen Ereignissen oder auch anderen Fotoalben zusammenführen. Legen Sie über **Erstellen ▸ Neues Album** ein neues Fotoalbum an, wählen Sie dann Fotos aus, und ziehen Sie sie mit der Maus auf das neue Album in der linken Spalte ❷.

Fotos schnell verbessern

Auch Bildkorrekturen sind in iPhoto schnell erledigt. Wählen Sie das zu bearbeitende Foto auf dem Leuchttisch aus, und klicken Sie auf die Schaltfläche **Bearb.** unten rechts. Daraufhin werden Ihnen alle Bearbeitungswerkzeuge ❸ angezeigt. Das verbesserte Foto wird danach wieder in der Mediathek gespeichert.

1 Wenn Sie eine Digitalkamera oder Ihr iPhone mit iPhoto verbinden, wechselt das Programm automatisch in den Importmodus.

2 Nur durch Ziehen mit der Maus können Sie ein Fotoalbum erstellen.

3 iPhoto ermöglicht es, ein Foto mithilfe der Bearbeitungswerkzeuge schnell zu verschönern.

Fotos in iPhoto importieren

1

2

3

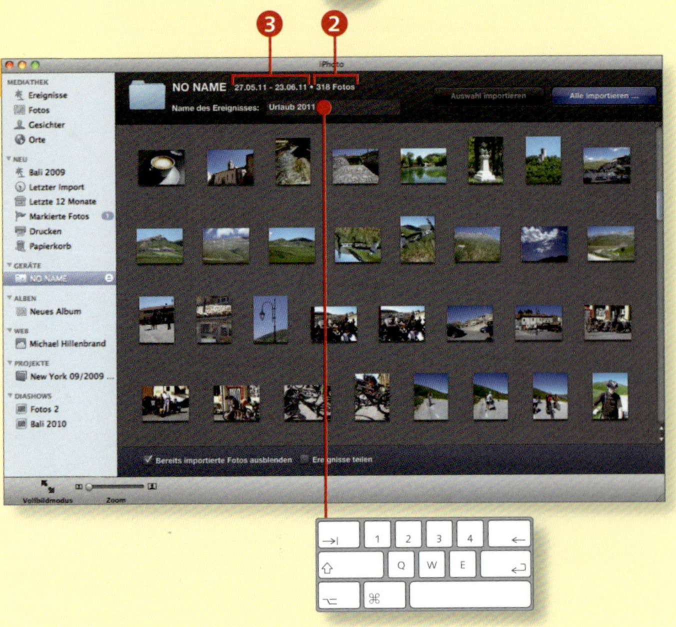

Bringen Sie Ihre Fotos von der Digitalkamera oder von einem Speichermedium einfach auf Ihren Mac.

Schritt 1

Schließen Sie Ihre Digitalkamera mit dem dazugehörigen Kabel an den USB-Anschluss **1** Ihres Macs an. Schalten Sie die Kamera ein, und wählen Sie den Importmodus. Hat Ihr Rechner einen integrierten SD-Kartenreader, stecken Sie die Speicherkarte in den SD-Port.

Schritt 2

Starten Sie iPhoto mit einem Klick auf das Programmsymbol im Dock. In der linken Spalte des iPhoto-Fensters sollte nun ein Kamerasymbol mit der Typbezeichnung Ihrer Kamera erscheinen. iPhoto öffnet sich und wechselt dann sofort in die Importansicht.

Schritt 3

Hier sehen Sie alle Bilder, die sich auf der Kamera bzw. dem Speichermedium befinden, in einer Voransicht. Zusätzlich erhalten Sie Informationen zur Anzahl **2** und zum Aufnahmezeitraum **3** der Fotos. Vergeben Sie einen Ereignisnamen, z. B. »Urlaub 2011«.

Schritt 4

Sollen alle Bilder der Kamera oder des Speichermediums ihren Weg in iPhoto finden, klicken Sie auf die Schaltfläche **Alle importieren**.

Schritt 5

Sie können aber auch nur eine Auswahl von Fotos importieren. Wählen Sie dazu einzelne Bilder mit der Maus und gedrückter cmd-Taste aus. Anschließend klicken Sie auf die Schaltfläche **Auswahl importieren** ❹.

Schritt 6

Nach dem Import klicken Sie auf **Fotos behalten**, wenn die Bilder auf dem Speichermedium bleiben sollen. Trennen Sie dann die Kamera oder das Speichermedium mit einem Klick auf die **Auswerfen**-Schaltfläche ❺. iPhoto katalogisiert die Bilder automatisch in der Mediathek unter **Neu ▸ Letzter Import** ❻.

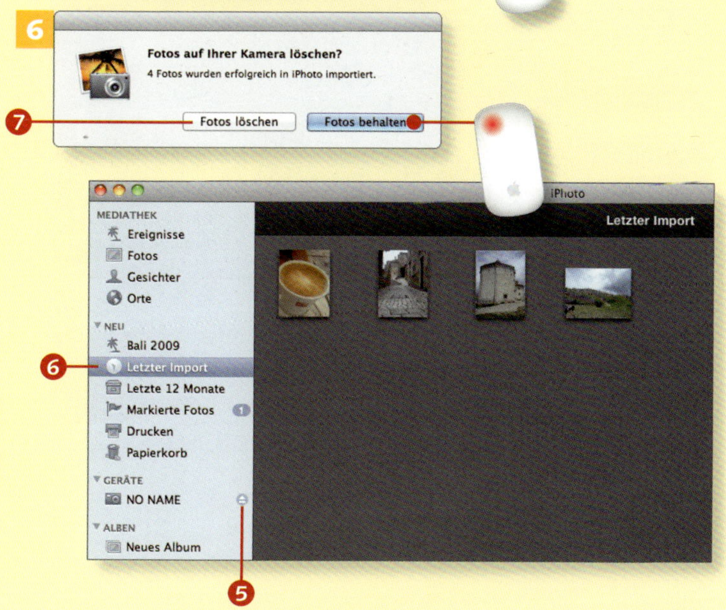

Fotos löschen

Sie können die Fotos auf der Speicherkarte nach dem Import löschen. Klicken Sie dazu auf **Fotos löschen** ❼. Dabei werden die importierten Bilder von der Karte gelöscht und sind danach nicht mehr verfügbar.

Fotos automatisch organisieren: Ereignisse

1

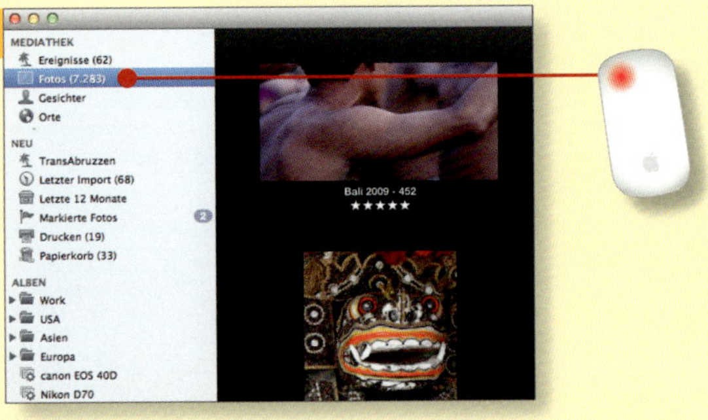

2

3

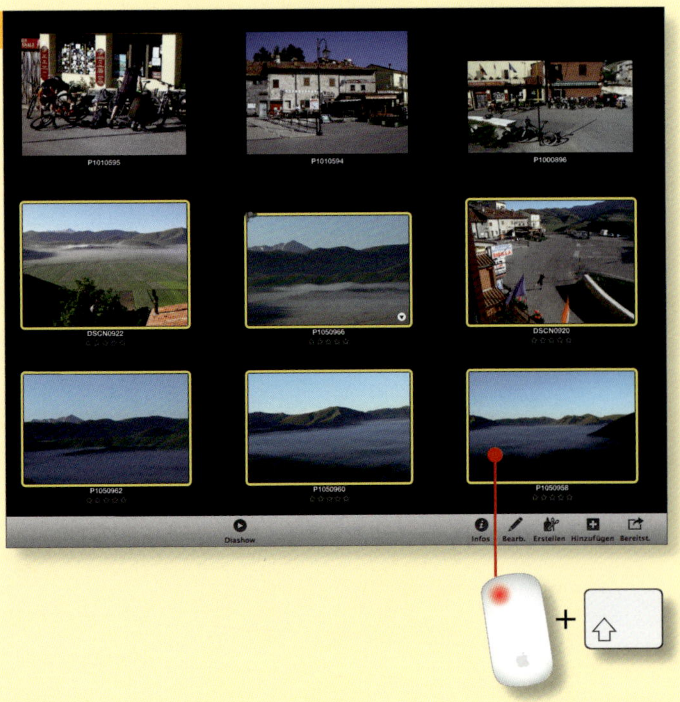

Mit jedem neuen Foto wird auch die iPhoto-Mediathek immer größer. Mit iPhoto-Ereignissen schaffen Sie Ordnung.

Schritt 1

iPhoto präsentiert alle Bilder in der Mediathek in der Fotoansicht. Sie rufen sie über den Punkt **Fotos** in der linken Spalte auf. Das Programm zeigt dort auch an, wie viele Bilder sich bereits in Ihrer Mediathek befinden.

Schritt 2

Bereits beim Import nimmt iPhoto eine Einordnung der Bilder auf der Basis von Ereignissen vor. Ein Ereignis ist eine zeitlich zusammenhängende Fotoreihe, z. B. eine Familienfeier oder eine Reise. Zugriff auf die Ereignisse haben Sie unter **Mediathek ▸ Ereignisse**.

Schritt 3

Sie können nach dem Import aber auch selbst Ereignisse erstellen. Treffen Sie dazu manuell eine Auswahl. Eine Bildreihe wählen Sie aus, indem Sie sie anklicken und dabei die [⇧]-Taste gedrückt halten. Um einzelne Bilder auszuwählen, klicken Sie sie an und drücken dazu die [cmd]-Taste.

Schritt 4

Steht die Auswahl, wählen Sie **Ereignisse ▸ Ereignis erstellen** ❶ aus dem Menü. Bestätigen Sie den Hinweisdialog mit einem Klick auf **Erstellen**. Die ausgewählten Bilder werden zu einem Ereignis zusammengefasst, auch wenn sie nicht im gleichen Zeitraum aufgenommen wurden.

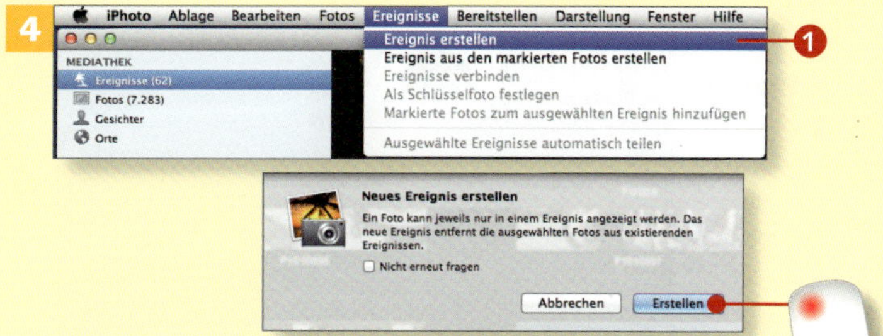

Schritt 5

Wählen Sie das Ereignis nun mit einem Mausklick aus, und klicken Sie auf den Titel oben in der Leiste. Sie können dann den Namen mit Ihrem Wunschtitel überschreiben.

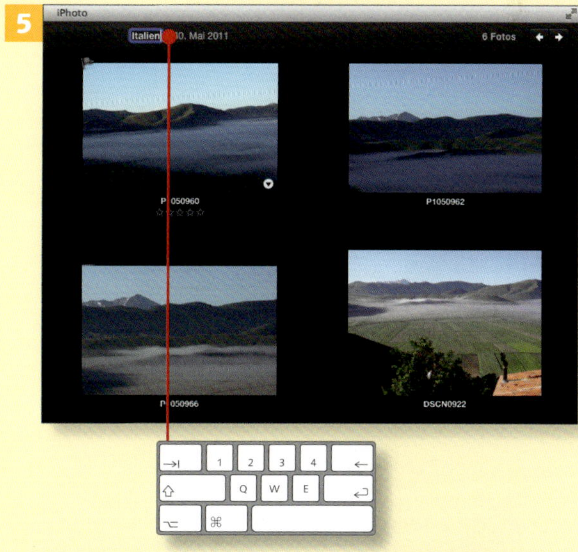

Schritt 6

Wenn Sie die besten Bilder Ihrer Fotosammlung zu einem Ereignis zusammenfassen wollen, können Sie sie speziell markieren. Klicken Sie auf das Bild, drücken Sie dann [cmd] + [.]. Wenn Sie alle Bilder zusammengesucht haben, rufen Sie den Menüpunkt **Ereignisse ▸ Ereignis aus den markierten Fotos erstellen** auf.

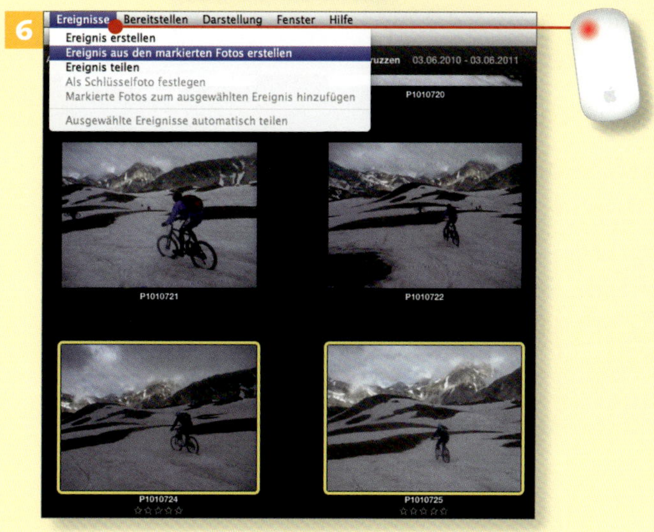

Fotos automatisch organisieren: Ereignisse (Forts.)

Schritt 7

Um auf den Inhalt eines Ereignisses zuzugreifen, klicken Sie auf den Punkt **Ereignisse** ❶ in der linken Spalte. Alle Ereignisse in der Mediathek werden angezeigt. Wenn Sie mit der Maus über den Platzhalter in der Übersicht fahren, zeigt iPhoto eine Schnellvorschau der zugehörigen Fotos an. Mit einem Doppelklick auf den Platzhalter erscheinen die Bilder in voller Größe.

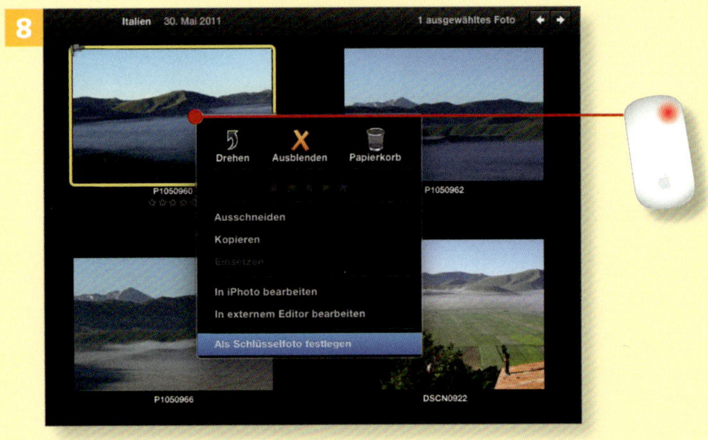

Schritt 8

iPhoto nimmt automatisch das erste Foto als Übersichtsbild (*Schlüsselfoto*). Um es zu ändern, öffnen Sie das Ereignis mit einem Doppelklick. Klicken Sie dann mit der rechten Maustaste auf ein Bild, und wählen Sie **Als Schlüsselfoto festlegen** aus dem Kontextmenü.

Schritt 9

Sie können die Ereignisse auf dem iPhoto-Leuchttisch sortieren. Um die Ereignisse chronologisch zu sortieren, rufen Sie den Menüpunkt **Darstellung ▸ Ereignisse ▸ Nach Datum** auf. Es auch möglich, **Nach Titel** oder **Manuell** zu sortieren.

Schritt 10

Auch in der Fotoansicht der Mediathek können Sie die Ereignisse einblenden. Rufen Sie dazu den Menüpunkt **Darstellung ▸ Ereignistitel** auf. Mit einem Klick auf das Dreieck ❷ vor dem Ereignisnamen können Sie den Inhalt des Ereignisses anzeigen bzw. ausblenden.

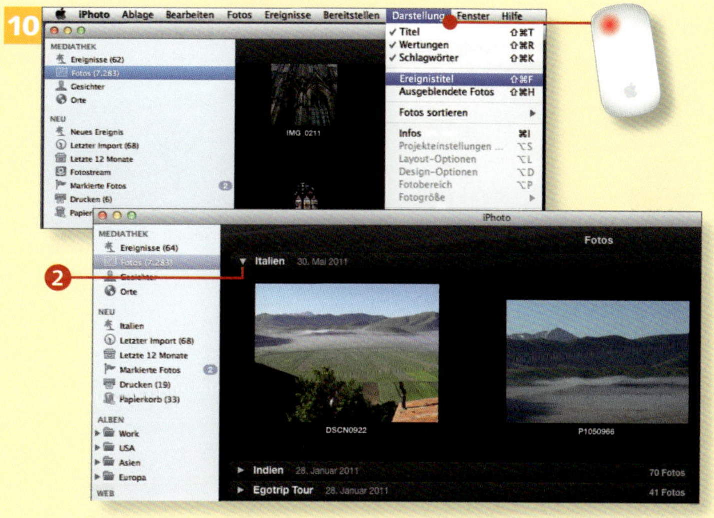

Schritt 11

Um den Inhalt eines Ereignisses zu ändern, öffnen Sie es mit einem Doppelklick. Wählen Sie die Fotos mit einem Mausklick aus, die Sie einem anderen Ereignis zurechnen möchten. Rufen Sie dann den Menüpunkt **Ereignisse ▸ Ereignis teilen** auf. iPhoto legt dann ein neues Ereignis an.

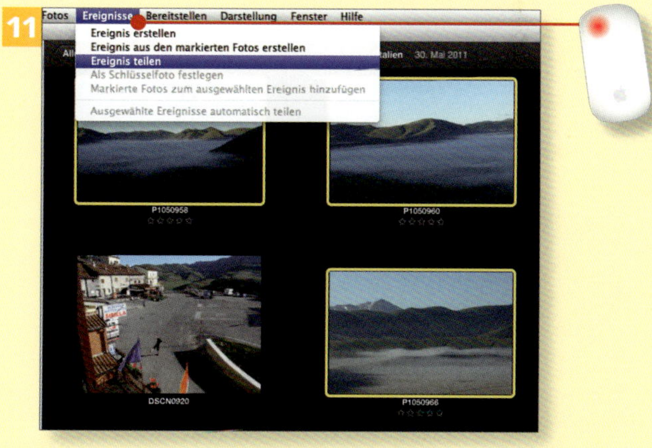

Schritt 12

Sie können aber auch unterschiedliche Ereignisse zusammenführen. Wählen Sie dazu auf dem Leuchttisch die Ereignisse mit Mausklick und gedrückter cmd-Taste aus. Klicken Sie dann mit der rechten Maustaste auf die Auswahl, und wählen Sie **Ereignisse verbinden** aus dem Kontextmenü.

Fotos manuell organisieren: Alben

1

2

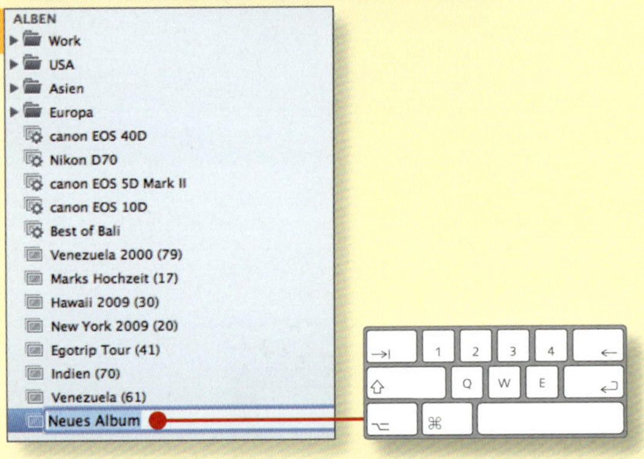

3

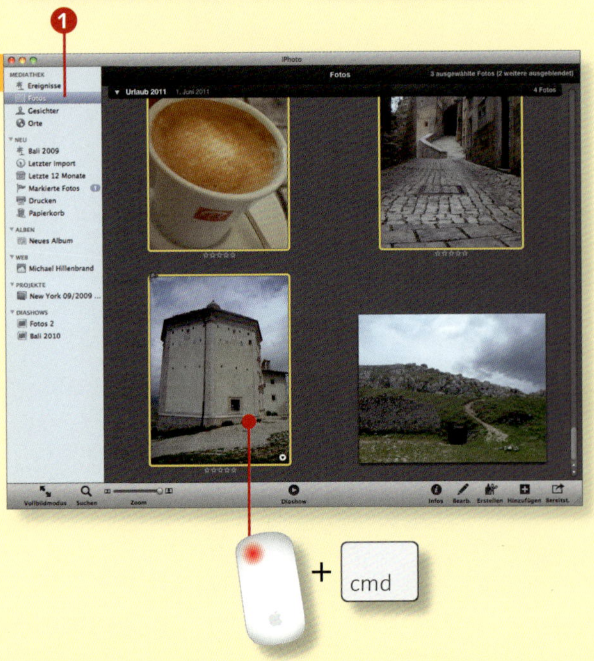

Auch die klassische Form der Fotosammlung gibt es in iPhoto: virtuelle Fotoalben. Auf diese Weise können Sie Bilder nach Ihren Vorstellungen zu Alben zusammenfassen.

Schritt 1

Ebenfalls für Ordnung in der Mediathek sorgen Sie mit Fotoalben. Das Prinzip ist das gleiche wie beim »realen« Fotoalbum. Sie legen ein neues Fotoalbum an, indem Sie auf **Erstellen ▸ Album** klicken. Alternativ drücken Sie die Tastenkombination cmd + N oder rufen den Menüpunkt **Ablage ▸ Neues Album** auf.

Schritt 2

iPhoto legt daraufhin in der linken Spalte unter **Alben** ein leeres Album an. Klicken Sie auf den Namensplatzhalter **Neues Album**, um Ihrem Fotoalbum einen neuen Titel zu geben.

Schritt 3

Wechseln Sie jetzt über den Punkt **Fotos** 1 in der linken Spalte in die Fotoansicht, und treffen Sie Ihre Auswahl. Ganze Fotoreihen wählen Sie mit einem Mausklick und der ⇧-Taste, einzelne Fotos mit einem Mausklick und der Taste cmd aus.

Schritt 4

Ziehen Sie die komplette Auswahl nun mit gedrückter Maustaste auf das neu angelegte Album. Der Mauszeiger verwandelt sich in ein grünes Plus, sobald Sie sich über dem Albumsymbol befinden. Zusätzlich wird die Anzahl der ausgewählten Fotos angezeigt. Lassen Sie dann die Maustaste los. Die Bilder werden ins Album eingefügt.

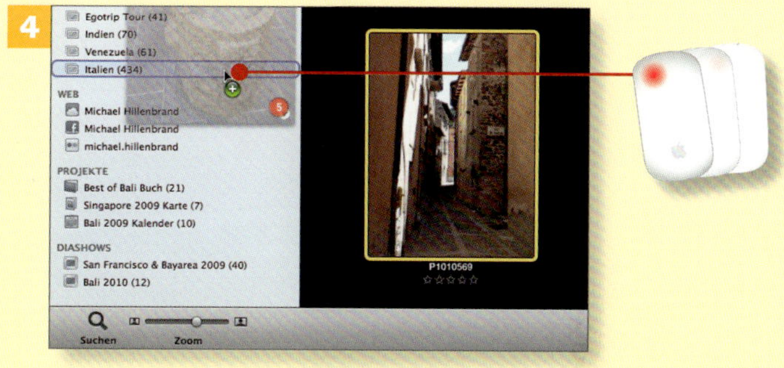

Schritt 5

Sie greifen auf den Inhalt eines Fotoalbums zu, indem Sie es in der linken Spalte auswählen ❷. Sie können auch Fotos aus einem Album entfernen. Wählen Sie sie per Mausklick aus, und rufen Sie dann den Menüpunkt **Fotos ▸ Aus Album entfernen** auf, oder drücken Sie die Tastenkombination [cmd] + [←].

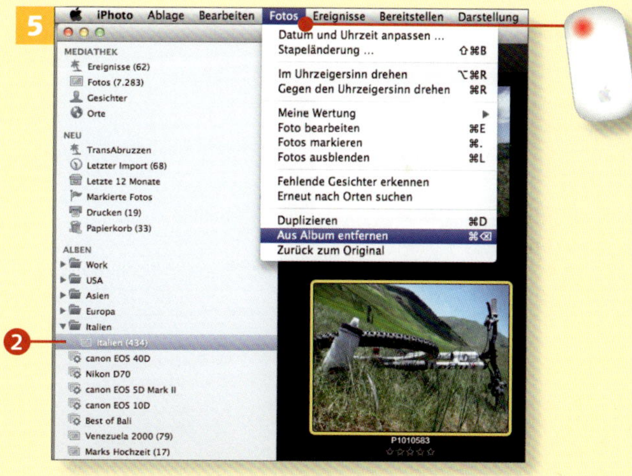

Schritt 6

Für etwas mehr Übersicht bei zu vielen Alben können Sie Ordner verwenden. Sie legen sie über den Menüpunkt **Ablage ▸ Neuer Ordner** oder die Tastenkombination [cmd] + [⇧] + [alt] + [N] an. Klicken Sie dann auf den Ordnernamen, um den Platzhaltertitel zu überschreiben.

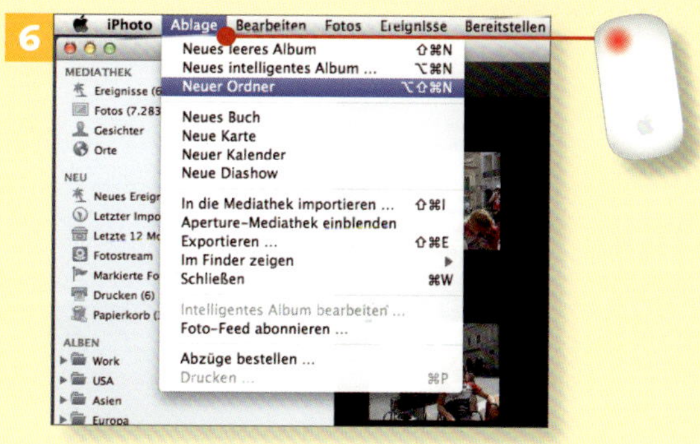

Fotos manuell organisieren – Alben (Forts.)

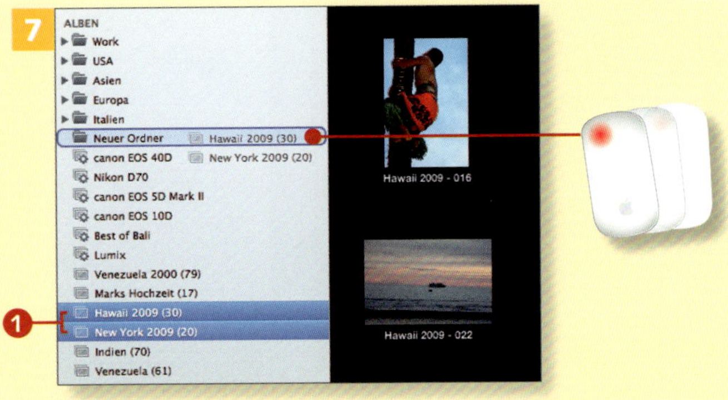

Schritt 7

Wählen Sie anschließend die einzelnen Fotoalben ❶ aus, die Sie dem Album hinzufügen möchten, indem Sie mit gedrückter `cmd`-Taste daraufklicken. Verschieben Sie die Auswahl dann mit gedrückter Maustaste in den neu angelegten Ordner.

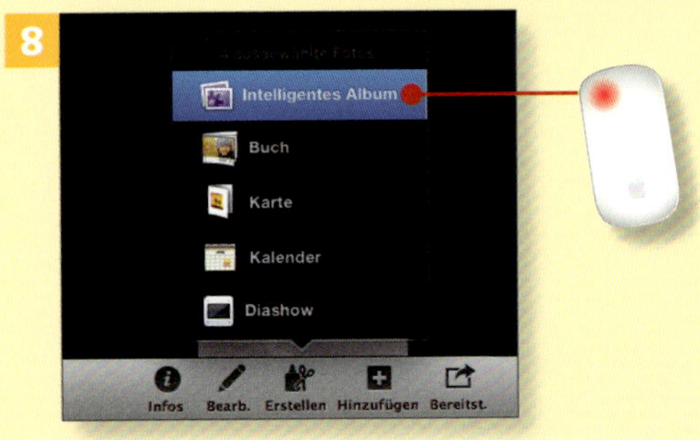

Schritt 8

In iPhoto können Sie auch Alben anlegen, die sich auf Basis von Regeln automatisch füllen. Diese *intelligenten Alben* machen es möglich, z. B. Fotos zu sammeln, die mit einem bestimmten Kameratyp aufgenommen wurden. Wählen Sie **Erstellen ▸ Intelligentes Album** oder alternativ **Ablage ▸ Neues intelligentes Album anlegen**.

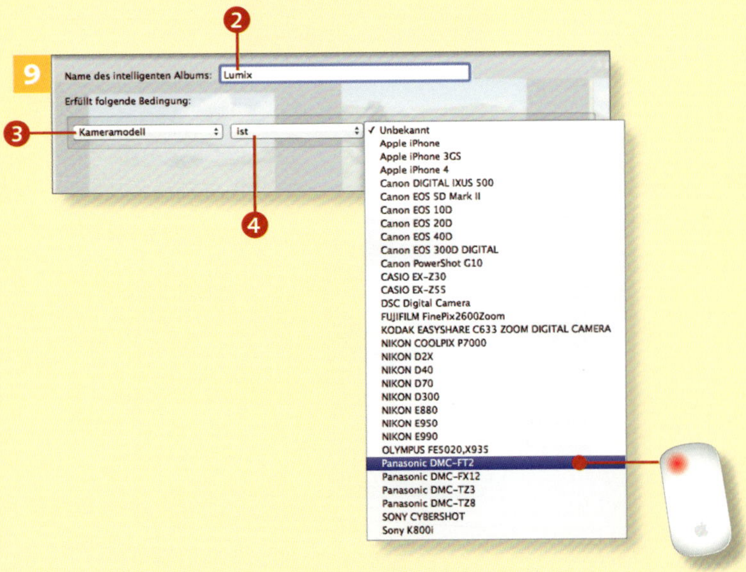

Schritt 9

Vergeben Sie im folgenden Dialog einen Namen ❷ für Ihr intelligentes Album. Klicken Sie auf die Pfeile an den Feldern, um die Bestandteile der Regel aus den Aufklappmenüs auszuwählen. Wenn Sie z. B. nur Bilder einer bestimmten Kamera verwenden wollen, lautet die Regel: **Kameramodell ❸ ist ❹ [Kameraname]**.

Schritt 10

Um weitere Regeln festzulegen, klicken Sie auf die Plus-Schaltfläche. Eine zweite Zeile mit Kriterien erscheint. Gehen Sie dann vor, wie in Schritt 21 beschrieben. Über das Aufklappmenü des Feldes **Erfüllt** ❺ können Sie festlegen, wie viele der aufgeführten Regeln erfüllt werden müssen (**alle** oder **eine**).

10

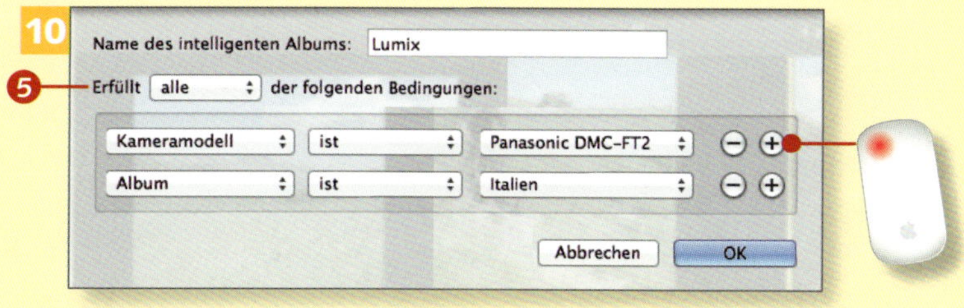

Schritt 11

Sind alle Regeln aufgestellt, bestätigen Sie sie mit der Schaltfläche **OK**. iPhoto legt unter dem Punkt **Alben** in der linken Spalte ein intelligentes Album ❻ an. Als Symbol erhält dieses ein Zahnrad, um sich von den Standardalben zu unterscheiden.

11

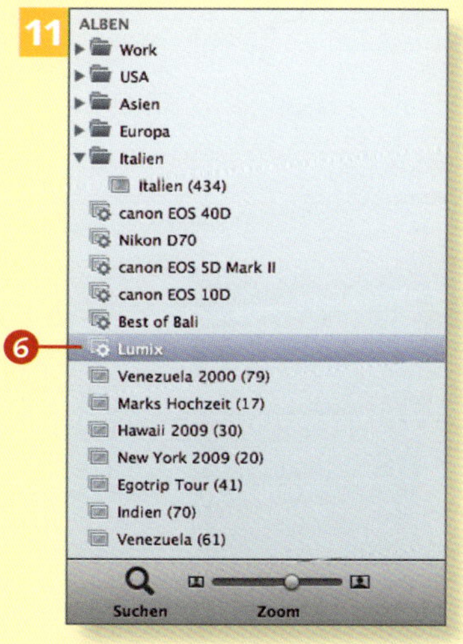

Schritt 12

Um die Regeln eines intelligenten Albums zu bearbeiten, wählen Sie es in der linken Spalte aus ❼ und rufen dann den Menüpunkt **Ablage ▸ Intelligentes Album bearbeiten** auf. Sie können jetzt die Regeln modifizieren, wie in den Schritten 21 bis 23 beschrieben.

12

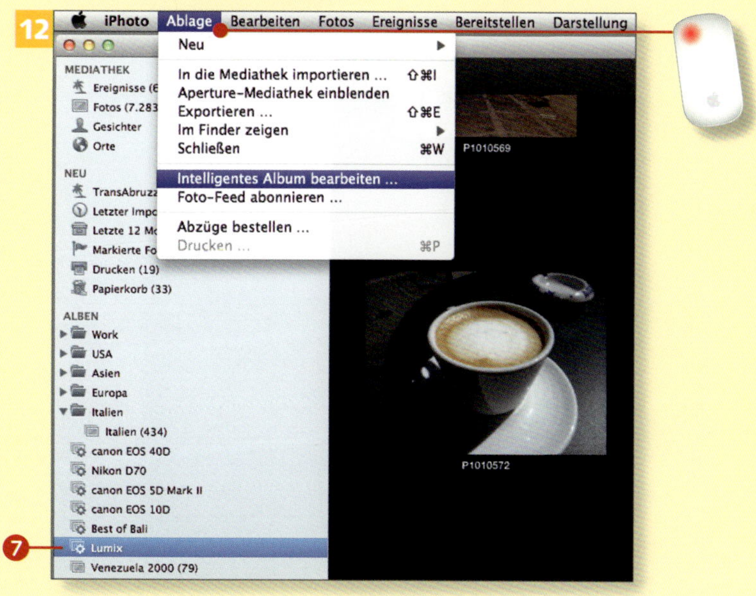

Rote Augen entfernen

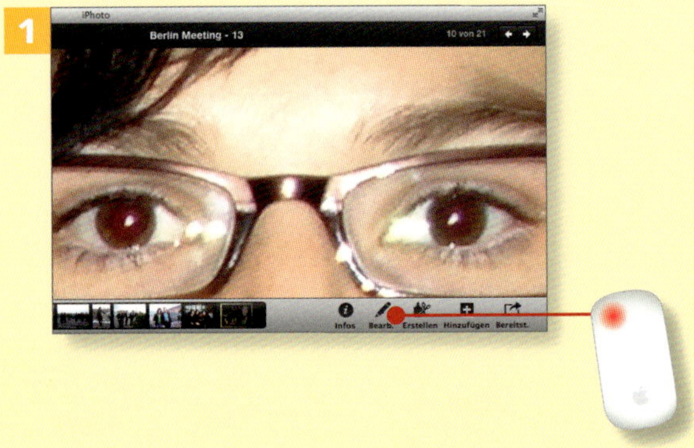

Bei Personenaufnahmen mit direktem Blitzlicht kommt es oft zu dem unschönen Effekt der roten Augen. iPhoto bietet ein spezielles Werkzeug zur Lösung dieses Problems.

Schritt 1

Wählen Sie das betreffende Foto aus, und rufen Sie dann mit einem Klick auf die Schaltfläche **Bearb.** den Bearbeitungsmodus auf.

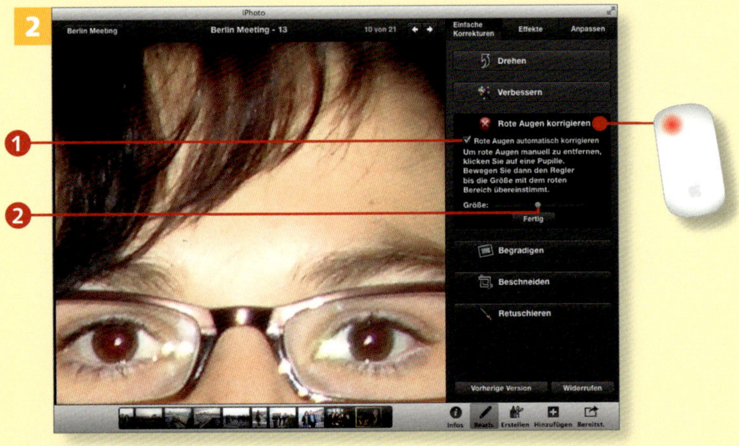

Schritt 2

Klicken Sie dort auf die Schaltfläche **Rote Augen korrigieren**. iPhoto entfernt daraufhin die rote Reflexion. Sie können die Anpassung beeinflussen, indem Sie das Häkchen vor **Rote Augen automatisch korrigieren** ❶ mit einem Klick entfernen. Positionieren Sie dann das Fadenkreuz auf das Auge, und justieren Sie die Größe der Auswahl über den Schieberegler ❷. Wenn Sie mit der Maus auf den Bereich klicken, wird das Bild bearbeitet.

Schritt 3

Wenn Sie mit der Anpassung zufrieden sind, übernehmen Sie die Änderungen mit einem Klick auf die Schaltfläche **Fertig**. iPhoto beendet dann den Bearbeitungsmodus.

Ist die Aufnahme mal nicht so gelungen? Mit iPhoto können Sie zu dunkle Fotos automatisch aufhellen und mit einem Klick ihre Qualität verbessern.

1

Schritt 1

Wählen Sie zuerst das Bild ❸ aus, das Sie verbessern möchten. Anschließend wechseln Sie mit einem Klick auf die Schaltfläche **Bearb.** in den Bearbeitungsmodus.

2

Schritt 2

Um die Qualität des Fotos aufzuwerten, klicken Sie auf die Schaltfläche **Verbessern**. iPhoto nimmt die Optimierung sofort vor, indem es u.a. die Helligkeit und die Farben des Bildes anpasst.

3

Schritt 3

Wenn sie Ihnen nicht gefällt, können Sie die letzte Anpassung über die Schaltfläche **Widerrufen** rückgängig machen. Falls Sie das **Verbessern**-Werkzeug mehrfach angewendet haben, machen Sie alle Änderungen mit einem Klick auf die Schaltfläche **Vorherige Version** ❹ auf einmal rückgängig.

Fotos retuschieren

1

2

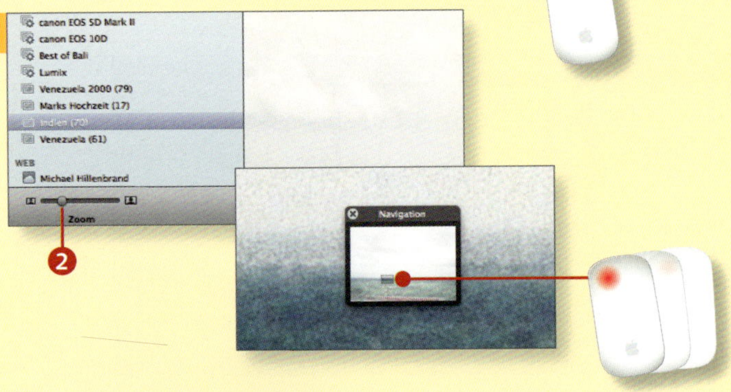

3

Mit dem Retuschepinsel von iPhoto lassen sich kleine Fehler im Bild ganz einfach beseitigen.

Schritt 1

Zuerst wählen Sie das Foto ❶ aus, das Sie bearbeiten möchten. Klicken Sie anschließend auf die Schaltfläche **Bearb.**, um es in den Bearbeitungsmodus zu übernehmen.

Schritt 2

Vergrößern Sie den Bildausschnitt mithilfe des Zoomreglers ❷. Beim Einzoomen erhalten Sie ein Navigationsfenster, das den Bildausschnitt im Verhältnis zum Gesamtbild zeigt. Den Ausschnitt können Sie verschieben, indem Sie das kleine Auswahlrechteck mit gedrückter Maustaste an die zu bearbeitende Stelle schieben.

Schritt 3

Mit einem Mausklick auf die Schaltfläche **Retuschieren** verwandelt sich der Mauszeiger in eine Pinselspitze. Indem Sie mit gedrückter Maustaste am Schieberegler **Größe** ❸ ziehen, können Sie die Breite des Pinsels verändern.

Schritt 4

Positionieren Sie die Pinselspitze direkt neben dem Punkt, der retuschiert werden soll, und ziehen Sie den Pinsel mit gedrückter Maustaste über die Stelle. Wiederholen Sie die Aktion so oft, bis der Defekt aus dem Bild entfernt ist.

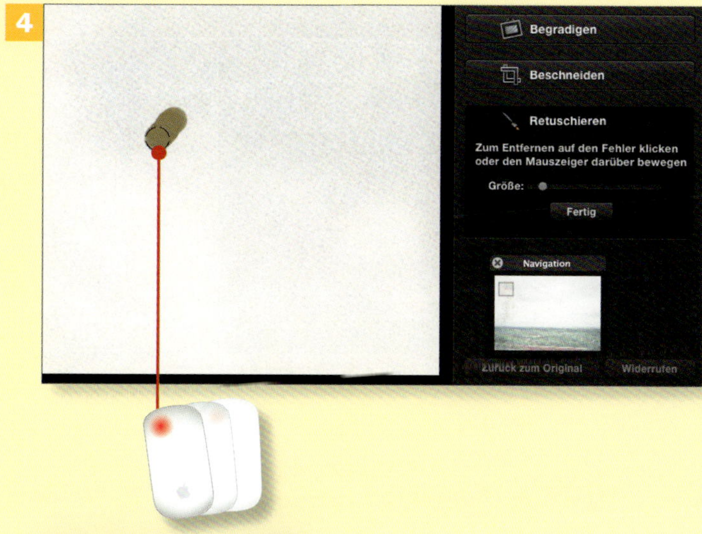

Schritt 5

Haben Sie die ganze Schadstelle im Bild beseitigt, bestätigen Sie die Änderung mit einem Klick auf die Schaltfläche **Fertig**.

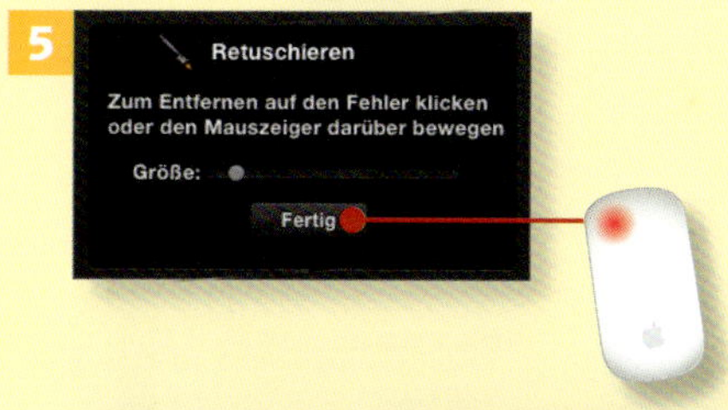

Schritt 6

Falls Sie mit der letzten Retuscheaktion nicht zufrieden sind, können Sie sie mit der Schaltfläche **Widerrufen** rückgängig machen. Um wieder zum ursprünglichen Zustand des Bildes zurückzukehren, nutzen Sie die Schaltfläche **Vorherige Version** ❹.

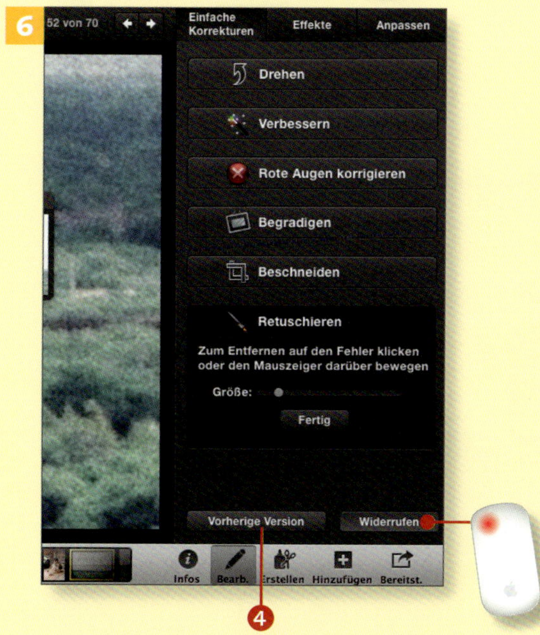

Bilder der letzten zwölf Monate
Direkten Zugriff auf Ihre Fotos der letzten zwölf Monate haben Sie in der Seitenleiste unter dem Punkt **Neu**. Unter der Option **Letzte 12 Monate** werden automatisch alle Fotos eingeordnet, die Sie in den vergangenen zwölf Monaten aufgenommen haben.

Fotos drehen und beschneiden

Vom Hochkantfoto zum Querformat? Oder möchten Sie einen Bildausschnitt hervorheben? iPhoto bietet die passenden Werkzeuge.

Schritt 1

Zuerst wählen Sie ein Bild zur Bearbeitung aus ❶. Klicken Sie dann anschließend auf die Schaltfläche **Bearb.**, um den Bearbeitungsmodus aufzurufen.

Schritt 2

Um ein Foto zu drehen, klicken Sie auf die Schaltfläche **Drehen**. Das Bild wird im Uhrzeigersinn gedreht. Soll es in die andere Richtung gehen, halten Sie zusätzlich die Taste `alt` gedrückt. Sie können alternativ die Menüfunktionen **Fotos ▸ Im Uhrzeigersinn drehen** ❷ bzw. **Gegen den Uhrzeigersinn drehen** ❸ verwenden.

Schritt 3

Um ein Foto auf einen bestimmten Bildausschnitt zu reduzieren, müssen Sie es zuschneiden. Wählen Sie ein Foto in der Mediathek aus, wechseln Sie in den Bearbeitungsmodus ❹, und klicken Sie auf die Schaltfläche **Beschneiden**.

Schritt 4

Um ein bestimmtes Beschnittformat einzustellen, setzen Sie mit einem Mausklick ein Häkchen beim Punkt **Format**. Über das Aufklappmenü lässt sich jetzt die gewünschte Größe festlegen, z. B. das Standard-Breitbildformat **16 x 9**.

Schritt 5

Wenn Sie das Häkchen bei **Format** wieder entfernen (mit einem Mausklick), erscheint ein Rahmen, den Sie an den vier Griffpunkten durch Ziehen mit gedrückter Maustaste in seiner Größe verändern können. Den ganzen Ausschnitt verschieben Sie, indem Sie den Mauszeiger in die Mitte des Auswahlfensters bewegen und es mit gedrückter Maustaste an die gewünschte Stelle ziehen.

Schritt 6

Sind Sie mit der Auswahl zufrieden, bestätigen Sie sie über die Schaltfläche **Fertig**. Die letzte Änderung machen Sie über die Schaltfläche **Widerrufen** ❺ rückgängig; alle Änderungen entfernen Sie mit **Zurück zum Original** ❻.

Fotos mit Effekten verschönern

1

2

3

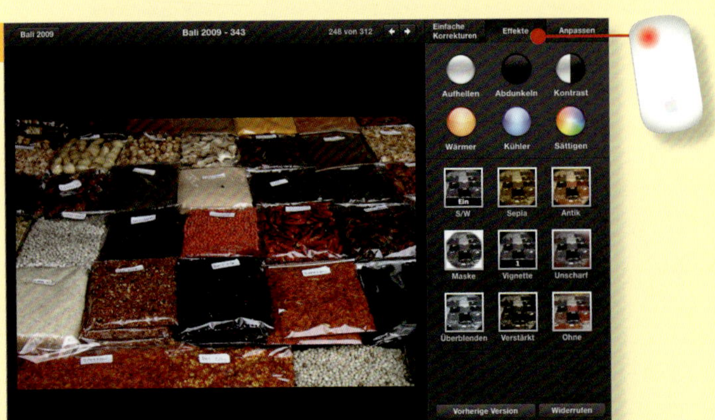

Im Handumdrehen aus einem Foto eine Schwarz-Weiß-Aufnahme machen oder das Bild um Jahre altern lassen – all das ist möglich mit den in iPhoto integrierten Effekten.

Schritt 1

Wählen Sie in der Mediathek das Foto mit einem Mausklick aus, das Sie mit einem Effekt versehen möchten.

Schritt 2

Klicken Sie mit der Maus auf die Schaltfläche **Bearb.** unten rechts im Programmfenster. Das Programm zeigt dann in einer Leiste darüber die Bearbeitungswerkzeuge an.

Schritt 3

Auf der Registerkarte **Effekte** steht eine Auswahl an Standardeffekten zur Verfügung, z. B. **S/W**, **Sepia**, **Antik** oder **Unscharf**. Damit Sie schon im Vorfeld einen Eindruck erhalten, wird jeder Effekt in einem kleinen Vorschaubild angezeigt.

Schritt 4

Um einen Effekt auf das ausgewählte Bild anzuwenden, genügt es, auf das Vorschaubild zu klicken. Sie können Effekte auch kombinieren; klicken Sie z. B. auf **S/W** ❶ und dann auf **Maske**. Um einen Effekt zu entfernen, klicken Sie einfach auf **Widerrufen** ❷ oder **Vorherige Version** ❸.

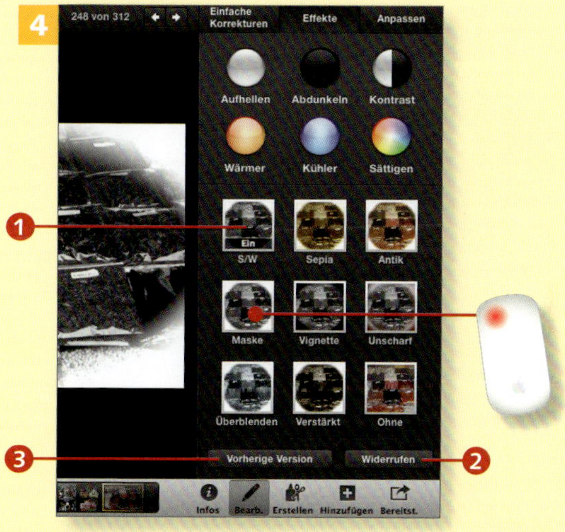

Schritt 5

iPhoto wendet den Effekt einmal auf das Foto an. Sie können bestimmte Effekte, z. B. **Maske**, aber auch mehrmals auf ein Foto anwenden. Klicken Sie auf den kleinen Pfeil nach rechts im Vorschaubild. Einen Effekt weniger wenden Sie dann wieder über einen Klick auf den Pfeil nach links ❹ an.

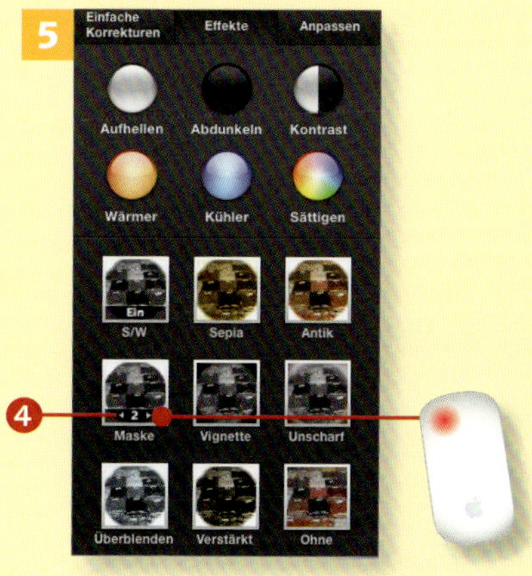

Schritt 6

Ganz individuelle Anpassungen nehmen Sie über die runden Schaltflächen **Aufhellen**, **Abdunkeln**, **Kontrast**, **Wärmer**, **Kühler** und **Sättigen** vor. Mit jedem Klick auf die entsprechende Schaltfläche wendet iPhoto den Effekt einmal an. So wird bei einem Klick auf die Schaltfläche **Aufhellen** ein dunkles Bild ein wenig heller.

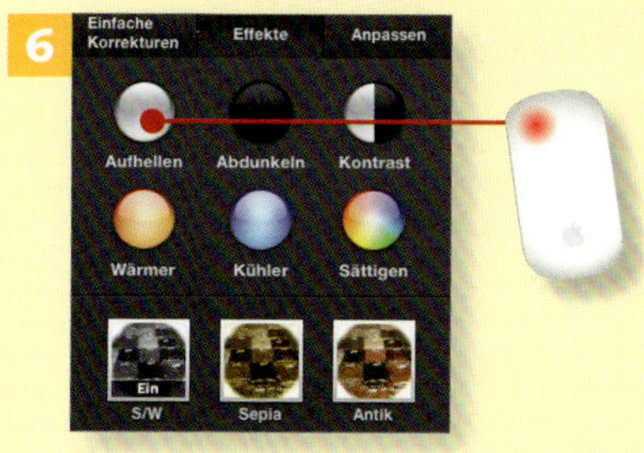

Fotos professionell bearbeiten

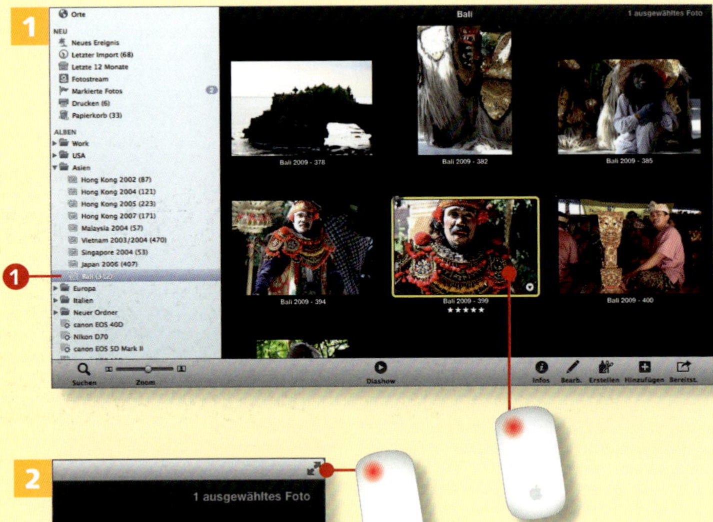

iPhoto bietet auch Werkzeuge auf Profiniveau für die Bildbearbeitung. Damit lassen sich Belichtung, Kontrast und Sättigung exakt einstellen. So holen Sie das Beste aus Ihren Fotos heraus.

Schritt 1

Öffnen Sie das passende Album ❶ in der linken Spalte des Programmfensters mit einem Mausklick. Klicken Sie dann in der Übersicht auf das zu bearbeitende Bild, um es auszuwählen.

Schritt 2

Damit Sie sich auf die Bildarbeit konzentrieren können, ist es möglich, iPhoto im Vollbildmodus zu nutzen. Klicken Sie dazu auf die Schaltfläche **Vollbildmodus**, oder drücken Sie die Tastenkombination `cmd` + `alt` + `F`.

Schritt 3

Rufen Sie jetzt den Bearbeitungsmodus über die Schaltfläche **Bearb.** auf. Die Werkzeuge für die professionelle Fotoretusche finden Sie auf der Registerkarte **Anpassen** ❷.

Schritt 4

Sie sehen ein Histogramm ❸, in dem die Verteilung der Tonwerte angezeigt wird. Im ersten Block ❹ befinden sich die Schieberegler **Belichtung**, **Kontrast** und **Sättigung**. Im zweiten Block ❺ sind die Regler **Definition**, **Licht**, **Schatten**, **Schärfe** und **Rauschen reduzieren** angeordnet. Direkten Einfluss auf die Farben eines Bildes haben die Schieberegler **Temperatur** ❻ und **Färbung** ❼.

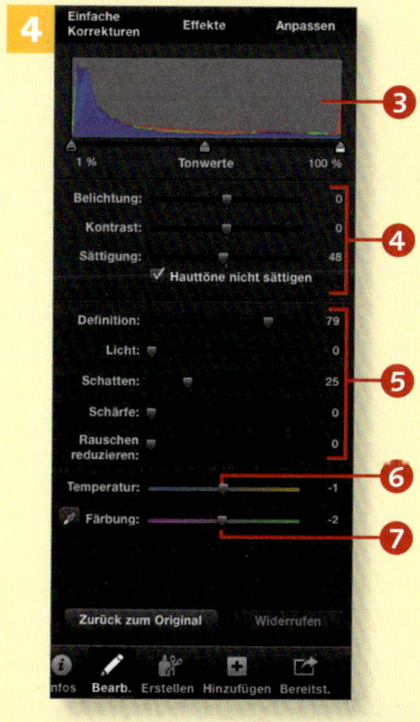

Schritt 5

Wenn Sie den Schieberegler **Belichtung** mit gedrückter Maustaste nach rechts schieben, wird das gesamte Bild aufgehellt. Ist das Bild zu hell, schieben Sie den Regler nach links. Die Auswirkung wird direkt in der Vorschau sichtbar.

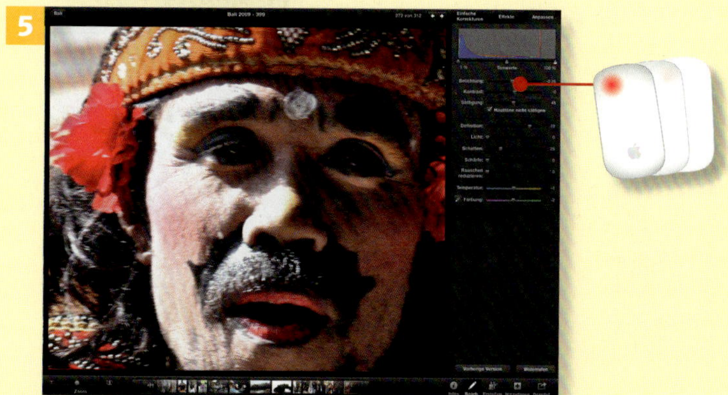

Schritt 6

Den Unterschied zwischen den hellen und dunklen Tönen eines Fotos beeinflussen Sie über den Regler **Kontrast**. Schieben Sie den Regler nach rechts, werden die dunklen Bereiche verstärkt, der Kontrast wird also erhöht. Schieben Sie ihn nach links, werden die hellen Bereiche verstärkt, und der Kontrast wird reduziert.

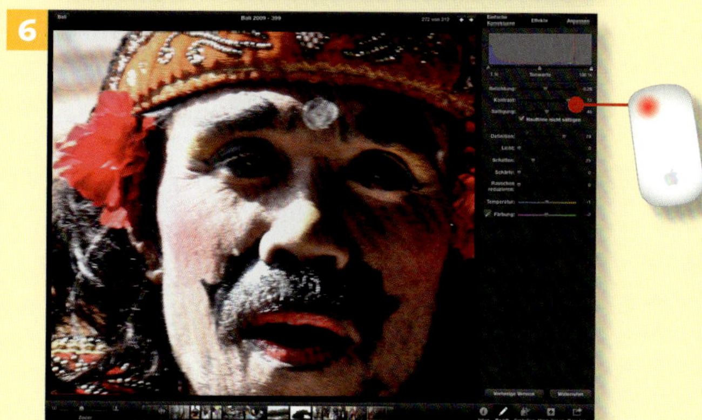

Fotos professionell bearbeiten (Forts.)

7

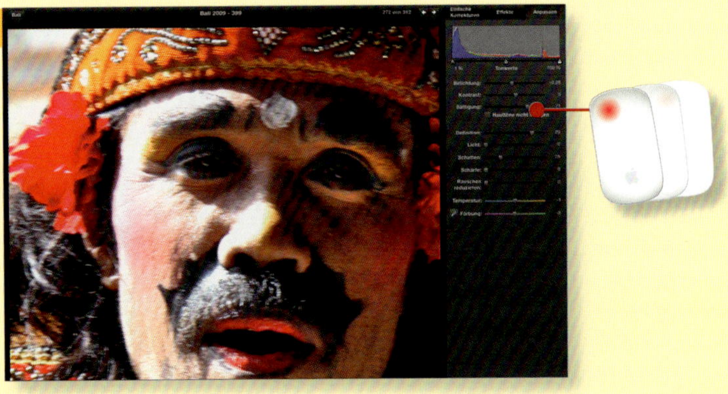

Schritt 7

Den Farbanteil eines Bildes beeinflussen Sie über den Regler **Sättigung**. Wenn Sie ihn nach links schieben, wird Farbe weggenommen; ziehen Sie ihn nach rechts, wird der Farbanteil erhöht.

Schritt 8

Möchten Sie ein Portraitfoto bearbeiten, können Sie die Hauttöne von der Sättigungsanpassung ausnehmen, damit sie noch natürlich wirken. Setzen Sie ein Häkchen vor **Hauttöne nicht sättigen**.

8

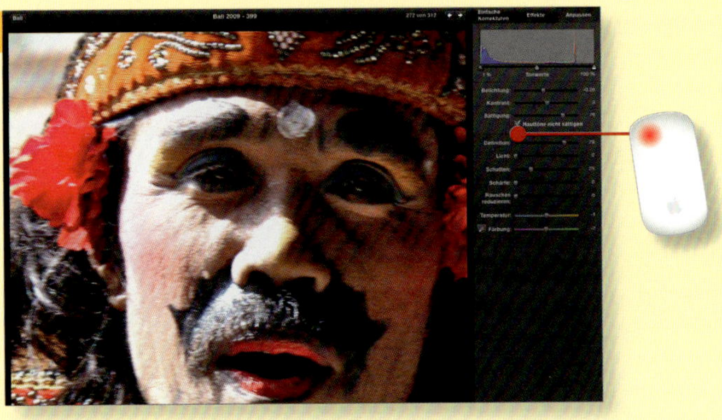

Schritt 9

Mit dem Werkzeug **Definition** heben Sie Bilddetails hervor. Das ist nützlich, wenn Sie trübe Stellen korrigieren wollen, ohne dass dadurch die Konturen verloren gehen. Je weiter Sie den Regler nach rechts schieben, desto klarer wird das Bild.

9

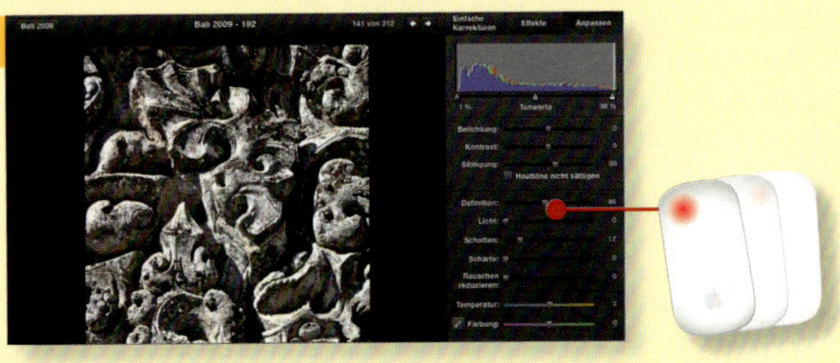

Piktogramm-Navigation

Wenn Sie ein Foto in den Bearbeitungsmodus übernommen haben, sehen Sie in der Fußleiste eine Piktogramm-Ansicht der anderen Fotos aus dem gleichen Ereignis. Fahren Sie mit der Maus über die Leiste, werden die Fotos vergrößert dargestellt. Mit einem Mausklick können Sie ein Bild auswählen.

Schritt 10

Überstrahlte Stellen, die leicht verschwommen wirken, können über den Regler **Licht** korrigiert werden. Ziehen Sie den Regler nach rechts, um zu helle Stellen im Foto abzudunkeln und die Bilddetails zu verstärken.

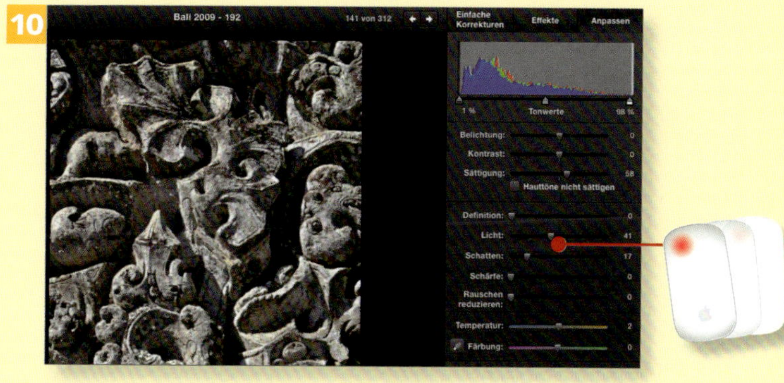

Schritt 11

Die dunklen Farbtöne eines Bildes können über den Regler **Schatten** beeinflusst werden. Je weiter Sie den Regler nach rechts bewegen, desto heller werden die Schatten, ohne dass dadurch aber die hellen Bereiche noch weiter aufgehellt werden.

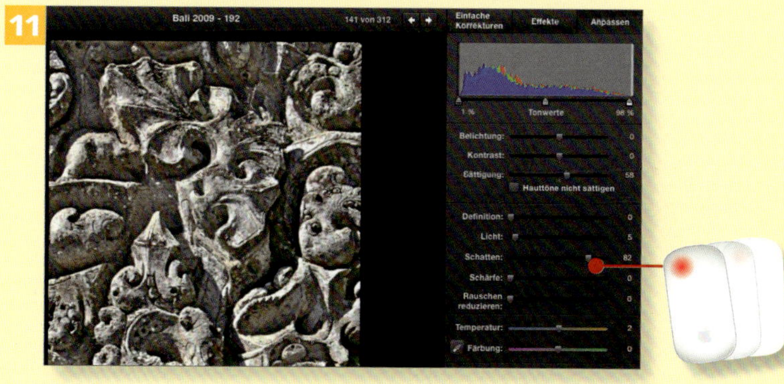

Schritt 12

Mit dem Regler **Temperatur** können Sie den Anteil der Rot- bzw. Blautöne im Foto erhöhen bzw. reduzieren. Durch Hinzufügen von Rottönen wird das Bild wärmer und durch mehr Blau kühler. Wenn beispielsweise der Weißabgleich mit der Kamera nicht glückt, können Sie das Bild durch Zurücknahme von Blau wieder natürlicher erscheinen lassen.

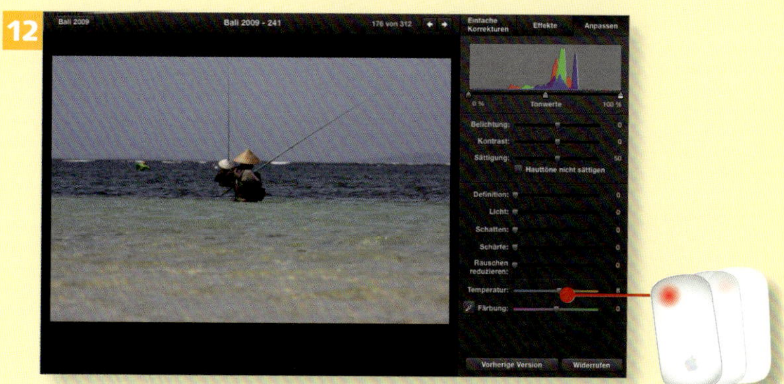

13

14

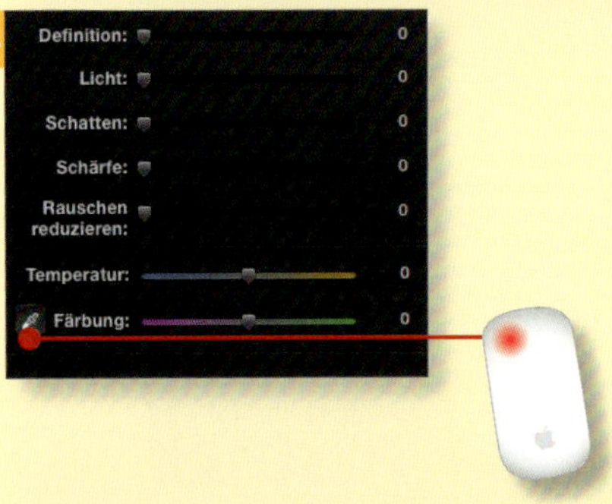

15

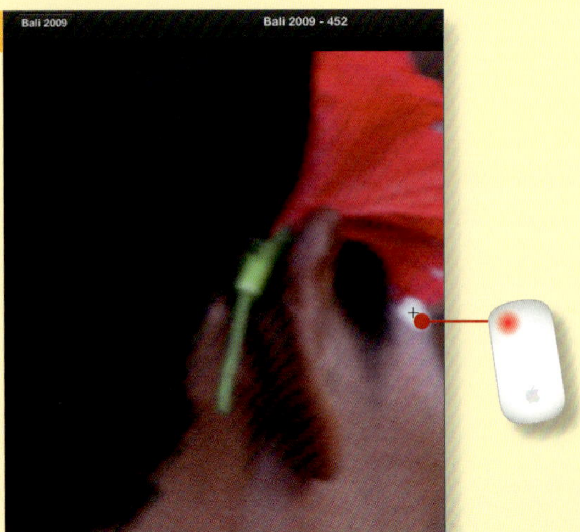

Schritt 13

Mit dem Regler **Färbung** bestimmen Sie den Rot- und Grünanteil in einem Bild. Bewegen Sie den Regler nach links, werden mehr Rottöne hinzugefügt und Grüntöne vermindert. Auf diese Weise können Sie z. B. Hautunreinheiten bei einer Portraitaufnahme abschwächen.

Schritt 14

Hat der Weißabgleich der Kamera nicht richtig funktioniert, werden alle Farben im Bild etwas blaustichig. Sie können entweder den Regler **Temperatur** nutzen (siehe Schritt 12) oder eine automatische Korrektur vornehmen. Klicken Sie dazu auf die Pipette vor dem Punkt **Färbung**.

Schritt 15

Um besser arbeiten zu können, nutzen Sie den Zoomregler, um den Bildausschnitt zu vergrößern. Platzieren Sie jetzt das Fadenkreuz in einem Bereich im Bild, der besonders weiß oder neutral grau erscheint. Wenn Sie daraufklicken, passt iPhoto automatisch die Temperatur und die Färbung des Fotos an. Dies sollte dem Bild wieder mehr Natürlichkeit verleihen.

Schritt 16

Sind Sie mit dem Ergebnis noch nicht zufrieden, können Sie die Färbung über den Schieberegler **Temperatur** nachjustieren. Verschieben Sie ihn weiter nach links, um den Anteil der Blautöne weiter zu senken.

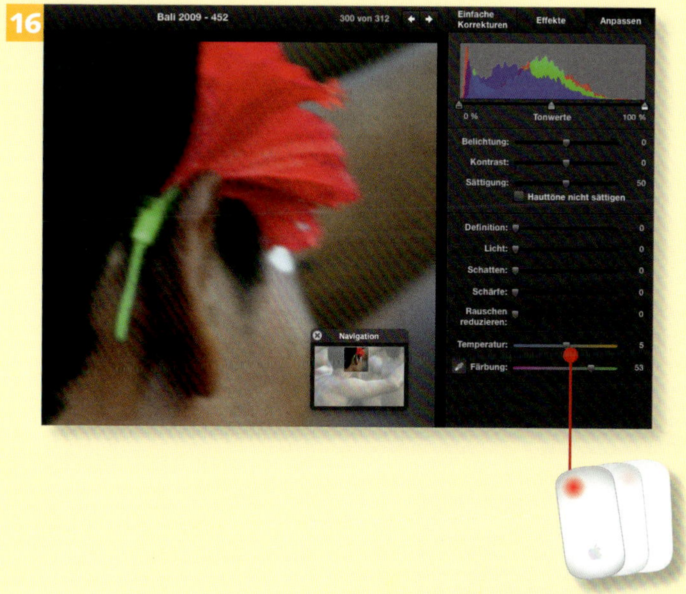

Schritt 17

Um Ihre neuen Einstellungen mit der Originalversion zu vergleichen, drücken Sie die [⇧]-Taste. Daraufhin wird die vorherige Version des Fotos eingeblendet. Sobald Sie die Taste loslassen, sehen Sie wieder die bearbeitete Version. Sind Sie mit der Anpassung zufrieden, können Sie sie mit einem Klick auf die Pfeilschaltfläche am oberen Fensterrand übernehmen und zum nächsten Foto in der Mediathek springen.

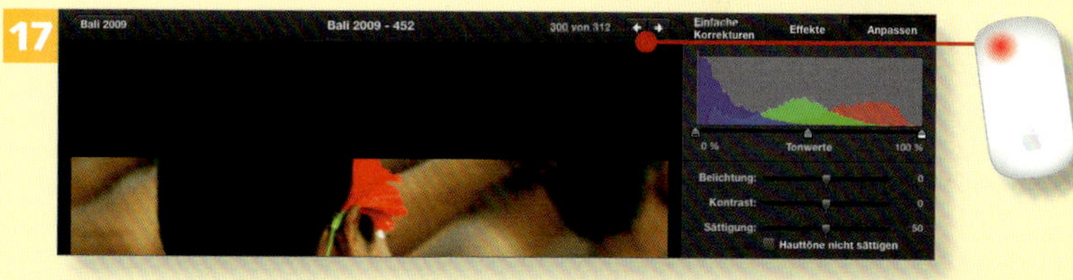

Schritt 18

Um ein Bild schärfer zu machen, bewegen Sie den Schieberegler **Schärfe** mit gedrückter Maustaste nach links. Die Struktur im Bild wird deutlicher, aber dadurch wird auch die Körnung gröber und damit sichtbarer.

Fotos professionell bearbeiten (Forts.)

19

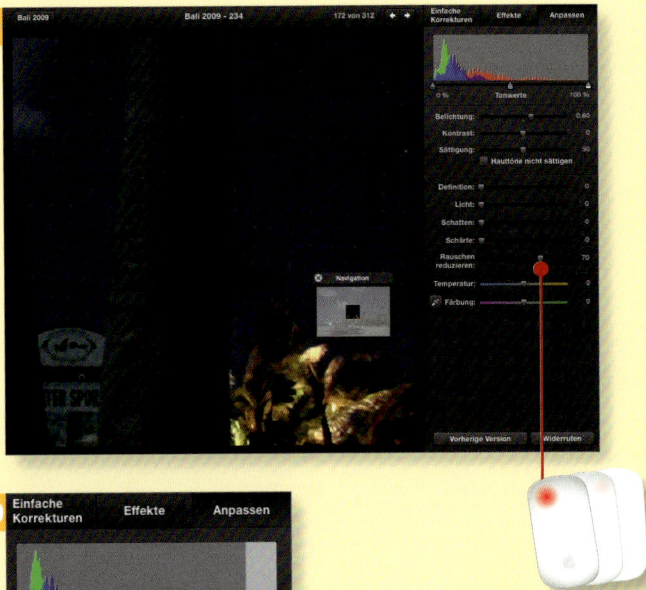

20

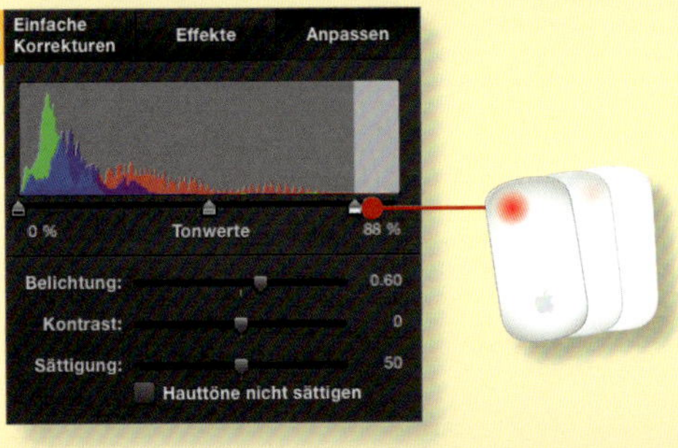

21

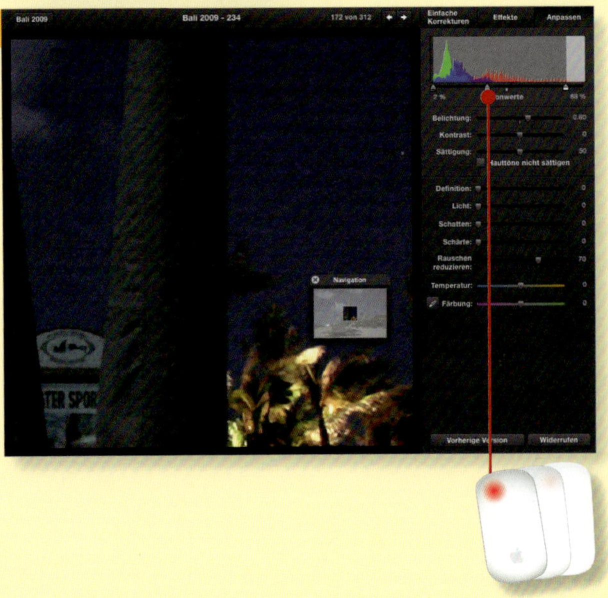

Schritt 19

Ist eine Aufnahme stark verrauscht, z. B. weil sie mit einer hohen ISO-Zahl aufgenommen wurde, können Sie das über den Regler **Rauschen reduzieren** korrigieren. Je höher der Wert, desto weicher werden die Bilddetails gezeichnet.

Schritt 20

Das *Histogramm* zeigt die Farbverteilung in einem Bild. Mit den Reglern stellen Sie den **Schwarzpunkt** (links) und den **Weißpunkt** (rechts) ein.

Schritt 21

Wenn das Bild flau wirkt, ist das Histogramm nicht ausgewogen. Verschieben Sie den linken Regler, um die dunkelste Farbe im Bild zu bestimmen, und den rechten Regler für mehr Weiß. Mit dem mittleren Regler verändern Sie Grautöne.

Anpassungen übertragen

Um die gleichen Anpassungen bei Bildern einer Serie vorzunehmen, können Sie sie einfach kopieren. Dazu wechseln Sie in das Menü **Bearbeiten ▸ Anpassungen kopieren**. Wählen Sie die Bilder aus, auf die Sie die Anpassungen übertragen möchten, und wählen Sie dann den Menüpunkt **Bearbeiten ▸ Anpassungen einsetzen**.

Der einfachste Weg, um seine Urlaubsfotos mit Freunden oder der Familie zu teilen, ist es, sie per E-Mail zu versenden.

Schritt 1

Wählen Sie in der Mediathek per Mausklick das Bild oder die Bilder aus, die Sie versenden möchten. Mehrere Bilder gleichzeitig markieren Sie mit einem Mausklick und der Taste cmd.

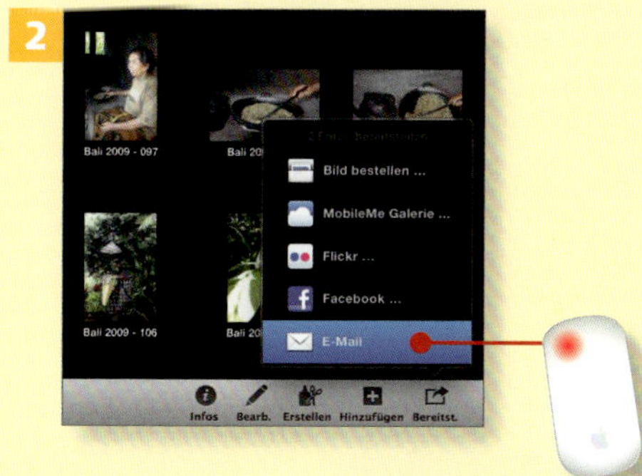

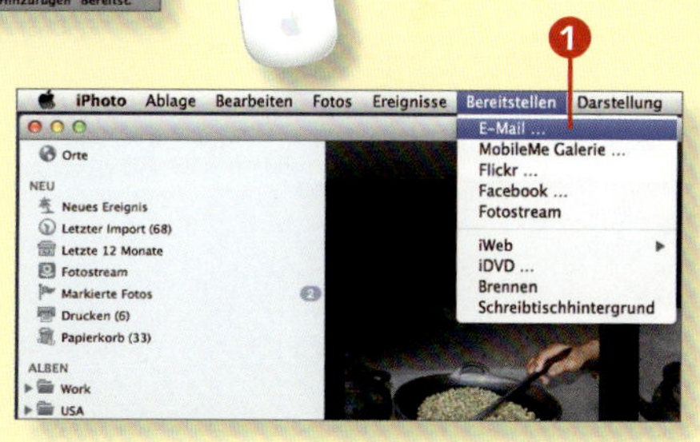

Schritt 2

Um eine E-Mail zu versenden, klicken Sie unten rechts auf die Schaltfläche **Bereitst.** und wählen dann die Option **E-Mail** aus dem Menü. Alternativ können Sie auch den Menüpunkt **Bereitstellen ▸ E-Mail** ❶ wählen.

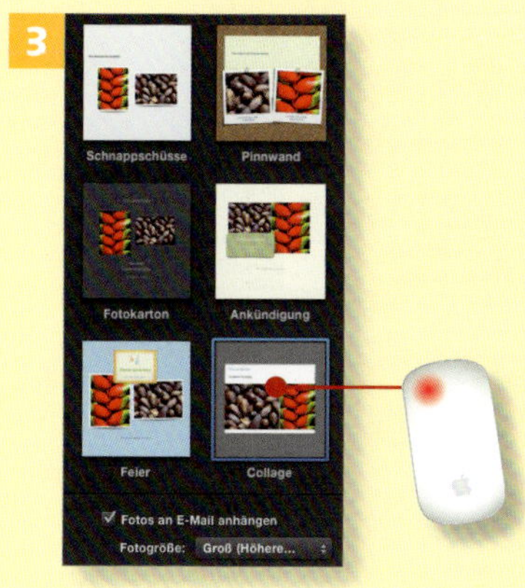

Schritt 3

Im linken Bereich des Layoutfensters finden Sie daraufhin verschiedene Vorlagen für Ihre Foto-E-Mail. Suchen Sie sich ein passendes Design aus, z. B. **Collage**, und übernehmen Sie es mit einem Mausklick.

Fotos per Mail verschicken (Forts.)

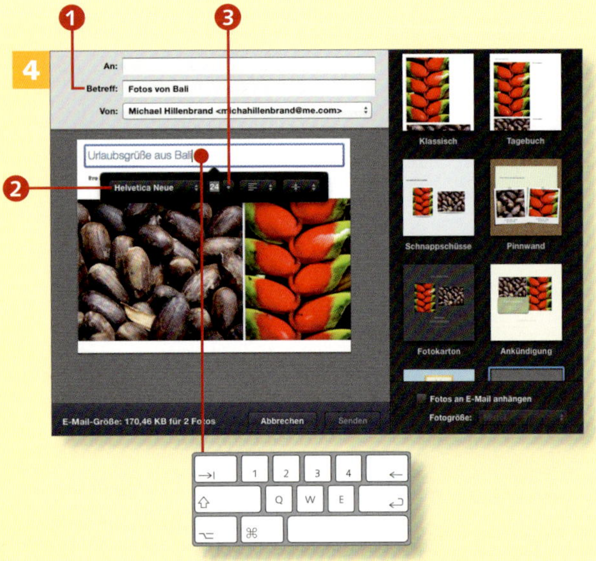

Schritt 4

Der Name des Ereignisses wird als **Betreff** ❶ der E-Mail übernommen. Klicken Sie mit der Maus auf den Platzhaltertext für den Titel, und überschreiben Sie ihn mit Ihrem. Falls Ihnen die Schrift nicht gefällt, können Sie die Schriftart ❷ verändern und auch die Schriftgröße ❸ variieren.

Schritt 5

Sie können nicht nur den Titel, sondern auch den Text überschreiben. Klicken Sie in den Platzhalter, und geben Sie Ihre Nachricht ein. Auch hier lassen sich Schriftart ❹ und Schriftgröße ❺ bestimmen.

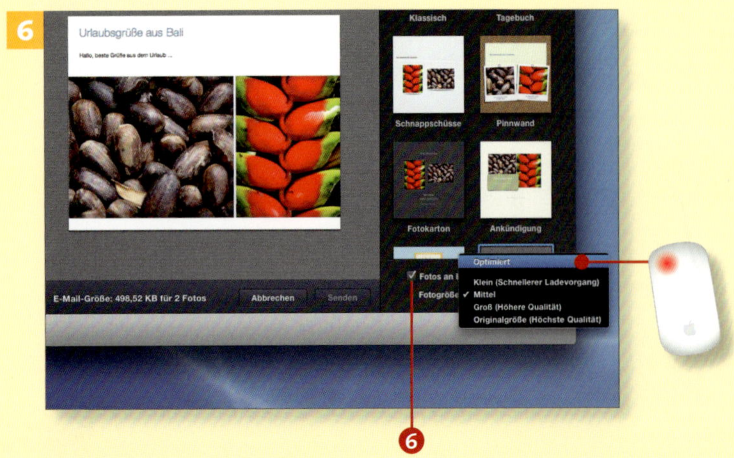

Schritt 6

Wie groß Ihre E-Mail am Ende wird, hängt von der Größe der Fotos in Ihrer Nachricht ab. Sie können sie über das Aufklappmenü **Fotogröße** einstellen. Empfehlenswert ist hier die Einstellung **Optimiert**. Aktivieren Sie zusätzlich das Kontrollkästchen **Fotos an E-Mail anhängen** ❻ mit einem Klick, dann werden die Originalbilder der E-Mail als Anlage hinzugefügt.

Schritt 7

Geben Sie anschließend den Empfänger Ihrer E-Mail-Nachricht an, indem Sie seine E-Mail-Adresse im Feld **An** eintragen. Falls der Empfänger in Ihrem Adressbuch steht, können Sie auch einfach seinen Namen in das Feld schreiben; die Adresse wird dann automatisch übernommen.

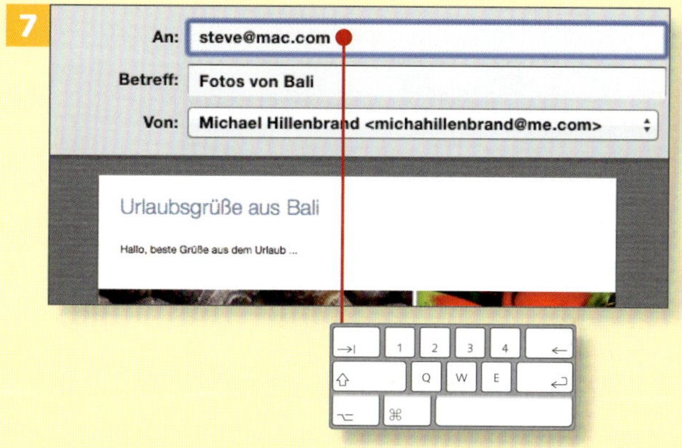

Schritt 8

Falls Sie verschiedene E-Mail-Konten angelegt haben, wählen Sie das richtige über das Aufklappmenü **Von** aus.

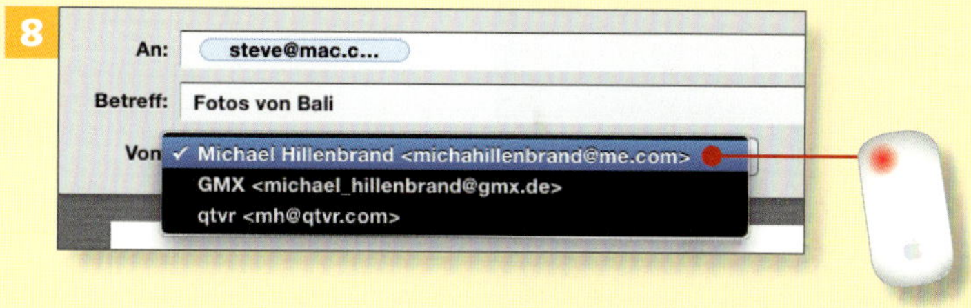

Schritt 9

Mit einem Klick auf **Senden** bringen Sie Ihre Mail auf den Weg zum Empfänger. Der Fortschritt wird an einem Balken ❼ angezeigt.

Fotos auf Facebook und Flickr
Wenn Sie ein Konto bei Facebook oder Flickr haben und es unter **Einstellungen ▸ Accounts** angegeben haben, können Sie dort direkt aus iPhoto heraus Bilder veröffentlichen. Wählen Sie ein oder mehrere Bilder aus, und stellen Sie sie über **Bereitst. ▸ Facebook** bzw. **Bereitst. ▸ Flickr** online.

Eine Diashow erstellen

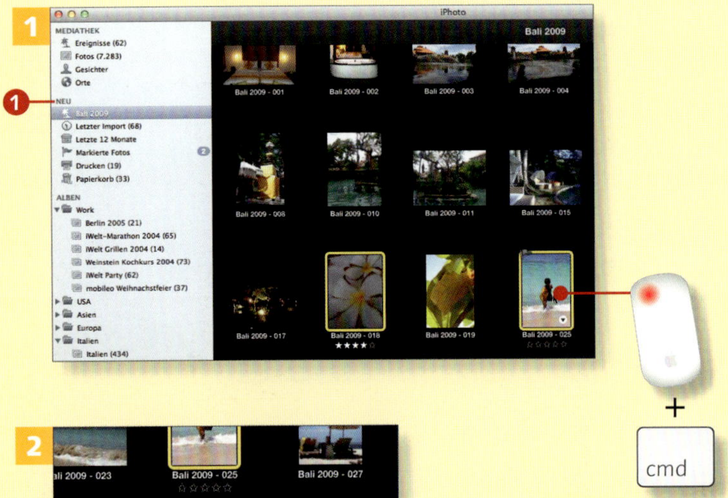

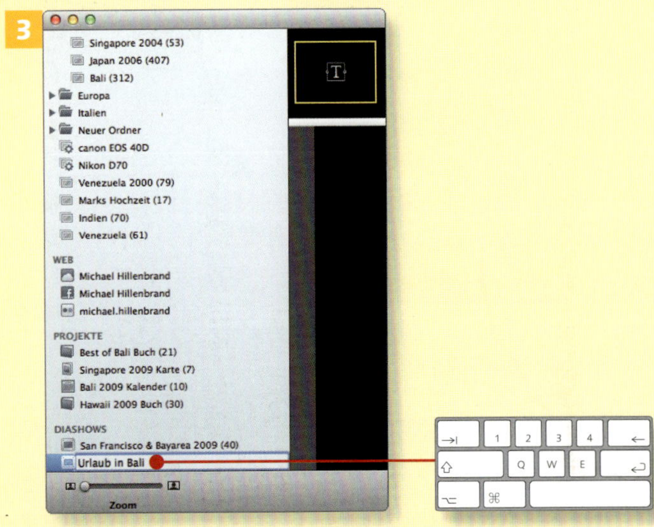

Sie können mit iPhoto eine digitale Diashow erstellen. Perfekt wird die Vorführung mit professionellen Übergängen und einer ansprechenden Hintergrundmusik.

Schritt 1

Klicken Sie auf den Punkt **Neu** ❶, um eine Diashow vom zuletzt importierten Ereignis zu erstellen. Wählen Sie dann per Mausklick und mit gedrückter cmd-Taste die Bilder aus, die Sie in die Diashow aufnehmen möchten.

Schritt 2

Mit einem Klick auf die Schaltfläche **Erstellen** in der Symbolleiste unten rechts können Sie eine neue Diashow anlegen. Wählen Sie im Aufklappmenü die Option **Diashow**.

Schritt 3

iPhoto übernimmt automatisch den Namen des Albums bzw. des Ereignisses als Titel für die Diashow. Das Projekt wird unter der Rubrik **Diashows** in der linken Spalte des Programmfensters angelegt. Wenn Sie dort auf den Titel klicken, können Sie ihn überschreiben.

Schritt 4

Der Diashow-Editor ermöglicht es, die Reihenfolge der Bilder in der Diashow festzulegen. Ziehen Sie dazu einfach ein Bild oder eine ganze Bilderauswahl mit gedrückter Maustaste an die gewünschte Stelle.

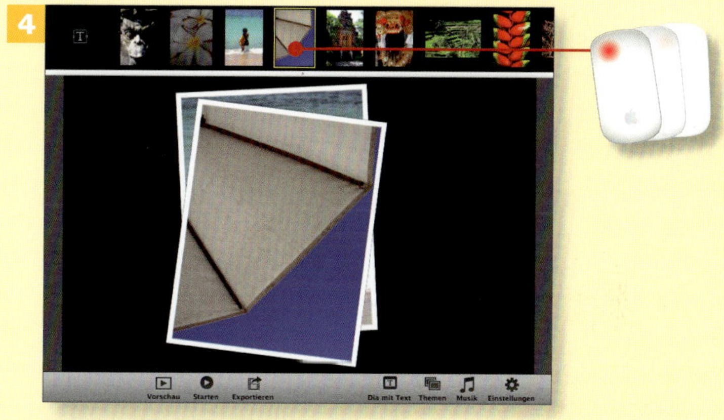

Schritt 5

Mit einem Thema verleihen Sie Ihrer Diashow ein professionelles Aussehen. Klicken Sie auf **Themen** ❷, und wählen Sie eine der angebotenen Varianten aus, z. B. **Schnappschüsse** ❸. Bestätigen Sie Ihre Wahl mit einem Klick auf **Auswählen**. Auf die Bilder der Diashow werden dann automatisch entsprechende Übergangseffekte, Überblendungen, Standardtexte etc. angewandt.

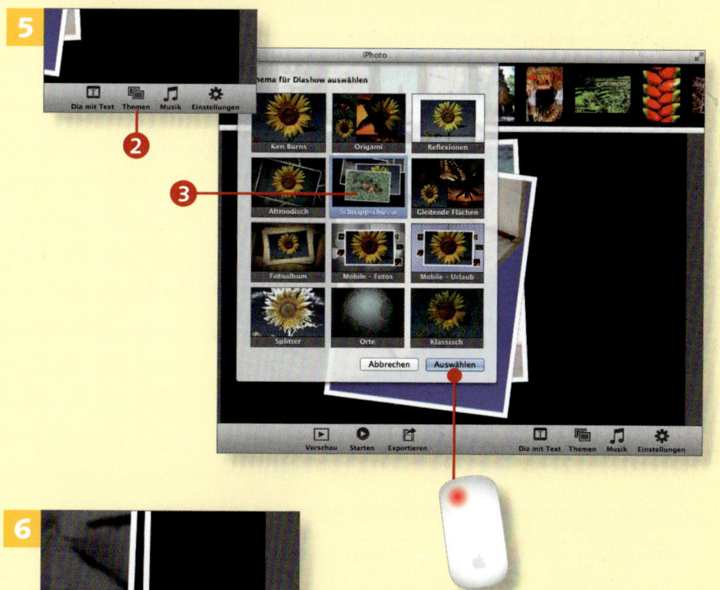

Schritt 6

Sie können einzelne Bilder oder den gesamten Inhalt Ihrer Diashow mit Effekten versehen. Klicken Sie auf die Schaltfläche **Einstellungen** ❹. In einem kleinen Fenster bestimmen Sie mit **Alle Dias** ❺ oder **Dieses Dia** ❻, auf welche Fotos der Effekt angewandt werden soll. Dann klicken Sie auf den gewünschten Effekt: **S/W**, **Sepia** oder **Antik**. iPhoto setzt die Änderungen automatisch um.

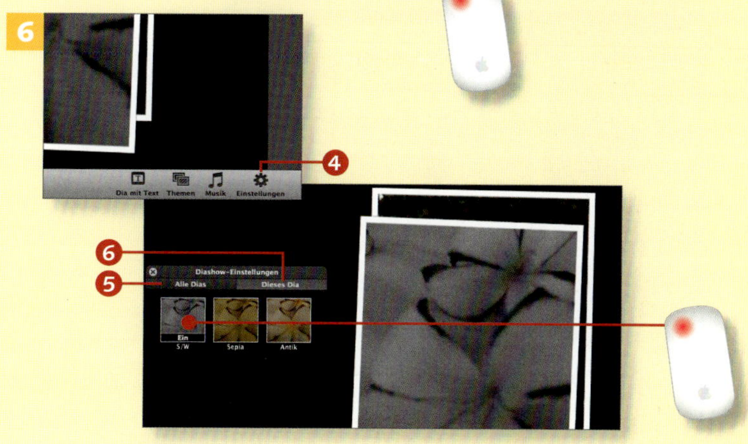

Eine Diashow erstellen (Forts.)

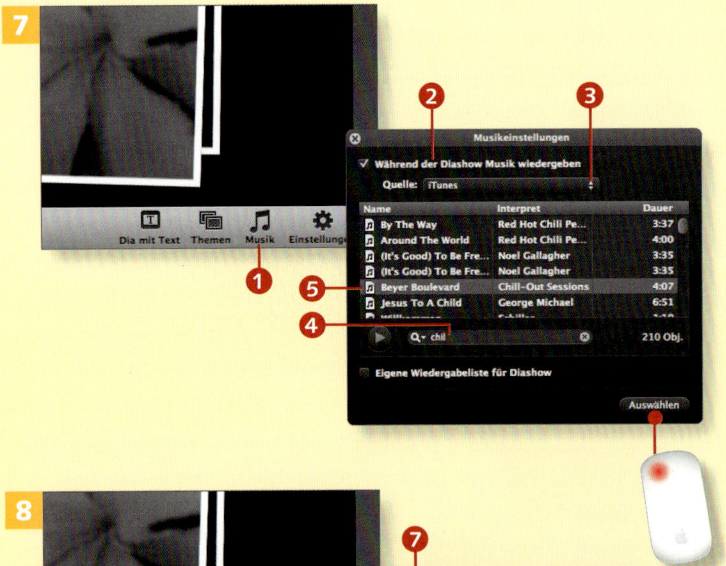

Schritt 7

Hintergrundmusik fügen Sie über die Schaltfläche **Musik** ❶ hinzu. Aktivieren Sie im neuen Dialogfenster die Option **Während der Diashow Musik wiedergeben** ❷. Um Musik aus iTunes zu nutzen, wählen Sie im Feld **Quelle** ❸ die Option **iTunes**. Geben Sie den Titel in das Suchfeld ❹ ein, wählen Sie ihn mit einem Klick aus der Liste aus ❺, und klicken Sie dann auf **Auswählen**.

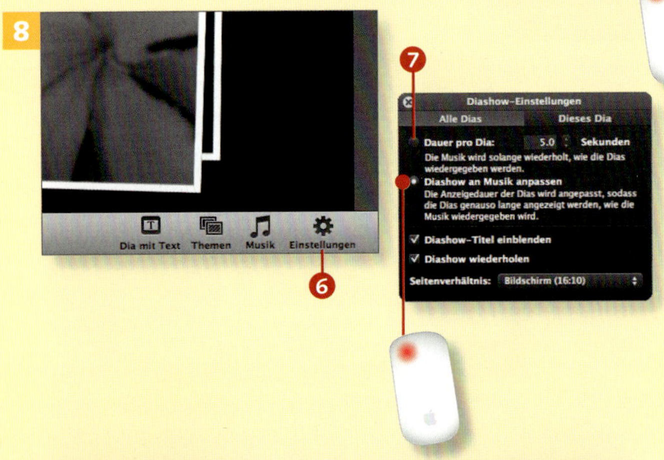

Schritt 8

Über den Dialog **Diashow-Einstellungen**, den Sie mit einem Klick auf **Einstellungen** ❻ öffnen, legen Sie fest, wie lange ein Dia angezeigt wird. Bei der Option **Dauer pro Dia** ❼ geben Sie eine Sekundenzahl an. Sie können iPhoto aber auch anweisen, die Diavorführung an die Länge des ausgewählten Musikstücks anzupassen. Hierzu müssen Sie **Diashow an Musik anpassen** anklicken.

Schritt 9

Sobald Sie alle Anpassungen vorgenommen haben, können Sie Ihre Diashow testen. Klicken Sie dazu auf die Schaltfläche **Vorschau**. Um Ihre Komposition direkt vorzuführen, klicken Sie auf **Starten** ❽. iPhoto zeigt die Diashow dann im Vollbildmodus.

Ihre digitalen Fotos finden auch über iPhoto ihren Weg in ein gedrucktes Fotoalbum. iPhoto bietet alle nötigen Werkzeuge und Apple sogar eine Druckerei.

Schritt 1

Bevor Sie ein Fotobuch erstellen, müssen Sie ein Album oder Ereignis dafür auswählen. Wählen Sie es in der Mediathek unter **Ereignisse** oder **Alben** aus.

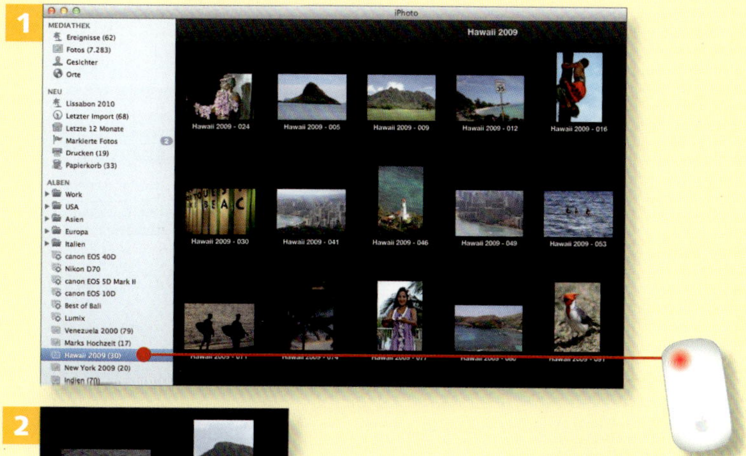

Schritt 2

Um ein neues Buch anzulegen, klicken Sie unten rechts auf die Schaltfläche **Erstellen ▸ Buch** ❾. Alternativ können Sie auch den Menüpunkt **Ablage ▸ Neues Buch** verwenden.

Schritt 3

Legen Sie nun fest, welches Format ❿, welche Größe ⓫ und welche Farbe ⓬ das Buch haben soll. Auf Basis Ihrer Auswahl wird der Preis ⓭ berechnet. Bestätigen Sie Ihre Angaben mit einem Klick auf **Erstellen**.

Ein Fotobuch erstellen (Forts.)

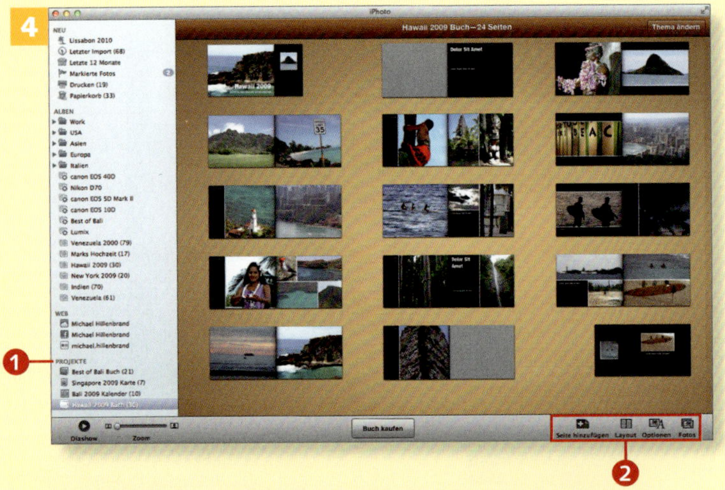

Schritt 4

iPhoto wechselt in den Buchmodus. Das Buch finden Sie in der Rubrik **Projekte** ❶ unter dem Namen des Ereignisses oder Albums, auf dem es basiert. Der Leuchttisch wird jetzt zum Arbeitsbereich, auf dem die Buchseiten angezeigt werden. iPhoto verteilt die Bilder automatisch auf den Seiten. Unten finden Sie die Werkzeuge ❷.

Schritt 5

Die erste Seite ist der Einband. Sie finden ihn in der Seitenübersicht an erster Stelle. Doppelklicken Sie auf das Vorschaubild, um die Seite zu bearbeiten.

Schritt 6

Der dargestellte Bildausschnitt lässt sich anpassen, indem Sie mit der Maus auf das Foto klicken. Ein kleines Menü mit einem Schieberegler öffnet sich. Ziehen Sie diesen mit gedrückter Maustaste nach rechts, zoomen Sie in das Foto hinein; wenn Sie ihn nach links ziehen, zoomen Sie heraus. Wenn Sie dann in die Bildmitte klicken und die Maustaste gedrückt halten, sehen Sie eine Verschiebehand, mit der Sie den Ausschnitt ebenfalls verändern können.

Schritt 7

Ändern Sie die Platzhaltertitel. Klicken Sie dazu auf den Text, und überschreiben Sie ihn mit Ihrem Titel. Verfahren Sie ebenso mit dem Untertitel. Bei einigen Themen können Sie auch einen Klappentext platzieren. Diesen können Sie ebenfalls ändern.

Schritt 8

Um weitere Bilder hinzufügen, klicken Sie auf die Schaltfläche **Fotos** ❸. Auf der rechten Seite werden dann Bilder der Mediathek angezeigt. Über das Aufklappmenü **Anzeigen** können Sie die Übersicht filtern, indem Sie sich z. B. nur die Fotos des letzten Jahres anzeigen lassen.

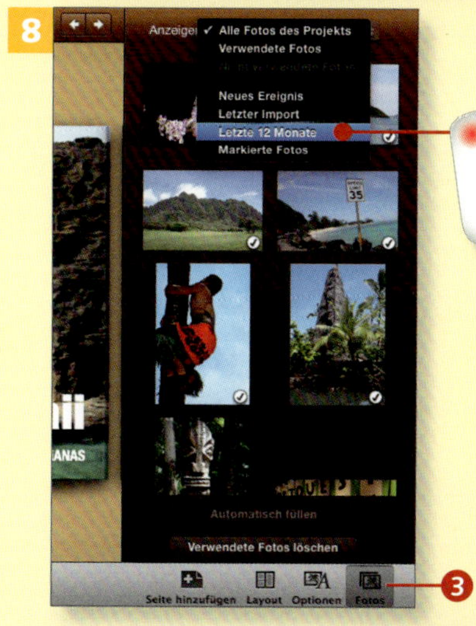

Schritt 9

Versetzen Sie eine Buchseite mit einem Doppelklick in den Bearbeitungsmodus. Ziehen Sie dann aus der rechten Spalte ein Bild auf den Platzhalter.

Schriftart und -größe ändern
Wenn Sie einen Text anklicken, zeigt iPhoto die Optionen zur Änderung von Schriftart, -größe und Textfarbe an. Sie können die Änderungen auf eine Auswahl beschränken oder sie mit **Überall ändern** auf alle Texte im Buchprojekt anwenden.

Ein Fotobuch erstellen (Forts.)

10

Schritt 10

Bereits im Album platzierte Fotos entfernen Sie, indem Sie zunächst die entsprechende Seite mit einem Doppelklick öffnen. Klicken Sie dann mit der rechten Maustaste auf das Foto, und wählen Sie aus dem Kontextmenü die Option **Foto entfernen**.

11

Schritt 11

Wenn Sie auf ein Bild klicken, können Sie die Größe des Ausschnitts mithilfe des Schiebereglers ❶ verändern (siehe Schritt 6). Mit gedrückter Maustaste verschieben Sie den Ausschnitt im Ganzen.

12

Schritt 12

Auch das Erscheinungsbild ganzer Seiten lässt sich ändern. Wählen Sie die Seite in der Übersicht aus, und klicken Sie auf **Layout** ❷. In der Übersicht wählen Sie jetzt eine Vorlage aus und bestimmen die Hintergrundgestaltung ❸ und den Seitenaufbau ❹. Im Aufklappmenü ❺ darüber geben Sie die Anzahl der Bilder pro Seite an.

Schritt 13

Wenn Sie einen Doppelklick auf das Bild ausführen, wechselt iPhoto in den Bearbeitungsmodus. Hier können Sie einfache Effekte anwenden (siehe dazu den Abschnitt »Fotos schnell verbessern« ab Seite 233). Um zurück zum Buch zu gelangen, klicken Sie auf die Schaltfläche **Alle Seiten**.

Schritt 14

Je nach Seitenlayout können Sie nun unter oder neben dem Bild einen Text platzieren. Öffnen Sie die Seite mit einem Doppelklick, und klicken Sie anschließend mit der Maus in den Textplatzhalter. Überschreiben Sie dann einfach diesen Text mit Ihrem.

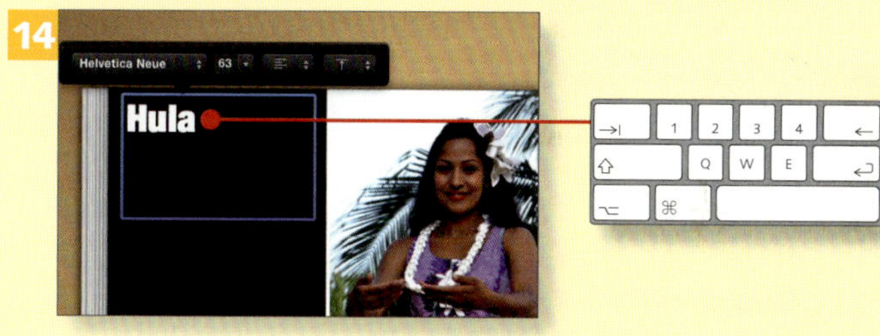

Schritt 15

Eine nette Abwechslung entsteht, wenn Sie eine Landkarte in Ihr Album aufnehmen. Wählen Sie in der Übersicht eine leere Seite aus, und klicken Sie dann auf **Layout** ❻. Aus dem Aufklappmenü zur Fotoanzahl wählen Sie dann die Option **Karte**.

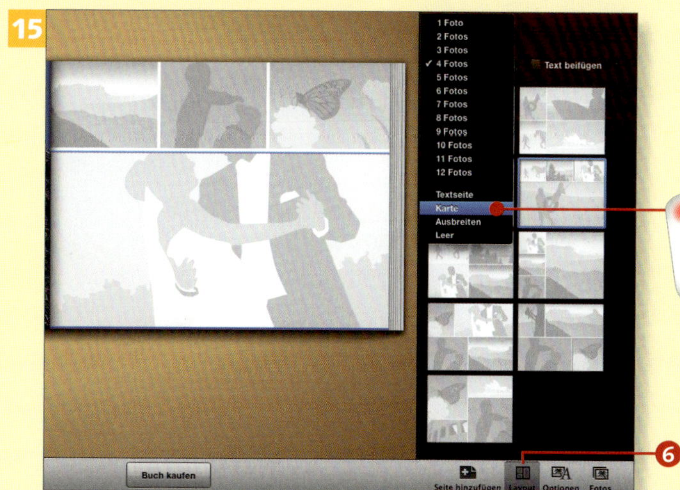

Ein Fotobuch erstellen (Forts.)

Schritt 16

Um einen Ort auf der Karte zu markieren, machen Sie die Kartenseite mit einem Doppelklick bereit zur Bearbeitung. Klicken Sie auf **Optionen** (siehe Bild 15) und dann auf das Plus unter **Orte** 1, um Ihren Ort anzulegen. Geben Sie den Ortsnamen ein. iPhoto präsentiert die passenden Orte in einem Auswahlmenü. Mit einem Mausklick übernehmen Sie den Ort 2 in die Karte.

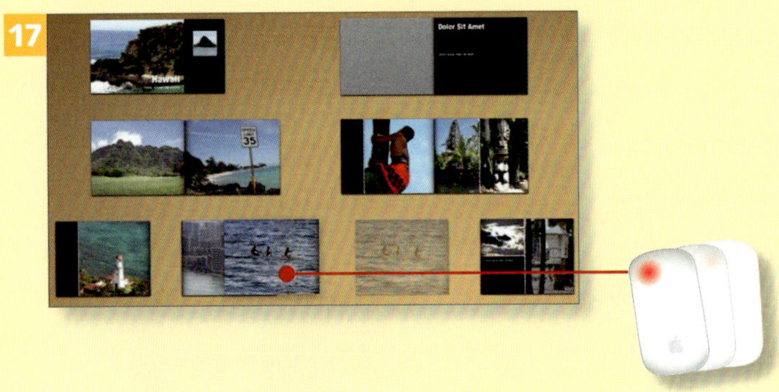

Schritt 17

Die Reihenfolge der Seiten können Sie direkt in der Layoutansicht ändern. Wählen Sie eine Seite mit einem Mausklick aus, und verschieben Sie sie mit gedrückter Maustaste an die gewünschte Stelle.

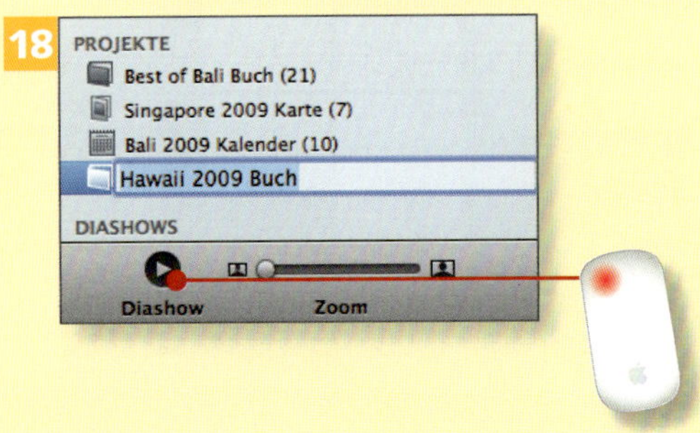

Schritt 18

Zum Schluss können Sie Ihre Gestaltung noch einmal überprüfen, bevor Sie das Buch in den Druck schicken. Wählen Sie dazu die erste Seite im Buch mit einem Mausklick aus. Dann klicken Sie anschließend auf die Schaltfläche **Diashow**.

Bücher bestellen
Mit einem Klick auf die Schaltfläche **Buch kaufen** am unteren Rand des Dialogfensters starten Sie den Bestellvorgang.

Abzüge bestellen und selbst ausdrucken

Sie können die Bilder aus Ihrer iPhoto-Sammlung entweder selbst drucken oder über den integrierten Fotoservice professionelle Abzüge bestellen.

Schritt 1

Wählen Sie die Bilder aus Ihrer Mediathek aus, die Sie ausdrucken möchten. Dabei können Sie auf die komplette Sammlung zurückgreifen oder wahlweise nur Bilder in einem Ereignis auswählen.

Schritt 2

Rufen Sie nun über das Menü **Ablage ▸ Drucken** den Druckdialog von iPhoto auf. Alternativ können Sie die Tastenkombination [cmd] + [P] wählen.

Schritt 3

Im Druckdialog können Sie eine Vorlage auswählen. Mit der Option **Standard** bringen Sie ein Foto pro Ausdruck zu Papier, mit **Kontaktbogen** ❸ erstellt iPhoto eine Übersicht aller ausgewählten Fotos auf einer Seite. Einen schmucken Rahmen fügen Sie mit **Einfacher Rahmen**, **Einfaches Passepartout** oder **Doppel-Passepartout** ❹ ein.

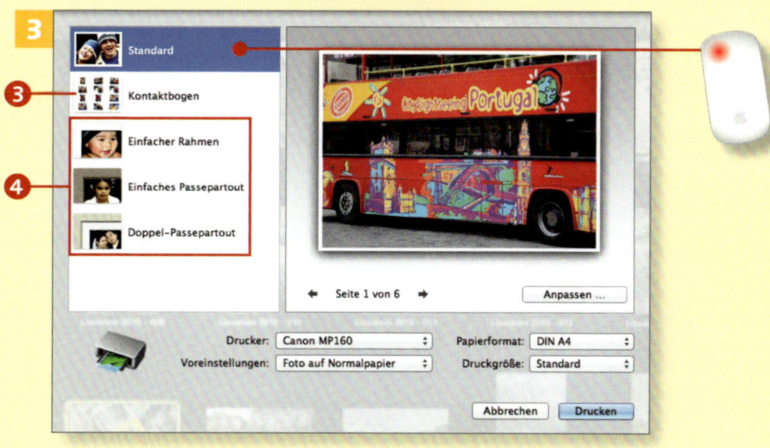

Abzüge bestellen und selbst ausdrucken (Forts.)

4

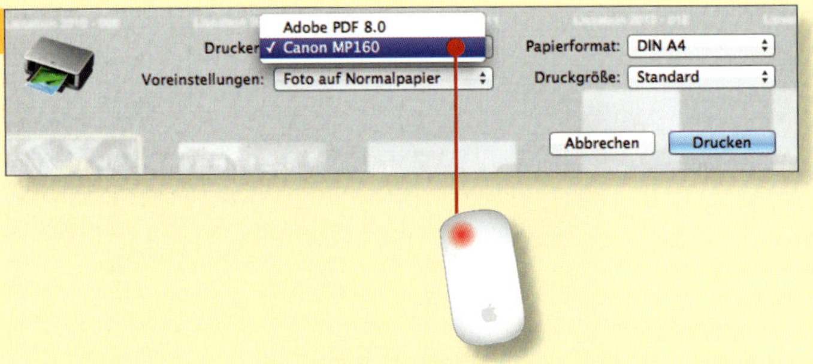

Schritt 4

Wenn Sie mehr als einen Drucker installiert haben, wählen Sie das entsprechende Gerät, den Fotodrucker, aus dem Aufklappmenü **Drucker** aus. Stellen Sie vorher sicher, dass Ihr Drucker an den Rechner angeschlossen und betriebsbereit ist.

5

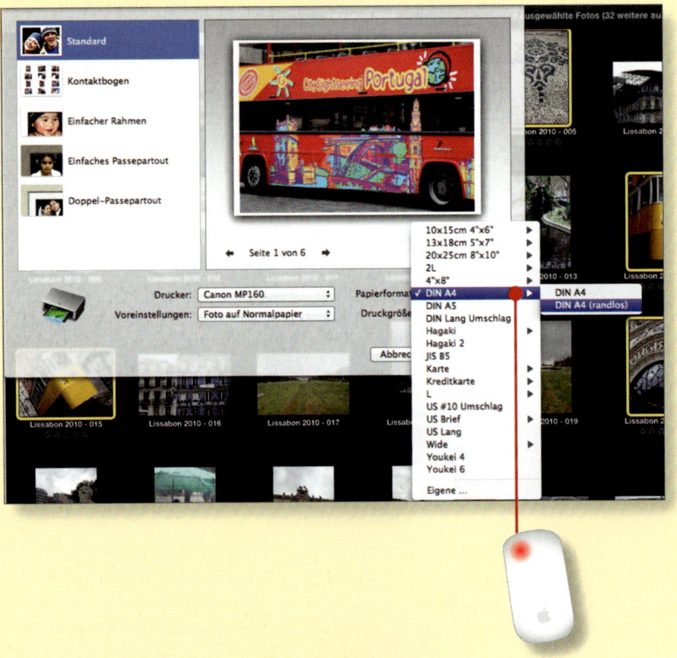

Schritt 5

Legen Sie nun im gleichnamigen Feld das Papierformat fest. Soll das Bild auf einem Standard-DIN-A4-Blatt ausgedruckt werden, wählen Sie im Aufklappmenü diese Option. Das Bild wird dann formatfüllend gedruckt. Wenn Ihr Drucker auch andere Papierformate unterstützt, können Sie ein passendes auswählen, z. B. das Fotoformat 10 x 15.

6

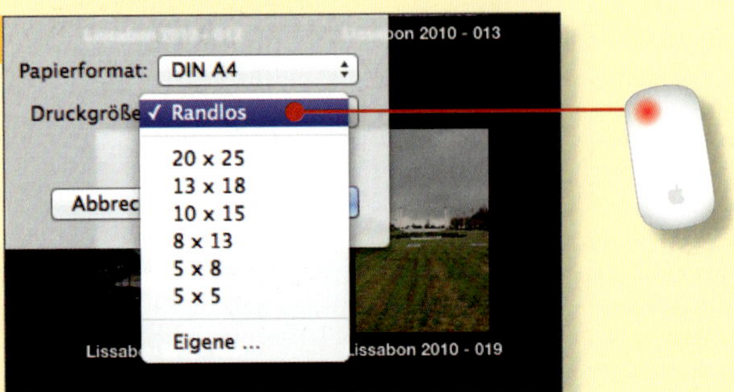

Schritt 6

Über das Aufklappmenü **Druckgröße** ist es möglich, das Format des Bildes selbst zu bestimmen. Auch hier stehen je nach Druckertyp unterschiedliche Formate zur Verfügung. Soll das Foto z. B. flächenfüllend auf DIN A4 ausgedruckt werden, wählen Sie die Option **Randlos**. Wenn Sie hier z. B. **10 x 15** markieren und in Schritt 5 das Papierformat A4 gewählt haben, wird das Bild im Format 10 x 15 auf einem DIN-A4-Blatt gedruckt.

Schritt 7

Wenn Sie auf die Schaltfläche **Anpassen** ❶ klicken, können Sie weitere Layouteinstellungen für Ihren Ausdruck vornehmen. iPhoto wechselt in den Bearbeitungsmodus. Dort ändern Sie über das Menü der Schaltfläche **Themen** ggf. nochmals die Druckvorlage.

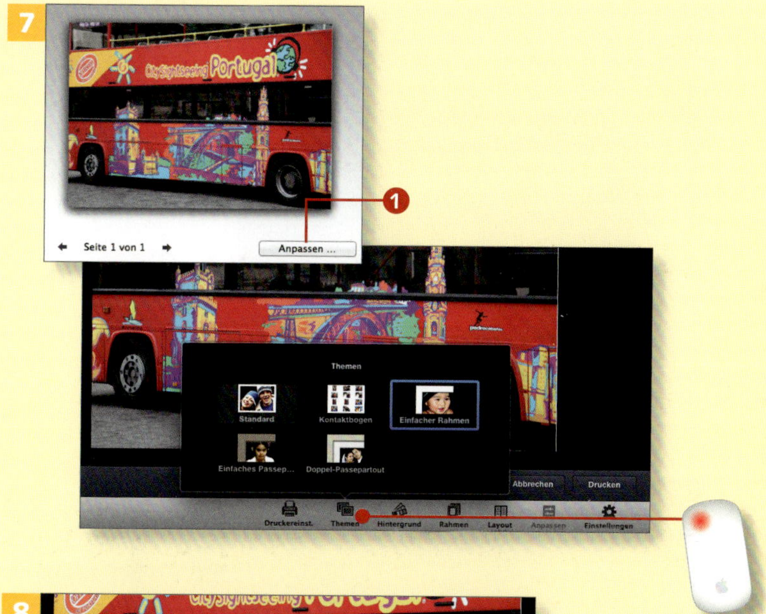

Schritt 8

Nach einem Klick auf die Schaltfläche **Hintergrund** können Sie die Farbe des Hintergrunds ändern, auf dem Ihre Bildauswahl positioniert wird. Wählen Sie dazu aus dem Aufklappmenü die gewünschte Farbe mit einem Mausklick aus.

Schritt 9

Mithilfe der Schaltfläche **Layout** bestimmen Sie, ob die Fotoauswahl im Hoch- oder Querformat mit oder ohne Beschriftung platziert werden soll. Klicken Sie dazu im Aufklappmenü auf die gewünschte Option.

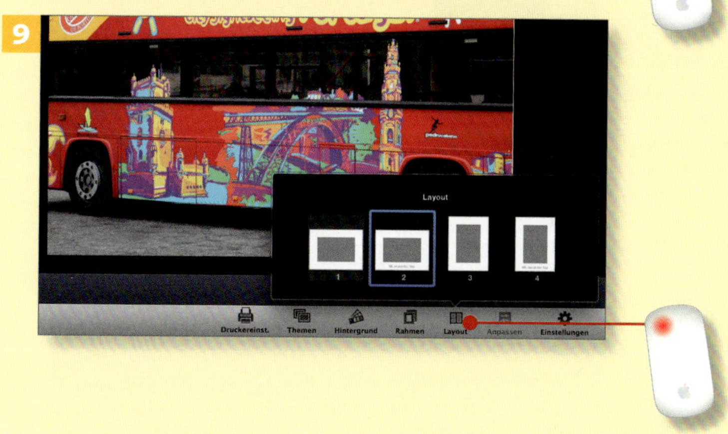

Passepartout

Als Passepartout bezeichnet man die Umrahmung eines Fotos mit einem neutralen Hintergrund (oft schwarz oder weiß). Damit soll das Augenmerk des Betrachters noch mehr auf das Foto gelenkt werden.

Abzüge bestellen und selbst ausdrucken (Forts.)

10

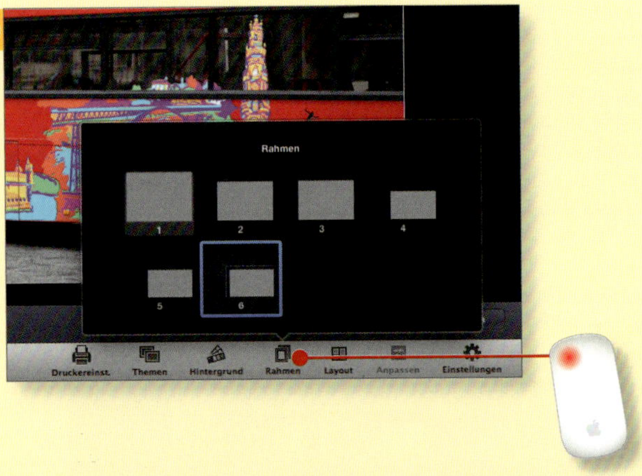

11

12

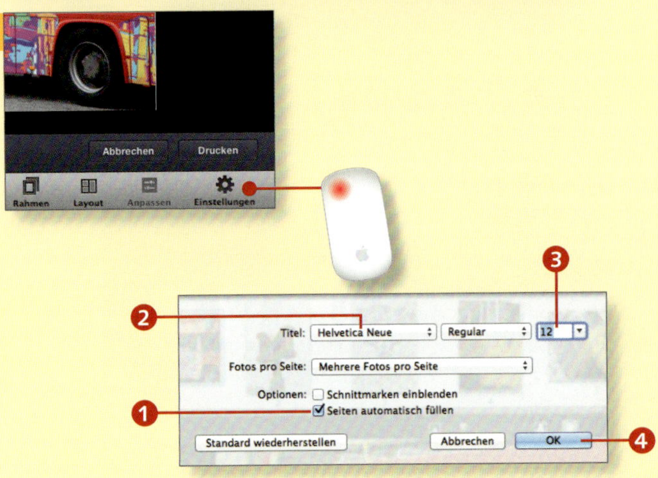

Schritt 10

Analog dazu funktioniert die Schaltfläche **Rahmen**. Über ihre Auswahl können Sie die Rahmenart wählen, z. B. **Einfacher Rahmen** oder **Passepartout**.

Schritt 11

Auch den Bildausschnitt können Sie vor dem Ausdruck noch anpassen. Wählen Sie das Foto mit einem Mausklick aus. Sie sehen dann einen Zoomregler, über den Sie die Größe des Bildausschnitts beeinflussen können. Um den Ausschnitt zu verschieben, bewegen Sie jetzt den Mauszeiger in die Bildmitte und positionieren das Bild bei gedrückter Maustaste nach Belieben um.

Schritt 12

Bevor es endgültig ans Ausdrucken geht, überprüfen Sie die Parameter. Klicken Sie dazu auf **Einstellungen**. Hier geben Sie z. B. an, dass die Seite beim Ausdruck automatisch maximal gefüllt wird ❶. Auch Schriftart ❷ und -größe ❸ des Textes lassen sich hier einstellen. Bestätigen Sie Ihre Änderungen mit **OK** ❹.

Schritt 13

Haben Sie alle Anpassungen vorgenommen, können Sie Ihr Bild oder Ihre Fotoauswahl ausdrucken. Klicken Sie dazu auf die Schaltfläche **Drucken**. In der Regel müssen Sie dann noch den Druckdialog mit einem Klick auf die Schaltfläche **Drucken** ❺ bestätigen.

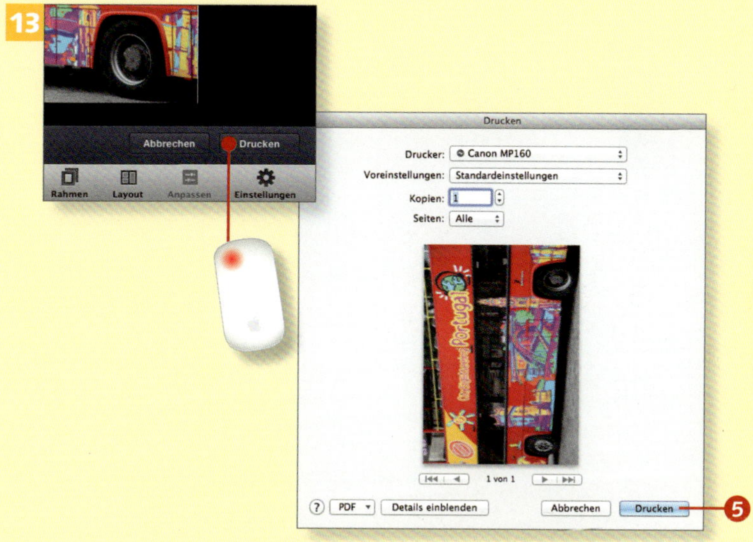

Schritt 14

Sie können aber auch direkt beim Apple-Fotoservice professionelle Abzüge in unterschiedlichen Formaten bestellen. Auch hierfür müssen Sie zunächst das Foto bzw. mehrere Fotos auswählen.

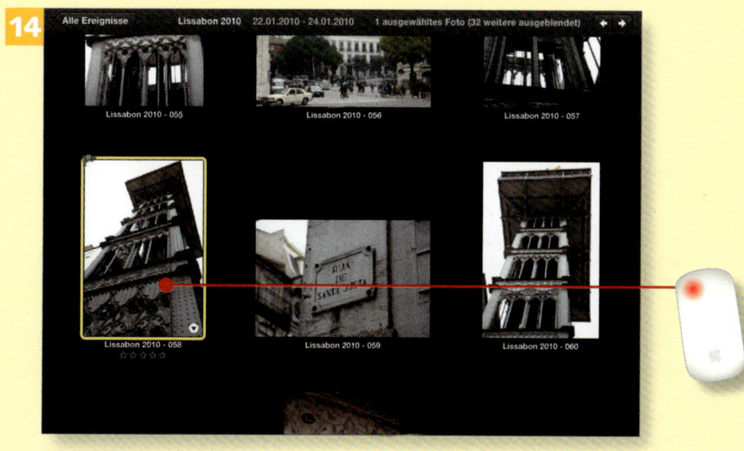

Schritt 15

Rufen Sie dann unten rechts über die Schaltfläche **Bereitst.** die Option **Bild bestellen** bzw. **Bilder bestellen** auf.

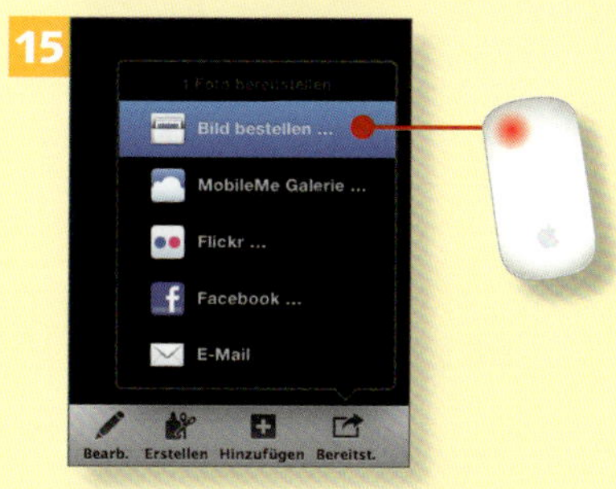

Auflösung zu niedrig?
Falls die Auflösung des gewählten Bildes nicht für die gewählte Formatgröße reicht, versieht iPhoto das Bild im Bestelldialog mit einem gelben Ausrufezeichen. Sie sollten dann eine höhere Auflösung für das Bild wählen oder es in einem kleineren Format bestellen.

Abzüge bestellen und selbst ausdrucken (Forts.)

16

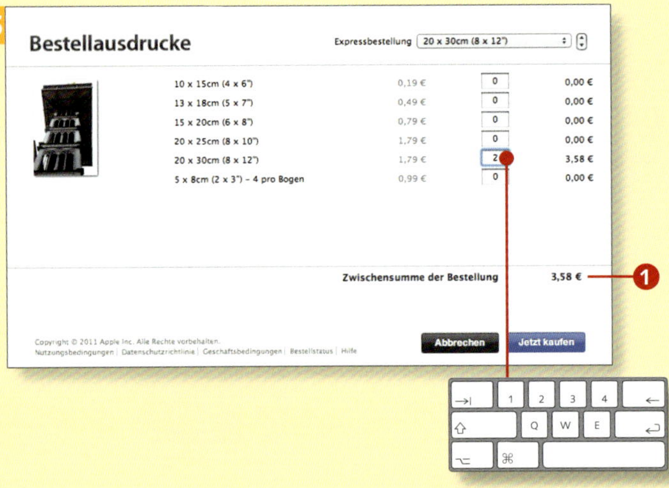

Schritt 16

Geben Sie im Dialog **Bestellausdrucke** neben den Formaten jeweils die Anzahl der gewünschten Bilder an. Es wird automatisch eine Zwischensumme ❶ für die Bestellung errechnet.

17

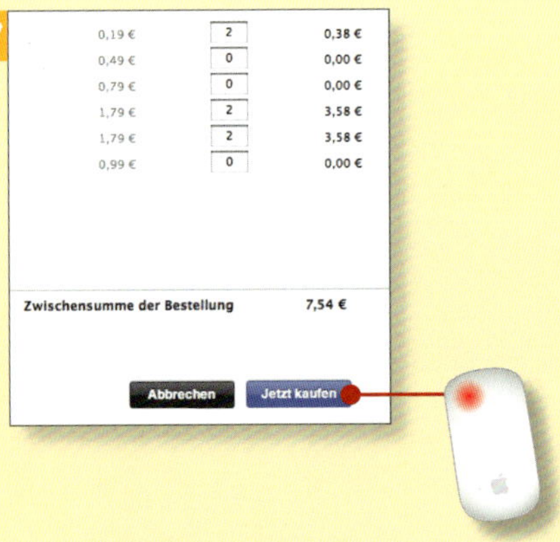

Schritt 17

Wenn Sie alle nötigen Angaben gemacht haben, fahren Sie mit einem Klick auf die Schaltfläche **Jetzt kaufen** fort.

18

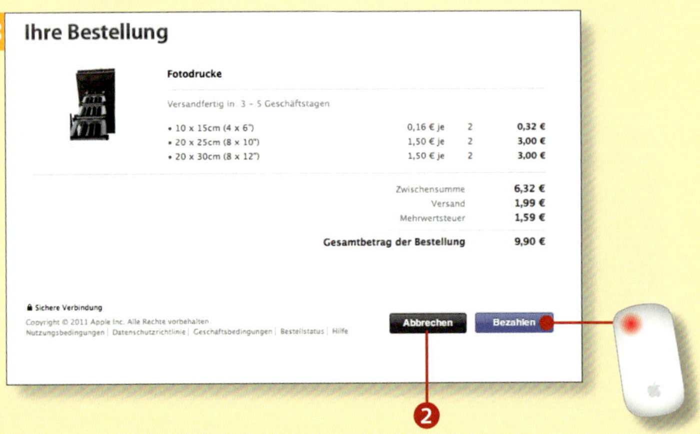

Schritt 18

iPhoto zeigt Ihnen daraufhin noch einmal eine Bestellübersicht, die Sie mit einem Klick auf **Bezahlen** bestätigen müssen. Falls Sie noch Korrekturen vornehmen wollen, klicken Sie auf die Schaltfläche **Abbrechen** ❷.

Apple-ID erstellen

Eine Apple-ID können Sie für die Einkäufe im iTunes Store, beim iPhoto-Fotoservice oder bei iCloud nutzen. Sie richten sie über die Website *https://appleid.apple.com* ein. Geben Sie dazu Ihre E-Mail-Adresse ein – diese wird dann zum Benutzernamen für Ihre Apple-ID –, und wählen Sie ein Passwort. Füllen Sie alle erforderlichen Felder aus.

Schritt 19

Melden Sie sich jetzt mit Ihrer Apple-ID an. Geben Sie dazu Ihre E-Mail-Adresse ❸ und Ihr Kennwort ❹ ein, und bestätigen Sie mit der Schaltfläche **Anmelden**. Falls Sie noch kein Kunde sind, können Sie über den Link **Apple-ID jetzt erstellen** ❺ ein neues Konto anlegen.

Schritt 20

Im Dialog **Bestelldetails bestätigen** können Sie u.a. Angaben zum Versand machen. Um die Lieferadresse zu ändern, klicken Sie auf **Versand bearbeiten** ❻ und geben die neue Adresse ❼ an. Klicken Sie dann auf **Fortsetzen**, um mit dem Bestellvorgang weiter voranzuschreiten.

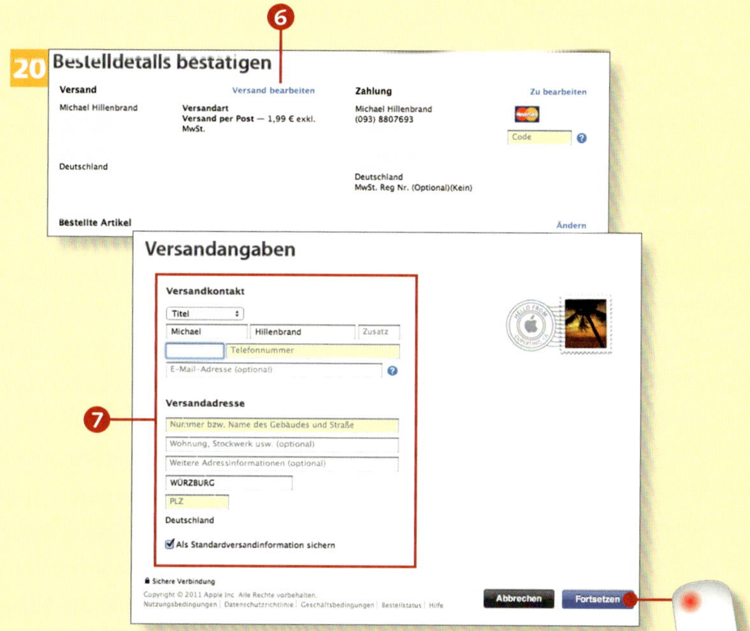

Schritt 21

Prüfen Sie noch einmal Ihre Bestellung und den ausgewiesenen Rechnungsbetrag, akzeptieren Sie die Vertriebs- und Erstattungsrichtlinien ❽, und schließen Sie dann den Einkauf mit einem Klick auf die Schaltfläche **Bestellen** ab. iPhoto zeigt daraufhin eine Bestätigung der Bestellung mit Ihrer Auftragsnummer an. Nach etwa sieben bis zehn Tagen werden Ihnen Ihre Abzüge per Post zugesandt.

Kapitel 11
Musik verwalten und genießen – iTunes

Für Musikgenuss mit dem Mac sorgt das Programm iTunes. Es ist zudem ein virtueller Laden für Musik, Bücher, Apps und Filme und dient als Bindeglied zu mobilen Geräten wie iPod, iPhone und iPad. Sie lernen in diesem Kapitel, wie Sie digitale Musik wiedergeben, organisieren, Audio-CDs erstellen und iTunes mit den mobilen Geräten von Apple synchronisieren.

Musik importieren und abspielen

Eine Musik-CD übernehmen Sie mit einem Klick auf die Schaltfläche **Importieren** direkt in Ihre iTunes-Mediathek ❶. Nach dem Import spielen Sie die Titel mit einem Klick auf die Schaltfläche **Wiedergabe** ab. Mithilfe von Wiedergabelisten lassen sich Titel auch aus unterschiedlichen Alben zusammenstellen.

Einkaufen im iTunes Store

Das Angebot im iTunes Store ❷ ist vielfältig und reicht von Musiktiteln über Filme und Fernsehsendungen bis hin zu Apps. Wenn Sie einen iTunes-Store-Account haben, also angemeldet sind, können Sie hier mit nur wenigen Mausklicks alles Mögliche einkaufen. iTunes lädt das erworbene Objekt dann automatisch aus dem Store und legt es in Ihrer Mediathek ab.

Musik für unterwegs

Es ist kinderleicht, Ihr iPhone, Ihr iPad oder Ihren iPod mit der passenden Musik auszustatten, sodass Sie auch unterwegs nicht auf Ihre Lieblingslieder verzichten müssen. Schließen Sie das Gerät über den USB-Anschluss an Ihren Rechner an, und wählen Sie es in iTunes in der linken Spalte unter **Geräte** aus ❸. Ob automatisch oder manuell, in null Komma nichts haben Sie Musik, Podcasts oder Filme auf Ihr mobiles Gerät geladen.

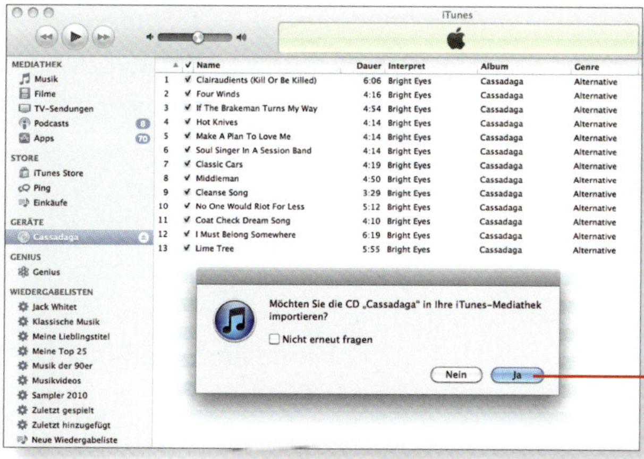

1 Titel einer Musik-CD landen per Knopfdruck in der iTunes-Mediathek.

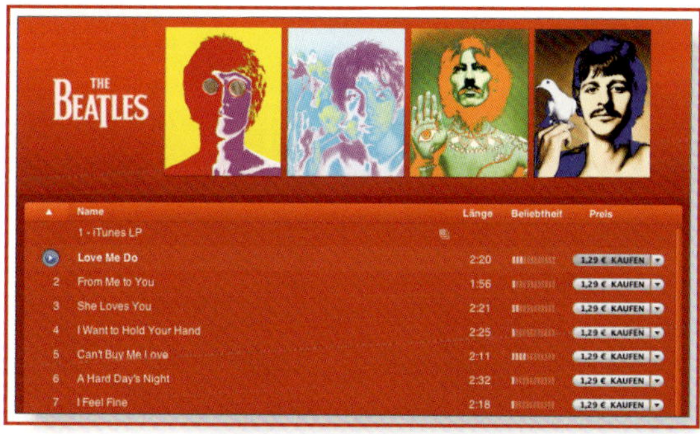

2 Im iTunes Store können Sie Musiktitel und andere Objekte einfach mit einem Klick kaufen.

3 Nachdem der iPod oder das iPad angeschlossen ist, können Sie das Gerät mit Ihrer iTunes-Mediathek synchronisieren.

Musik-CDs importieren

1

Im ersten Schritt gilt es, iTunes mit Musik zu »füttern«. Nicht nur der Import von Musik-CDs ist einfach und unkompliziert.

Schritt 1

Starten Sie iTunes mit einem Mausklick auf das Programmsymbol im Dock. Legen Sie dann Ihre zu importierende Musik-CD in das CD-/DVD-Laufwerk Ihres Macs ein.

2

Schritt 2

Die CD **1** wird dann in der linken Spalte unter **Geräte** dargestellt. Gleichzeitig sehen Sie im Titel-Browser die Anzahl der enthaltenen Titel und ihre Dauer. Besteht eine Verbindung zum Internet, holt iTunes sich automatisch weitere Titelinformationen, z. B. Interpret, Titel- und Albumname.

3

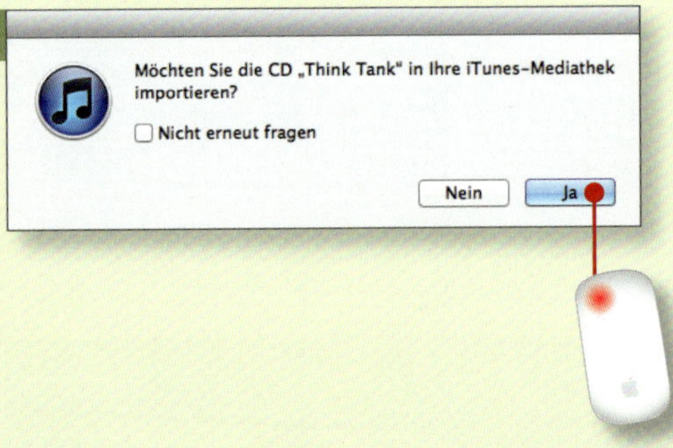

Schritt 3

Um die komplette Musik-CD zu importieren, klicken Sie im Dialogfenster auf **Ja**. iTunes beginnt dann mit dem Import. Möchten Sie nur einzelne Stück laden, brechen Sie den Vorgang mit **Nein** ab.

Schritt 4

Einzelne Stücke wählen Sie über den Titel-Browser aus, indem Sie ein Häkchen setzen ❷. Dann klicken Sie auf die Schaltfläche **CD importieren**.

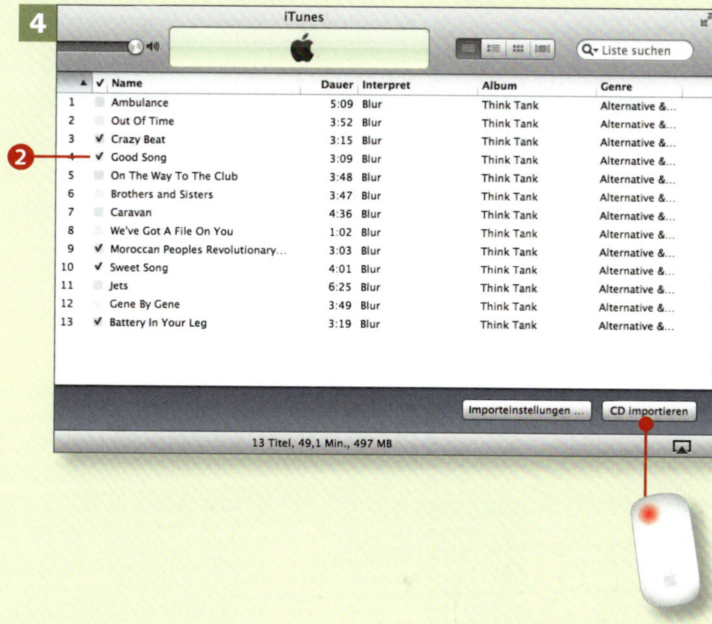

Schritt 5

iTunes konvertiert die Musiktitel und kopiert sie in die Mediathek. Den erfolgreichen Import bestätigt iTunes mit einem Tonsignal. Sie können anschließend auf die Songs zugreifen, indem Sie in der linken Spalte auf **Musik** ❸ klicken. Die Lieder werden standardmäßig nach Name ❹, Interpret ❺ und Album ❻ sortiert.

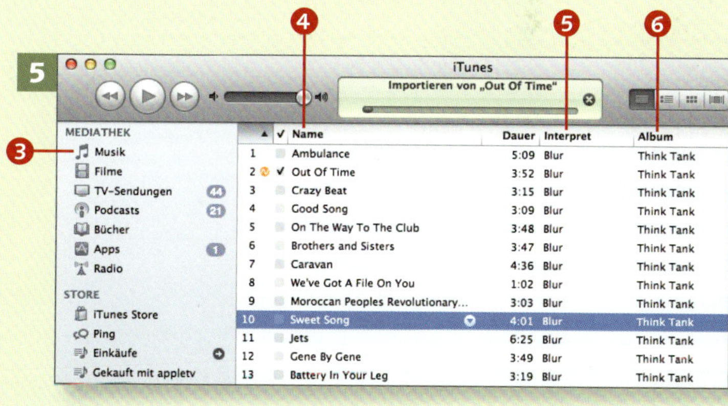

Schritt 6

Sie können jetzt die Musik-CD wieder aus dem Laufwerk nehmen. Dafür klicken Sie auf die Schaltfläche **Auswerfen** rechts neben dem CD-Symbol in der Seitenleiste. Alternativ drücken Sie die Tastenkombination [cmd] + [E].

Das Audioformat ändern
Über **Allgemein ▸ Importeinstellungen** können Sie das Audioformat vor dem Import ändern. Über **Einstellung** lässt sich die Audioqualität festlegen, z. B. **Hohe Qualität** oder **iTunes Plus**.

Musik wiedergeben

Sind die Titel erst einmal importiert, kann der Musikgenuss beginnen.

Schritt 1

iTunes speichert die importieren Titel in der *Mediathek*. Sie können darauf zugreifen, indem Sie auf **Musik** klicken. Alle Titel werden dann sortiert nach Name ❶, Interpret ❷ und Album ❸ angezeigt.

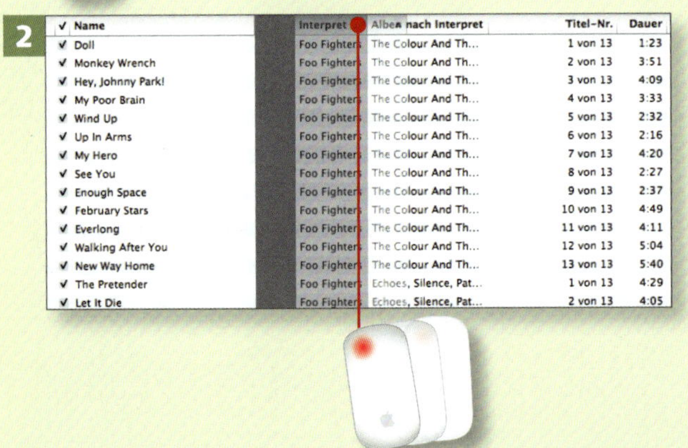

Schritt 2

Um einen Titel schneller als durch Scrollen zu finden, klicken Sie auf einen Spaltenkopf und sortieren die Liste so ab- bzw. aufsteigend. Sie können auch die Reihenfolge der Spalten ändern, indem Sie auf den Spaltenkopf klicken und die Spalte mit gedrückter Maustaste an die gewünschte Stelle ziehen.

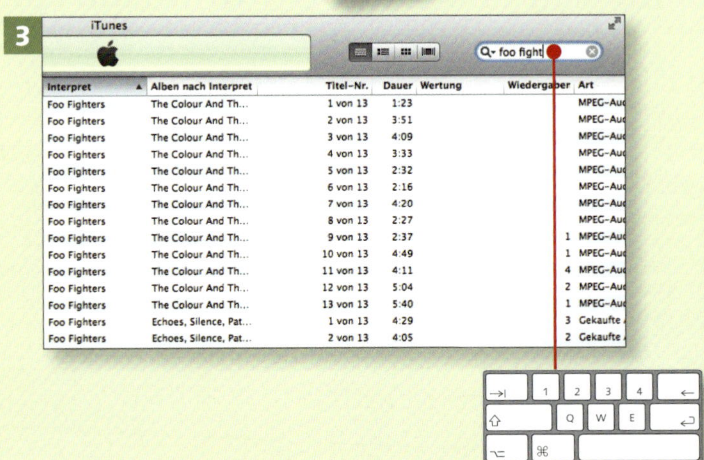

Schritt 3

Über das Suchfeld in der rechten oberen Ecke können Sie ein Musikstück gezielt suchen. iTunes beginnt die Suche sofort mit der Eingabe eines Begriffs. Dabei wird das Ergebnis immer präziser, je mehr Zeichen Sie eingeben. Nach einem Klick auf die Lupe können Sie die Suche auf Interpreten, Alben, Komponisten oder Titel beschränken.

Schritt 4

Mit einem Doppelklick auf ein Musikstück starten Sie die Wiedergabe. Der laufende Titel wird dann in der Titelanzeige ❹ dargestellt. Mit den Bedienelementen können Sie die Wiedergabe unterbrechen ❺ und ein Lied vor- ❻ bzw. zurückspringen ❼. Über den Schieberegler ❽ passen Sie die Lautstärke an.

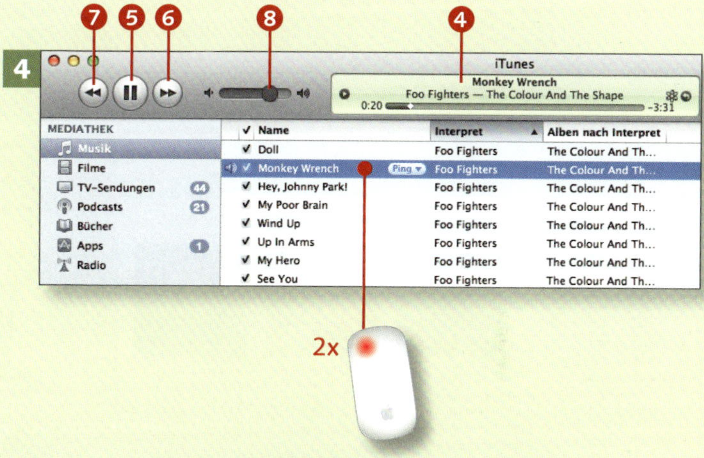

Schritt 5

Um zu einer bestimmten Stelle im laufenden Musikstück zu springen, ziehen Sie die kleine weiße Raute in der Fortschrittsanzeige mit gedrückter Maustaste an die gewünschte Stelle. Noch schneller geht's, wenn Sie im Fortschrittsbalken auf die gewünschte Stelle klicken.

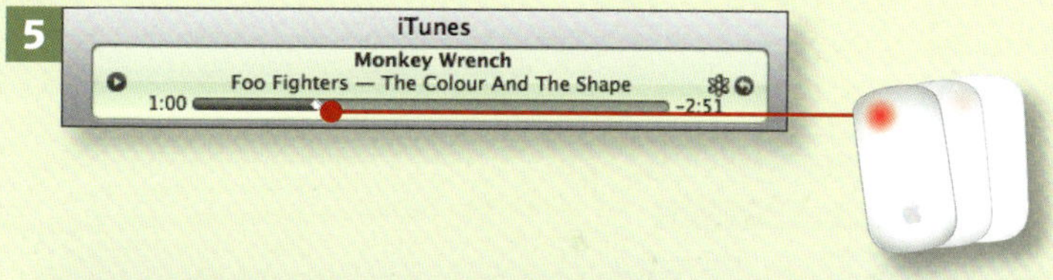

Schritt 6

Um das iTunes-Fenster zu minimieren und Platz auf dem Schreibtisch zu schaffen, klicken Sie auf die grüne Schaltfläche ganz links oben. Nun lässt sich die iTunes-Miniatur mit gedrückter Maustaste an die gewünschte Stelle auf dem Schreibtisch verschieben.

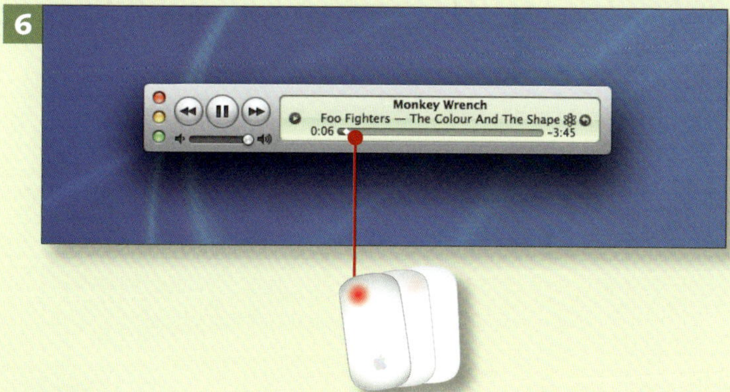

Ein Album-Cover hinzufügen

Wenn Sie einen iTunes-Store-Account haben, können Sie Ihren Titeln automatisch ein Album-Cover hinzufügen. Rufen Sie das Menü **Erweitert ▸ CD-Cover laden** auf, und bestätigen Sie den nächsten Dialog mit einem Klick auf die Schaltfläche **CD-Cover laden**. iTunes fügt die passenden Album-Cover nun automatisch hinzu.

Musik kaufen: der iTunes Store

1
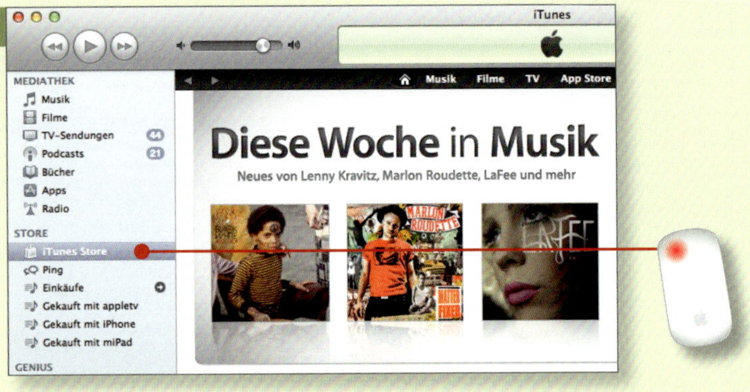

In iTunes können Sie bequem einzelne Musikstücke oder ganze Alben kaufen und sie sich direkt als MP3s in die Mediathek liefern lassen.

Schritt 1

Mit einem Mausklick auf **iTunes Store** in der linken Spalte des Programmfensters wird der virtuelle Musikladen geöffnet, und Sie sehen sofort aktuelle Angebote im Überblick.

2
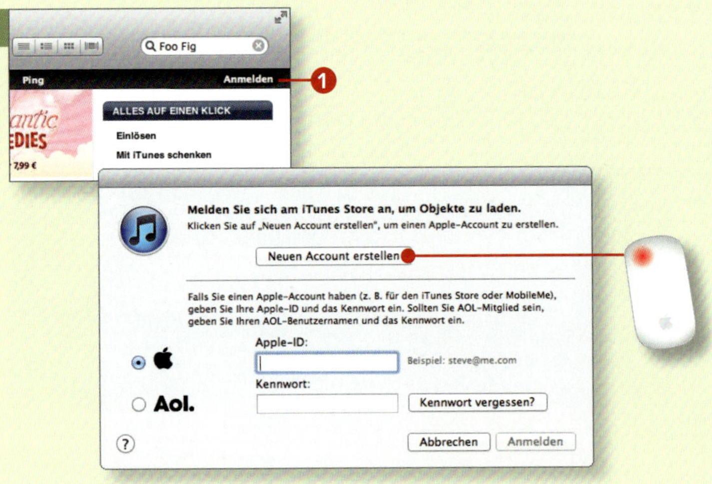

Schritt 2

Um im iTunes Store einkaufen zu können, benötigen Sie einen Account. Klicken Sie links oben auf **Anmelden** ❶ und im Dialog dann auf **Neuen Account erstellen**. Folgen Sie den Anmeldeschritten, und geben Sie die nötigen Informationen ein. Bestätigen Sie jeweils mit der Schaltfläche **Weiter**.

3
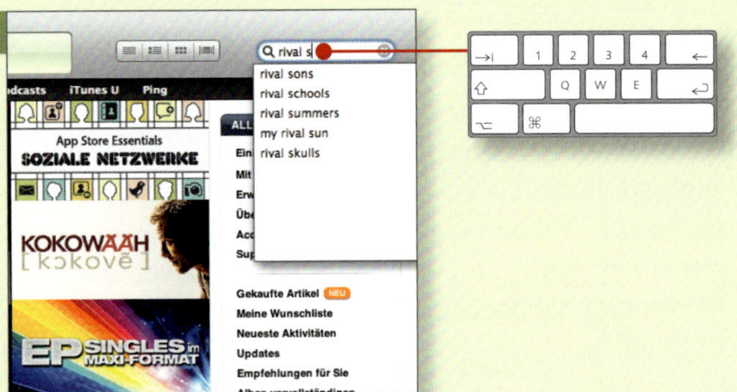

Schritt 3

Sobald Sie angemeldet sind, können Sie im Store nach Titeln suchen. Geben Sie einen Begriff in das Suchfeld ein. Der gesamte Bestand an Musikstücken, Filmen, Büchern und Apps wird durchsucht.

Schritt 4

Die Ergebnisse werden in einer Liste angezeigt. Um einen Ausschnitt der Titel anzuhören, zeigen Sie mit der Maus auf den Titel. Eine Wiedergabe-Schaltfläche erscheint. Ein Klick darauf startet die Hörprobe.

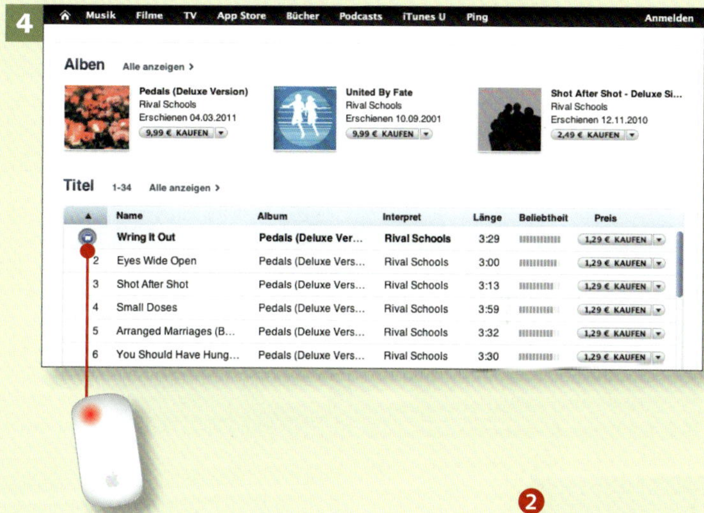

Schritt 5

Gefällt Ihnen der Titel, können Sie ihn mit einem Klick auf die Schaltfläche **Kaufen** ❷ erwerben. Dafür müssen Sie im Store eingeloggt sein. iTunes fragt noch einmal nach, ob Sie den Titel wirklich kaufen möchten. Bestätigen Sie diesen Dialog erneut mit **Kaufen**. Der Titel wird aus dem Store geladen und in Ihrer Mediathek gespeichert.

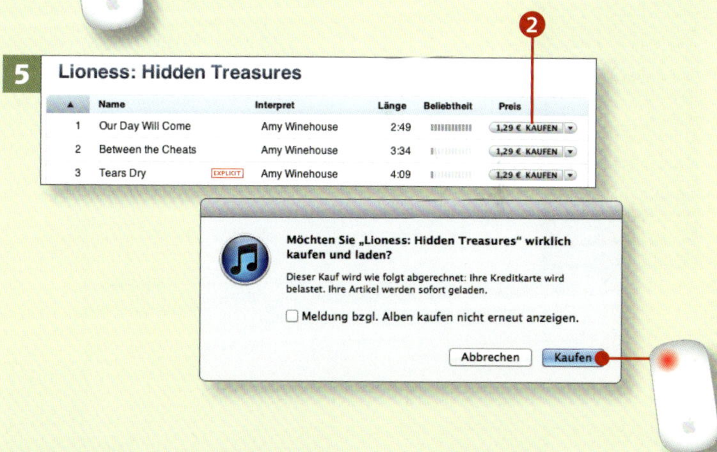

Schritt 6

Die gekauften Titel werden unter dem Punkt **Musik** ❸ nach Titel und Interpret einsortiert. Sie finden sie aber auch unter dem Punkt **Einkäufe** ❹. Auch ein gekaufter Titel kann mit einem Doppelklick direkt wiedergegeben werden.

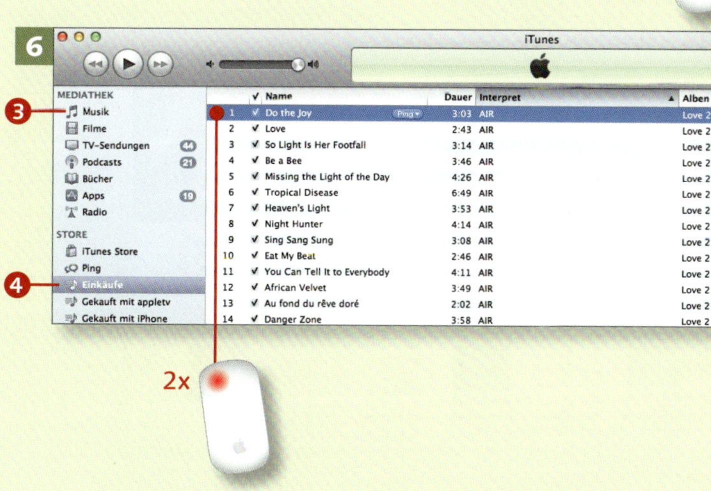

Filme, Bücher und Apps

Im iTunes Store finden Sie auch Filme, Fernsehsendungen, Bücher oder Apps für iPhone oder iPad.

1

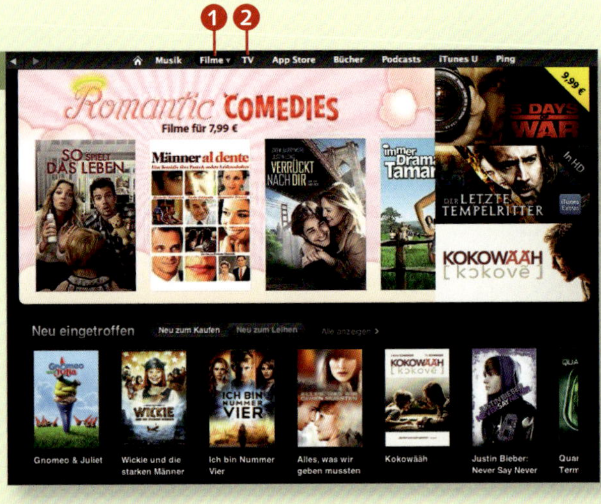

Schritt 1

iTunes bietet nicht nur Unterhaltung in Form von Musik, sondern auch eine große Auswahl an Filmen und Fernsehsendungen. Das Filmarchiv finden Sie unter dem Punkt **Filme** ❶, Fernsehsendungen befinden sich in der Rubrik **TV** ❷.

2

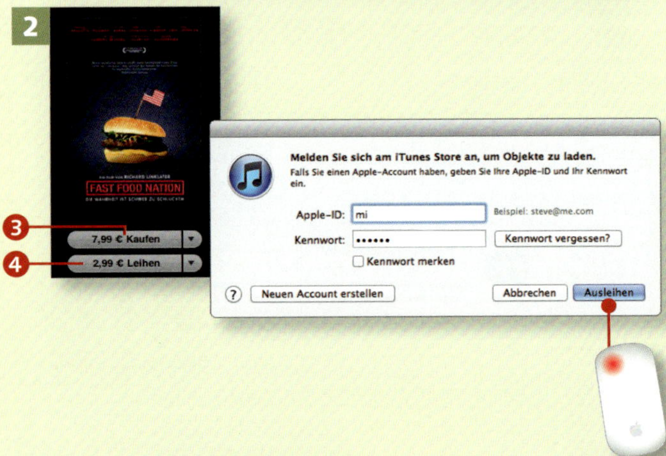

Schritt 2

Sie können Filme kaufen oder ausleihen. Klicken Sie auf **Kaufen** ❸ oder **Leihen** ❹, und melden Sie sich im nächsten Dialogfenster im iTunes Store an, dann legt iTunes den Film in der Mediathek unter **Leihobjekte** bzw. **Filme** ab.

3

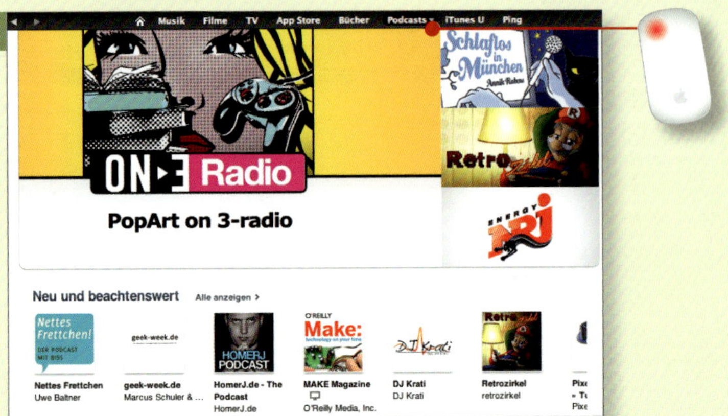

Schritt 3

In der Rubrik **Podcasts** gibt es ein großes Angebot an Audio- und Videoepisoden, die sich einfach abonnieren lassen. iTunes lädt dann alle weiteren Episoden automatisch aus dem Store und legt sie in der Mediathek unter **Podcasts** ab. So verpassen Sie z. B. keine Ausgabe der Tagesschau mehr.

Schritt 4

Die Kategorie **App Store** enthält die Programme für mobile Geräte wie iPhone, iPad oder iPod touch. Die Auswahl reicht von Spielen über Bildungs- und Navigationsprogramme bis hin zu digitalen Notizzetteln. iTunes speichert die gekauften Programme unter **Apps**. Anschließend können Sie sie auf Ihr mobiles Gerät übertragen (siehe den Abschnitt »Synchronisierung mit iPod, iPhone und iPad« ab Seite 282).

Schritt 5

Auch die literarische Bildung kommt nicht zu kurz. Sie können zwischen digitalen Büchern (*eBooks*) und Hörbüchern wählen.

Schritt 6

Über Ping, das soziale Netzwerk rund um Musik, können Sie sich mit Gleichgesinnten austauschen. Um sich bei Ping anzumelden, klicken Sie unter der Rubrik **Ping** ❺ auf **Ping aktivieren** und geben im folgenden Dialog Ihre iTunes-Account-Daten ❻ ein.

i

iTunes U

Ein breites Angebot an Wissen aus den Bereichen Wirtschaft und Lehre findet sich in der Rubrik **iTunes U**.

Wiedergabelisten anlegen

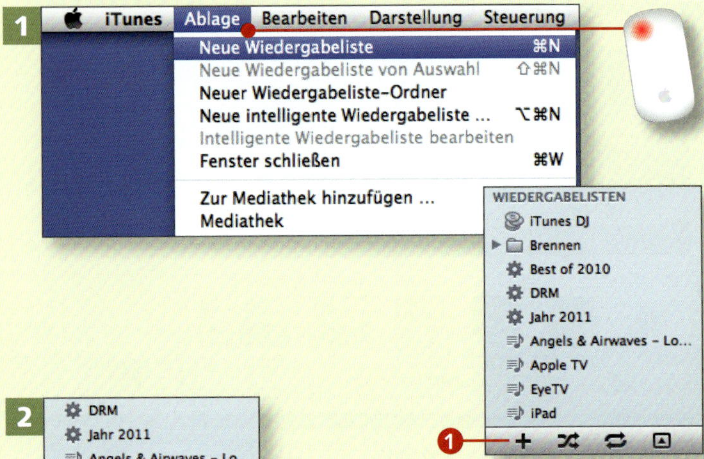

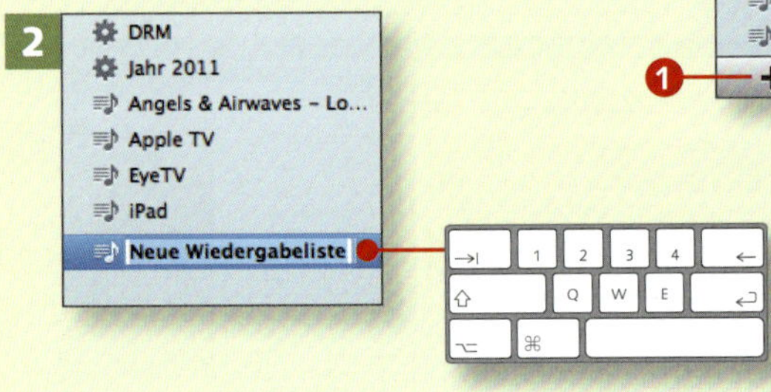

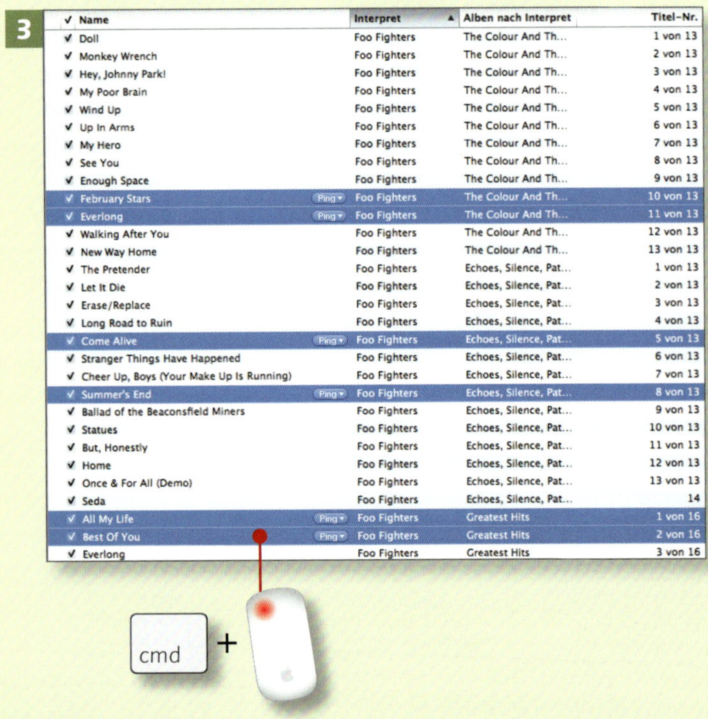

Wiedergabelisten sind eine gute Möglichkeit, um den Überblick über Ihre Musiksammlung zu behalten.

Schritt 1

Es gibt in iTunes verschiedene Wege, um eine Wiedergabeliste anzulegen: über den Menüpunkt **Ablage ▸ Neue Wiedergabeliste**, über das Plus ❶ in der linken unteren Ecke des Programmfensters oder mit der Tastenkombination [cmd] + [N].

Schritt 2

iTunes legt dann in der linken Spalte unter dem Punkt **Wiedergabelisten** automatisch eine leere Liste mit dem Namen **Neue Wiedergabeliste** an. Überschreiben Sie den Platzhalter mit einem passenden Namen.

Schritt 3

Wählen Sie nun in der Mediathek die Musikstücke aus, die Sie der Liste hinzufügen möchten. Klicken Sie sie dazu mit der Maus an. Um eine Mehrfachauswahl zu erstellen, halten Sie dabei die [cmd]-Taste gedrückt. Eine zusammenhängende Auswahl erreichen Sie, indem Sie auf den ersten Titel klicken, die [⇧]-Taste gedrückt halten und dann auf den letzten Titel klicken.

Schritt 4

Fügen Sie Ihrer Wiedergabeliste die ausgewählten Titel hinzu, indem Sie sie mit gedrückter Maustaste auf die Liste in der Seitenleiste ziehen. Der Mauszeiger verwandelt sich in ein grünes Plus und zeigt die Anzahl der ausgewählten Stücke an.

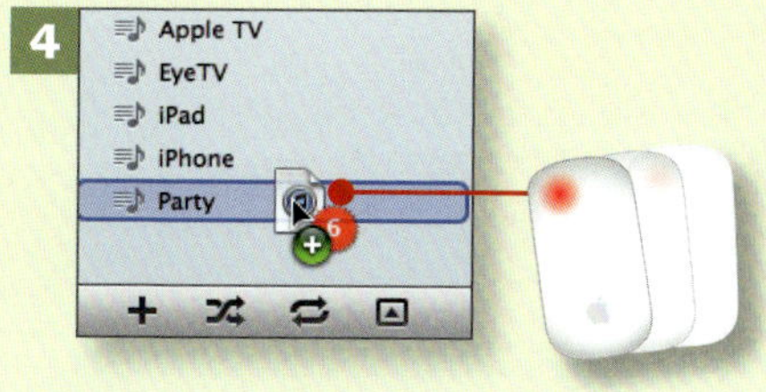

Schritt 5

Sie können einen Titel auch wieder aus der Wiedergabeliste entfernen. Klicken Sie die Wiedergabeliste an, dann wird ihr Inhalt im Titel-Browser angezeigt. Markieren Sie den zu löschenden Titel ❷ mit der Maus, und drücken Sie die Taste [←]. Bestätigen Sie den nächsten Dialog mit **Entfernen**. Der Titel wird nur aus der Wiedergabeliste gelöscht, nicht aus Ihrer Sammlung.

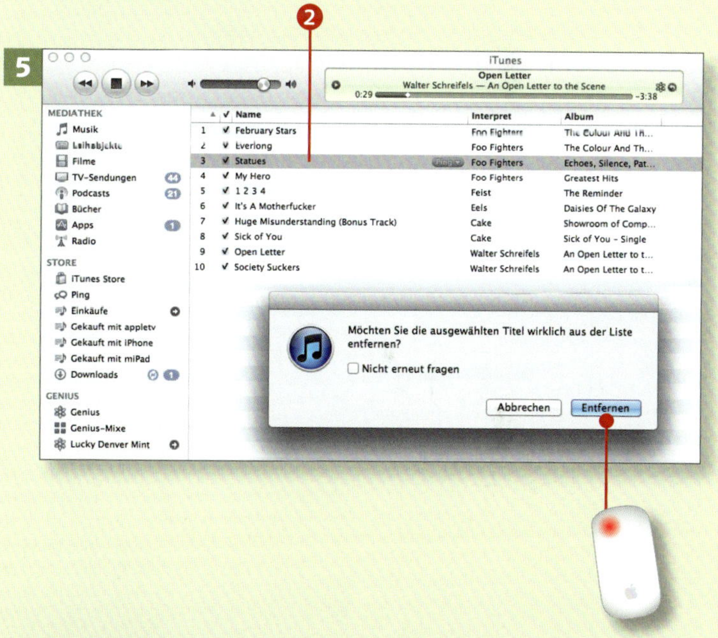

Schritt 6

Sie können auch *intelligente Wiedergabelisten* auf der Basis bestimmter Regeln anlegen. Rufen Sie dazu den Menüpunkt **Ablage ▸ Neue intelligente Wiedergabeliste** auf.

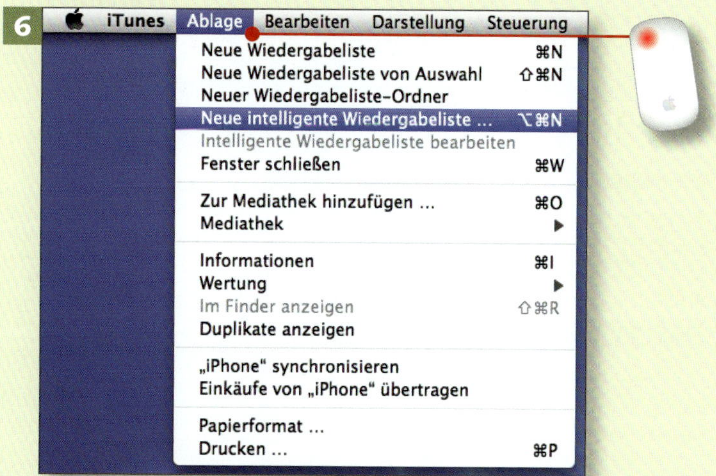

Wiedergabelisten anlegen (Forts.)

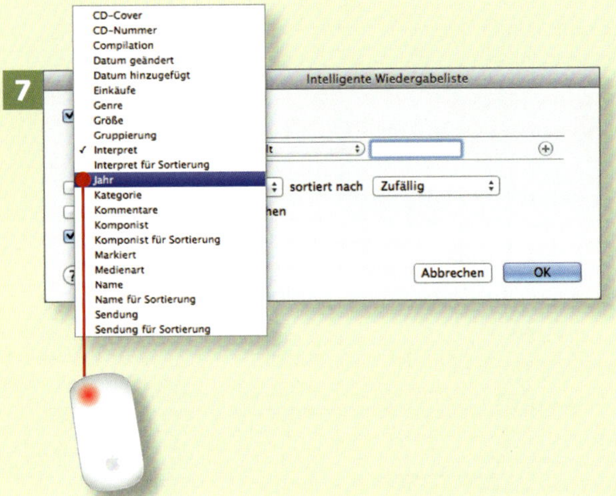

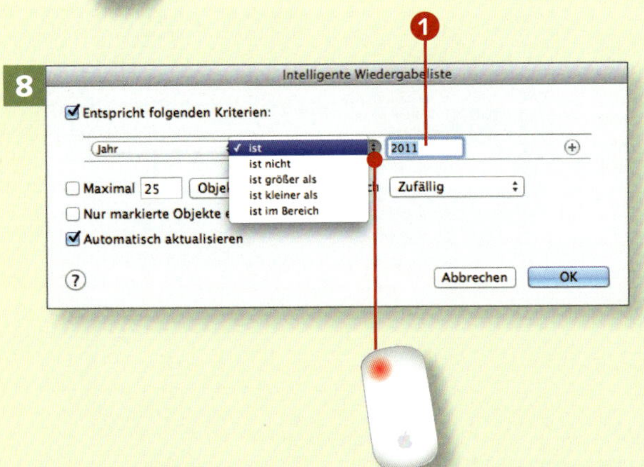

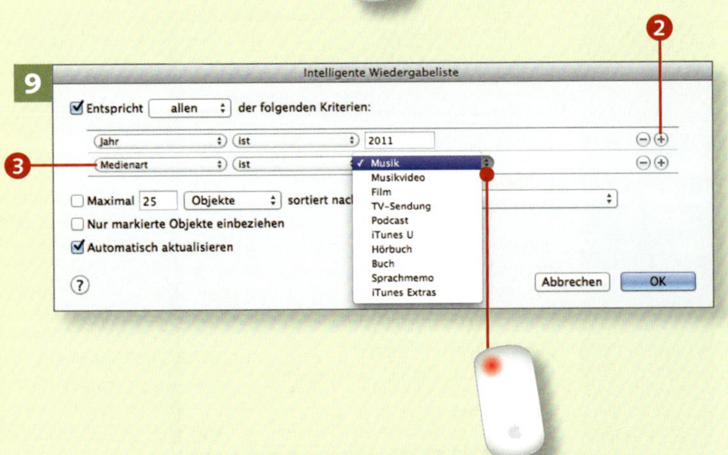

Schritt 7

Über das erste Aufklappmenü im Dialogfenster legen Sie das Auswahlkriterium fest. Möchten Sie Ihrer Liste beispielsweise alle Musiktitel eines bestimmten Jahres hinzufügen, wählen Sie hier den Punkt **Jahr** aus.

Schritt 8

Legen Sie nun die Bedingungen fest. Sie bestimmen, ob der Wert der Auswahl der Regel entspricht, nicht entspricht, ob er größer oder kleiner sein darf. Die Bedingungen variieren je nach Kriterium. Geben Sie im Feld daneben ❶ dann den gesuchten Wert ein, z. B. »2011«.

Schritt 9

Mit einem Klick auf das Plus ❷ fügen Sie weitere Auswahlkriterien hinzu. So können Sie weitere Regeln festlegen und die Auswahl immer weiter einschränken. Geben Sie z. B. über den Wert **Medienart** ❸ vor, dass nur Musiktitel hinzugefügt werden.

Wiedergabeliste aus Auswahl

Sie können eine Wiedergabeliste auch direkt auf der Basis einer Titelauswahl erstellen. Die Funktion finden Sie im Menü **Ablage ▸ Neue Wiedergabeliste von Auswahl**.

Schritt 10

Bevor Sie die Liste anlegen, können Sie weitere Einstellungen vornehmen. Beschränken Sie die Anzahl ❹ der Titel in der Wiedergabeliste, oder beziehen Sie nur markierte Objekte in die Auswahl ein ❺. iTunes fügt passende neue Titel der Liste von selbst hinzu, wenn Sie die Option **Automatisch aktualisieren** ❻ markieren. Wenn Sie fertig sind, klicken Sie auf **OK**.

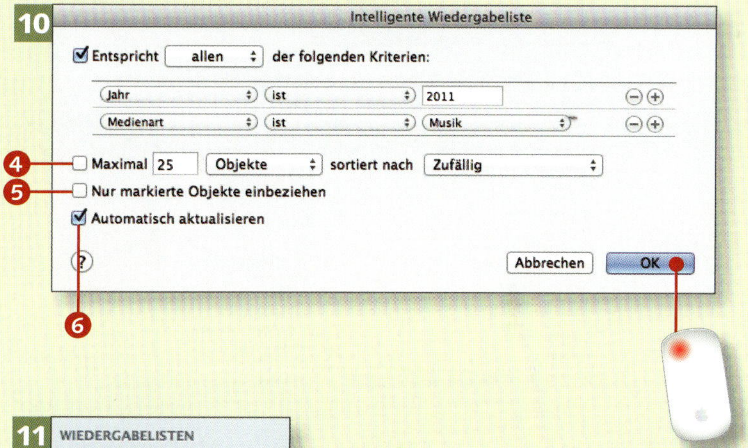

Schritt 11

iTunes legt dann eine neue intelligente Wiedergabeliste in der linken Spalte an. Als Symbol wird ein Zahnrad angezeigt. Sie können jetzt je nach Wunsch einen neuen Namen für die Liste vergeben, indem Sie den Standardtitel **Neue Wiedergabeliste** überschreiben.

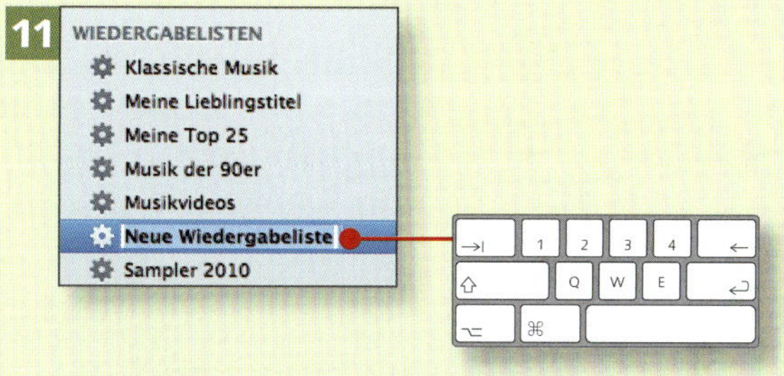

Schritt 12

Um die Regeln einer intelligenten Wiedergabeliste zu ändern, klicken Sie mit der rechten Maustaste darauf. Wählen Sie **Intelligente Wiedergabeliste bearbeiten** aus dem Kontextmenü. Sie können jetzt wie gehabt Regeln angeben. Bestätigen Sie die Änderungen mit **OK**.

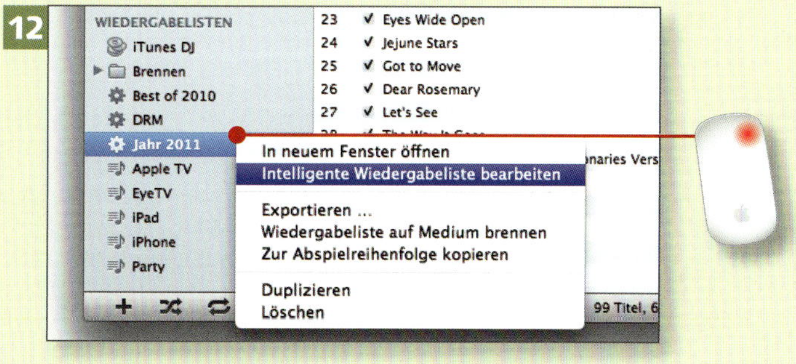

Wiedergabelisten organisieren

Damit Sie nicht den Überblick verlieren, können Sie Wiedergabelisten in Ordnern zusammenfassen. Rufen Sie dazu das Menü **Ablage ▸ Neuer Wiedergabeliste-Ordner** auf. Benennen Sie den Ordner, und ziehen Sie die Listen mit gedrückter Maustaste darauf.

Musik-CDs erstellen

Ihre Musik ist nicht an iTunes gebunden. Sie haben die Möglichkeit, aus den Stücken in Ihrer Sammlung eine Musik-CD zu erstellen.

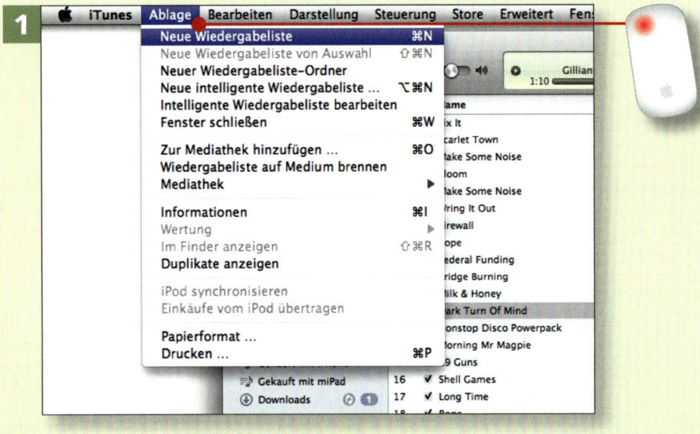

Schritt 1

Damit Sie mit iTunes eine Musik-CD erstellen können, müssen Sie zuerst eine Wiedergabeliste anlegen. Nutzen Sie dazu den Menübefehl **Ablage ▸ Neue Wiedergabeliste** oder die Tastenkombination [cmd] + [N]. Benennen Sie die Liste, indem Sie den Platzhalter **Neue Wiedergabeliste** überschreiben (siehe auch den Abschnitt »Musik organisieren: Wiedergabelisten anlegen« ab Seite 276).

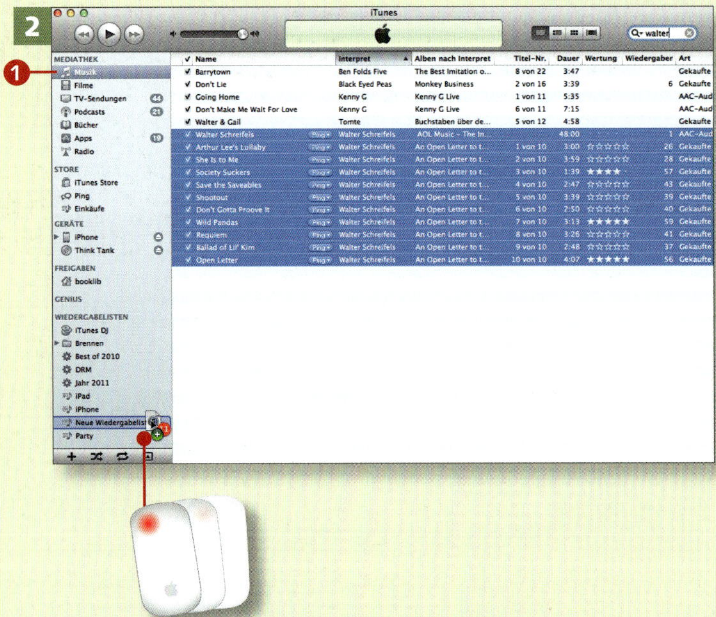

Schritt 2

Wechseln Sie in der Mediathek zum Punkt **Musik** ❶, und wählen Sie dann die Titel für Ihre CD aus. Ziehen Sie Ihre Auswahl mit gedrückter Maustaste auf die soeben angelegte Wiedergabeliste.

Schritt 3

Markieren Sie anschließend mit einem Mausklick die Wiedergabeliste in der Seitenleiste, und rufen Sie dann den Menüpunkt **Ablage ▸ Wiedergabeliste auf Medium brennen** auf.

Schritt 4

Im Dialog **Brenneinstellungen** wählen Sie die Optionen **Audio-CD** ❷ und aktivieren **Lautstärke anpassen** ❸. Über das Aufklappmenü **Pause zwischen Titeln** ❹ legen Sie die Pausen fest. Sie sollten nicht zu knapp bemessen sein. Der Standard **2 Sekunden** ist ideal. Klicken Sie am Ende auf **Brennen**.

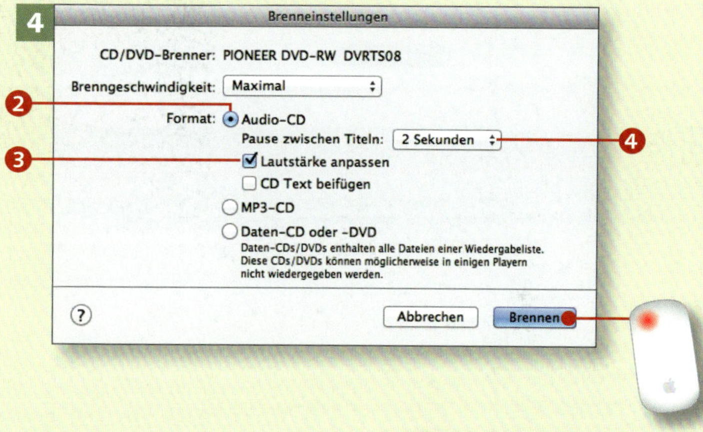

Schritt 5

Legen Sie eine beschreibbare CD in das Laufwerk Ihres Macs ein. iTunes prüft, ob der Inhalt der Wiedergabeliste auf diese CD passt. Wenn nicht, schlägt das Programm eine Aufteilung vor. Passt alles auf das Medium, beginnt iTunes automatisch mit dem Brennvorgang. Der Fortschritt ❺ wird im Anzeigefenster dargestellt.

Schritt 6

Die fertige Audio-CD wird schließlich in der linken Spalte unter dem Punkt **Geräte** angezeigt. Sie können sie jetzt mit einem Klick auf die Schaltfläche neben dem CD-Symbol auswerfen. Oder Sie drücken cmd + E.

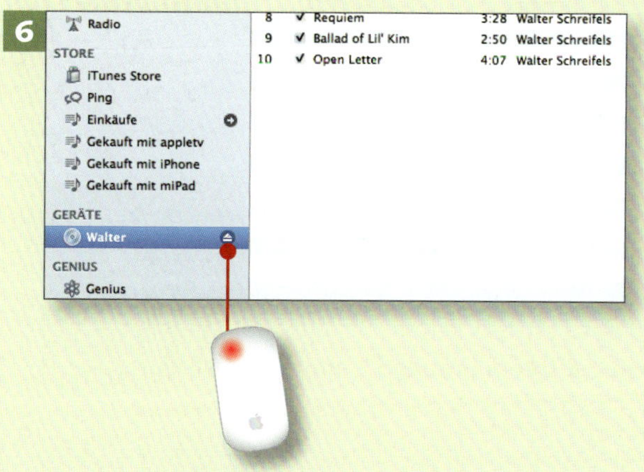

Lautstärke anpassen
Mit der Option **Lautstärke anpassen** stimmt iTunes die Lautstärke der einzelnen Titel aufeinander ab.

Synchronisierung mit iPod, iPhone und iPad

1

2

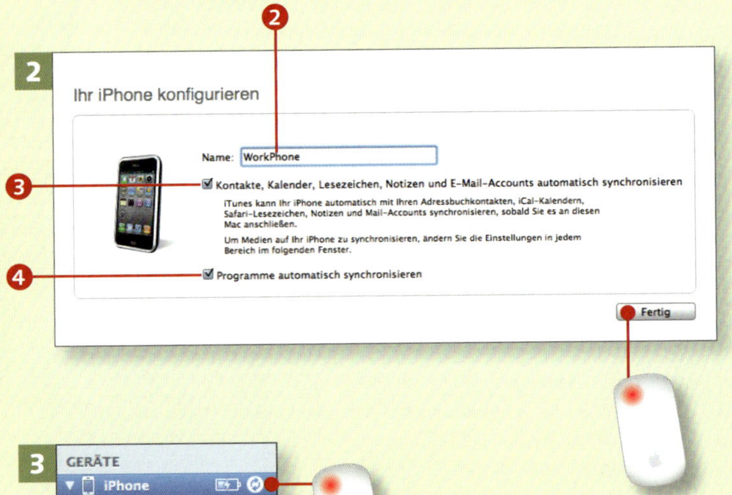

3

Automatische Synchronisation

Wenn Ihre Musiksammlung zu groß ist, werden bei der automatischen Synchronisation nicht alle Medieninhalte übertragen. An der Statusleiste am unteren Rand des Fensters sehen Sie, wie viel Speicherplatz noch auf Ihrem mobilen Gerät zur Verfügung steht.

Ihre Musik, Filme, Bücher und Apps unterwegs auf iPod, iPhone und iPad nutzen – mit iTunes ist die Übertragung der Inhalte in wenigen Schritten erledigt.

Schritt 1

Um einen iPod, ein iPhone oder ein iPad automatisch mit iTunes zu synchronisieren, schließen Sie das Gerät über das mitgelieferte Kabel an den USB-Anschluss ❶ Ihres Macs an.

Schritt 2

Bei der ersten Verbindungsaufnahme geben Sie dem Gerät einen Namen ❷. Soll die Synchronisation der Kontakte und Programme automatisch erfolgen, aktivieren Sie die Optionen **Kontakte, Kalender, Lesezeichen, Notizen und E-Mail-Accounts automatisch synchronisieren** ❸ und **Programme automatisch synchronisieren** ❹. Bestätigen Sie mit **Fertig**.

Schritt 3

Ist das mobile Gerät (iPod, iPhone oder iPad) korrekt angeschlossen und eingerichtet, erscheint es in der linken Spalte unter dem Punkt **Geräte**. Um seine Unterordner zu sehen, klicken Sie auf den Eintrag.

Schritt 4

In der Rubrik **Übersicht** 5 zeigt iTunes Informationen zum angeschlossenen Gerät an. In der *Statusleiste* 6 können Sie ablesen, wie viel Platz auf dem Gerät noch verfügbar ist. Vermerkt ist hier auch, welche Medienart wie viel Speicher belegt.

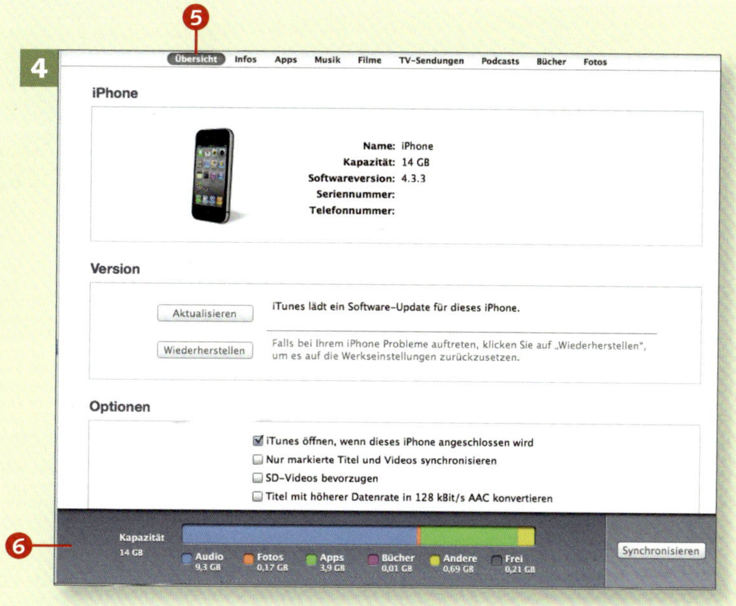

Schritt 5

Wählen Sie in der oberen Leiste die Medienart aus, die Sie synchronisieren möchten. Um alle neuen Musiktitel von iTunes auf das Gerät zu übertragen, klicken Sie auf die Schaltfläche **Musik**.

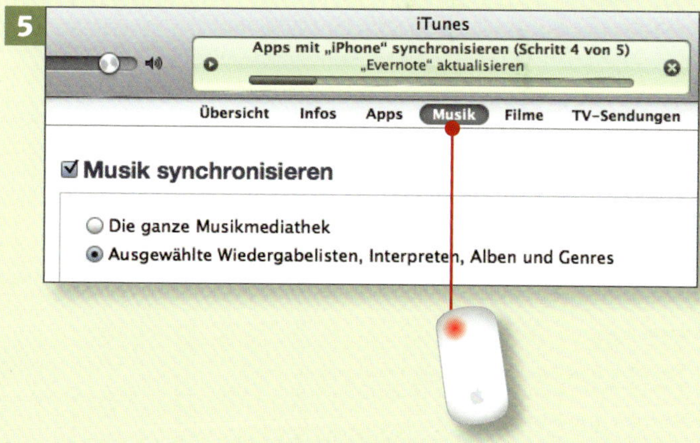

Schritt 6

Damit Ihre Titel übertragen werden, muss das Häkchen bei **Musik synchronisieren** 7 gesetzt sein. Sie haben dann die Wahl, ob Sie Ihre ganze Sammlung 8 oder nur ausgewählte Objekte 9 auf das Gerät kopieren wollen. Wenn Sie nur Lieder übertragen wollen, deaktivieren Sie die Optionen **Musikvideos einbeziehen** 10 und **Sprachmemos einbeziehen** 11.

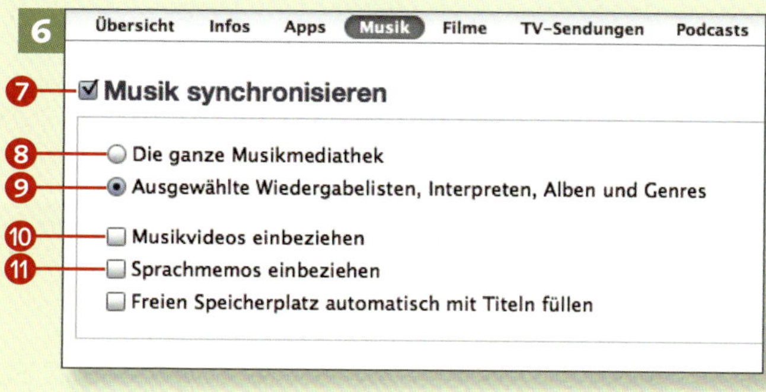

Synchronisierung mit iPod, iPhone und iPad (Forts.)

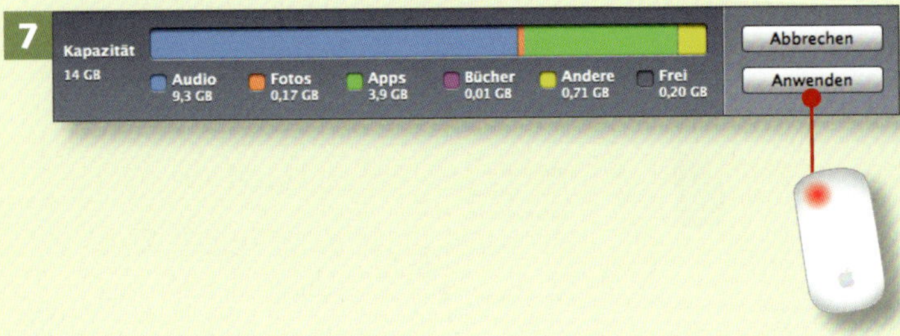

Schritt 7

Der Abgleich mit dem angeschlossen Gerät beginnt, wenn Sie auf die Schaltfläche **Anwenden** klicken. Den Fortschritt der Übertragung zeigt iTunes Ihnen im Kopf des iTunes-Fensters an. Um Ihre Einstellungen zu verwerfen, wählen Sie **Abbrechen**.

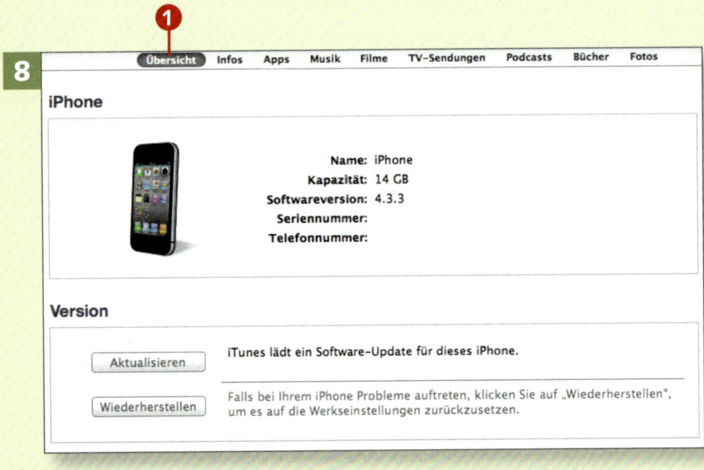

Schritt 8

Sie können die Übertragung von Musik, Filmen oder Fernsehsendungen auf das iPhone, das iPad oder den iPod touch auch manuell steuern. Sie finden die entsprechenden Einstellungen unter der Rubrik **Übersicht** ❶, wenn Sie das angeschlossene Gerät links in der Leiste ausgewählt haben.

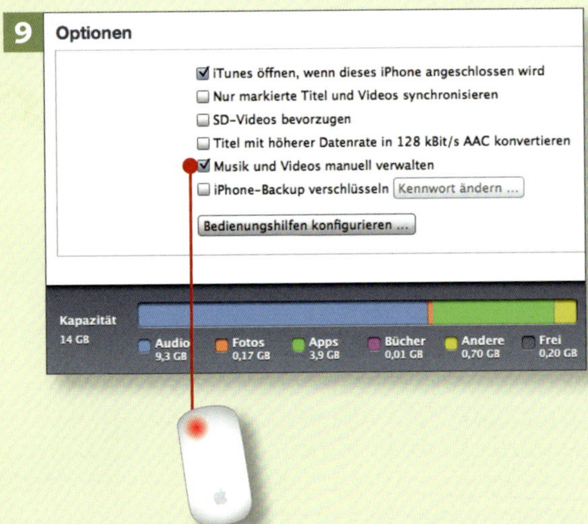

Schritt 9

Im Bereich **Optionen** aktivieren Sie die Einstellung **Musik und Videos manuell verwalten**. Je nachdem, welches Gerät Sie angeschlossen haben, werden hier neben Musik und Videos weitere Medien genannt.

Synchronisation unterdrücken
Sie können die automatische Synchronisation beim Anschließen Ihres mobilen Geräts unterdrücken. Halten Sie bei der Verbindungsaufnahme einfach gleichzeitig die Tasten `cmd` + `alt` gedrückt.

Schritt 10

Dann öffnen Sie den Bereich **Musik** ❷ in Ihrer Mediathek und wählen die gewünschten Titel aus. Ziehen Sie diese mit gedrückter Maustaste auf das Gerätesymbol. Auf diese Weise können Sie einzelne Titel, Wiedergabelisten, Alben oder ein komplettes Genre auf Ihr mobiles Gerät bringen.

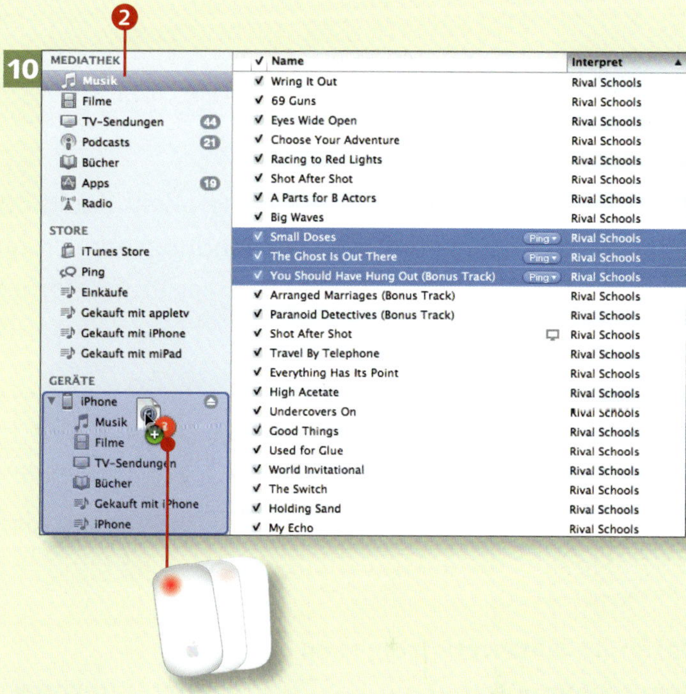

Schritt 11

Um nicht mehr gern gehörte Titel zu löschen, klicken Sie erst links auf das Gerätesymbol ❸ und wählen dann die Titel ❹ aus. Wenn Sie dann die Taste [←] drücken, werden die Stücke vom Gerät gelöscht, aber natürlich nicht aus Ihrer Mediathek.

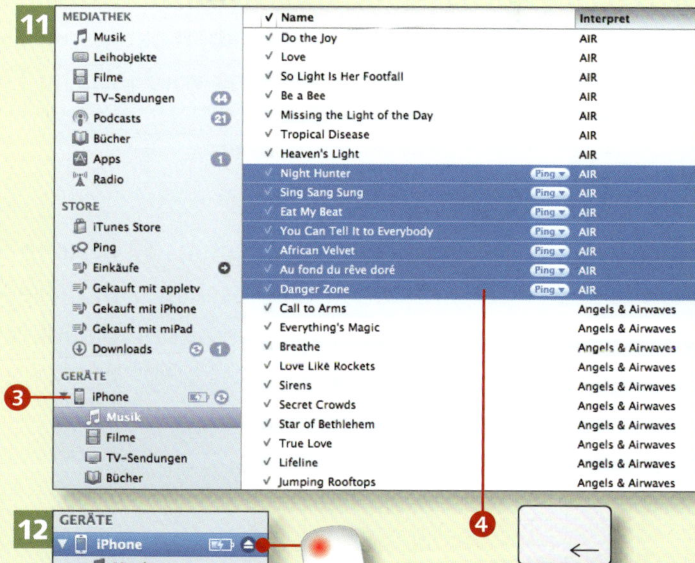

Schritt 12

Bevor Sie das iPhone, das iPad oder den iPod vom Mac trennen, werfen Sie das Gerät mit einem Klick auf die **Auswerfen**-Schaltfläche hinter dem Gerätesymbol aus.

Mediathek zu groß?

Ihre Mediathek enthält mehr Titel, als auf das Gerät passen? Dann erstellt iTunes automatisch eine Wiedergabeliste, wählt eine passende Anzahl an zufälligen Titeln aus und synchronisiert diese mit Ihrem iPod, iPhone oder iPad.

Kapitel 12
Tipps und Tricks für Fortgeschrittene

OS X Lion ist ein Betriebssystem mit großem Funktionsumfang. Seine Möglichkeiten gehen weit über den üblichen Anwendungsbereich hinaus. In diesem Kapitel erhalten Sie wertvolle Tipps und Tricks, wie Sie sogar Profianforderungen bewältigen können.

Benutzer anlegen

Sie können mehr als einen Benutzer anlegen, damit z. B. jedes Familienmitglied seine eigenen Daten und Einstellungen separat verwalten kann. Rufen Sie dazu im Apfel-Menü über **Systemeinstellungen ▸ Benutzer & Gruppen** das gleichnamige Dialogfenster auf, und geben Sie dort die entsprechenden Daten ❶ ein.

Daten im Netzwerk freigeben

Damit Sie Ihre Daten mit Benutzern anderer Rechner teilen können, müssen Sie sie im Netzwerk freigeben. Im Dialog **Freigaben** aktivieren Sie die Option **Dateifreigabe** ❷. Ein auf diese Weise freigegebener Rechner wird jetzt im Finder-Fenster unter **Freigaben** angezeigt.

Festplatten löschen

Mithilfe des Festplatten-Dienstprogramms ❸ können Sie ein Speichermedium oder die gesamte Festplatte aufräumen und löschen. Auf diese Weise lassen sich neue Festplatten unterschiedlich aufteilen oder eine bereits verwendete Platte komplett aufräumen.

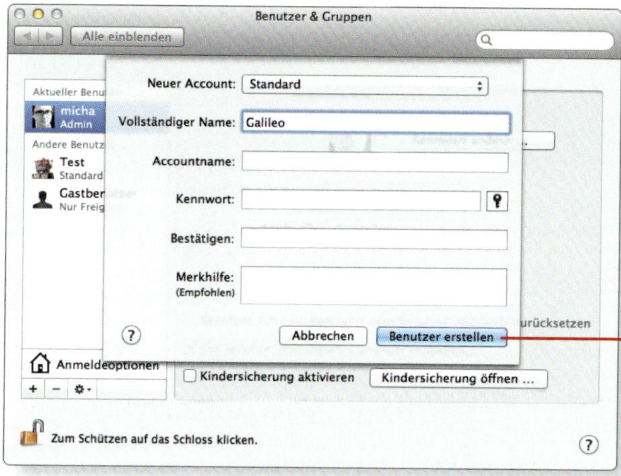

Neue Benutzer legen Sie über die Systemeinstellungen **Benutzer & Gruppen** an.

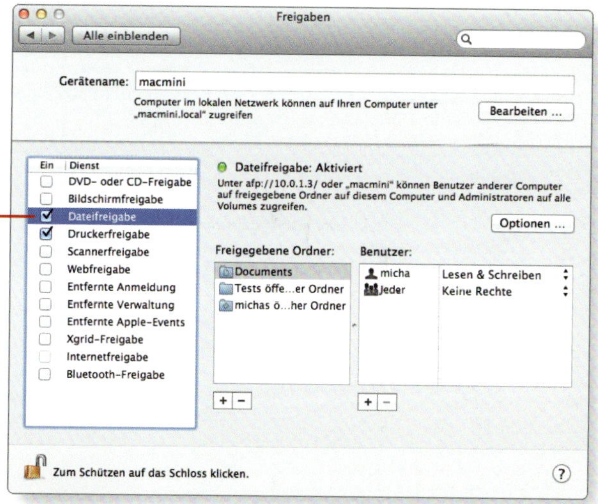

Möchten Sie Ihre Dateien im Netzwerk freigeben, aktivieren Sie die Option **Datenfreigabe**.

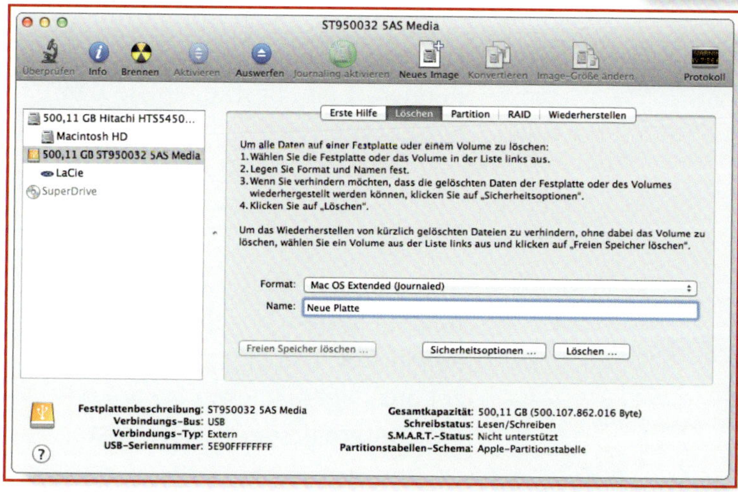

Den kompletten Inhalt eines Speichermediums oder einer Festplatte löschen Sie mit dem Festplatten-Dienstprogramm.

Weitere Benutzer einrichten

Sie können auf einem Rechner mehrere getrennte Benutzer einrichten und verwalten. Wie Sie einen weiteren Benutzer anlegen und zwischen den Benutzern wechseln, erfahren Sie in diesem Abschnitt.

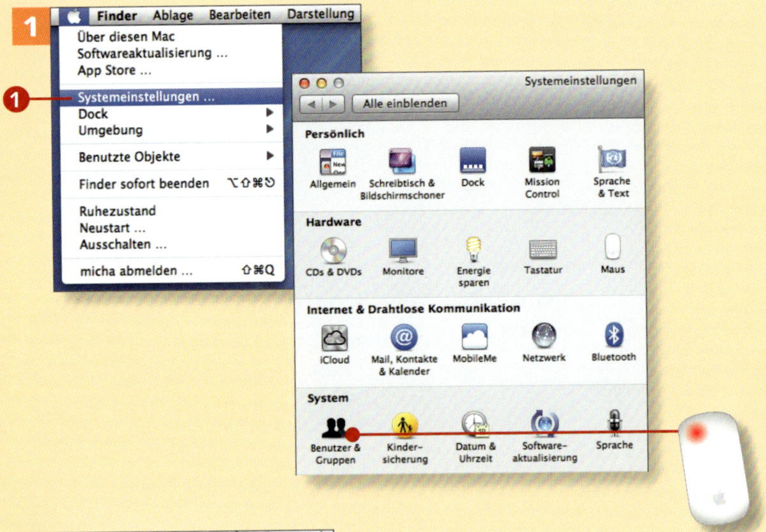

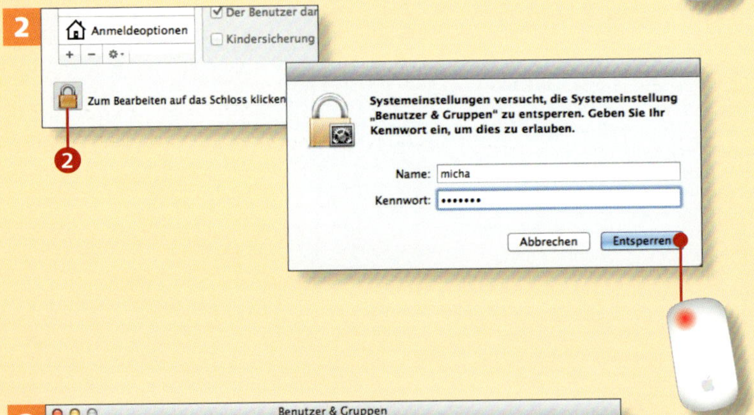

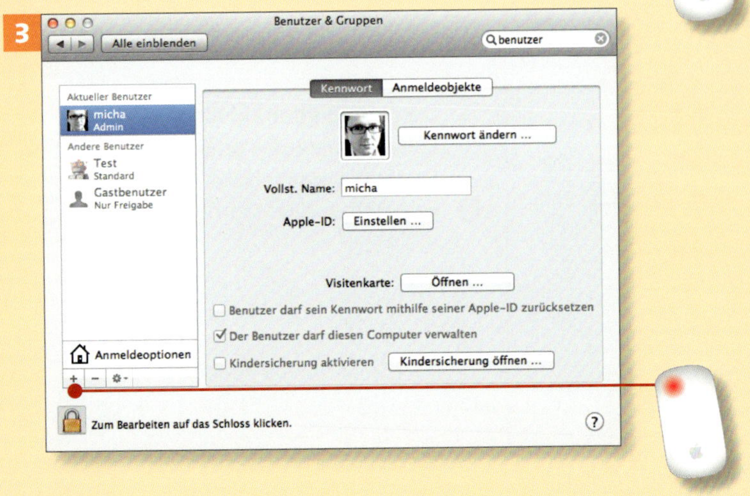

Schritt 1

Um einen weiteren Benutzer anzulegen, rufen Sie im Apfel-Menü über **Systemeinstellungen** ❶ ▸ **Benutzer & Gruppen** das Dialogfenster **Benutzer & Gruppen** auf.

Schritt 2

Das Fenster **Benutzer & Gruppen** öffnet sich. Sie können erst dann Änderungen vornehmen, wenn Sie den Eingabeschutz aufheben. Klicken Sie dazu auf das Schlosssymbol ❷ ganz unten. Geben Sie im Dialogfenster Ihren Administrator-, also Ihren Benutzernamen, und Ihr Kennwort ein. Bestätigen Sie dann mit **Entsperren**.

Schritt 3

In der linken Spalte werden alle bereits im System angelegten Benutzer aufgelistet. Um einen neuen Benutzer anzulegen, klicken Sie auf das Plus unterhalb der Benutzerliste.

Schritt 4

Im Feld **Neuer Account** wählen Sie die Art des Benutzerkontos, das Sie anlegen möchten. Am häufigsten werden Sie hier die Variante **Standard** benötigen. Benutzer dieser Gattung können Programme installieren und selbstständig Einstellungen vornehmen. Sie können nicht auf andere Benutzer zugreifen oder neue Benutzer anlegen.

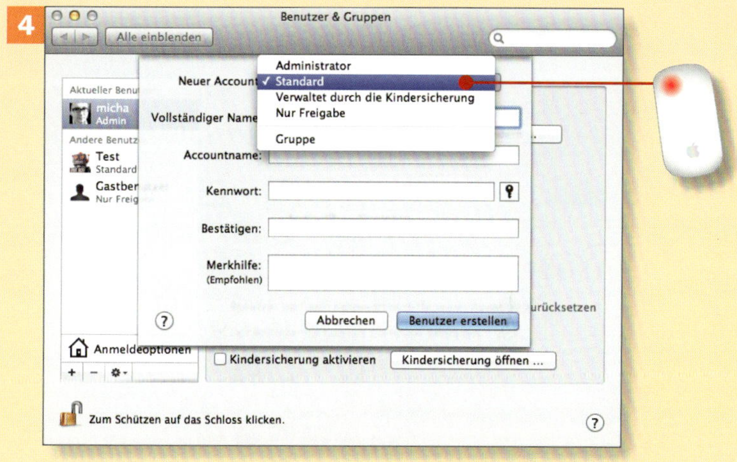

Schritt 5

Im Feld **Vollständiger Name** ❸ geben Sie den Namen des neuen Benutzers ein. Automatisch wird daraus im Feld **Accountname** ein Kurzname erstellt. Sie können ihn einfach überschreiben, indem Sie ihn mit einem Doppelklick auswählen und Ihren Wunschnamen eingeben.

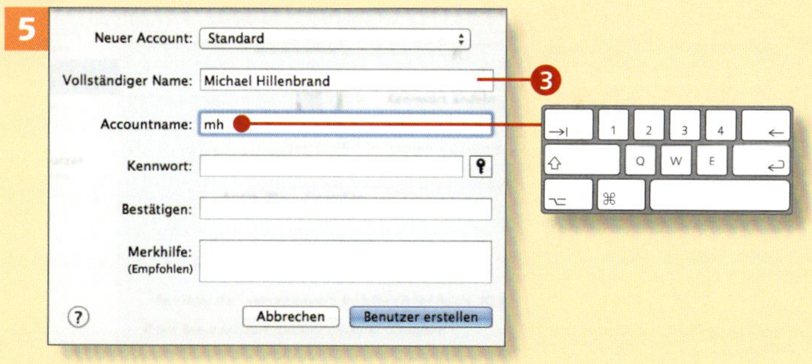

Schritt 6

Anschließend müssen Sie im Feld **Kennwort** ❹ ein Passwort vergeben. Geben Sie es erneut in das Feld **Bestätigen** ❺ ein. Um sicherzustellen, dass Sie auch dann noch Zugang zu dem System haben, wenn Sie Ihr Kennwort vergessen haben, legen Sie noch eine Merkhilfe ❻ fest. Klicken Sie auf die Schaltfläche **Benutzer erstellen**, um den Account anzulegen.

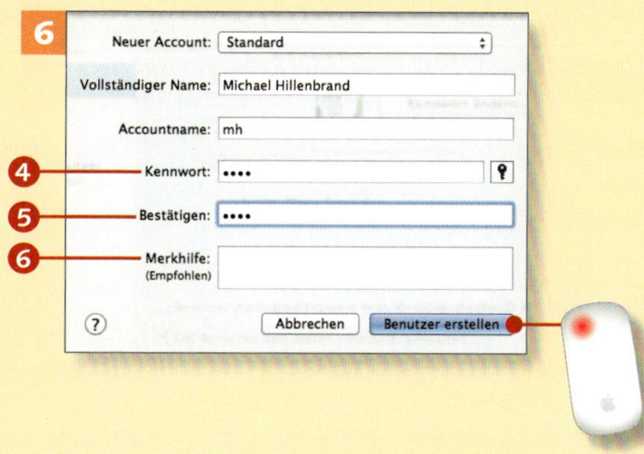

Weitere Benutzer einrichten (Forts.)

Schritt 7

Sie gelangen zurück in den Dialog **Benutzer & Gruppen** und können hier z. B. ein eigenes Bild für den Account bestimmen. Klicken Sie dazu auf das Standardbild. Eine Bilderübersicht klappt auf, aus der Sie mit einem Mausklick ein passendes Symbol aussuchen können.

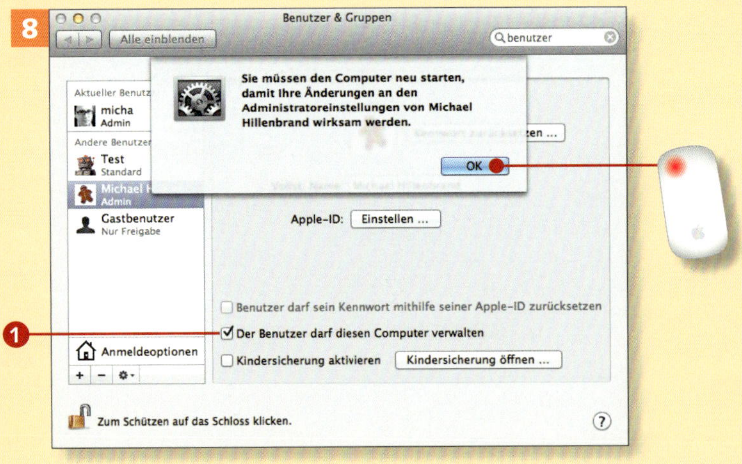

Schritt 8

Wenn Sie in Schritt 4 **Standard** als Account-Art gewählt haben, können Sie den Account trotzdem zum Administrator-Account machen, indem Sie die Option **Der Benutzer darf diesen Computer verwalten** ❶ aktivieren. Damit diese Einstellung gilt, müssen Sie den Rechner neu starten. Bestätigen Sie den entsprechenden Hinweis mit **OK**.

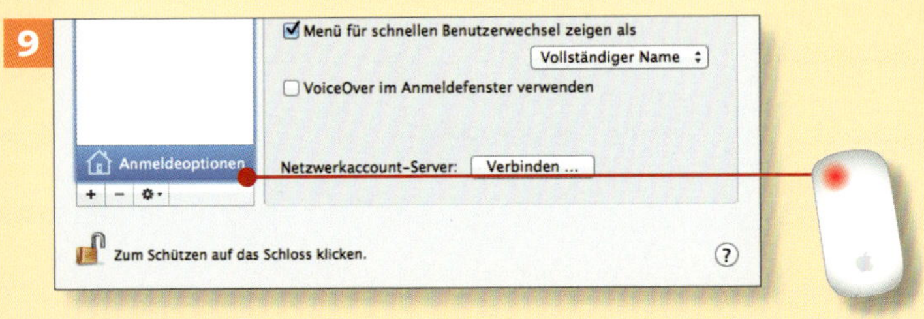

Schritt 9

Nun können Sie beispielsweise festlegen, dass Ihr Rechner automatisch mit einem bestimmten Benutzer startet. Klicken Sie dazu auf den Eintrag **Anmeldeoptionen** unterhalb der Benutzerliste.

Schritt 10

Wählen Sie aus dem Aufklappmenü **Automatische Anmeldung** den Benutzer aus, mit dem Ihr Rechner immer starten soll. Zur Bestätigung müssen Sie im nächsten Dialog noch einmal den Benutzernamen und das Kennwort ❷ dieses Benutzers eingeben und mit **OK** bestätigen.

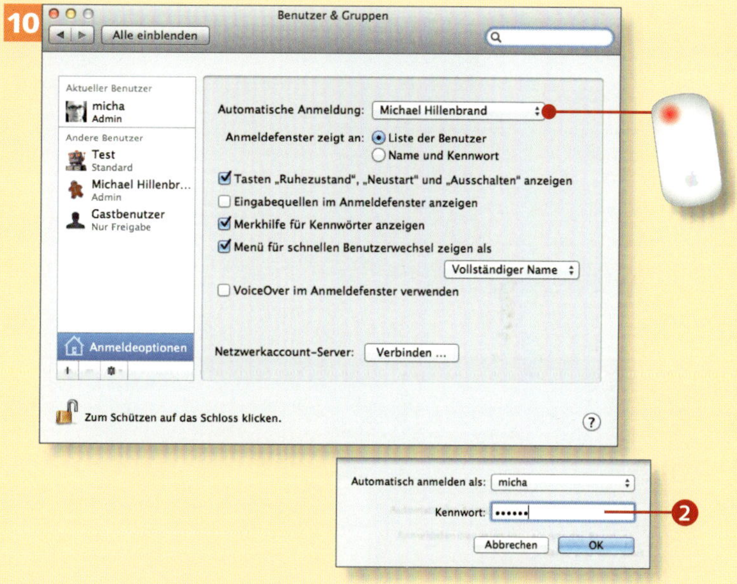

Schritt 11

Das Löschen eines Benutzers ist genauso schnell erledigt wie das Anlegen. Wählen Sie den entsprechenden Account ❸ mit einem Mausklick in der Benutzerliste aus. Klicken Sie dann auf das Minus unterhalb der Account-Liste.

Schritt 12

Sie können dann bestimmen, ob der Benutzer komplett gelöscht oder seine Daten gesichert werden sollen. Wenn Sie nicht sicher sind, aktivieren Sie die Option **Benutzerordner als Image sichern** ❹. Kann er entfernt werden, wählen Sie **Benutzerorder löschen** ❺. Mit **Benutzerordner sicher löschen** ❻ kann er nicht wiederhergestellt werden. Bestätigen Sie mit **OK**.

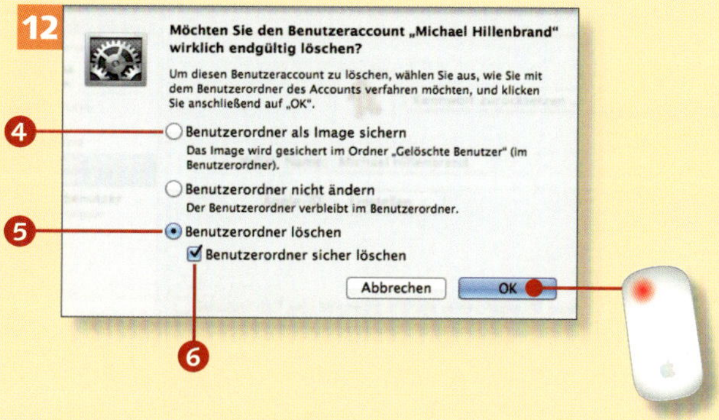

Zwischen Benutzern wechseln

1
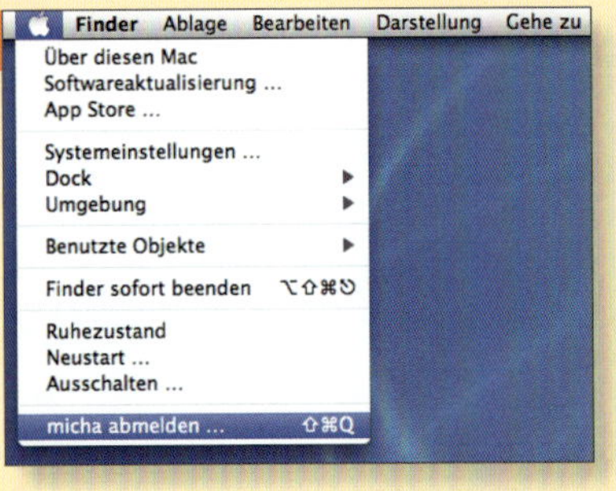

2
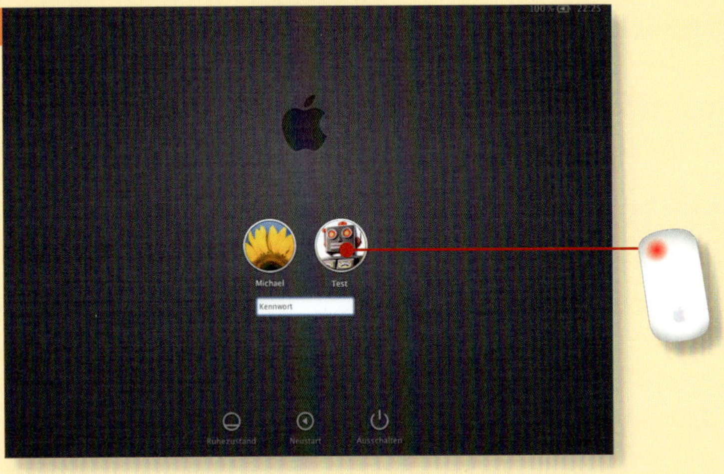

3
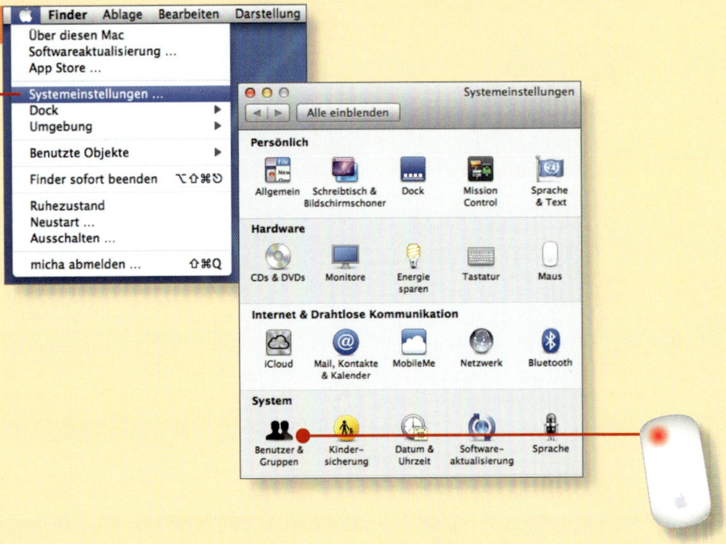

Wenn Sie mehrere Benutzer parallel auf Ihrem Rechner verwalten, können Sie einfach zwischen den einzelnen Accounts wechseln.

Schritt 1

Auf herkömmliche Weise wechseln Sie zwischen verschiedenen Benutzern, indem Sie den aktiven Benutzer abmelden. Nutzen Sie dazu die Apfel-Menüfunktion **[Benutzername] abmelden**, oder drücken Sie cmd + ⇧ + Q.

Schritt 2

Im Anmeldefenster wählen Sie dann einfach einen anderen Benutzer aus der Übersicht aus, indem Sie sein Symbol anklicken. Geben Sie dann das entsprechende Kennwort ein, und bestätigen Sie es mit der ↵-Taste.

Schritt 3

Noch einfacher geht es mit der Funktion **Schneller Benutzerwechsel**. Rufen Sie dazu im Apfel-Menü den Punkt **Systemeinstellungen** 1 auf, und wählen Sie **Benutzer & Gruppen**. Klicken Sie auf das Schloss 2, und geben Sie Ihr Kennwort ein (siehe den Abschnitt »Weitere Benutzer einrichten« ab Seite 288).

Schritt 4

Klicken Sie auf **Anmeldeoptionen** ❸, und aktivieren Sie das Kontrollkästchen vor **Menü für schnellen Benutzerwechsel zeigen als** ❹. Im Aufklappmenü wählen Sie eine Option aus, z. B. **Symbol**.

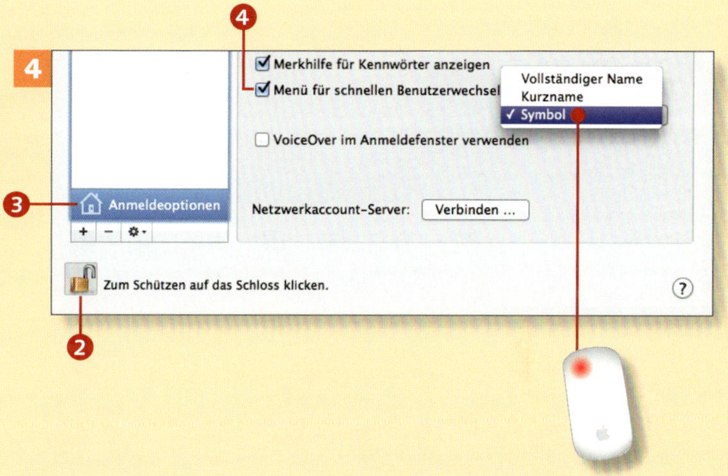

Schritt 5

Nun sehen Sie das Benutzersymbol in der Menüleiste. Mit einem Klick darauf öffnet sich eine Liste der auf dem Rechner vorhandenen Benutzer. Aktive Benutzer werden mit einem orangefarbenen Häkchen versehen. Wählen Sie nun den Benutzer aus, zu dem Sie wechseln möchten.

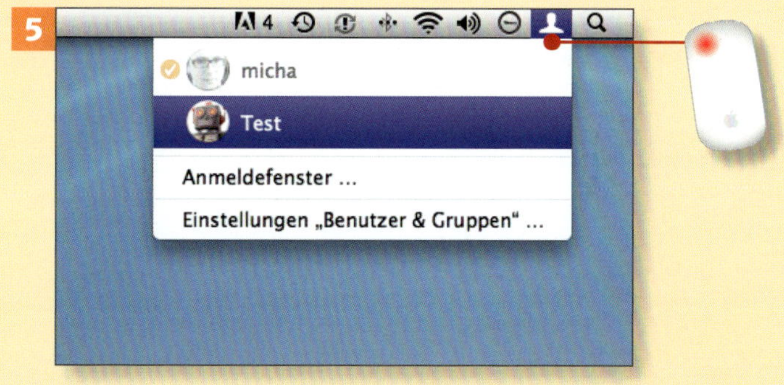

Schritt 6

Geben Sie im Anmeldefenster das Kennwort für diesen Account an. Das System wechselt nun den Benutzer, und auch er bekommt ein orangefarbenes Häkchen. So können Sie schnell zwischen den aktiven Benutzern hin- und herspringen.

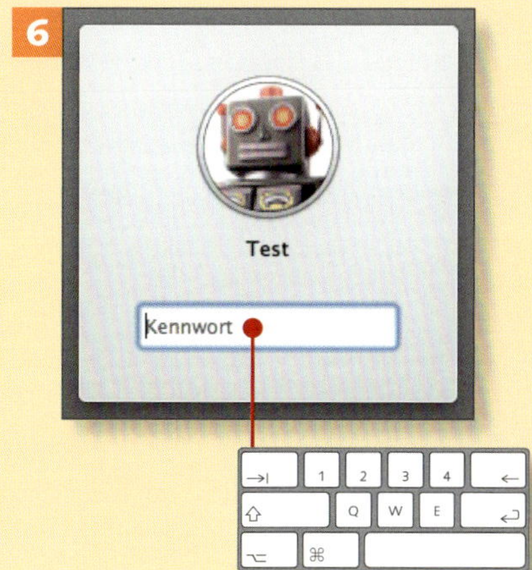

Schneller Benutzerwechsel

Das Erscheinungsbild des Menüs für den schnellen Benutzerwechsel können Sie in den Anmeldeoptionen anpassen. Lassen Sie sich z. B. die Liste der vollständigen Namen, den Kurznamen oder ein Symbol direkt in der Menüleiste anzeigen.

Sicherungen anfertigen: Time Machine

1

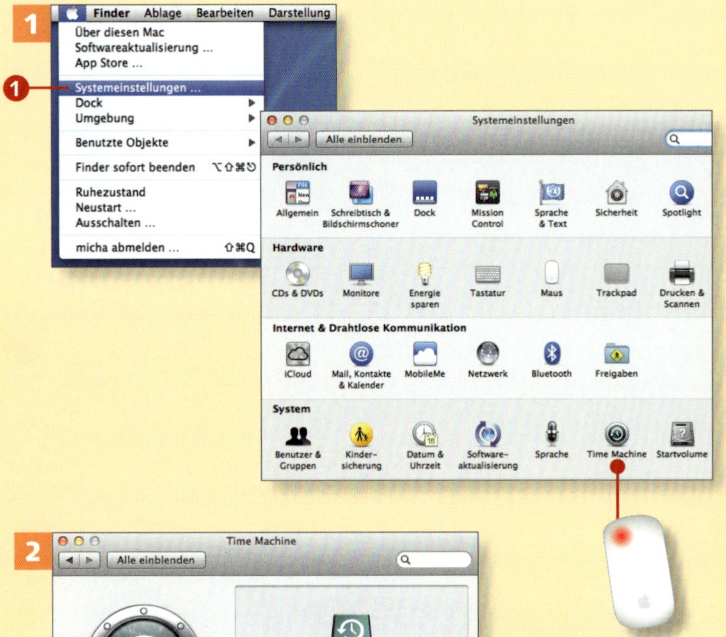

2

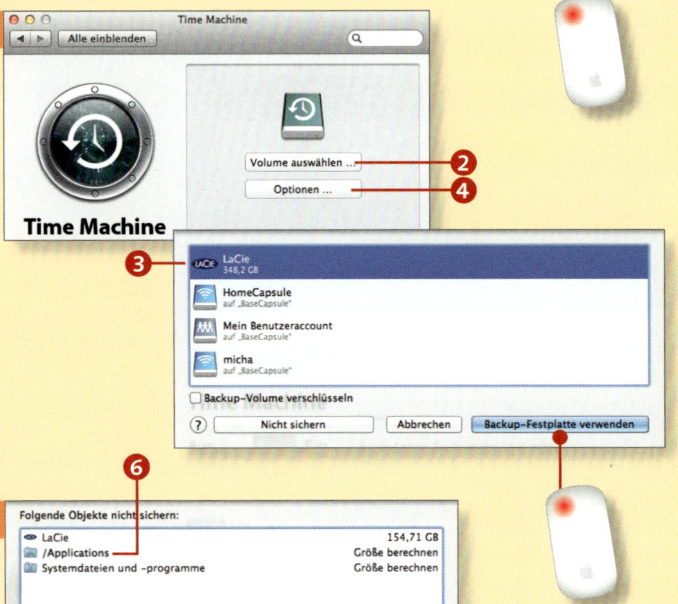

3

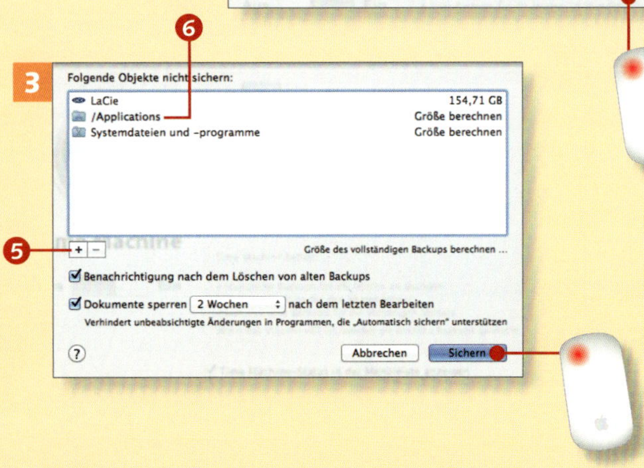

Mit dem Programm Time Machine können Sie Sicherungen Ihrer Dateien automatisiert vornehmen und diese bei Bedarf wiederherstellen.

Schritt 1

Die Vorgaben für Time Machine können Sie wie immer in den Systemeinstellungen treffen. Sie rufen sie im Apfel-Menü über **Systemeinstellungen** ❶ auf. Klicken Sie dann auf **Time Machine**.

Schritt 2

Klicken Sie auf **Volume auswählen** ❷, um ein Sicherungsmedium zu bestimmen. Wählen Sie das Medium, z. B. eine externe Festplatte, mit einem Klick aus der Liste aus ❸. Bestätigen Sie mit der Schaltfläche **Backup-Festplatte verwenden**.

Schritt 3

Nun können Sie Time Machine anweisen, nur Ihre Dateien zu sichern (was sinnvoller ist, als das gesamte System zu sichern). Klicken Sie dazu auf **Optionen** ❹. Im zugehörigen Dialog klicken Sie auf das Plus ❺ und wählen die Ordner aus, die Sie *nicht* sichern möchten, z. B. den Programmordner **/Applications** ❻. Bestätigen Sie mit **Sichern**.

Schritt 4

Um eine Datei wiederherzustellen, wechseln Sie zum Schreibtisch und wählen aus der Menüleiste das Symbol **Time Machine** aus. Rufen Sie den Punkt **Time Machine öffnen** auf.

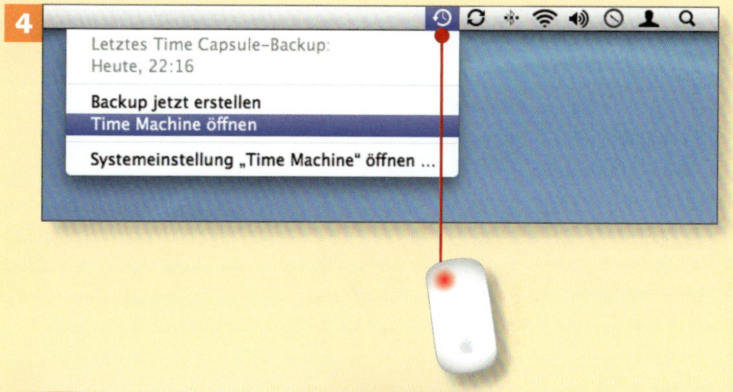

Schritt 5

Sie können jetzt schrittweise nach Tagen, Wochen und Monaten in der Vergangenheit zurückgehen. Wahlweise können Sie dazu die Navigationspfeile ❼ oder die Zeitleiste ❽ am Rand verwenden.

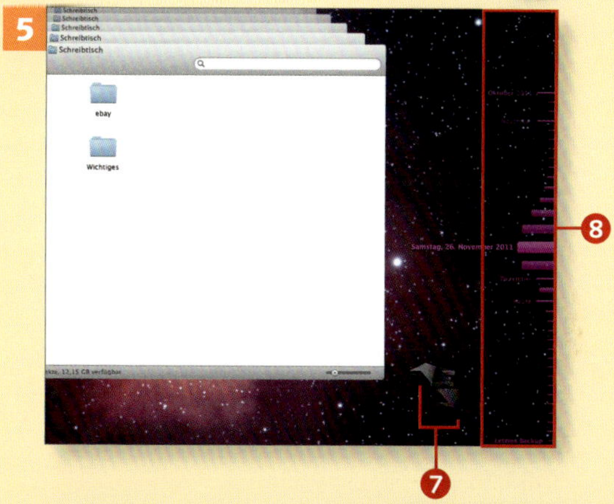

Schritt 6

Wenn Sie die Datei gefunden haben, die Sie wiederherstellen wollen, klicken Sie auf **Wiederherstellen**. Sie wird dann auf dem Schreibtisch angezeigt.

System wiederherstellen
Sie können Ihr komplettes System mithilfe des Migrationsassistenten und Time Machine wiederherstellen. Wählen Sie **Programme ▸ Dienstprogramme**, und öffnen Sie den Migrationsassistenten mit einem Doppelklick. Wählen Sie dort die Option **Von einem Time Machine-Backup oder anderen Volume**, und klicken Sie auf **Fortfahren**. Sie müssen jetzt nur noch Ihr Benutzerkennwort eingeben.

Daten im Netzwerk teilen

1

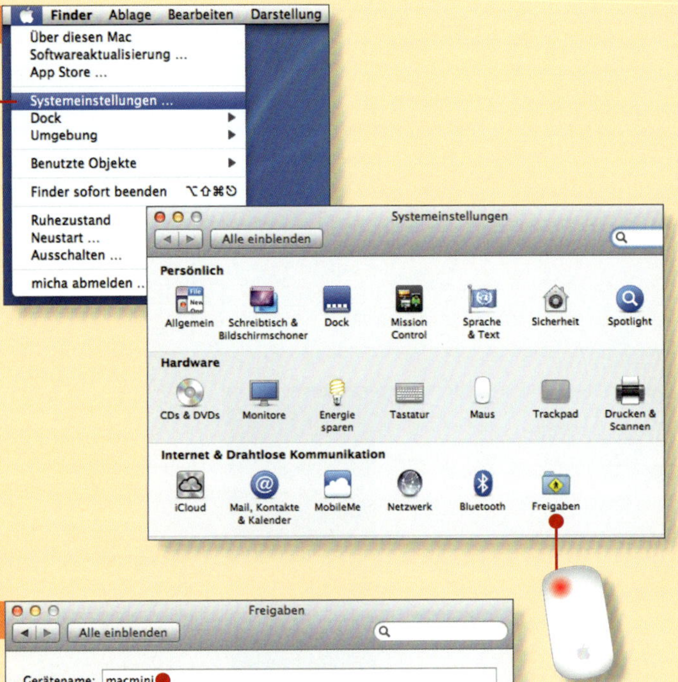

2

3

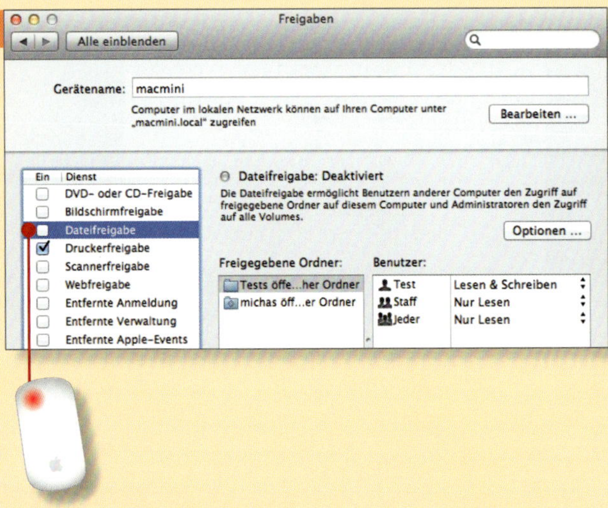

Der Datentausch zwischen verschiedenen Rechnern in einem Netzwerk lässt sich einfach einrichten – egal, ob von Mac zu Mac oder von Mac zu Windows. Wie Sie Ihre Daten mit anderen teilen, erklären wir Ihnen in diesem Abschnitt.

Schritt 1

Um Ihre Daten in einem Netzwerk zur Verfügung zu stellen, müssen Sie sie freigeben. Öffnen Sie im Apfel-Menü den Menüpunkt **Systemeinstellungen** ❶, und wählen Sie dort die Rubrik **Freigaben** aus.

Schritt 2

Vergeben Sie im Dialogfenster **Freigaben** zunächst einen Namen für Ihren Rechner. Dazu überschreiben Sie die Standardbezeichnung **[Benutzername]** im Feld **Gerätename** mit Ihrem Wunschnamen.

Schritt 3

Auf der linken Seiten des Dialogfensters finden Sie die unterschiedlichen Freigabeoptionen. Für die Freigabe Ihrer Daten setzen Sie mit einem Mausklick ein Häkchen vor **Dateifreigabe**.

Schritt 4

Auf der rechten Seite wird jetzt ein grünes Statussymbol mit dem Hinweis **Dateifreigabe aktiviert** ❷ angezeigt. Mit einem Klick auf die Schaltfläche **Optionen** können Sie bestimmen, für welche Art von Rechner Sie die Freigabe vornehmen möchten.

Schritt 5

Standardmäßig ist die Apple-eigene Option **Dateien und Ordner über AFP freigeben** ❸ aktiviert. Wenn Sie auch Windows-Rechnern einen Zugang ermöglichen wollen, aktivieren Sie zusätzlich die Option **Dateien und Ordner über SMB (Windows) freigeben** ❹. Wählen Sie aus der Liste den Account ❺ aus, für den die Freigabe gelten soll, und geben Sie dann das entsprechende Kennwort ❻ ein. Bestätigen Sie mit **OK** und dann mit **Fertig**.

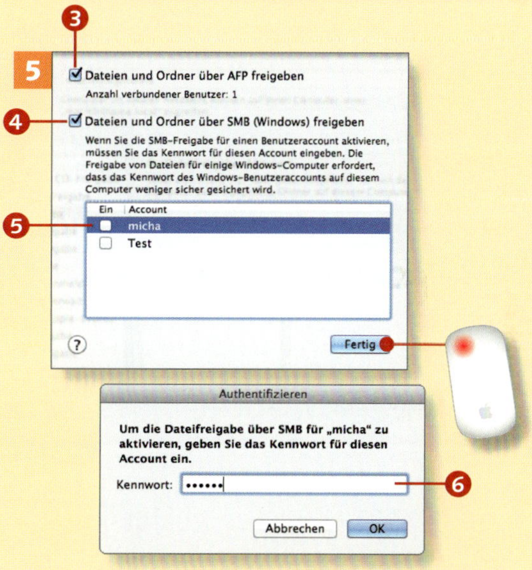

Schritt 6

Navigieren Sie zu dem Ordner, den Sie freigeben möchten, und wählen Sie ihn mit der Maus aus ❼. Wenn Sie seinen Namen kennen, geben Sie ihn einfach im Suchfeld ❽ ein und steuern ihn so direkt an. Dann klicken Sie auf **Hinzufügen**.

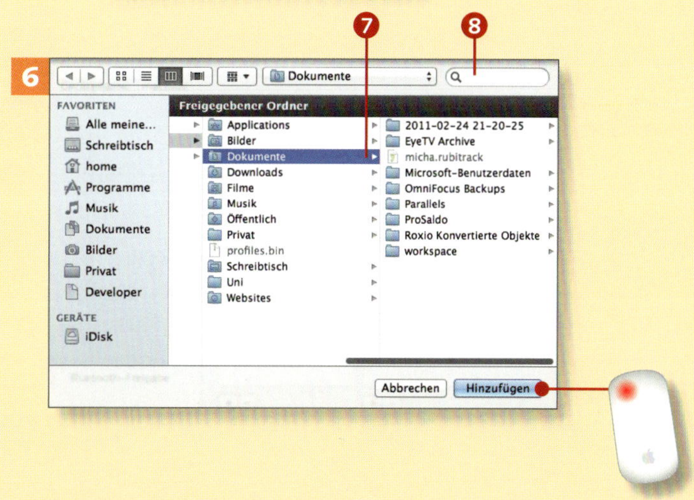

Daten im Netzwerk teilen (Forts.)

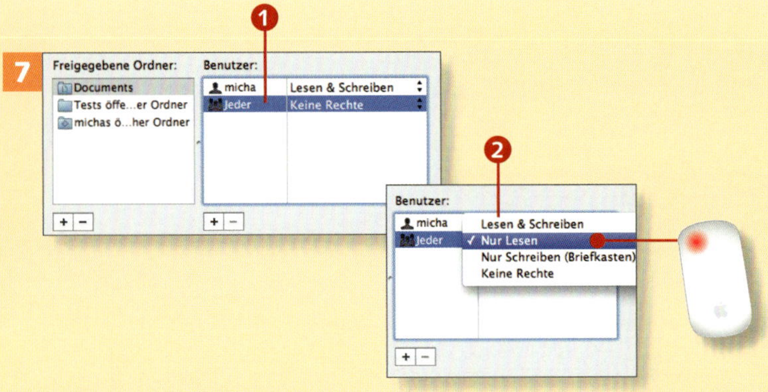

Schritt 7

Vergeben Sie jetzt Rechte für den freigegebenen Ordner. Wählen Sie dazu **Jeder** ❶ aus, und öffnen Sie mit einem Klick auf den kleinen Pfeil das Aufklappmenü. Wenn andere Nutzer nicht nur Ihre Dateien lesen, sondern auch etwas im freigegebenen Ordner speichern dürfen sollen, wählen Sie die Option **Lesen & Schreiben** ❷.

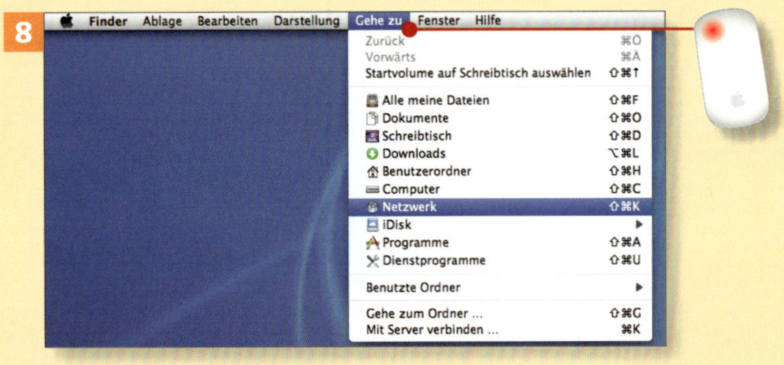

Schritt 8

Damit die Verbindung klappt, stellen Sie sicher, dass die Rechner über ein Netzwerk miteinander verbunden sind, sich also z. B. beide im gleichen Airport-Netzwerk befinden (siehe dazu den Abschnitt »Verschaffen Sie sich einen ersten Überblick«, ab Seite 32). Rufen Sie den Menüpunkt **Gehe zu ▸ Netzwerk** auf.

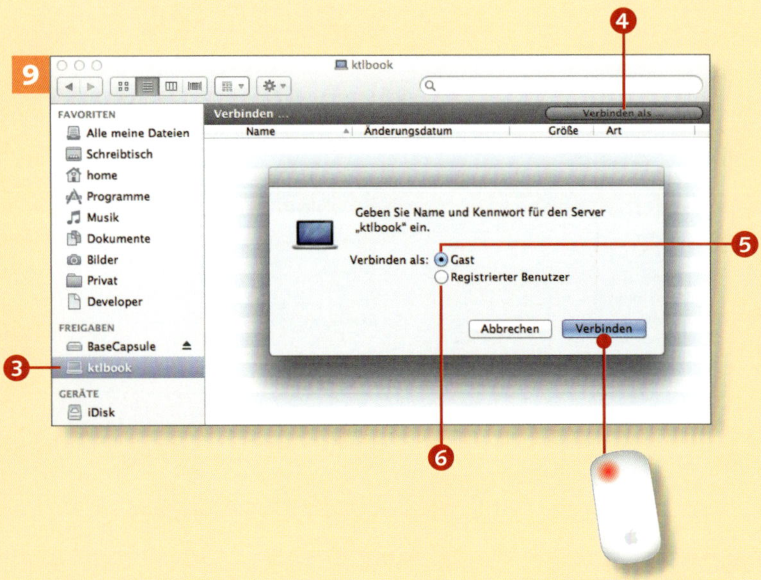

Schritt 9

Wählen Sie das Gerät aus ❸, und klicken Sie dann auf **Verbinden als** ❹. Im Dialogfenster aktivieren Sie die Option **Gast** ❺; so können Sie direkt auf die freigegebenen Ordner auf dem fremden Rechner zugreifen. Mit einem Klick auf **Verbinden** nehmen Sie Kontakt zu diesem anderen Rechner auf.

Schritt 10

Sie können auch auf den kompletten Inhalt des fremden Rechners zugreifen, indem Sie im Dialog unter **Verbinden als** die Option **Registrierter Benutzer** ❻ wählen. Dann brauchen Sie allerdings den Benutzernamen und das Kennwort ❼. Bestätigen Sie mit **Verbinden**.

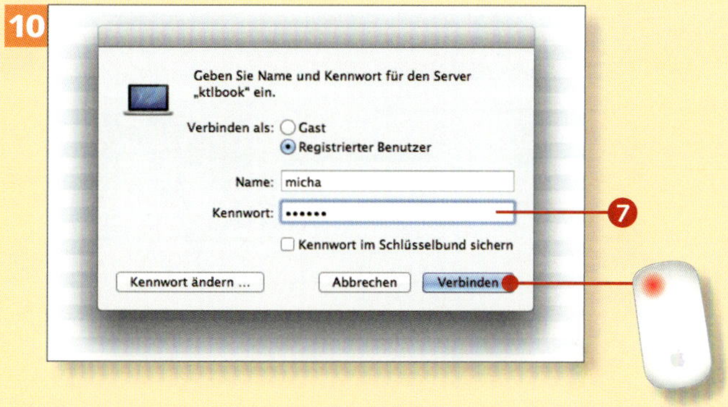

Schritt 11

Nun wird der komplette Inhalt des anderen Rechners in Ihrem Fenster angezeigt. Wählen Sie die Datei aus, die Sie kopieren möchten, und ziehen Sie sie mit gedrückter Maustaste auf den Schreibtisch oder an eine andere beliebige Stelle auf Ihrem Rechner.

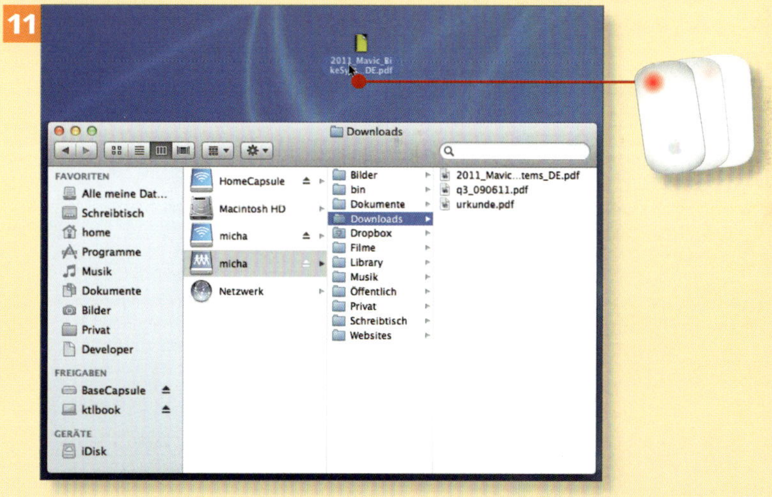

Schritt 12

Das Betriebssystem beginnt automatisch mit dem Kopiervorgang. Wenn das abgeschlossen ist, können Sie den anderen Rechner wieder »abkoppeln«. Klicken Sie dazu in der Seitenleiste unter dem Punkt **Freigaben** auf die Schaltfläche **Auswerfen** neben dem Gerätenamen.

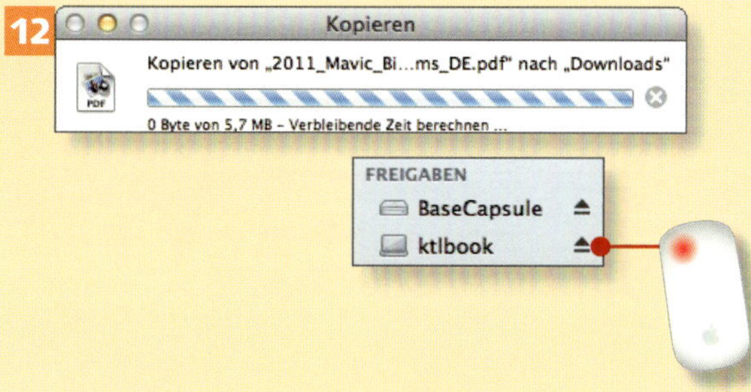

Bildschirmfotos erstellen

1

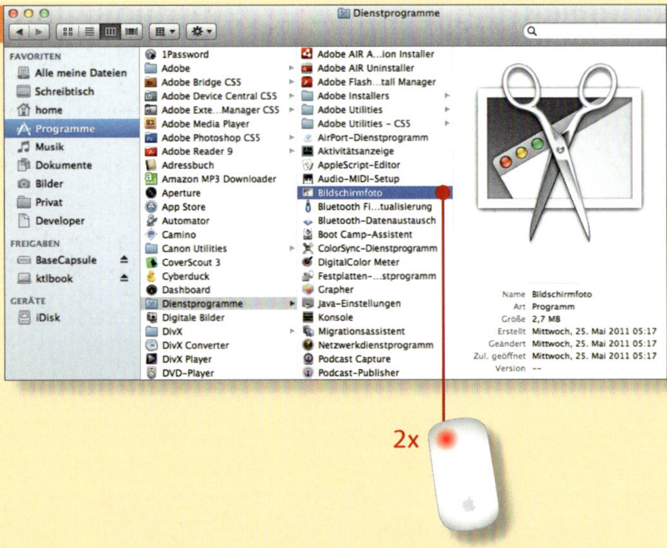

Am Mac haben Sie verschiedene Möglichkeiten, ein Bildschirmfoto (Screenshot) zu erstellen.

Schritt 1

Im Ordner **Programme ▸ Dienstprogramme** finden Sie das Programm **Bildschirmfoto**. Starten Sie das Programm mit einem Doppelklick auf das Symbol.

2

Schritt 2

Ein Foto vom gesamten Bildschirminhalt mit allen aktuell sichtbaren Elementen fertigen Sie über **Foto ▸ Bildschirm** an oder indem Sie cmd + Z drücken. Klicken Sie dann auf eine Stelle außerhalb des Menüs. Dieses wird nicht mit abgelichtet.

3

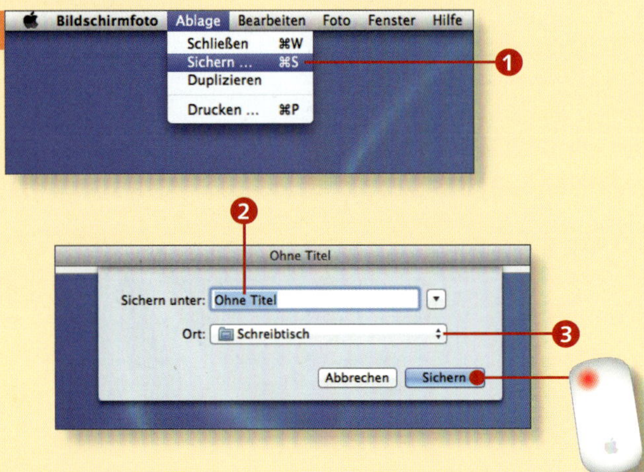

Schritt 3

Das Foto Ihres Bildschirms wird in einem Vorschaufenster mit Namen **Ohne Titel** geöffnet. Um die Datei zu speichern, rufen Sie das Menü **Ablage ▸ Sichern** ❶ auf. Vergeben Sie im Feld **Sichern unter** ❷ einen aussagekräftigen Namen, wählen Sie einen Speicherort ❸, und bestätigen Sie alles mit **Sichern**.

Schritt 4

Sie können ein Bildschirmfoto auch mit Selbstauslöser aufnehmen, wenn Sie z.B. einen Menüaufruf abbilden möchten. Wählen Sie dazu **Foto ▸ Selbstauslöser** ❹. Im Dialogfenster klicken Sie auf **Starten**. Ein Timer wird angezeigt, und Sie können die Aktion ausführen, die Sie aufnehmen möchten. Das Bild wird im Vorschaufenster angezeigt.

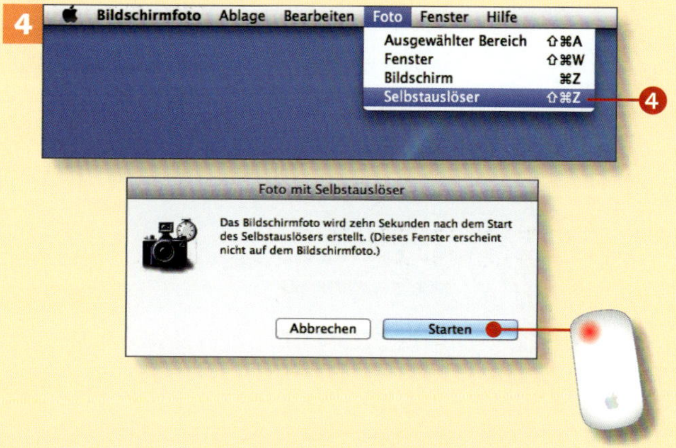

Schritt 5

Aus dem Finder heraus können Sie mit cmd + ⇧ + 4 ein Foto vom Inhalt eines Fensters anfertigen. Ein Fadenkreuz erscheint. Ziehen Sie mit gedrückter Maustaste ein Rechteck auf. Lassen Sie die Maustaste los, wenn Sie den passenden Bereich ausgewählt haben. Daraufhin wird ein Bild erstellt und als PNG-Datei auf dem Schreibtisch gespeichert.

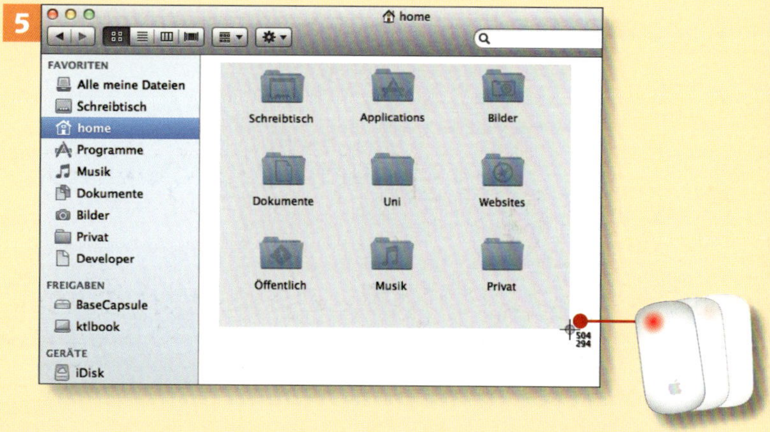

Schritt 6

Wenn Sie die Leertaste drücken, sobald Sie das Fadenkreuz sehen, wird das ganze Fenster ausgewählt. Nach einem Klick mit der Maus wird das Bildschirmfoto erstellt. Auch diese Bilddatei wird im Format PNG mit dem Namen *Bildschirmfoto*, dem Aufnahmedatum und der Uhrzeit gespeichert.

Festplatten partitionieren und löschen

Möchten Sie den Speicherplatz Ihrer Festplatte aufteilen (»partitionieren«) oder die Festplatte löschen? Mit dem Festplatten-Dienstprogramm sind diese Aufgaben im Nu erledigt.

1

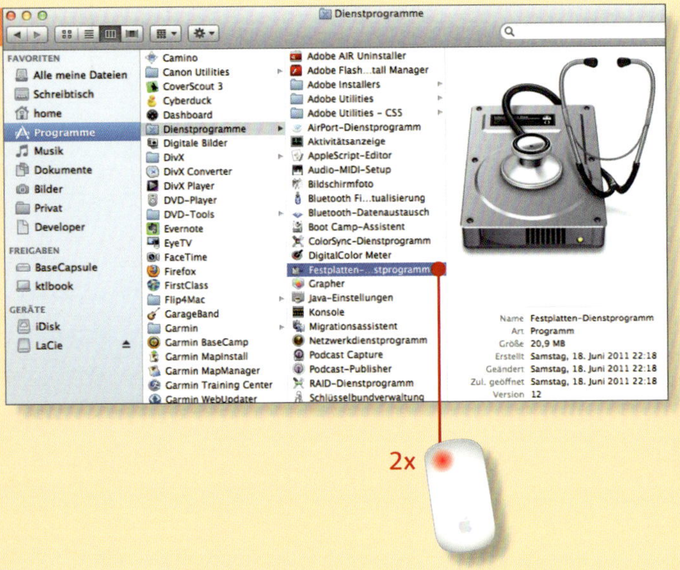

Schritt 1

Das Partitionieren einer Festplatte ist ratsam, um mehr Ordnung in Dateien und Dokumenten zu schaffen. Dazu benötigen Sie das *Festplatten-Dienstprogramm*. Sie finden es unter **Programme ▸ Dienstprogramme**. Starten Sie es mit einem Doppelklick.

2

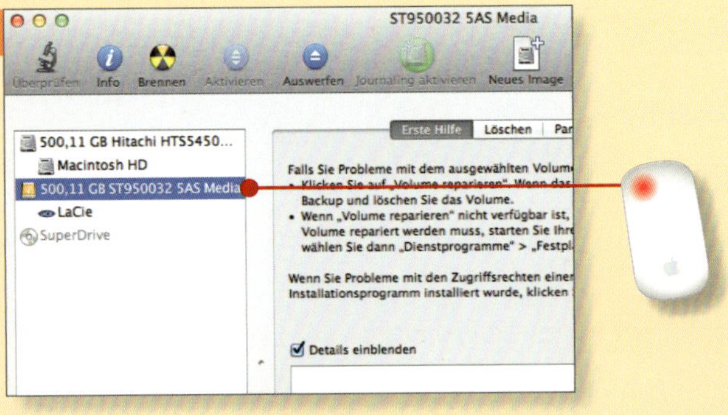

Schritt 2

In der linken Spalte des nächsten Programmfensters werden alle am Betriebssystem angemeldeten Festplatten und Speichermedien aufgelistet. Wählen Sie aus der Übersicht mit einem Mausklick die Festplatte aus, die Sie formatieren möchten.

3

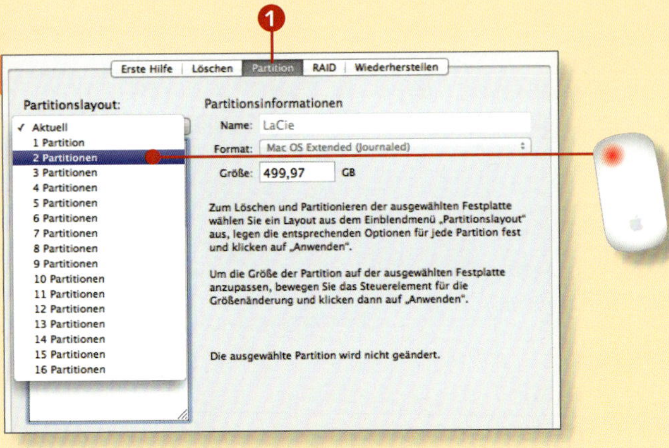

Schritt 3

Wechseln Sie zur Registerkarte **Partition** ❶. Über das Aufklappmenü unter **Partitionslayout** können Sie die Anzahl der Teile bestimmen, in die Ihre Festplatte aufgeteilt werden soll, z. B. **2 Partitionen**. In der Übersicht ❷ werden dann die beiden Teile dargestellt.

Schritt 4

Wählen Sie einen Teil aus, und überschreiben Sie im Feld **Name** den Eintrag **Ohne Titel** mit einem neuen Namen. Im Feld **Größe** 3 legen Sie die Größe der einzelnen Teile in Gigabyte (GB) fest. Im Feld **Format** 4 können Sie im Ausklappmenü das Format der Partition festlegen. Bestätigen Sie Ihre Einstellungen mit **Anwenden** 5.

4

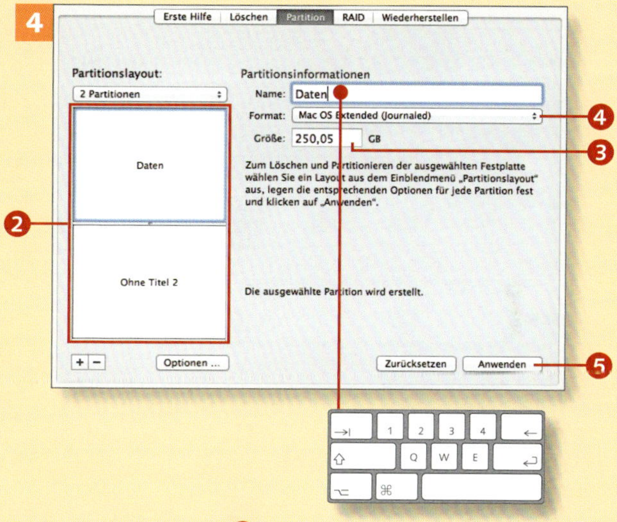

Schritt 5

Sie können auch Ihre gesamte Festplatte löschen. Zuvor sollten Sie unbedingt sicherstellen, dass die Daten wirklich nicht mehr benötigt werden! Wechseln Sie zur Registerkarte **Löschen** 6, wählen Sie dort ein Format 7 aus, und vergeben Sie einen Namen für die Festplatte.

5

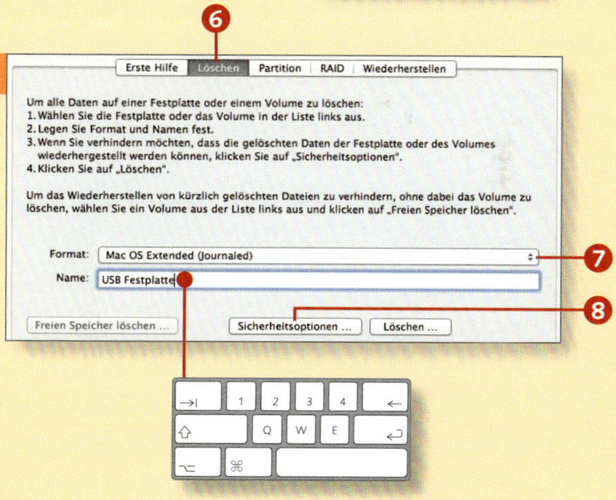

Schritt 6

Klicken Sie auf die Schaltfläche **Sicherheitsoptionen** 8, um festzulegen, in wie vielen Durchgängen die Festplatte gelöscht werden soll. Je weiter Sie den Schieberegler nach rechts schieben, desto häufiger wird die Festplatte überschrieben. Die Daten sind dann schwieriger wiederherzustellen. Klicken Sie erst auf **OK** und danach auf **Löschen**.

6

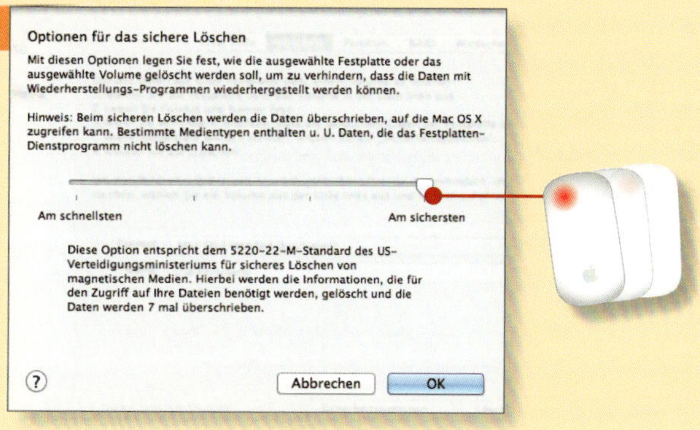

OS X Lion aktualisieren

Komplizierte Update-Arbeiten erledigt OS X auf Wunsch automatisch, mit einigen Tricks lässt sich dieser Vorgang noch effektiver gestalten.

1

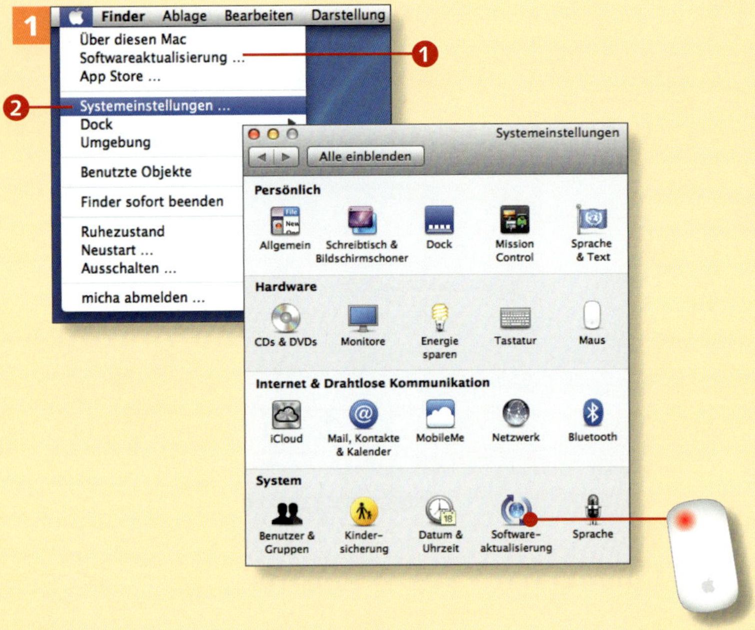

Schritt 1

Die Softwareaktualisierung können Sie im Apfel-Menü mit einem Klick auf **Softwareaktualisierung** ❶ direkt aufrufen. Ihr Mac macht sich dann auf die Suche nach neuen Updates. Sie können die Aktualisierung auch über **Systemeinstellungen** ❷ ▸ **Softwareaktualisierung** starten. Dort können Sie dann zusätzliche Einstellungen vornehmen.

2

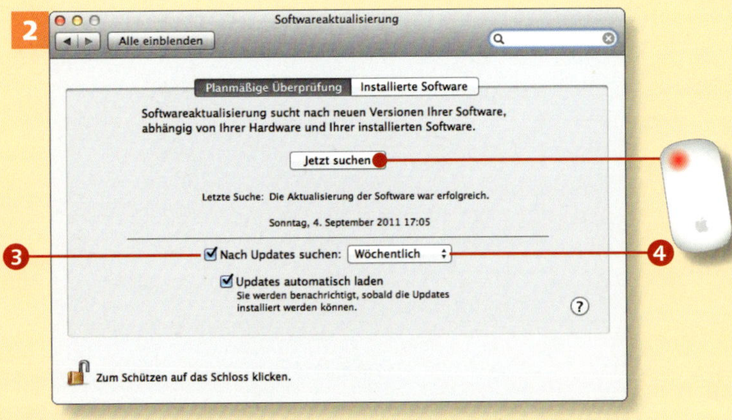

Schritt 2

Legen Sie fest, in welchen Intervallen OS X Aktualisierungen prüfen soll. Klicken Sie **Nach Updates suchen** ❸ an, und wählen Sie einen Zeitraum, z. B. **Wöchentlich** ❹. Dann klicken Sie auf **Jetzt suchen**.

3

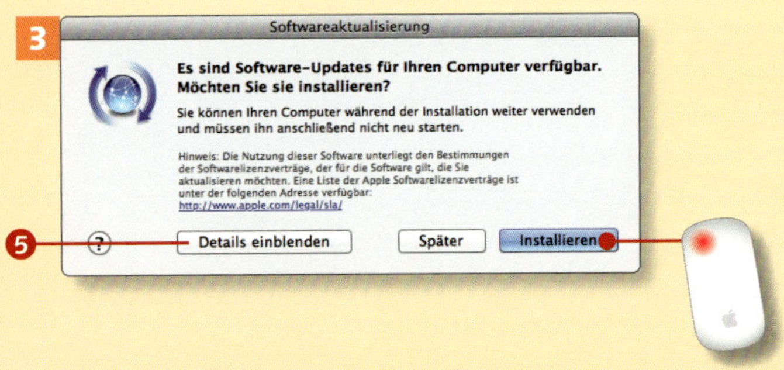

Schritt 3

Das System sucht auf den Apple-Servern nach neuen Updates. Um die Aktualisierung zu starten, klicken Sie auf **Installieren**. Um zuvor die Einzelheiten der Neuerung zu überprüfen, klicken Sie auf **Details einblenden** ❺.

Schritt 4

Sie sehen dann eine Übersicht über alle zu installierenden Komponenten. Wenn Sie einen Eintrag anklicken, finden Sie unten ❻ Informationen zur Neuerung. Entfernen Sie mit einem Klick das Häkchen ❼ vor dem Software-Update, wenn die Aktualisierung nicht durchgeführt werden soll. Um sie auf später zu verschieben, klicken Sie auf die Schaltfläche **Später** ❽. Mit **[x] Objekte installieren** starten Sie den Vorgang.

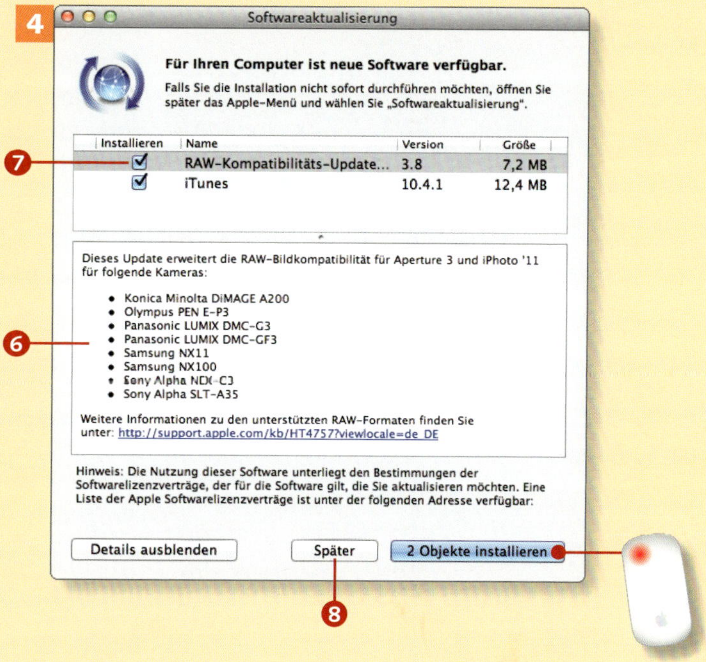

Schritt 5

OS X Lion beginnt dann mit der Aktualisierung: Zunächst wird die Software von den Apple-Servern geladen und anschließend installiert. Je nach Komponente wird Ihr Rechner dann automatisch neu gestartet.

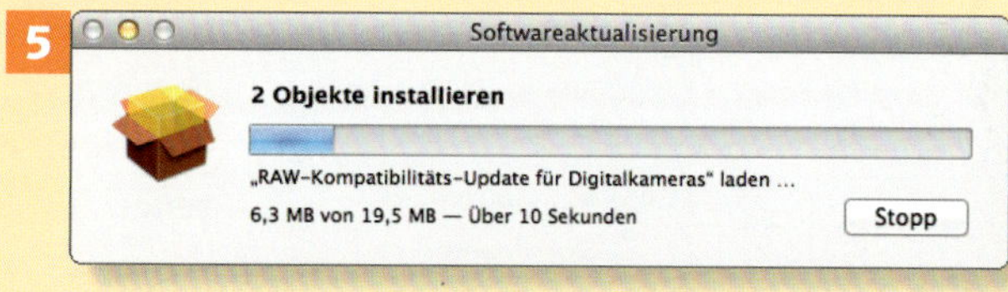

Schritt 6

Im Dialogfenster **Softwareaktualisierung** können Sie unter **Installierte Software** prüfen, welche Updates bereits durchgeführt wurden. So wissen Sie immer, was Sie gegebenenfalls noch installieren müssen.

Glossar

AAC

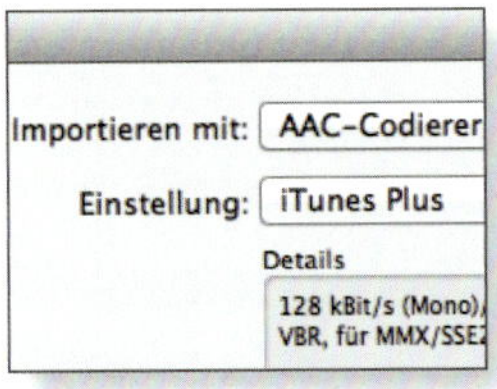

Abkürzung für »Advanced Audio Coding«. Das Nachfolgeverfahren zu MP3. Apple verwendet AAC in Verbindung mit MPEG-4. Der Standard ermöglicht es, kleinere Dateien bei einer besseren Klangqualität zu erzeugen.

Account

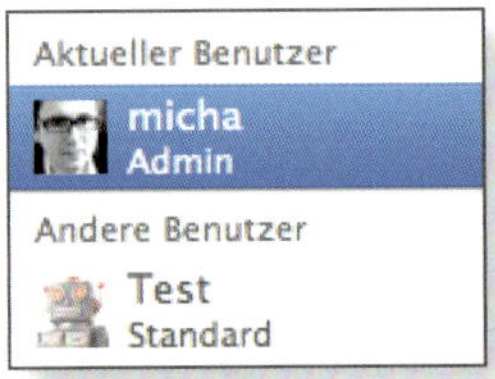

Englische Bezeichnung für »Konto«. In Bezug auf Computerplattformen ist damit in der Regel das Benutzerkonto auf einem Rechner gemeint.

Administrator

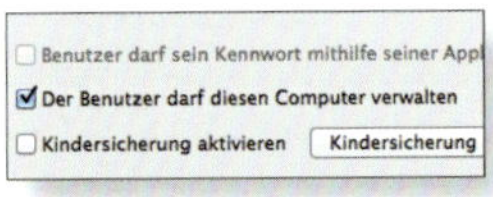

Der Systemverwalter eines Computers. Er hat u.a. das Recht, neue Benutzer anzulegen oder Programme zu installieren.

AFP

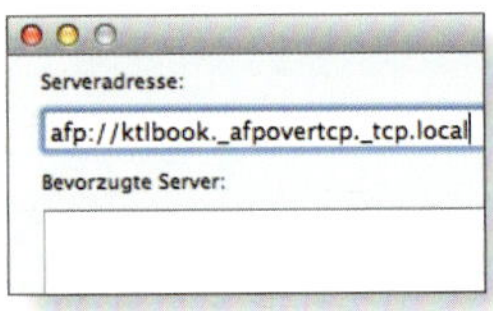

Abkürzung für »Apple Filesharing Protocol«. Apple-eigenes Netzwerkprotokoll für den Austausch von Daten zwischen Macintosh-Computern.

AirDrop

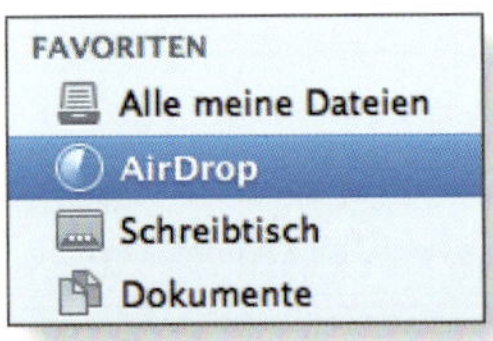

In OS X Lion integrierte Technologie, die es möglich macht, Dokumente und Dateien zwischen mehreren Macs innerhalb eines Wi-Fi-Netzwerks zu teilen.

AirPort

Drahtloses Netzwerk. AirPort ist mit den aktuell gängigen Standards aus dem Bereich Wireless-LAN kompatibel.

Anwendung

Eine Software, die eine bestimmte Funktionalität erfüllt und die der Benutzer verwendet.

Glossar

App

Abkürzung für *Application*. Bezeichnet allgemein Programme, die auf mobilen Geräten wie iPhone oder iPad laufen.

Apple-ID

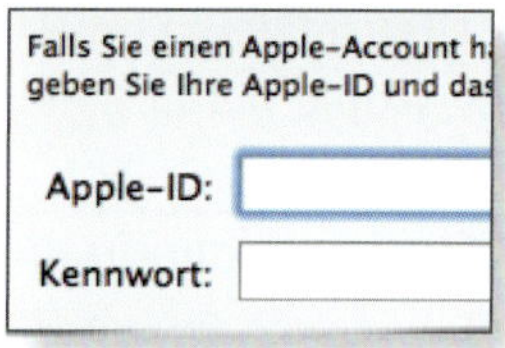

Mit der Apple-ID melden Sie sich für spezielle Apple-Dienste an, Sie können sie z. B. zum Einkaufen im App Store oder bei iTunes verwenden.

App Store

Ein Apple-eigenes Internet-Verkaufsportal für Computerprogramme. Hierüber können Sie kostenlose und kostenpflichtige Programme beziehen und sie direkt auf dem Mac installieren.

Aufklappmenü

Element der Benutzeroberfläche eines Computerbetriebssystems, das eine Liste zur Auswahl verschiedener Optionen enthält.

Benutzer

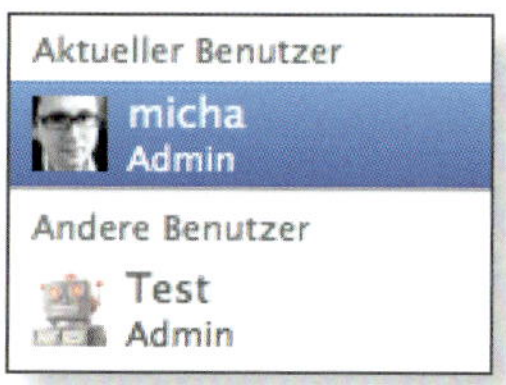

Anwender eines Computersystems. Registrierte Benutzer sind dem Benutzerkonto am Rechner zugeordnet.

Benutzerordner

Hier werden alle für den Benutzer wichtigen Dateien und Dokumente verwaltet. Im Ordner befinden sich auch alle Dokumente auf dem Schreibtisch. Der Benutzerordner kann nur vom eigentlichen Benutzer und vom Administrator des Systems verwendet werden.

Glossar

Bluetooth

Drahtlose Technologie für die Übertragung von Daten über kurze Distanzen. Bluetooth nutzt bei der Übertragung den Frequenzbereich zwischen 2,4 und 2,48 Gigahertz.

Browser

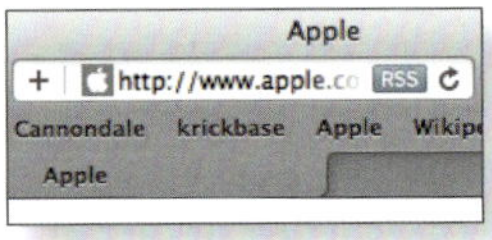

Programm zum Betrachten von Webseiten, das sich auf die Übersetzung von HTML in Bilddarstellungen versteht. Apple bietet einen eigenen Browser mit Namen Safari an.

Codec

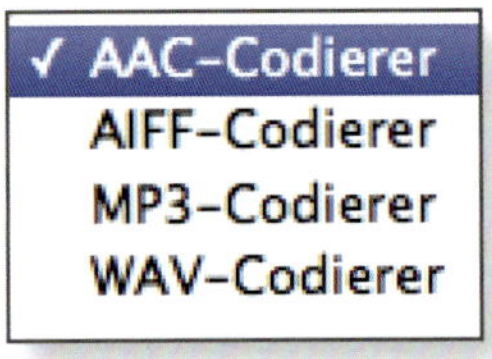

Mathematischer Algorithmus für das Komprimieren und Dekomprimieren von Video- und Audiodaten. Der Begriff setzt sich zusammen aus den englischen Wörtern *coder* und *decoder*.

Coverflow

Eine spezielle Art, grafische Elemente anzuzeigen. Sie ermöglicht es, virtuell durch eine Dateisammlung zu blättern.

Dashboard

Spezielle technische Umgebung von OS X, in der Miniprogramme laufen, sogenannte *Widgets*.

Datenrate

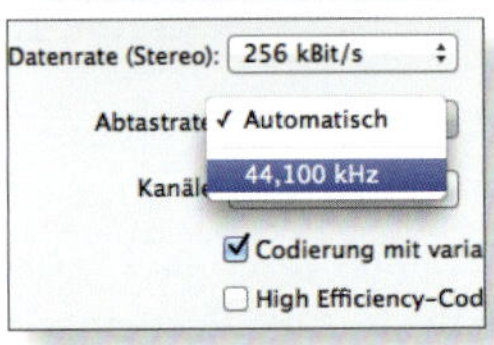

Auch »Abtastfrequenz«. Definiert, wie oft pro Sekunde Musikwellen oder Bildsignale digital aufgezeichnet werden. Je höher die Rate, desto höher ist die Qualität, umso größer wird aber auch die Datei.

Dialogfenster

Teil der Benutzeroberfläche von Programmen und Betriebssystemen, der den Nutzer mit Informationen versorgt oder zu einer gezielten Aktion auffordert.

Glossar

Dienstprogramm

Spezielle Programme für die Steuerung von zentralen Funktionen des Macs oder Programme, die dessen Funktionsumfang erweitern. Sie finden sich im Ordner *Programme\Dienstprogramme*.

DMG

Abkürzung für »Disk Image«. Ein Apple-eigenes Archivformat.

Dock

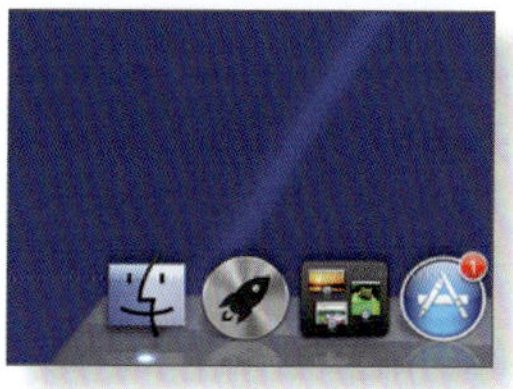

Das zentrale Bedienelement für das Starten von Programmen und den Zugriff von wichtigen Ordnern in OS X.

Download

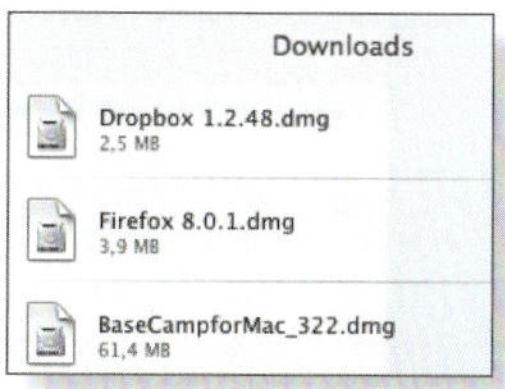

Englische Bezeichnung für das Laden von Dateien, z. B. Programmen, Texten, Bildern, Filmen und Musik, aus dem Internet.

DSL-Router

Gerät für die Verbindungsaufnahme zu DSL. Mit dem integrierten Modem kann eine Internetverbindung über einen DSL-Anschluss hergestellt werden. Der Router sorgt für den verteilten Zugriff auf die Verbindung innerhalb eines Netzwerks.

E-Mail

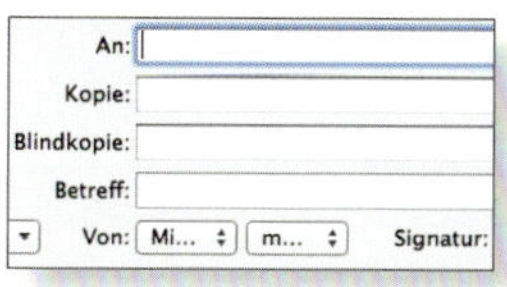

Elektronischer Nachrichtenaustausch zwischen verschiedenen Computern über ein entsprechendes Programm (E-Mail-Programm).

Glossar

E-Mail-Adresse

Besteht aus dem Namen des Inhabers der Adresse, einem @-Zeichen, dem Domain-Namen (z. B. *me*) und der Toplevel-Domain (z. B. *.com*): *IhrName@me.com*.

Facebook

Internetplattform für den Austausch und die Pflege sozialer Kontakte. Facebook ist das größte soziale Netzwerk und erreichbar unter der Adresse *www.facebook.com*.

FaceTime

Programm für die Videotelefonie von Mac zu Mac. Für die Verbindungsaufnahme benötigt man lediglich eine Apple-ID und kann in Echtzeit per Video mit dem Gegenüber kommunizieren.

Farbsättigung

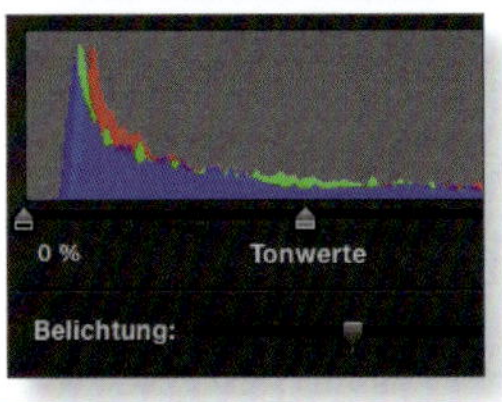

Beschreibt die Intensität einer Farbe. Eine hohe Farbsättigung wird durch die Dominanz einer bzw. zweier Primärfarben (Rot, Grün, Blau) erreicht. Ist das Verhältnis zwischen den Primärfarben ausgeglichen, ist die Farbsättigung gering.

Farbtemperatur

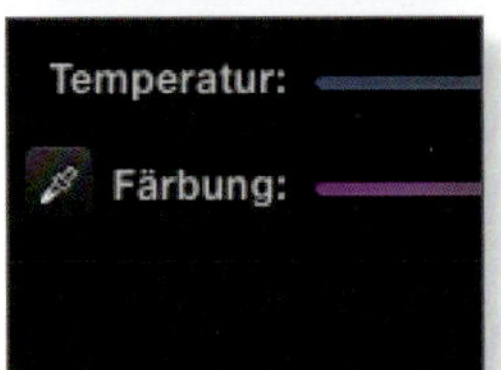

Zuordnung einer Leuchtfarbe bei selbst leuchtenden Objekten. Die Farbtemperatur wird in der Einheit Kelvin (K) gemessen.

Farbtiefe

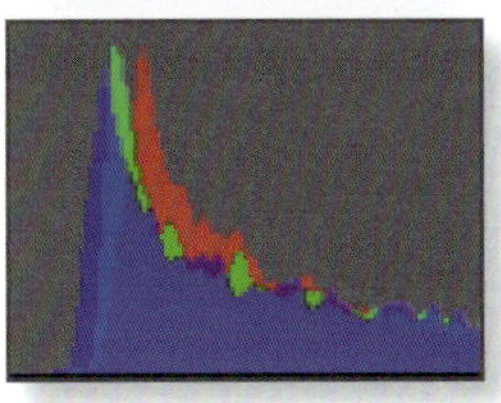

Anzahl der Bits pro Pixel (Bildpunkt), die zur Speicherung von Farbinformationen zur Verfügung stehen. Je größer die Bitanzahl für einen Bildpunkt, desto mehr unterschiedliche Farbtöne können dargestellt werden.

Glossar

Finder

Zentrales Bedienelement von OS X, das die Interaktion, die Organisation und die Navigation durch Dateien ermöglicht.

FireWire

Schnittstelle für die serielle Übertragung von Daten. Kommt bei der Übertragung von digitalem Videomaterial und bei der Nutzung von Festplatten häufig zur Anwendung. FireWire ist auch unter der Bezeichnung IEEE 1394 geläufig. Die Übertragungsraten von FireWire liegen bei 400 MBit/s bzw. bei 800 MBit/s.

Flickr

Internetplattform für den Austausch von Fotos. Angemeldete Nutzer können dort Fotos für andere Nutzer der Plattform bereitstellen. Der Dienst ist über den Link *www.flickr.com* erreichbar.

GarageBand

Programm von Apple für die Erstellung von Musikkompositionen, wahlweise durch das Einspielen von echten oder die Nutzung von virtuellen Instrumenten.

Gigabyte

Maßeinheit für Datenmengen. 1 Gigabyte (GB) sind 1.000.000.000 Byte (B).

Homepage

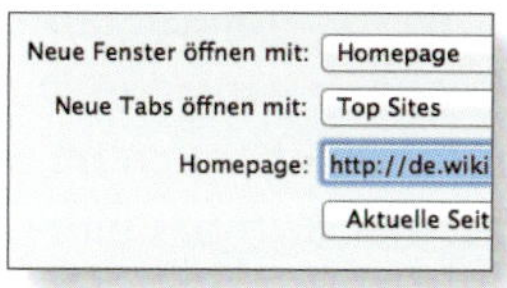

Startseite einer Website, die als zentraler Einstieg dient und den Zugriff auf alle Unterseiten eines Internetauftritts ermöglicht.

Glossar

iCal

In OS X integriertes Programm für die Verwaltung von Terminen und Aufgaben.

Image Volume

Virtuelles Speichermedium in Form einer Datei, das zum Datenaustausch zwischen Computern verwendet wird. Unter OS X wird hierzu das Format DMG genutzt.

iPhoto

Die Fotoverwaltungssoftware auf dem Mac. Damit lassen sich Bilder organisieren, ablegen und nach Belieben bearbeiten. Die Ergebnisse können Sie dann mit anderen Nutzern über soziale Netzwerke wie Facebook oder Flickr teilen.

iTunes

Programm für die Verwaltung und Wiedergabe von digitaler Musik, Videos und anderen Medieninhalten. Es ist außerdem das Bindeglied zwischen dem Mac und den mobilen Geräten iPod, iPhone, iPad und Apple TV.

iTunes Store

In iTunes integrierter Shop für digitale Inhalte wie Musik, Filme, Fernsehsendungen, Bücher, Hörbücher und Apps.

JPEG

Abkürzung für »Joint Picture Experts Group Format«. Bei allen gängigen Digitalkameras verwendetes Bildformat. Auch im Internet ist das Format wegen seiner Kompatibilität mit der Auszeichnungssprache für Websites (HTML) weit verbreitet.

Kilobyte

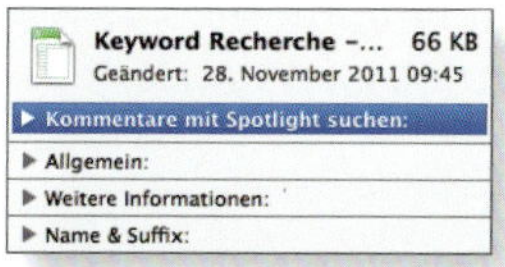

Maßeinheit für Datenmengen. 1 Kilobyte (KB) sind 1.000 Byte (B).

Kontextmenü

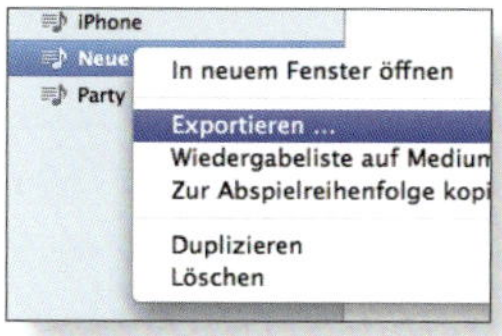

Einer Benutzeraktion zugeordnetes Bedienelement mit zusätzlichen Funktionen. Das Kontextmenü wird in den meisten Fällen mit der rechten Maustaste aufgerufen.

Kontrollkästchen

Auch »Checkbox«. Standardbedienelement für grafische Benutzeroberflächen von Computern oder Internetseiten.

Launchpad

Ein für OS X Lion eingeführtes Konzept, um einen direkten Zugang zu den auf dem System installierten Programmen zu ermöglichen.

Lesezeichen

Eine Merkhilfe im Browser, mit deren Hilfe Links zu bestimmten Webseiten gespeichert werden. Auf diese Weise müssen Sie die Adresse nicht ständig in den Browser eingeben, sondern können sie mit einem Klick direkt aufrufen.

Library

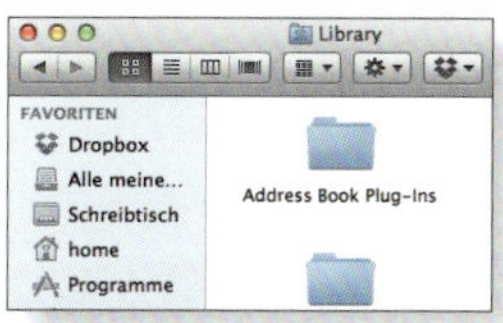

Ein spezielles Verzeichnis innerhalb des Betriebssystems OS X, in dem Voreinstellungen und Informationen gespeichert werden, die für den Betrieb und die tägliche Arbeit notwendig sind. Beispielsweise werden dort Internet-Hilfsprogramme abgelegt.

Glossar

Macintosh HD

Bezeichnung für die Festplatte eines Macs, von der das Betriebssystem OS X gestartet wird.

Magic Mouse

Eine von Apple angebotene Maus mit berührungsempfindlicher Oberfläche. Diese erlaubt es, bestimmte Programmfunktionen über Fingergesten zu steuern.

Mediathek

Zentrale Speicherstelle von Multimedia-Inhalten in Programmen wie iTunes oder iPhoto.

Megapixel

Maßeinheit für Bildpunkte. 1 Megapixel sind 1 Million Pixel.

Menulet

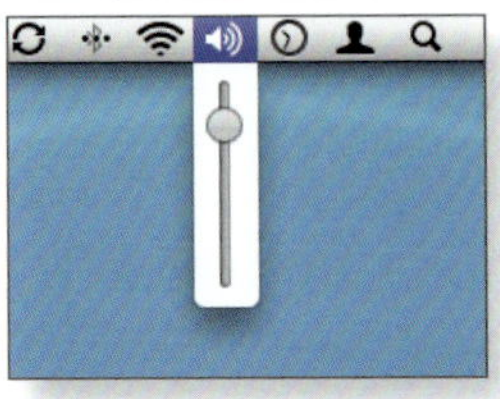

Kleines Bedienelement, das sich direkt in die Menüleiste des Macs integriert. Darüber lassen sich wichtige Funktionen wie die Wi-Fi-Verbindung steuern.

Mission Control

Bedienkonzept von OS X Lion, das es ermöglicht, auf Knopfdruck eine Übersicht über alle Finder- und Programmfenster zu erstellen.

Glossar

MP3

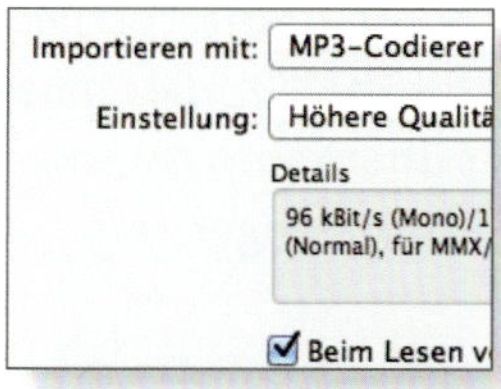

Steht für »MPEG Audio Layer III«. Kodierungs- und Komprimierungsverfahren für Audio. Immer noch das meistgenutzte Verfahren zur Speicherung und Übertragung von Musik auf Computern und im Internet.

Multitouch

Spezielle Eingabemethode mithilfe von Fingergesten auf einer speziellen berührungsempfindlichen Oberfläche. Wird u.a. mit der Magic Mouse und dem Magic Trackpad angeboten.

OS X

Von Apple entwickeltes Betriebssystem, das ausschließlich auf Apple-Geräten wie dem iMac läuft. Eine für mobile Geräte optimierte Variante ist iOS, das auf den hauseigenen Mobilgeräten wie iPhone oder iPad läuft.

Pages

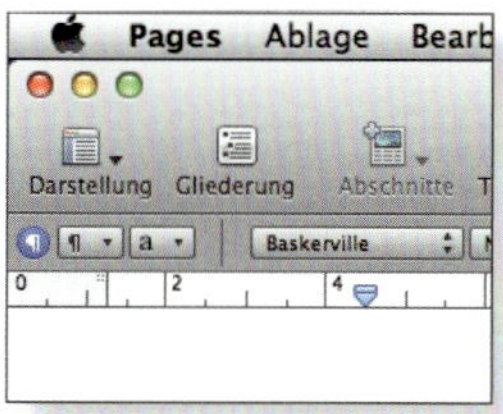

Programm für die Erstellung von Briefen und Texten auch mit anspruchsvollem Layout. Ist mit dem weit verbreiteten Textverarbeitungsprogramm Microsoft Word kompatibel.

Partition

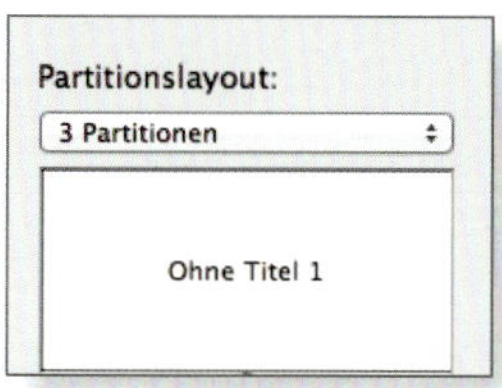

Bezeichnet einen Teil des Gesamtspeicherplatzes einer Festplatte. Diese Teile können eine beliebige Größe haben.

PDF

Abkürzung für »Portable Document Format«. Dateiformat für den plattformübergreifenden Austausch von Dokumenten. Ursprünglich von Adobe Systems entwickelt.

Glossar

Ping

In iTunes integriertes soziales Netzwerk rund um das Thema Musik. Hier tauschen sich Nutzer und Künstler über ihren Musikgeschmack und die neuesten Entwicklungen aus.

PNG

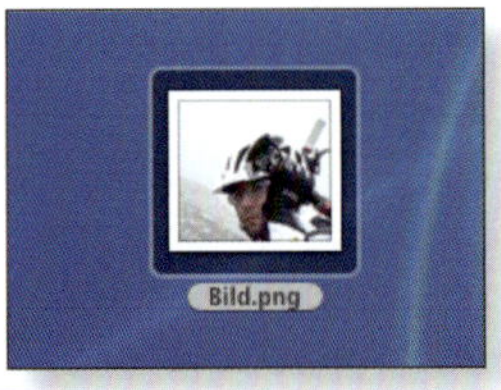

Abkürzung für »Portable Network Graphics Format«. Dateiformat, das ursprünglich als Nachfolger für das GIF-Format entwickelt wurde und primär im Internet zur Anwendung kommt, z. B. in Webseiten.

Podcast

Kombination aus engl. *Broadcasting* (»Senden«) und dem Produktnamen *iPod*. Darunter versteht man die Produktion und die Publikation von Audio- und Videodateien über das Internet. Die Produktionen können von anderen Nutzern abonniert werden.

PPPoE-Verbindung

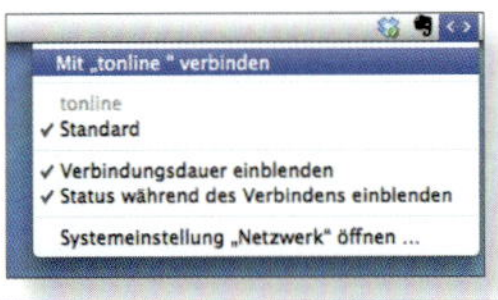

Verbindung über ein Netzwerk, die primär bei DSL-Verbindungen eingesetzt wird. PPPoE steht für *Point-to-Point Protocol over Ethernet*.

Programm

Eine Software, die eine bestimmte Funktionalität erfüllt und die der Benutzer verwendet.

PSD

Programmeigenes Format von Adobe Photoshop.

QuickTime

Multimedia-Architektur von Apple für die Nutzung von Multimedia-Inhalten wie Videos und Audiodateien.

Glossar

Recovery HD

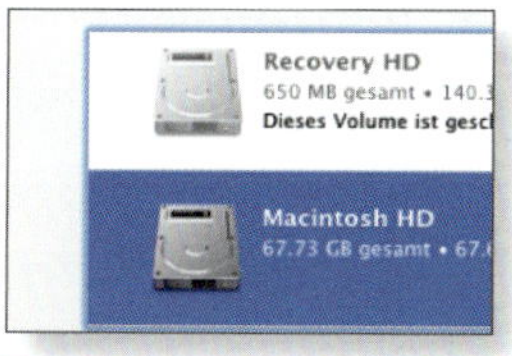

Spezielle Partition einer OS X Lion-Installation, die die Wiederherstellung des Systems ermöglicht, ohne dass Sie eine Installations-DVD benötigen.

Remote

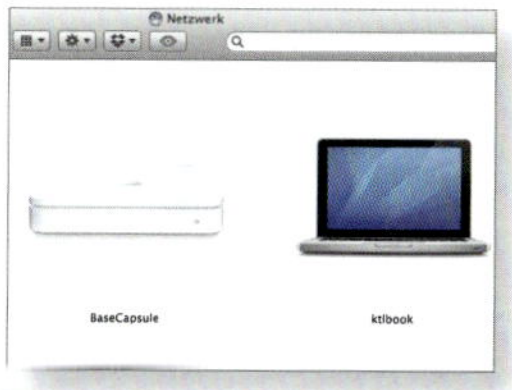

Englische Bezeichnung für »entfernt«. Beschreibt im Computerbereich die Verbindung zu einem anderen, »fremden« Rechner über ein Netzwerk.

RTF

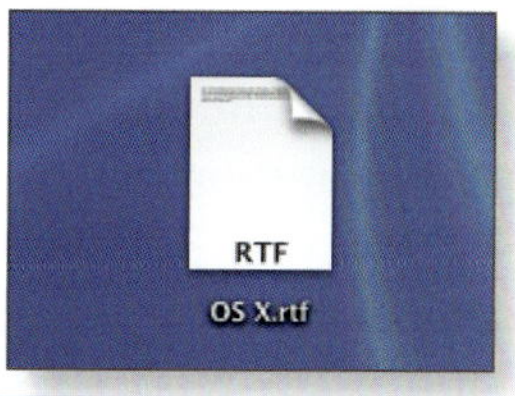

Abkürzung für »Rich Text Format«. Von Microsoft entwickelter Standard zum Austausch von formatierten Texten zwischen verschiedenen Textverarbeitungsprogrammen und Plattformen.

Safari

Apples eigener Browser, der mit dem Betriebssystem OS X ausgeliefert wird.

Schreibtisch

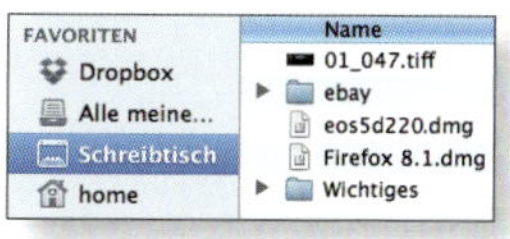

Die zentrale Stelle, um Ihre tägliche Arbeit am Mac zu erledigen. Sie können darauf Dateien und Dokumente anordnen oder auf Festplatten und andere Medien direkt zugreifen.

Scrollbalken

Das Bedienelement für die Bewegung von Inhalt in einem Dokument. Sie verschieben damit Seiten horizontal und vertikal.

Glossar

Scrollen

Englische Bezeichnung für das Navigieren durch Inhalte in einem elektronischen Dokument.

Software-aktualisierung

Der Prozess für die Aktualisierung von Programmen oder Betriebssystemen auf einem Computer.

Suffix

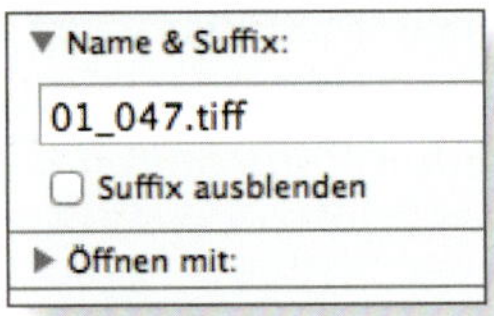

Dateiendung. Zum Beispiel hat ein Dokument des Textverarbeitungsprogramms Microsoft Word die Dateiendung *.doc*. Dank dieser Endung weiß das Betriebssystem, mit welchem Programm die Datei geöffnet werden muss.

System-einstellungen

Alle Konfigurationsmöglichkeiten für den Betrieb des Systems. Sie können darüber z. B. die Netzwerkverbindung einrichten oder das Erscheinungsbild der Arbeitsoberfläche ändern.

Thunderbolt

Von Apple und Intel entwickelte Hochgeschwindigkeitsschnittstelle zwischen Computern, Monitoren und externen Geräten wie Festplatten und Speichermedien. Die aktuelle Version bietet einen Datendurchsatz von bis zu 10 GBit/s.

TIFF

Abkürzung für »Tagged Image File Format«. Ein Format, das sich wegen der Möglichkeit einer verlustlosen Speicherung von Bildern einer weiten Verbreitung erfreut. Es kommt bei den gängigen Bildbearbeitungs- und Grafikprogrammen auf dem Mac zum Einsatz.

Glossar

Time Capsule

Eine von Apple angebotene WLAN-Basisstation mit integrierter Festplatte. In Verbindung mit der Software Time Machine bildet sie ein durchgängiges Datensicherungskonzept.

Trackpad

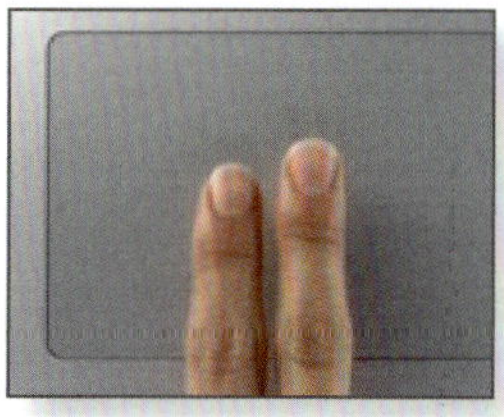

Ein Eingabegerät, das entweder in einem mobilen Rechner integriert ist oder als Magic Trackpad als externes Eingabegerät dient. Es ermöglicht die Bedienung des Macs über Gesten und erweitert so das klassische Bedienkonzept der Maus.

URL

Abkürzung für »Uniform Resource Locator«. Adressformat für Dokumente im Internet, das auch die Struktur der Adresse festlegt. Die URL der Apple-Website lautet z. B. *http://www.apple.de*.

USB

Abkürzung für »Universal Serial Bus«. Serielle Schnittstelle für die Übertragung von Daten. Je nach Version sind unterschiedliche Übertragungsraten möglich (in Version 3.0 bis zu 5 GBit/s.). USB ist bei Druckern, Tastaturen, Mäusen und Digitalkameras weit verbreitet.

vCard

Steht für »elektronische Visitenkarte«. Mit diesem Standard lassen sich z. B. Adressinformationen zwischen den E-Mail-Programmen austauschen.

Widget

Kleine nützliche Programme, die, ohne vorher gestartet werden zu müssen, per Tastendruck zur Verfügung stehen. Unter OS X laufen Widgets im Dashboard.

Glossar

Wi-Fi

Bezeichnet eigentlich das Firmenkonsortium, das Geräte mit Funkschnittstellen zertifiziert. Der Begriff wird aber oft als Synonym für ein drahtloses Netzwerk verwendet.

Windows

Kurzform für das von Microsoft entwickelte Betriebssystem Microsoft Windows. Die aktuell erhältliche Version ist Windows 7.

WLAN

Abkürzung für »Wireless Local Area Network«. Bezeichnet ein drahtloses Netzwerk auf der Basis von Funktechnologie.

ZIP

Ein häufig unter Windows verwendetes Format für verpackte Dateien, das auf einer verlustfreien Komprimierungsmethode basiert.

Index

A

AAC 269, 306
Abgestürztes Programm 109
Ablage
Fenster schließen 59
öffnen 58
sichern 62
Abmelden 31
Absender der E-Mail 170
Abspielen
DVD 133
Video 130
Abtastfrequenz 308
Account 119, 306
einrichten 162
Name 13
Administrator 306
Account 290
Rechte 127
Adressbuch 202, 204
Bild anpassen 207
Duplikate suchen 211
durchsuchen 205
Favoriten 181
Foto ergänzen 207
Gruppe anlegen 209
intelligente Gruppe 210
Kontakt anlegen 206
Kontaktgruppe 205
Kontakt löschen 211
Visitenkarte 204, 208, 209
Adressleiste 144
Advanced Audio Coding 306
AFP 306
AirDrop 80, 92, 306
schließen 93
AirPort 306
Akkuleistung 101
Aktion rückgängig machen 24
Aktive Ecken 53
Aktualisieren 304, 305, 318
Kalender 219
Programm 119, 131
Album
Cover 271
Fotos löschen 229
in iPhoto anlegen 228
intelligentes 230
Amazon 157
Anhang 174
Windows-kompatibel 175
Anlegen
Apple-ID 121
Drucker 82
Ordner für Brennprojekt 90
Anmeldung 121, 291
Anpassen, Schreibtisch 42
Anschließen
Speichermedium 98
USB 98
Ansprechverzögerung 25
Antworten 171
Anwendung 118, 306
abgestürzte 109
aktualisieren 119, 131
beenden 106, 109
ein- und ausblenden 117
herunterladen 120, 122
im Dock hinzufügen 112
installieren 120, 122
löschen 126
starten 106
Symbol 104
Vollbildmodus 110
Anzeigebereich 144
Apfel-Menü 13, 14, 27, 30
App 118, 307
Apple Cinema Display 132
Apple Filesharing Protocol 306
Apple-ID 121, 180, 265, 307
erstellen 264
App Store 13, 118, 120, 275, 307
Apple-ID 121
Bewertung 120
Einkäufe 119
Im Spotlight 118, 120
Kategorien 119
Pages 194
Programm aktualisieren 131
Programm suchen 120
Top-Hits 118
Update 119
Arbeitsplatz 26
Archivdatei 78
Audioformat 269
Aufgabe 212
Aufklappmenü 307
Auflösung 263
Aufräumen, Schreibtisch 52
Aufrufen
Lesezeichen 151
Mission Control 52
Programm 106
Ausblenden
Dateiendung 49, 63
Lesezeichenleiste 153
Programm 117
Symbolleiste 47
Ausrichtung 192
Ausschalten 12, 30
Auswählen, Standarddrucker 84
Auswerfen 98, 285
Auswurftaste 22

Index

B

Backup 294
wiederherstellen 295
Bearbeiten, PDF 199
Beenden, Programm 106, 109
Befehl rückgängig machen 24
Belichtung 241
Benutzer 286, 307
abmelden 31
Administrator 290
als Gast verbinden 298
automatische Anmeldung 291
Bild 290
einrichten 288
löschen 291
mehrere 288
Rechte 298
registrierter 96
wechseln 292
Benutzerkonto 13
Benutzername 96
Benutzerordner 37, 307
Benutzerverzeichnis 37
Bildpunkt 310
Bildschirmfoto 300
Bildschirmfreigabe 186
Bildschirmhelligkeit 23
Blindkopie 169
Bluetooth 99, 100, 307
deaktivieren 101
Symbol in der Menüleiste 101
Verbindungsanforderung 101
Verbindung trennen 101
Brennen 80, 88, 281
Ordner 90
Brief 194
Vorlage 196
Browser 134, 144, 308
installieren 147
Startseite festlegen 146
Byte 312

C

CD 88
aus iTunes zusammenstellen 280
auswerfen 22
brennen 281
in iTunes importieren 268
Chatten 158, 184
Checkbox 313
Codec 308
Computerebene 36
Coverflow 28, 46, 308

D

Darstellung, Video 131
Dashboard 10, 23, 35, 308
Datei
Backup 294
brennen 88
drucken 86
duplizieren 70
Eigenschaften 51
entpacken 78
freigeben 94, 296
herunterladen 155
in den Papierkorb legen 72
komprimieren 78
kopieren 68, 69
löschen 72
mit anderen teilen 296
mit einem bestimmten Programm öffnen 58
öffnen 58
schließen 58, 59
speichern 62, 197
Speicherort festlegen 62
suchen 74
Titel ändern 65
umbenennen 68, 71
verschieben 68
Vorschau 47
weitergeben 92, 94
wiederherstellen 72, 73, 295
Dateianhang 174
Windows-kompatibel 175
Dateiendung 49
ausblenden 63
Datenrate 308
Datenübertragung 92, 94
registrierter Benutzer 96
Deaktivieren
Bluetooth 101
WLAN 143
Dialogfenster 308
Diashow 250
mit Hintergrundmusik 252
Dienstprogramm 37, 308
DMG 309
Dock 26, 32, 102, 104, 309
abgestürztes Programm beenden 109
App Store 118
Datei/Ordner verschieben 33
Finder 45
Größe 44
Papierkorb 72
Position 44
Programm beenden 109
Programme hinzufügen 112
Programme organisieren 112
Programm starten 106

Index

- *Programmsymbol entfernen* 113
- *Stapel* 34
- *Vorschau auf Dateien* 34

Dokument
- *als PDF speichern* 193
- *brennen* 88
- *drucken* 86
- *speichern* 197

Domain 309
Download 93, 155, 309
- *Programm* 120, 122

Download-Fenster aufräumen 155
Download-Manager 155
Drahtlose Internetverbindung 140
Drucken 80, 86, 87
- *Bereich* 87
- *Format* 87
- *Fotos in iPhoto* 259

Drucker
- *einrichten* 82
- *freigeben* 84
- *Füllstand* 85
- *hinzufügen* 83
- *Software auswählen* 83
- *Standarddrucker* 84
- *Test* 85
- *Treiber* 83

DSL 134
- *Modem* 137
- *Router* 136, 309

Duplizieren 70
DVD 88
- *auswerfen* 22
- *Vollbildmodus* 133

DVD-Player 133

E

eBook 275
Effekte für Fotos 238
Einblenden
- *Dateiendung* 49, 63
- *Lesezeichenleiste* 153
- *Programm* 117
- *Seitenleiste in Vorschau* 200
- *Seitenränder* 193
- *Symbolleiste* 47

Einkäufe 119
Einrichten
- *Benutzer* 288
- *Drucker* 82

Einschaltknopf 12, 30
Einsetzen 27
E-Mail 158, 309
- *Adresse eingeben* 169
- *beantworten* 171
- *Betreff* 169
- *Blindkopie* 169
- *Empfänger angeben* 169
- *Entwurf speichern* 171
- *formatieren* 170
- *löschen* 176
- *mit Anhang* 174
- *mit Fotos aus iPhoto* 247
- *öffnen* 162, 171
- *Ordner anlegen* 177
- *schreiben* 168, 170, 174
- *Signatur* 172, 173
- *suchen* 177
- *Visitenkarte speichern* 209
- *Visitenkarte versenden* 208
- *Werbung aussortieren* 176
- *Werbung blocken* 164
- *Windows-kompatibler Anhang* 175

E-Mail-Account einrichten 162
E-Mail-Adresse 162, 169, 309
E-Mail-Konto
- *einrichten* 160
- *Einstellungen* 164, 166, 167
- *Gesendete Mails löschen* 165
- *löschen* 167
- *weiteres anlegen* 162

Emoticon 187
Empfänger der E-Mail 169
Entfernen
- *Programm* 126
- *Programmsymbol im Dock* 113

Entpacken
- *Datei* 78
- *Ordner* 79

Entwurf speichern 171
Ereignis
- *bearbeiten* 226
- *in iPhoto sortieren* 226
- *iPhoto* 224
- *Schlüsselfoto* 226
- *teilen* 227
- *Titel ändern* 227
- *verbinden* 227

Erweitern, Symbolleiste 47
Ethernet-Kabel 136
Etikett 49, 75
Externe Festplatte 98
Externes Gerät auswerfen 22

F

Facebook 249, 310
FaceTime 158, 180, 310
- *Anrufliste* 182
- *Favoriten* 181, 182
- *Kontakte* 181
- *Vollbildmodus* 183

Index

Farbe
Fenster 49
Menü 49
Textauswahl 49
Farbsättigung 310
Farbtemperatur 310
Farbtiefe 310
Favoriten 34, 150, 153
in FaceTime 181
Fenster
Farbe 49
maximieren 45
schließen 45
sortieren 46
Festplatte 286
Backup 294
externe 98
löschen 303
partitionieren 302
Finder 26, 28, 45, 310
Menüleiste 32
neues Fenster öffnen 68
Papierkorb leeren 127
Finder-Fenster 34, 68, 126
Dateivorschau 47
Ebene 48
Elemente 45
Geräte 98
Kontextmenü 47
Programme 105
Suche 77
Symbolleiste 46
FireWire 311
Flickr 249, 311
Format 84, 87
für Fotos wählen 237
Foto 220
Abzüge über iPhoto bestellen 263
auf Facebook und Flickr laden 249
Auflösung 263
ausdrucken 259
bearbeiten 240, 246
behalten 223
Belichtung ändern 241
beschneiden 236
Details hervorheben 242
Diashow erstellen 250
Diashow mit Hintergrundmusik 252
drehen 236
Effekte 238
Farben anpassen 241, 243, 244
Format wählen 237
Histogramm 246
im Adressbuch 207
in iPhoto importieren 222
in iPhoto organisieren 224, 228
Kontrast ändern 241
Licht und Schatten regulieren 243
löschen 223
per E-Mail aus iPhoto senden 247
Rauschen reduzieren 241, 246
retuschieren 234
Sättigung ändern 242
Schärfe anpassen 241, 245
verbessern 233
Fotoalbum 228
Bilder löschen 229
intelligentes 230
Fotobuch
bearbeiten 256
Fotos entfernen 256
Freigabe 34, 94, 95, 286, 296
Füllstand 85
Funktionstaste 22, 53

G

GarageBand 39, 311
GB 311
Gerät 34, 98
Geschütztes WLAN 142
Gigabyte 311
Google 148
Google Maps 156
Größe, Dock 44
Gruppe im Adressbuch 209

H

Herunterladen 155
Programm 120, 122
Hilfe 54, 55
Hinzufügen
Drucker 82
Lesezeichen 150
Programm im Dock 112
Histogramm 246
Homepage 146, 147, 311
Hörprobe 273

I

iCal 202, 212, 311
Datum suchen 214
Eintrag anlegen 216, 217
iCloud 219
Kalender abonnieren 218
Kalender aktualisieren 219
Kalender anlegen 217
Kalender auswählen 215
Kalender bearbeiten 217
Kalender durchsuchen 215
Kalender löschen 219
Seitenleiste einblenden 214
Zeitzonen 213

Index

iChat 184
- *Account anlegen* 184
- *Bildschirmfreigabe* 186
- *Eingabebereich* 187
- *Emoticon* 187
- *Kontakt hinzufügen* 185
- *Nachrichtenbereich* 187
- *Profil bearbeiten* 186
- *Profilbild* 186
- *Smiley* 187
- *Status* 185

iCloud 219
Icon 88
Image Volume 123
IMAP 167
iMovie 39
Im Spotlight 118, 120
Informationsdialog 60
Installieren, Programm 120, 122
Intelligente Gruppe 210
Intelligenter Ordner 66
Intelligentes Fotoalbum 230
Intelligentes Postfach 178
Intelligente Wiedergabeliste 277
Internet
- *Nachschlagewerk* 157
- *nützliche Websites* 156

Internetverbindung 134, 136, 144
- *kabellose* 140
- *Menüleiste* 139, 142
- *trennen* 143

iOS 315
iPad
- *auswerfen* 285
- *mit iTunes synchronisieren* 282, 284
- *Musiktitel löschen* 285

iPhone
- *auswerfen* 285
- *mit iTunes synchronisieren* 282, 284
- *Musiktitel löschen* 285

iPhoto 18, 38, 220, 312
- *Abzüge bestellen* 263
- *Alben* 228
- *Auflösung* 263
- *Belichtung* 241
- *Bilder auswählen* 224
- *Definition* 242
- *Diashow erstellen* 250
- *Diashow mit Hintergrundmusik* 252
- *Effekte* 238
- *E-Mail mit Fotos versenden* 247
- *Ereignis anlegen* 224, 225
- *Ereignis bearbeiten* 226
- *Ereignisse sortieren* 226
- *Ereignisse verbinden* 227
- *Ereignis teilen* 227
- *Ereignistitel ändern* 227
- *Farben anpassen* 241, 243, 244
- *Format wählen* 237
- *Fotoalbum anlegen* 228
- *Foto aus Fotobuch entfernen* 256
- *Foto beschneiden* 236
- *Fotobuch bearbeiten* 256
- *Fotobuch erstellen* 253
- *Foto drehen* 236
- *Foto retuschieren* 234
- *Foto auf Facebook und Flickr laden* 249
- *Foto aus Album entfernen* 229
- *Foto ausdrucken* 259
- *Foto bearbeiten* 240, 246
- *Foto importieren* 222
- *Fotos organisieren* 224
- *Foto verbessern* 233
- *Histogramm* 246
- *intelligentes Album* 230
- *Kontrast* 241
- *Licht und Schatten* 243
- *Mediathek* 224
- *Ordner für Fotoalben anlegen* 229
- *Rauschen reduzieren* 241, 246
- *rote Augen entfernen* 232
- *Sättigung* 242
- *Schärfe anpassen* 241, 245
- *Schlüsselfoto* 226
- *Vollbildmodus* 240

iPod
- *auswerfen* 285
- *mit iTunes synchronisieren* 282, 284
- *Musiktitel löschen* 285

iTunes 24, 39, 266, 268, 312
- *Account* 275
- *Album-Cover suchen* 271
- *Audioformat wählen* 269
- *CD brennen* 281
- *CD importieren* 268
- *CD zusammenstellen* 280
- *durchsuchen* 270
- *Fenster minimieren* 271
- *intelligente Wiedergabeliste* 277
- *Mediathek* 270
- *mit mobilem Gerät synchronisieren* 282, 284
- *Musiktitel von mobilem Gerät löschen* 285
- *Ping* 275
- *Speicherplatz auf mobilem Gerät nutzen* 283
- *Titel aus Wiedergabeliste löschen* 277

Index

Titel in Wiedergabeliste aufnehmen 277
Wiedergabe 270
Wiedergabeliste anlegen 276, 278
Wiedergabelisten organisieren 279
iTunes Store 272, 312
Account 271, 272
anmelden 272
Apps 275
durchsuchen 272
Filme 274
Hörprobe 273
iTunes U 275
Podcasts 274
TV-Sendungen 274
Vorbestellung 273
iTunes U 275

J

JPEG 312

K

Kabellose Internetverbindung 140
Kalender 202, 212
abonnieren 218
aktualisieren 219
auswählen 215
bearbeiten 217
Datum suchen 214
durchsuchen 215
Eintrag anlegen 216, 217
löschen 219
neu anlegen 217
Seitenleiste einblenden 214
Kamera 132, 181
Kategorie 119
KB 312
Kennwort 96, 121
Kilobyte 312
Kompatibilität von Textformaten 197
Komprimieren
Datei 78
mehrere Dateien 79
Kontakte 202, 204
anlegen 206
bearbeiten 208
Duplikate suchen 211
durchsuchen 205
Favoriten 181
Gruppe 205, 209
intelligente Gruppe 210
löschen 211
mit Foto 207
Visitenkarte speichern 209
Visitenkarte versenden 208
Kontextmenü 16, 47, 313
Konto einrichten 160
Kontrast 241
Kontrollkästchen 313
Kopieren 27
Ausschnitt aus PDF 201
Datei 68, 69
Ordner 69

L

Launchpad 10, 19, 26, 102, 104, 114, 121, 132, 313
Programm starten 107
schließen 105
Leeren, Papierkorb 127
Leseliste 154
Lesen, E-Mail 162, 171
Lesezeichen 150, 313
aufrufen 151
hinzufügen 150
Übersicht 152
Lesezeichenleiste 144, 150, 152
ein-/ausblenden 153
Lesezeichenmenü 150, 152
Library 36, 313
Listenansicht 28, 46
Löschen
Benutzer 291
Datei 72
E-Mail 176
E-Mail-Konto 167
Festplatte 303
Kalenderabo 219
Notiz 129
Programm 126
Programmsymbol im Dock 113
Text 197
Visitenkarte 211

M

Macintosh HD 314
Mac OS X 315
Macs verbinden 92, 94
Magic Mouse 10, 14, 105, 114, 314
Magic Trackpad 10, 18
Mail 158, 160, 168
Absenderadresse bestimmen 170
Adressat eingeben 169
Anhang anfügen 174
Darstellungsbereich 161, 168
E-Mail beantworten 171
Entwurf speichern 171
intelligentes Postfach anlegen 178

neues Postfach 177
Notizen 165
Ordner anlegen 177
Seitenleiste 161, 168
Signatur anlegen 172
Suchfunktion 177
Symbolleiste 161, 168
Text eingeben 170
Visitenkarte speichern 209
Visitenkarte versenden 208
Werbung aussortieren 176
Maus 10
Bluetooth 99, 100
Maustaste 10
Mauszeiger 69
Mediathek 270, 285, 314
iPhoto 224
Megapixel 314
Menüfarbe 49
Menüleiste 32
Benutzersymbol 293
Bluetooth-Status 101
Menüleiste, Internetverbindung 139, 142
Menulet 32, 314
Microsoft Word 197
Minimieren, iTunes-Fenster 271
Mission Control 10, 19, 21, 23, 28, 52, 314
Funktionstasten anpassen 53
Mobiles Gerät 285
auswerfen 285
mit iTunes synchronisieren 282, 284
Musiktitel löschen 285
Speicherplatz nutzen 283
Modem 137, 309
MP3 269, 315
Multitouch 315
Musik
in iTunes importieren 268
kaufen 272

N

Name & Suffix 71
Netzwerk 80, 296
als Gast verbinden 298
Netzwerkkabel 136
Netzwerkverbindung 95, 136, 140
Neue E-Mail 168, 174
Neues Postfach 177
Neustart 31
Notizzettel 128
Farbe ändern 129
löschen 129
Schrift ändern 129
Schriftfarbe ändern 129
speichern 129

O

Öffentlicher Ordner 95
öffnen
E-Mail 162
Finder-Fenster 45, 48
mehrere Websites 145
PDF 199
Programm 106
Tab 145
Online-Nachschlagewerk 157
Ordner
anlegen 63, 64
benennen 64
Downloads 93
duplizieren 70
entpacken 79
Etikett anlegen 75
für Brennprojekt 90
für E-Mails anlegen 177
für Fotoalben 229
für Lesezeichen anlegen 152
Größe herausfinden 67
intelligenter 66
kopieren 69
Library 36
Mehrfachauswahl 68
öffentlicher 95
Programme 126
Public 95
suchen 74
System 36
umbenennen 64, 71
zu Seitenleiste hinzufügen 35

P

Pages 41, 194, 315
Bearbeitungsbereich 194
Datei speichern 197
Formatierungsleiste 194
Schriftart 196
Schriftgröße 196
Stil 196
Symbolleiste 194
Text eingeben 195
Text formatieren 195
Text löschen 197
Vollbildmodus 195
Vorlagen 196
Papierformat 84
Papierkorb 33, 72, 98
Datei zurücklegen 73
entleeren 73, 127
Partition 302, 315
Passepartout 261

Index

PDF 193, 315
Ausschnitt kopieren 201
bearbeiten 199
öffnen 199
Zoomfunktion 201
Photo Booth 132
Ping 275, 316
PNG 316
Podcast 316
POP3 167
Position, Dock 44
Postfach 171, 177
intelligentes 178
PPPoE 138, 316
Profilbild für iChat 186
Programm 56, 118, 316
abgestürztes 109
aktualisieren 119, 131
beenden 106, 109
Dateiendung 49
ein- und ausblenden 117
Fenster 28
herunterladen 120, 122
im Dock hinzufügen 112
löschen 126
Menü 109, 117
starten 106
Vollbildmodus 110
Programme, Zuordnung ändern 60
Programmsymbol 104
aus Dock entfernen 113
Programmumschalter 102, 116
Programmverzeichnis 37
PSD 316
Public 95

Q

QuickTime 316
QuickTime Player 130
Darstellung 131

R

Rechte für Benutzer 298
Rechtschreibprüfung 192
Rechtsklick 20
Recovery HD 317
Registrierter Benutzer 96
Remote-Verbindung 96, 97
Retuschieren 234
Rohling 88
Rote Augen entfernen 232
Router 136, 309
RTF 317
Rückgängig machen 24, 71
Ruhezustand 30

S

Safari 39, 134, 144, 308, 317
Adressleiste 144
Anzeigebereich 144
Favoriten 150, 153
Lesezeichen 150
Lesezeichenleiste 144
Startseite 146
Suche 148
Symbolleiste 144
Tab 145
Top Sites 153
Sättigung 242
Schließen
AirDrop 93
Programm 106, 109
Schlüsselfoto 226
Schreiben 190, 191, 194, 195
E-Mail 168, 170, 174
Schreibtisch 26, 40, 317
anpassen 42
aufräumen 52
brennen 88
Datei speichern 41
Schriftart 191, 196
Schriftfarbe 192
Schriftgröße 191, 196
Screenshot 300
Scrollbalken 145, 149, 317
Scrollen 21, 318
Seitenleiste 28, 34, 47, 50
Ordner entfernen 35
Ordner hinzufügen 35
Seitenränder 193
Sekundärklick 17, 20
Signatur 172, 173
Smiley 187
Sofort beenden 109
Softwareaktualisierung 304, 305, 318
Spaltenansicht 28, 46
Spam 164, 165
Spam aussortieren 176
Spam blocken 164
Speicherdialog 62
Speichermedium 286
anschließen 98
auswerfen 98
Speichern 41, 197
als PDF 193
Datei 62
E-Mail-Entwurf 171
Notizzettel 129
Suchabfrage 77
Visitenkarte 209

Speicherort 62
Spotlight 56, 74
Standarddrucker 84
Stapel 34, 52
Starten, Programm 106
Startseite 146, 147
Steuerungstaste 22
Suchen 74, 76, 148
Adressbuch 205
Duplikate im Adressbuch 211
E-Mail 177
Hilfe-Themen 55
Programm im App Store 120
speichern 77
Suchmaschine 56, 148
Suffix 49, 318
Symboldarstellung 28
Symbolleiste 27, 46, 51, 144
ein-/ausblenden 47
erweitern 47
Synchronisieren 282
automatisch 282, 284
manuell 284
System 36
Systemassistent 12
Systemeinstellungen 14, 318
Netzwerk 136

T

Tab 145
Tabulator 23
Taskleiste 26
Tastatur 10, 22
Tastenkombination 51
Tastenwiederholung 25
Teilen, Dateien 92, 94
Telefonieren 158, 180
Termin 212
Text
eingeben 195
E-Mail 170
formatieren 192, 195
löschen 197
Textauswahl, Farbe 49
TextEdit 53, 190
neues Dokument 190
PDF speichern 193
Rechtschreibprüfung 192
Schriftart ändern 191
Schriftfarbe ändern 192
Schriftgröße ändern 191
Seitenränder 193
Textausrichtung 192
Text eingeben 191
Textformat, Kompatibilität 197
TextMate 197
Thunderbolt 318
TIFF 318
Time Capsule 319
Time Machine 294
Tinte 85
Toner 85
Top-Hits 118
Top Sites 153
Trackpad 19, 35, 52, 105, 114, 319
konfigurieren 20
Treiber für Drucker 83
Trennen
Bluetooth-Verbindung 101
Internetverbindung 143

U

Übertragung von Daten 92, 94
Umbenennen
Datei 68, 71
Ordner 71
Update 119, 304, 305
URL 319
USB 319
Anschluss 98
Festplatte 98
Magic Trackpad 19
Maus 17
Stick 98

V

vCard 208, 209, 319
Verbinden
Bluetooth-Maus 99, 100
mehrere Macs 92, 94
mit anderen Rechnern 96
Verschieben, Datei 68
Video 130
Vollbildmodus 131
Videotelefonieren 158, 180
Visitenkarte 204, 205, 208, 209
anlegen 206
bearbeiten 208
Duplikate suchen 211
eigene Daten 208
Gruppe anlegen 209
löschen 211
mit Foto 207
speichern 209
versenden 208
Vollbildmodus 110, 131, 133, 195, 240
FaceTime 183
per Geste 111
Vorlage für Briefe 196
Vorschau 47, 199
im Dock 34
PDF-Ausschnitt kopieren 201
Seitenleiste einblenden 200
Zoomfunktion 201

Index

W

Webcam 181
Website
aufrufen 144
in Leseliste aufnehmen 154
Lesezeichen setzen 150
mehrere gleichzeitig öffnen 145
Tab 145
Tipps 156
Wechselmedium 123
Weitergeben, Datei 92, 94
Werbung 164
aussortieren 176
Widget 23, 35
Wiedergabe 270
Wiedergabeliste 276
aus Auswahl anlegen 278
intelligente 277
Titel hinzufügen 277
Titel löschen 277
Wiederherstellen
Backup 295
Datei 72, 73
Wi-Fi 80, 92, 95, 140, 320
Wikipedia 157
Windows 320
Kompatibilität 175
WLAN 134, 140, 320
deaktivieren 143
geschütztes 142

Z

ZIP-Datei 79, 320
entpacken 79
erstellen 79
Zoomfunktion 201
Zwischenablage 27

www.vierfarben.de

Den Mac bedienen: Texte schreiben, E-Mails, Internet & Co.

Mit Programmen umgehen: Fotos und Videos bearbeiten, iTunes

Daten sichern und austauschen, Windows auf dem Mac

Jörg Rieger, Markus Menschhorn

Das große Mac-Buch für Einsteiger

Aktuell zu Mac OS X Lion

Schnell und unkompliziert lernen Sie den Umgang mit Mac OS X Lion. Zahlreiche farbige Abbildungen und viele Schritt-für-Schritt-Anleitungen unterstützen Sie dabei. Suchen Sie sich einfach den Aspekt heraus, der Sie gerade besonders interessiert: Egal ob Internet, E-Mail, die Arbeit mit iPhoto und iTunes, Datensicherung oder Windows auf dem Mac, alle wichtigen Themen werden anschaulich, leicht verständlich und unterhaltsam erklärt.

392 S., 2011, komplett in Farbe, 24,90 Euro
ISBN 978-3-8421-0024-4

>> www.vierfarben.de/2898

Vierfarben